공  최고의 선택!

해커스공 심에 있습니다.

7급 완벽 대비! 해커스공무원만의 7급 전문 시스템

**해커스공무원
7급 전문 선생님**

자료해석 김용훈　상황판단 이준　상황판단 길규범　언어이해 조은정

**독보적 시설, 독보적 관리
슈퍼스타 1:1 관리반**

**7급 전용 부가 콘텐츠
토익/지텔프/제2외국어**

베스트셀러 1위

[베스트셀러 1위] 교보문고 외국어 베스트셀러 G-Telp 분야 1위(2021.09.01. 온라인 주간집계 기준)

7급 초시생 필수! 7급 전용 합격패스

**PSAT+한능검 심화강좌까지
조건 없는 무제한 수강**

상황판단 길규범　언어논리 조은정　자료해석 김용훈

**국가직 7급 전용
PSAT 기본서 3종 제공**

**수강신청
바로가기 ▼**

해커스공무원 온라인 단과강의 20% 할인쿠폰

4FA9DB49947F3D36

해커스공무원 사이트(gosi.Hackers.com) 접속 후 로그인 ▶
상단의 [나의 강의실] 클릭 ▶ [쿠폰등록] 클릭 ▶ 위 쿠폰번호 입력 후 이용

* 이용기한: 2023년 12월 31일까지(등록 후 7일간 사용 가능)

PSAT 패스 [교재 포함형] 10% 할인쿠폰 　　PSAT 패스 [교재 미포함형] 10% 할인쿠폰

C22923KE6CF7E000　　4E5C23KFK85E6000

해커스PSAT 사이트(psat.Hackers.com) 접속 후 로그인 ▶
우측 퀵배너 내 [쿠폰/수강권등록] 클릭 ▶ 위 쿠폰번호 입력 후 이용

* 이용기한: 2023년 12월 31일까지(등록 후 7일간 사용 가능)

| 쿠폰 이용 안내 | 1. 쿠폰은 사이트 로그인 후 1회에 한해 등록이 가능하며, 최초로 쿠폰을 인증한 후에는 별도의 추가 인증이 필요하지 않습니다.
2. 구폰은 현금이나 포인드로 변환 혹은 환불되지 않습니다.
3. 기타 쿠폰 관련 문의는 고객센터(1588-4055)로 연락 주시거나, 1:1 문의 게시판을 이용하시기 바랍니다.

단기 합격을 위한
해커스 커리큘럼

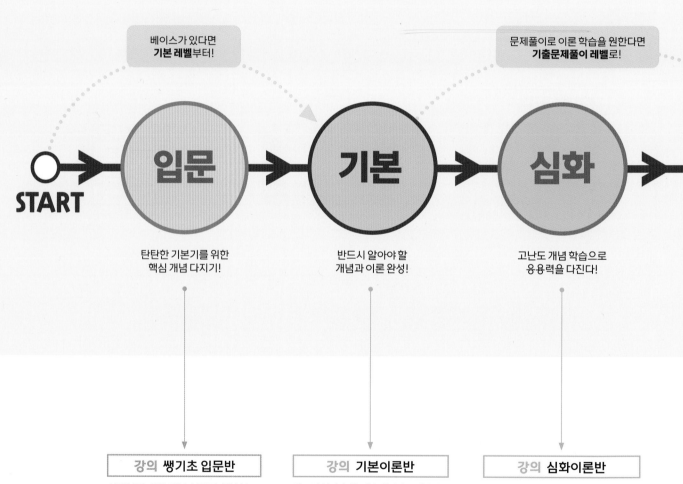

베이스가 있다면 **기본 레벨부터!**

문제풀이로 이론 학습을 원한다면 **기출문제풀이 레벨로!**

START → 입문 → 기본 → 심화 →

탄탄한 기본기를 위한
핵심 개념 다지기!

반드시 알아야 할
개념과 이론 완성!

고난도 개념 학습으로
응용력을 다진다!

강의 **쌩기초 입문반**

이해하기 쉬운 개념 설명과 풍부한
연습문제 풀이로 부담 없이 기초를
다질 수 있는 강의

강의 **기본이론반**

반드시 알아야할 기본 개념과 문제풀이
전략을 학습하여 핵심 개념 정리를
완성하는 강의

강의 **심화이론반**

심화이론과 중·상 난이도의 문제를
함께 학습하여 고득점을 위한 발판을
마련하는 강의

레벨별 교재 확인 및
수강신청은 여기서!

gosi.Hackers.com

* 커리큘럼은 과목별·선생님별로 상이할 수 있으며, 자세한 내용은 해커스공무원 사이트에서 확인하세요.

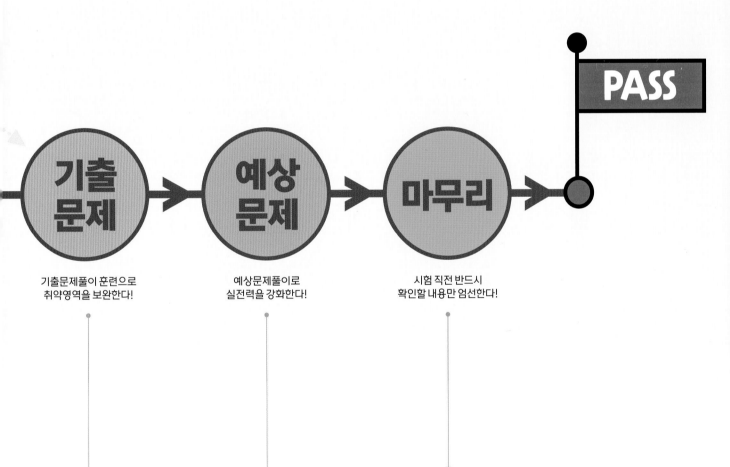

PASS

기출 문제

기출문제풀이 훈련으로
취약영역을 보완한다!

예상 문제

예상문제풀이로
실전력을 강화한다!

마무리

시험 직전 반드시
확인할 내용만 엄선한다!

강의 기출문제 풀이반

기출문제의 유형과 출제 의도를 이해
하고, 본인의 취약영역을 파악 및 보완
하는 강의

강의 예상문제 풀이반

최신 출제경향을 반영한 예상 문제들을
풀어보며 실전력을 강화하는 강의

강의 실전동형모의고사반

최신 출제경향을 완벽하게 반영한 모의고사를
풀어보며 실전 감각을 극대화하는 강의

강의 봉투모의고사반

시험 직전에 실제 시험과 동일한 형태의
모의고사를 풀어보며 실전력을 완성하는 강의

해커스
단/기/합/격

7급 PSAT
기출+적중
모의고사

상황판단

해커스공무원

서문

난도 높은 7급 PSAT,
단기간에 점수를 향상시킬 수 있는 방법은 없나요?

7급 공채를 준비하는 수험생들 중 많은 분들이 이렇게 이야기합니다.
'7급 PSAT 기출문제는 양이 적어서 그것만 풀기에는 불안해요.'
'다른 유사적성시험 기출문제를 모두 풀기엔 양이 너무 많아 막막해요'
해커스 PSAT연구소는 이러한 7급 공채 수험생들의 고민을 해결할 수 있는,
7급 PSAT 학습에 최적화된 교재가 무엇일지 밤낮없이 고민했습니다.

상황판단 최신 출제 경향을 파악하여 철저히 대비할 수 있도록,
엄선된 다양한 문제를 풀어보며 전략적으로 시험을 준비할 수 있도록
체계적인 시간 관리 연습과 회독 학습을 통해 완벽하게 실전감각을 익힐 수 있도록,

해커스 PSAT연구소는 수많은 고민을 거듭한 끝에
『해커스 단기합격 7급 PSAT 기출+적중 모의고사 상황판단』을 출간하게 되었습니다.

『해커스 단기합격 7급 PSAT 기출+적중 모의고사 상황판단』은

1. 7급 PSAT 모의평가 및 최신 기출문제를 수록하여 출제 경향에 맞춰 시험에 전략적으로 대비할 수 있습니다.

2. 역대 PSAT 기출문제 중 7급 PSAT에 최적화된 문제로 구성된 기출 엄선 모의고사와, 7급 PSAT 출제경향을 반영하여 제작된 적중 예상 모의고사를 통해 문제풀이 능력을 기르고 실전 감각을 극대화할 수 있습니다

3. 취약 유형 분석표와 회독용 답안지를 통해, 본인의 취약점을 분석하고 체계적인 회독 학습을 할 수 있습니다.

이 책을 통해 7급 공채 PSAT를 준비하는 수험생 모두 합격의 기쁨을 누리시기 바랍니다.

해커스 PSAT연구소

목차

기출유형공략

PART 1 | 기출 엄선 모의고사

PART 2 | 적중 예상 모의고사

[부록]
- 기출 출처 인덱스
- 회독용 답안지

[책 속의 책]

약점 보완 해설집

상황판단 고득점을 위한 **이 책의 활용법**

1 기출유형공략으로 출제 경향과 유형 특징을 파악하여 전략적으로 학습한다.

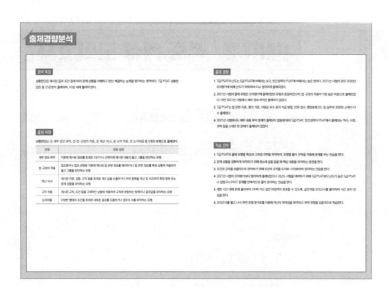

출제경향분석

최신 7급 공채 PSAT 상황판단 출제 유형과 출제 비중, 난이도, 학습 전략 등을 통해 영역에 대한 이해를 높이고 효과적으로 7급 공채 PSAT 상황판단에 대비할 수 있습니다.

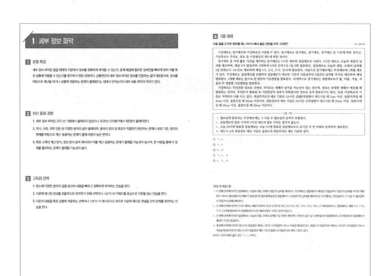

유형 특징 & 고득점 전략

역대 PSAT 기출문제를 통해 유형별 문제 형태와 평가 요소를 분석하고, 이에 따른 고득점 전략을 확인하여 유형에 대한 이해를 높일 수 있습니다.

2 기출 엄선 모의고사와 적중 예상 모의고사를 통해 실전 감각을 끌어올린다.

기출 엄선 모의고사

7급 PSAT 학습에 최적화된 문제들로 구성된 기출 엄선 모의고사 5회분을 풀면서 문제풀이의 속도와 정확도를 향상시킬 수 있습니다.

적중 예상 모의고사

적중 예상 모의고사 2회분을 풀면서 7급 PSAT를 실전처럼 연습할 수 있습니다. 기출 문제와 동일한 난이도로 구성된 신작 문제를 제한 시간 내에 풀어 봄으로써 실전 감각을 극대화할 수 있습니다.

3 상세한 해설을 통해 **빠르고 정확한 풀이법**을 연습한다.

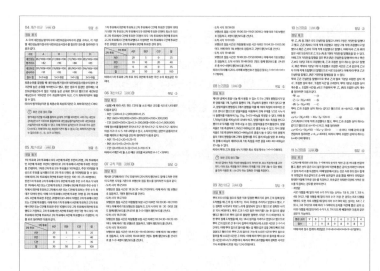

약점 보완 해설집

문제집과 해설집을 분리하여 보다 편리하게 학습할 수 있으며, 모든 문제에 대해 상세하고 이해하기 쉬운 해설을 수록하여 꼼꼼히 학습할 수 있습니다.

유형 분석 & 난이도

문제 유형과 난이도를 확인하여 자신의 문제 풀이 실력을 점검할 수 있습니다.

빠른 문제 풀이 Tip

문제를 빠르고 정확하게 풀 수 있는 Tip이나, 문제 풀이 시 유의해야 할 점을 정리하여 풀이 속도와 정확성을 더욱 향상시킬 수 있습니다.

4 취약 유형 분석표와 회독용 답안지를 활용해 약점을 극복하고 체계적으로 회독 학습을 한다.

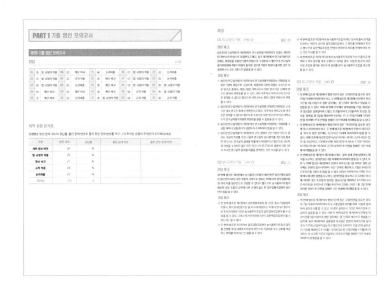

취약 유형 분석표

문제를 푼 뒤 약점 보완 해설집에 수록된 취약 유형 분석표를 활용하여 자신의 실력을 점검하고 부족한 부분을 보완할 수 있습니다.

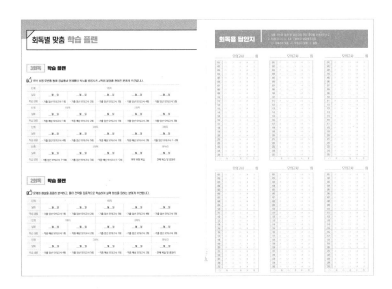

회독별 맞춤 학습 플랜

회독별 맞춤 학습 플랜을 활용하여 전략적으로 다회독 학습을 할 수 있습니다.

회독용 답안지

부록으로 제공되는 총 24회분의 회독용 답안지를 활용하여 실전처럼 마킹을 하며 문제를 풀어봄으로써 체계적인 다회독 학습이 가능합니다.

회독별 맞춤 학습 플랜

3회독 학습 플랜

👍 취약 유형 보완을 통해 정답율과 문제풀이 속도를 향상시켜 고득점 달성을 원하는 분에게 추천합니다.

단계	1회독				
날짜	__월__일	__월__일	__월__일	__월__일	__월__일
학습 내용	·기출 엄선 모의고사 1회	·기출 엄선 모의고사 2회	·기출 엄선 모의고사 3회	·기출 엄선 모의고사 4회	·기출 엄선 모의고사 5회
단계	1회독		2회독		
날짜	__월__일	__월__일	__월__일	__월__일	__월__일
학습 내용	·적중 예상 모의고사 1회	·적중 예상 모의고사 2회	·기출 엄선 모의고사 1회	·기출 엄선 모의고사 2회	·기출 엄선 모의고사 3회
단계	2회독				3회독
날짜	__월__일	__월__일	__월__일	__월__일	__월__일
학습 내용	·기출 엄선 모의고사 4회	·기출 엄선 모의고사 5회	·적중 예상 모의고사 1회	·적중 예상 모의고사 2회	·기출 엄선 모의고사 1~2회
단계	3회독			마무리	
날짜	__월__일	__월__일	__월__일	__월__일	__월__일
학습 내용	·기출 엄선 모의고사 3~4회	·기출 엄선 모의고사 5회	·적중 예상 모의고사 1~2회	·취약 유형 복습	·전체 복습 및 총정리

2회독 학습 플랜

👍 문제와 해설을 꼼꼼히 분석하고, 풀이 전략을 집중적으로 학습하여 실력 향상을 원하는 분에게 추천합니다.

단계	1회독				
날짜	__월__일	__월__일	__월__일	__월__일	__월__일
학습 내용	·기출 엄선 모의고사 1회	·기출 엄선 모의고사 2회	·기출 엄선 모의고사 3회	·기출 엄선 모의고사 4회	·기출 엄선 모의고사 5회
단계	1회독		2회독		
날짜	__월__일	__월__일	__월__일	__월__일	__월__일
학습 내용	·적중 예상 모의고사 1회	·적중 예상 모의고사 2회	·기출 엄선 모의고사 1회	·기출 엄선 모의고사 2회	·기출 엄선 모의고사 3회
단계	2회독			마무리	
날짜	__월__일	__월__일	__월__일	__월__일	__월__일
학습 내용	·기출 엄선 모의고사 4회	·기출 엄선 모의고사 5회	·적중 예상 모의고사 1회	·적중 예상 모의고사 2회	·전체 복습 및 총정리

1회독 학습 플랜

👍 실제 시험을 보는 것처럼 문제 풀이 학습에 초점을 맞추어 단기간에 실전 대비를 원하는 분에게 추천합니다.

단계	PART1				
날짜	___월___일	___월___일	___월___일	___월___일	___월___일
학습 내용	· 기출 엄선 모의고사 1회	· 기출 엄선 모의고사 2회	· 기출 엄선 모의고사 1~2회 복습 및 정리	· 기출 엄선 모의고사 3회	· 기출 엄선 모의고사 4회
단계	PART1		PART2		
날짜	___월___일	___월___일	___월___일	___월___일	___월___일
학습 내용	· 기출 엄선 모의고사 5회	· 기출 엄선 모의고사 3~5회 복습 및 정리	· 적중 예상 모의고사 1회	· 적중 예상 모의고사 2회	· 적중 예상 모의고사 1~2회 복습 및 정리

📖 회독별 학습 가이드

1회독 "실전 감각 익히기"	2회독 "문제 풀이 전략 심화 학습"	3회독 "취약 유형 보완 및 고득점 달성"
· 실전처럼 정해진 시간 내에 회독용 답안지에 마킹하며 한 회분씩 학습한다. · 틀린 문제와 풀지 못한 문제를 확인하며 취약한 부분을 파악하고, 풀이법을 숙지한다.	· 틀린 문제와 풀지 못한 문제를 다시 한 번 풀어보고, 취약 유형 분석표를 바탕으로 취약한 부분에 대해 꼼꼼히 복습한다. · 해설을 꼼꼼히 읽어 정답과 오답의 이유를 분석하고 더 빠르고 정확한 문제 풀이 전략을 정리한다.	· 회독별 점수와 정답률, 풀이 시간 등을 분석하여 반복적으로 틀리는 문제를 파악한다. · 문제 풀이 전략을 적용하여 취약한 유형의 문제를 중점적으로 풀어보고, 취약점을 극복한다.

7급 공채 및 PSAT 알아보기

▌7급 공채 알아보기

1. 7급 공채란?

7급 공채는 인사혁신처에서 학력, 경력에 관계없이 7급 행정직 및 기술직 공무원으로 임용되기를 원하는 불특정 다수인을 대상으로 실시하는 공개경쟁채용시험을 말합니다. 신규 7급 공무원 채용을 위한 균등한 기회 보장과 보다 우수한 인력의 공무원을 선발하는 데 목적이 있습니다. 경력경쟁채용이나 지역인재채용과 달리 20세 이상의 연령이면서 국가공무원법 제33조에서 정한 결격사유에 저촉되지 않는 한, 누구나 학력 제한이나 응시상한연령 없이 시험에 응시할 수 있습니다.

- **경력경쟁채용**: 공개경쟁채용시험에 의하여 충원이 곤란한 분야에 대해 채용하는 제도로서 다양한 현장 경험과 전문성을 갖춘 민간전문가를 공직자로 선발한다.
- **지역인재채용**: 자격요건을 갖춘 자를 학교별로 추천받아 채용하는 제도로서 일정 기간의 수습 근무를 마친 후 심사를 거쳐 공직자로 선발한다.

2. 7급 공채 채용 프로세스

시험 공고	»	응시원서 접수	»	1차 PSAT 시험	»	합격자 발표

최종합격자 발표	«	3차 면접 시험	«	합격자 발표	«	2차 전공 시험

* 최신 시험의 상세 일정은 사이버국가고시센터(www.gosi.kr) 참고

▌7급 공채 PSAT 알아보기

1. PSAT란?

PSAT(Public Service Aptitude Test, 공직적격성평가)는 특정 과목에 대한 전문 지식 보유 수준을 평가하는 대신, 공직자로서 지녀야 할 기본적인 자질과 능력 등을 종합적으로 평가하는 시험입니다. 이에 따라 PSAT는 이해능력, 추론 및 분석능력, 상황판단능력 등을 평가하는 언어논리, 자료해석, 상황판단 세 가지 영역으로 구성됩니다.

2. 시험 구성 및 평가 내용

과목	시험 구성	평가 내용
언어논리	25문항/60분	글의 이해, 표현, 추론, 비판과 논리적 사고 등의 능력을 평가함
자료해석	25문항/60분	표, 그래프, 보고서 형태로 제시된 수치 자료를 이해하고 계산하거나 자료 간의 연관성을 분석하여 정보를 도출하는 능력을 평가함
상황판단	25문항/60분	제시된 글과 표를 이해하여 상황 및 조건에 적용하고, 판단과 의사결정을 통해 문제를 해결하는 능력을 평가함

상황판단 고득점 가이드

영역 및 출제 유형 분석

1. 영역 분석

상황판단은 제시된 글과 조건 등에 따라 문제 상황을 이해하고 판단·해결하는 능력을 평가하기 위한 영역입니다. 이에 따라 지문에 대한 전문 지식을 암기하여 풀이하는 문제는 출제되지 않으며, 제시된 지문을 읽고 판단·해결하는 문제가 출제됩니다.

2. 출제 유형 분석

상황판단은 크게 세부 정보 파악, 법·규정의 적용, 계산·비교, 규칙 적용, 논리퍼즐로 구분됩니다. 출제되는 유형 모두 제시된 글이나 조건 등을 이해하여 판단·해결하는 능력이 요구되므로 주어진 시간 내에 다양한 형태의 정보를 빠르고 정확하게 파악하는 능력이 필요합니다.

구분	유형 설명
세부 정보 파악	지문에 제시된 정보를 토대로 <보기>나 선택지에 제시된 내용의 옳고 그름을 판단하는 유형
법·규정의 적용	법조문이나 법과 관련된 지문에 제시된 법 관련 정보를 해석하거나 법 관련 정보를 특정 상황에 적용하여 옳고 그름을 판단하는 유형
계산·비교	제시된 지문, 상황, 규칙 등을 토대로 계산값을 산출하거나 여러 항목을 계산 및 비교하여 특정 항목 또는 문제 상황을 파악하는 유형
규칙 적용	제시된 규칙, 조건 등을 구체적인 상황에 적용하여 규칙에 부합하는 항목이나 결과값을 파악하는 유형
논리퍼즐	다양한 형태의 조건을 토대로 새로운 결과를 도출하거나 경우의 수를 파악하는 유형

▌출제 경향 및 대비 전략

1. 출제 경향

① 출제 유형

7급 공채 PSAT에 출제된 문제는 5급 공채와 민간경력자 PSAT에 출제되었던 유형과 거의 동일합니다. 다만, 세부 정보 파악 유형은 출제되지 않았고, 법·규정의 적용 유형이 가장 높은 비중으로 출제되었습니다.

② 난이도

PSAT 세 영역 중 난도가 가장 낮게 출제되었습니다. 5급 공채 PSAT의 경우 한 문제 안에 여러 개의 장치·함정을 포함하고 있어 모든 장치·함정을 빠르게 해결해야 하는 데 반해, 7급 공채 PSAT의 경우 대부분 한 문제에 한 개의 장치·함정으로만 제시되어 5급 공채 PSAT보다는 민간경력자 PSAT와 유사한 난도로 평이했습니다.

③ 지문의 소재

실무와 관련된 소재가 1문제 출제된 것이 특징적이었고, 기존에 5급 공채와 민간경력자 PSAT에 출제되었던 소재와 동일하게 몰아주기, 이동규칙, 간격 개수 등이 출제되었습니다.

2. 대비 전략

① 상황판단의 문제 유형을 파악하고, 유형에 따른 풀이법을 학습해야 합니다.

상황판단 영역은 다양한 유형으로 구분되어 있고, 유형에 따라 효과적인 풀이법이 있습니다. 그렇기 때문에 유형에 따른 풀이법을 정확히 파악하고 준비하는 것이 중요합니다. 이에 따라 기출문제를 반복적으로 풀면서 정확하게 유형을 분석하는 능력을 기르고, 본 교재의 빠른 문제 풀이 Tip 등을 활용하여 빠르고 정확하게 문제를 풀이하는 연습이 필요합니다.

② 문제풀이에 필요한 정보를 정확하게 파악하는 능력을 길러야 합니다.

상황판단은 다양한 조건과 상황 등이 제시되므로 문제를 해결하기 위해 필요한 정보를 정확하게 파악하는 것이 중요합니다. 따라서 키워드를 중심으로 제시된 정보를 시각화·도표화하여 정리하거나, 관련 있는 조건끼리 묶어 그룹화하는 연습이 필요합니다.

③ 문제 풀이의 순서를 결정하는 판단력을 길러야 합니다.

상황판단은 PSAT 세 영역 중 특히 문제풀이에 시간이 부족한 경우가 많습니다. 한 문제를 풀이하는 데 너무 오랜 시간이 소요된다면 다른 문제를 놓칠 가능성이 높으므로 문제의 난도를 판별하여 풀 수 있는 문제부터 먼저 풀이해야 합니다.

기출유형공략

출제경향분석

영역 특징

상황판단은 제시된 글과 조건 등에 따라 문제 상황을 이해하고 판단·해결하는 능력을 평가하는 영역이다. 7급 PSAT 상황판단은 총 25문항이 출제되며, 60분 내에 풀어야 한다.

출제 유형

상황판단은 ① 세부 정보 파악, ② 법·규정의 적용, ③ 계산·비교, ④ 규칙 적용, ⑤ 논리퍼즐 총 5개의 유형으로 출제된다.

유형	유형 설명
세부 정보 파악	지문에 제시된 정보를 토대로 <보기>나 선택지에 제시된 내용의 옳고 그름을 판단하는 유형
법·규정의 적용	법조문이나 법과 관련된 지문에 제시된 법 관련 정보를 해석하거나 법 관련 정보를 특정 상황에 적용하여 옳고 그름을 판단하는 유형
계산·비교	제시된 지문, 상황, 규칙 등을 토대로 계산 값을 산출하거나 여러 항목을 계산 및 비교하여 특정 항목 또는 문제 상황을 파악하는 유형
규칙 적용	제시된 규칙, 조건 등을 구체적인 상황에 적용하여 규칙에 부합하는 항목이나 결괏값을 파악하는 유형
논리퍼즐	다양한 형태의 조건을 토대로 새로운 결과를 도출하거나 경우의 수를 파악하는 유형

출제 경향

1. 7급 PSAT의 난도는 5급 PSAT에 비해서는 낮고, 민간경력자 PSAT에 비해서는 높은 편이다. 2021년 시험의 경우 2020년 모의평가에 비해 난도가 하락하여 다소 평이하게 출제되었다.

2. 2021년 시험의 출제 유형은 모의평가에 출제되었던 유형과 동일하였으며, 법·규정의 적용이 가장 높은 비중으로 출제되었다. 다만 2021년 시험에서 세부 정보 파악은 출제되지 않았다.

3. 7급 PSAT는 법 관련 자료, 평가 기준, 지원금·보수 등의 지급 방법, 민원 접수, 행정분류코드 등 실무와 관련된 소재가 다수 출제된다.

4. 2021년 시험에서는 세부 정보 파악 문제가 출제되지 않음에 따라 5급 PSAT, 민간경력자 PSAT에서 출제되는 역사, 사회, 과학 등을 소재로 한 문제가 출제되지 않았다.

학습 전략

1. 7급 PSAT의 출제 유형별 특징과 고득점 전략을 파악하여, 유형별 풀이 전략을 적용해 문제를 푸는 연습을 한다.

2. 문제 상황을 정확하게 파악하기 위해 평소에 글을 읽을 때 핵심 내용을 파악하는 훈련을 한다.

3. 조건과 규칙을 효율적으로 파악하기 위해 조건과 규칙을 도식화·시각화하여 정리하는 연습을 한다.

4. 2021년 시험이 모의평가보다 평이하게 출제되었으나 고난도 시험을 대비하기 위해 7급 PSAT보다 난도가 높은 5급 PSAT나 입법고시 PSAT 문제를 반복적으로 풀이·분석하는 연습을 한다.

5. 제한 시간 내에 문제 풀이부터 OMR 카드 답안 마킹까지 완료할 수 있도록, 실전처럼 모의고사를 풀이하며 시간 관리 연습을 한다.

6. 모의고사를 풀고 나서 취약 유형 분석표를 이용해 자신의 취약점을 파악하고 취약 유형을 집중적으로 학습한다.

1 │ 세부 정보 파악

1 유형 특징

세부 정보 파악은 줄글 형태의 지문에서 정보를 정확하게 파악할 수 있는지, 문제 해결에 필요한 정보만을 빠르게 찾아 이를 특정 상황에 적용할 수 있는지를 평가하기 위한 유형이다. 상황판단의 세부 정보 파악은 정보를 전달하는 글이 대부분으로, 정보를 바탕으로 계산을 하거나 상황에 적용하는 문제가 출제된다는 점에서 언어논리의 세부 내용 파악과 차이가 있다.

2 최신 출제 경향

1. 세부 정보 파악은 2021년 시험에서 출제되지 않았으나 2020년 모의평가에서 4문항이 출제되었다.

2. 역사, 사회, 과학 인문 등 다양한 분야의 글이 출제되며, 용어의 정의 및 특징이 적절한지 판단하는 문제나 분류 기준, 원리와 체계를 바탕으로 계산·응용하는 문제가 출제 비중이 높은 편이다.

3. 특정 소재의 계산 방식, 생성 방식 등이 제시되어 이를 계산·응용하는 문제가 출제될 가능성이 높으며, 한 지문을 통해 두 문제를 풀이하는 문제가 출제될 가능성이 높다.

3 고득점 전략

1. 평소에 다양한 분야의 글을 읽으며 내용을 빠르고 정확하게 파악하는 연습을 한다.

2. 지문에 제시된 정보를 효율적으로 파악하기 위해 선택지나 <보기>의 키워드를 중심으로 지문을 읽는 연습을 한다.

3. 지문의 내용을 특정 상황에 적용하는 선택지나 <보기>가 제시되기도 하므로 지문에 제시된 개념들 간의 관계를 정리하는 연습을 한다.

다음 글을 근거로 판단할 때, <보기>에서 옳은 것만을 모두 고르면?   20 7급모의

> 기상예보는 일기예보와 기상특보로 구분할 수 있다. 일기예보는 단기예보, 중기예보, 장기예보 등 시간에 따른 것이고, 기상특보는 주의보, 경보 등 기상현상의 정도에 따른 것이다.
>
> 일기예보 중 가장 짧은 기간을 예보하는 단기예보는 3시간 예보와 일일예보로 나뉜다. 3시간 예보는 오늘과 내일의 날씨를 예보하며, 매일 0시 발표부터 시작하여 3시간 간격으로 1일 8회 발표한다. 일일예보는 오늘과 내일, 모레의 날씨를 1일 단위(0시~24시)로 예보하며 매일 5시, 11시, 17시, 23시에 발표한다. 다음으로 중기예보에는 주간예보와 1개월 예보가 있다. 주간예보는 일일예보를 포함하여 일일예보가 예보한 기간의 다음날부터 5일간의 날씨를 추가로 예보하며 매일 발표한다. 1개월 예보는 앞으로 한 달간의 기상전망을 발표한다. 마지막으로 장기예보는 계절예보로서 봄, 여름, 가을, 겨울의 각 계절별 기상전망을 발표한다.
>
> 기상특보는 주의보와 경보로 나뉜다. 주의보는 재해가 일어날 가능성이 있는 경우에, 경보는 중대한 재해가 예상될 때 발표하는 것이다. 주의보가 발표된 후 기상현상의 경과가 악화된다면 경보로 승격 발표되기도 한다. 또한 기상특보의 기준은 지역마다 다를 수도 있다. 대설주의보의 예보 기준은 24시간 신(新)적설량이 대도시일 때 5cm 이상, 일반지역일 때 10cm 이상, 울릉도일 때 20cm 이상이다. 대설경보의 예보 기준은 24시간 신적설량이 대도시일 때 20cm 이상, 일반지역일 때 30cm 이상, 울릉도일 때 50cm 이상이다.

───────────〈보 기〉───────────

ㄱ. 월요일에 발표되는 주간예보에는 그 다음 주 월요일의 날씨가 포함된다.
ㄴ. 일일예보의 발표 시각과 3시간 예보의 발표 시각은 겹치지 않는다.
ㄷ. 오늘 23시에 발표된 일일예보는 오늘 5시에 발표된 일일예보보다 18시간 더 먼 미래의 날씨까지 예보한다.
ㄹ. 대도시 A의 대설경보 예보 기준은 울릉도의 대설주의보 예보 기준과 같다.

① ㄱ, ㄴ
② ㄱ, ㄷ
③ ㄷ, ㄹ
④ ㄱ, ㄴ, ㄹ
⑤ ㄴ, ㄷ, ㄹ

[정답 및 해설] ④

ㄱ. 두 번째 단락에 따르면 일일예보는 오늘과 내일, 모레의 3일간의 날씨를 예보하고, 주간예보는 일일예보가 예보한 다음날부터 5일간의 날씨를 추가로 예보한다. 따라서 월요일에 주간예보가 발표된다면 월요일에 발표된 일일예보가 수요일까지의 날씨를 예보하므로 주간예보는 목요일부터 그 다음 주 월요일까지 5일간의 날씨를 예보한다.

ㄴ. 두 번째 단락에 따르면 3시간 예보는 매일 0시부터 3시간 간격으로 0시, 3시, 6시, 9시, 12시, 15시, 18시, 21시에 발표하고, 일일예보는 매일 5시, 11시, 17시, 23시에 발표하므로 일일예보와 3시간 예보의 발표 시각은 겹치지 않는다.

ㄷ. 두 번째 단락에 따르면 일일예보는 오늘과 내일, 모레의 날씨를 1일 단위로 예보한다. 따라서 같은 날 5시에 발표된 일일예보와 23시에 발표된 일일예보가 예보한 기간은 동일하다.

ㄹ. 세 번째 단락에 따르면 대도시의 대설경보 예보는 24시간 신적설량이 20cm 이상일 때 발표되고, 울릉도의 대설주의보 예보는 24시간 신적설량이 20cm 이상일 때 발표되므로 대도시 A의 대설경보 예보 기준과 울릉도의 대설주의보 예보 기준은 같다.

따라서 <보기>에서 옳은 것은 ㄱ, ㄴ, ㄹ이다.

2 | 법·규정의 적용

1 유형 특징

법·규정의 적용은 법조문이나 법과 관련된 지문에서 법 관련 정보를 정확하게 해석할 수 있는지, 법 관련 정보를 특정 상황에 적용하여 올바르게 판단할 수 있는지를 평가하기 위한 유형이다.

2 최신 출제 경향

1. 법·규정의 적용은 2021년 시험에서 9문항이 출제되었고, 모의평가에서 7문항이 출제되었다.

2. 주민등록번호의 변경, 중앙관서의 물품관리, 민원의 접수 및 처리, 지방자치단체의 통합 등 행정 업무와 관련된 소재가 출제되었으며, 법 관련 정보를 토대로 특정 상황을 파악하는 문제의 출제 비중이 높은 편이었다.

3. 법 관련 정보를 토대로 계산을 요구하는 문제는 1문항만 출제되었으나, 정보량이 많고 용어가 혼동될 수 있어 난도가 높았다.

3 고득점 전략

1. 법조문의 구조와 형식, 용어 등을 이해하기 위해 평소에 다양한 법조문을 읽는 연습을 한다.

2. 법조문의 핵심을 파악할 수 있도록 주체와 객체, 요건과 효과, 주어와 서술어를 끊어 파악하는 연습을 한다.

3. <보기>나 선택지에 제시된 핵심어를 먼저 확인한 다음 핵심어를 포함한 법조문을 파악하면 문제 풀이 시간을 단축할 수 있다.

4. 법조문의 내용 중 '단, 다만, 그러나' 등의 단서 조항이 포함된 경우, 해당 내용으로 <보기>나 선택지를 구성하는 경우가 있다. 따라서 단서 조항이 제시된 경우, 이를 표시하고 해당 내용을 언급하는 <보기>나 선택지를 풀이하는 것이 좋다.

다음 글을 근거로 판단할 때 옳은 것은?

> 제○○조 ① 누구든지 법률에 의하지 아니하고는 우편물의 검열·전기통신의 감청 또는 통신사실확인자료의 제공을 하거나 공개되지 아니한 타인 상호간의 대화를 녹음 또는 청취하지 못한다.
> ② 다음 각 호의 어느 하나에 해당하는 자는 1년 이상 10년 이하의 징역과 5년 이하의 자격정지에 처한다.
>   1. 제1항에 위반하여 우편물의 검열 또는 전기통신의 감청을 하거나 공개되지 아니한 타인 상호간의 대화를 녹음 또는 청취한 자
>   2. 제1호에 따라 알게 된 통신 또는 대화의 내용을 공개하거나 누설한 자
> ③ 누구든지 단말기기 고유번호를 제공하거나 제공받아서는 안 된다. 다만 이동전화단말기 제조업체 또는 이동통신사업자가 단말기의 개통처리 및 수리 등 정당한 업무의 이행을 위하여 제공하거나 제공받는 경우에는 그러하지 아니하다.
> ④ 제3항을 위반하여 단말기기 고유번호를 제공하거나 제공받은 자는 3년 이하의 징역 또는 1천만 원 이하의 벌금에 처한다.
> 제□□조 제○○조의 규정에 위반하여, 불법검열에 의하여 취득한 우편물이나 그 내용, 불법감청에 의하여 지득(知得) 또는 채록(採錄)된 전기통신의 내용, 공개되지 아니한 타인 상호간의 대화를 녹음 또는 청취한 내용은 재판 또는 징계절차에서 증거로 사용할 수 없다.

① 甲이 불법검열에 의하여 취득한 乙의 우편물은 징계절차에서 증거로 사용할 수 있다.

② 甲이 乙과 정책용역을 수행하면서 乙과의 대화를 녹음한 내용은 재판에서 증거로 사용할 수 없다.

③ 甲이 乙과 丙사이의 공개되지 않은 대화를 녹음하여 공개한 경우, 1천만 원의 벌금에 처해질 수 있다.

④ 이동통신사업자 甲이 乙의 단말기를 개통하기 위하여 단말기기 고유번호를 제공받은 경우, 1년의 징역에 처해질 수 있다.

⑤ 甲이 乙과 丙 사이의 우편물을 불법으로 검열한 경우, 2년의 징역과 3년의 자격정지에 처해질 수 있다.

[정답 및 해설] ⑤

첫 번째 법조문 제1항에서 누구든지 법률에 의하지 아니하고는 우편물을 검열하지 못한다고 했고, 동조 제2항 제1호에서 우편물을 검열한 자는 1년 이상 10년 이하의 징역과 5년 이하의 자격정지에 처한다고 했으므로 甲이 乙과 丙 사이의 우편물을 불법으로 검열한 경우, 2년의 징역과 3년의 자격정지에 처해질 수 있다.

① 두 번째 법조문에서 불법검열에 의하여 취득한 우편물이나 그 내용은 재판 또는 징계절차에서 증거로 사용할 수 없음을 알 수 있다.

② 두 번째 법조문에서 공개되지 아니한 타인 상호간의 대화를 녹음 또는 청취한 내용은 재판 또는 징계절차에서 증거로 사용할 수 없다고 했으나 甲이 乙과 정책용역을 수행하면서 乙과의 대화를 녹음한 내용은 자신과 타인의 대화를 녹음한 내용이므로 재판에서 증거로 사용할 수 있음을 알 수 있다.

③ 첫 번째 법조문 제2항 제1호에서 공개되지 아니한 타인 상호간의 대화를 녹음한 자는 1년 이상 10년 이하의 징역과 5년 이하의 자격정지에 처함을 알 수 있다.

④ 첫 번째 법조문 제3항에서 누구든지 단말기기 고유번호를 제공하거나 제공받아서는 안되나 이동통신사업자가 단말기의 개통처리 및 수리 등 정당한 업무의 이행을 위하여 제공하거나 제공받는 경우에는 그러하지 아니하다고 했으므로 이동통신사업자 甲이 乙의 단말기를 개통하기 위하여 단말기기 고유번호를 제공받은 경우, 법을 위반하지 않아 1년의 징역에 처해지지 않음을 알 수 있다.

3 | 계산·비교

1 유형 특징

계산·비교는 제시된 지문, 추가적인 정보인 <상황>, <조건> 등에서 계산 방법이 제시되고 이를 통해 특정 계산 값을 산출할 수 있는지, 문제 상황에서 여러 항목을 계산 및 비교하여 구하고자 하는 특정 항목을 파악하거나 특정 상황을 판단할 수 있는지를 평가하는 유형이다.

2 최신 출제 경향

1. 계산·비교는 2021년 시험에서 7문항이 출제되었고, 모의평가에서 6문항이 출제되었다.

2. 지원금 산정 방법, 업무역량 값 산출 방법, 집 제작 비용, 보수금 산출 방법 등의 소재가 출제되었으며, 최솟값 또는 최댓값을 구하는 문제와 특정 계산 값을 도출하는 문제의 출제 비중이 높았다.

3. 계산에 필요한 정보 파악이 어렵지 않았으며, 계산 과정이 비교적 단순하여 난도는 평이하였다.

3 고득점 전략

1. 계산 과정에서 실수를 줄이기 위해 지문에서 계산해야 할 항목과 계산 방법을 정확하게 파악하는 연습을 한다.

2. 항목의 계산 및 비교를 하기 전, 항목을 제외하는 조건을 먼저 고려하거나 공통적인 계산 과정 생략, 항목 간 차이 값 계산, 어림산 등을 활용하여 계산을 최소화한다.

3. 최솟값 또는 최댓값을 계산하는 경우, 선택지에 제시된 결괏값을 대입하여 해당 경우가 가능한지 파악하는 연습을 한다.

4. 계산 과정 중 실수를 최소화하기 위해 조건 중 '단, 다만' 등의 한정 조건을 표시하는 연습을 한다.

4 기출 예제

다음 <A기관 특허대리인 보수 지급 기준>과 <상황>을 근거로 판단할 때, 甲과 乙이 지급받는 보수의 차이는?   21 7급공채

─────〈A기관 특허대리인 보수 지급 기준〉─────

○ A기관은 특허출원을 특허대리인(이하 '대리인')에게 의뢰하고, 이에 따라 특허출원 건을 수임한 대리인에게 보수를 지급한다.
○ 보수는 착수금과 사례금의 합이다.
○ 착수금은 대리인이 작성한 출원서의 내용에 따라 〈착수금 산정 기준〉의 세부항목을 합산하여 산정한다. 단, 세부항목을 합산한 금액이 140만 원을 초과할 경우 착수금은 140만 원으로 한다.

〈착수금 산정 기준〉

세부항목	금액(원)
기본료	1,200,000
독립항 1개 초과분(1개당)	100,000
종속항(1개당)	35,000
명세서 20면 초과분(1면당)	9,000
도면(1도당)	15,000

※ 독립항 1개 또는 명세서 20면 이하는 해당 항목에 대한 착수금을 산정하지 않는다.

○ 사례금은 출원한 특허가 '등록결정'된 경우 착수금과 동일한 금액으로 지급하고, '거절결정'된 경우 0원으로 한다.

─────〈사 례〉─────

○ 특허대리인 甲과 乙은 A기관이 의뢰한 특허출원을 각각 1건씩 수임하였다.
○ 甲은 독립항 1개, 종속항 2개, 명세서 14면, 도면 3도로 출원서를 작성하여 특허를 출원하였고, '등록결정'되었다.
○ 乙은 독립항 5개, 종속항 16개, 명세서 50면, 도면 12도로 출원서를 작성하여 특허를 출원하였고, '거절결정'되었다.

① 2만 원
② 8만 5천 원
③ 123만 원
④ 129만 5천 원
⑤ 259만 원

[정답 및 해설] ③

<A기관 특허대리인 보수 지급 기준>과 <착수금 산정 기준>에 따라 甲과 乙이 지급받는 보수를 정리하면 다음과 같다.
· 甲: 착수금은 120+(3.5×2)+(1.5×3)=131.5만 원이고, 특허가 '등록결정' 됐으므로 사례금으로 131.5만 원을 지급한다.
· 乙: 착수금의 세부항목 중 기본료가 120만 원, 독립항 1개 초과분이 4×10=40만 원으로 세부항목을 합산한 금액이 140만 원을 초과한다. 이에 따라 착수금은 140만 원이고, 특허가 '거절결정' 됐으므로 사례금으로 0원을 지급한다.
따라서 甲과 乙이 지급받는 보수의 차이는 (131.5+131.5)-140=123만 원이다.

4 | 규칙 적용

1 유형 특징

규칙 적용은 지문에 제시된 규칙, 조건 등을 제시하여 규칙을 정확하게 이해할 수 있는지, 규칙을 통해 특정 항목이나 결괏값을 파악할 수 있는지, 규칙을 특정 상황에 적용할 수 있는지를 평가하기 위한 유형이다.

2 최신 출제 경향

1. 규칙 적용은 2021년 시험에서 4문항이 출제되었고, 모의평가에서 5문항이 출제되었다.

2. 순서 규칙, 분반 허용 기준, 행정구역분류코드 등의 소재가 출제되었으며, 규칙의 정보량이 많고 규칙 파악이 어려운 문제가 출제되어 난도가 높은 편이었다.

3. 2021년 시험에는 모의평가에 출제되었던 조건을 충족하는 항목을 파악하는 문제는 출제되지 않았으며, 조건에 따른 결괏값을 파악하는 문제 위주로 출제되었다. 또한 모의평가에서는 출제되지 않았던 규칙에 따라 수정 사항을 파악하는 문제가 출제되었다.

3 고득점 전략

1. 규칙을 정확하게 이해하기 위해 규칙을 시각화·그룹화하는 연습을 한다.

2. 규칙을 적용한 결과를 정확하게 파악하기 위해 규칙에 따른 입증 사례 또는 반증 사례를 찾는 연습을 한다.

3. 규칙을 적용한 결과를 빠르게 파악하기 위해 특정 항목을 제외하는 규칙을 먼저 파악하는 연습을 한다.

4. 규칙이 많거나 복잡하여 이해가 어려운 경우, 제시된 선택지를 규칙에 직접 대입하여 파악하는 연습을 한다.

다음 글을 근거로 판단할 때, 마지막에 송편을 먹었다면 그 직전에 먹은 떡은?

> 원 쟁반의 둘레를 따라 쑥떡, 인절미, 송편, 무지개떡, 팥떡, 호박떡이 순서대로 한 개씩 시계방향으로 놓여 있다. 이 떡을 먹는 순서는 다음과 같은 규칙에 따른다. 특정한 떡을 시작점(첫 번째)으로 하여 시계방향으로 떡을 세다가 여섯 번째에 해당하는 떡을 먹는다. 떡을 먹고 나면 시계방향으로 이어지는 바로 다음 떡이 새로운 시작점이 된다. 이 과정을 반복하여 떡이 한 개 남게 되면 마지막으로 그 떡을 먹는다.

① 무지개떡

② 쑥떡

③ 인절미

④ 팥떡

⑤ 호박떡

[정답 및 해설] ①

떡의 위치를 첫 번째 자리부터 여섯 번째 자리까지 1~6번이라고 할 때, 제시된 조건에 따라 각 회차에 먹는 떡을 정리하면 다음과 같다.

구분	세는 순서	먹는 떡
1회차	1번–2번–3번–4번–5번–6번	6번
2회차	1번–2번–3번–4번–5번–1번	1번
3회차	2번–3번–4번–5번–2번–3번	3번
4회차	4번–5번–2번–4번–5번–2번	2번
5회차	4번–5번–4번–5번–4번–5번	5번
6회차	–	4번

이때 떡은 쑥떡, 인절미, 송편, 무지개떡, 팥떡, 호박떡이 순서대로 놓여 있고, 송편을 마지막에 먹었다고 했으므로 송편은 4번이다. 따라서 송편을 먹기 직전에 먹은 떡은 5번인 무지개떡이다.

5 | 논리퍼즐

1 유형 특징

논리퍼즐은 지문에 제시된 조건, 상황, 게임 규칙 등을 제시하여 조건을 결합하여 새로운 결과를 도출할 수 있는지, 특정 결과를 도출하기 위한 추가 조건을 파악할 수 있는지, 경우의 수에 따라 문제 상황을 해결할 수 있는지를 평가하는 유형이다.

2 최신 출제 경향

1. 논리퍼즐은 2021년 시험에서 5문항이 출제되었고, 모의평가에서 3문항이 출제되었다.

2. 구매 물품의 가능한 무게, 일의 양, 잠재 사용자 수 등 조건을 연결하거나 경우의 수를 파악할 수 있는 소재가 출제되었으며, 특히 조건에 따라 가능한 경우의 수를 파악하는 문제의 출제 비중이 높았다.

3. 2021년 시험에서는 게임 규칙, 경기 방식에 따른 경우의 수를 파악하는 문제는 출제되지 않았으며, 모의평가에서는 출제되지 않았던 경우의 수가 명확해지기 위한 추가 조건을 파악하는 문제가 출제되었다.

4. 대체적으로 제시된 조건의 정보량은 많지 않았으나 조건을 연결하고, 경우의 수를 파악하기 어려워 난도가 높았다.

3 고득점 전략

1. 조건을 정확하게 이해하기 위해 조건을 수형도, 표 등을 활용하여 시각화·그룹화하는 연습을 한다.

2. 경우의 수의 결과를 빠르게 확인하기 위해 조건에 부합하는 경우의 수 또는 조건에 부합하지 않는 경우의 수를 찾는 연습을 한다.

3. 조건의 연결 또는 경우의 수를 빠르게 하기 위해 확정적인 정보를 제공하는 고정 조건 또는 많은 정보를 가지고 있는 조건을 먼저 파악하는 연습을 한다.

다음 글을 근거로 판단할 때, 현재 시점에서 두 번째로 많은 양의 일을 한 사람은?

> A부서 주무관 5명(甲~戊)은 오늘 해야 하는 일의 양이 같다. 오늘 업무 개시 후 현재까지 한 일을 비교해 보면 다음과 같다.
> 甲은 丙이 아직 하지 못한 일의 절반에 해당하는 양의 일을 했다. 乙은 丁이 남겨 놓고 있는 일의 2배에 해당하는 양의 일을 했다. 丙은 자신이 현재까지 했던 일의 절반에 해당하는 일을 남겨 놓고 있다. 丁은 甲이 남겨 놓고 있는 일과 동일한 양의 일을 했다. 戊는 乙이 남겨 놓은 일의 절반에 해당하는 양의 일을 했다.

① 甲
② 乙
③ 丙
④ 丁
⑤ 戊

[정답 및 해설] ③

甲~戊는 오늘 해야 하는 일의 양이 같다고 했으므로 오늘 해야 하는 일의 양을 1이라 할 때 각자가 한 일의 양은 다음과 같다.

· 丙: 자신이 현재까지 했던 일의 절반에 해당하는 일을 남겨 놓고 있다고 했으므로 丙이 현재까지 한 일의 양은 2/3, 남은 일의 양은 1/3이다.

· 甲: 丙이 아직 하지 못한 일의 절반에 해당하는 양의 일을 했다고 했으므로 甲이 현재까지 한 일의 양은 1/3×1/2=1/6, 남은 일의 양은 5/6이다.

· 丁: 甲이 남겨 놓고 있는 일과 동일한 양의 일을 했다고 했으므로 丁이 현재까지 한 일의 양은 5/6, 남은 일의 양은 1/6이다.

· 乙: 丁이 남겨 놓고 있는 일의 2배에 해당하는 양의 일을 했다고 했으므로 乙이 현재까지 한 일의 양은 1/6×2=1/3, 남은 일의 양은 2/3이다.

· 戊: 乙이 남겨 놓은 일의 절반에 해당하는 양의 일을 했다고 했으므로 戊가 현재까지 한 일의 양은 2/3×1/2=1/3, 남은 일의 양은 2/3이다.

이에 따라 甲~戊가 현재까지 한 일의 양을 정리하면 다음과 같다.

구분	甲	乙	丙	丁	戊
현재까지 한 일의 양	$\frac{1}{6}$	$\frac{1}{3}$	$\frac{2}{3}$	$\frac{5}{6}$	$\frac{1}{3}$

따라서 현재 시점에서 두 번째로 많은 양의 일을 한 사람은 丙이다.

PART **1**

기출 엄선 모의고사

01. 다음 글을 근거로 판단할 때 옳은 것은? 19 5급공채

제00조(연구실적평가) ① 연구직으로 근무한 경력이 2년 이상인 연구사(석사 이상의 학위를 가진 사람은 제외한다)는 매년 12월 31일까지 그 연구실적의 결과를 논문으로 제출하여야 한다. 다만 연구실적 심사평가를 3번 이상 통과한 연구사는 그러하지 아니하다.
② 연구실적의 심사를 위하여 소속기관의 장은 임용권자 단위 또는 소속 기관 단위로 직렬별, 직류별 또는 직류 내 같은 업무분야별로 연구실적평가위원회를 설치하여야 한다.
③ 연구실적평가위원회는 위원장을 포함한 5명의 위원으로 구성한다. 위원장과 2명의 위원은 소속기관 내부 연구관 중에서, 위원 2명은 대학교수나 외부 연구기관·단체의 연구관 중에서 연구실적평가위원회를 구성할 때마다 임용권자가 임명하거나 위촉한다. 이 경우 위원 중에는 대학교수인 위원이 1명 이상 포함되어야 한다.
④ 연구실적평가위원회의 회의는 임용권자나 위원장이 매년 1월 중에 소집하고, 그 밖에 필요한 경우에는 수시로 소집한다.
⑤ 연구실적평가위원회의 표결은 무기명 투표로 하며, 재적위원 과반수의 찬성으로 의결한다.

※ 대학교수와 연구관은 겸직할 수 없음

① 개별 연구실적평가위원회는 최대 3명의 대학교수를 위원으로 위촉할 수 있다.
② 연구실적평가위원회 위원장은 소속기관 내부 연구관이 아닌 대학교수가 맡을 수 있다.
③ 연구실적평가위원회에 4명의 위원이 출석한 경우와 5명의 위원이 출석한 경우의 의결정족수는 같다.
④ 연구실적평가위원회 위원으로 위촉된 경력이 있는 사람을 재위촉하는 경우 별도의 위촉절차를 거치지 않아도 된다.
⑤ 석사학위 이상을 소지하지 않은 모든 연구사는 연구직으로 임용된 이후 5년이 지나면 석사학위를 소지한 연구사와 동일하게 연구실적 결과물 제출을 면제받는다.

02. 다음 글을 근거로 판단할 때 옳은 것은? 20 5급공채

제00조 ① 다음 각 호의 어느 하나에 해당하는 자는 농식품경영체에 대한 투자를 목적으로 하는 농식품투자조합을 결성할 수 있다.
 1. 중소기업창업투자회사
 2. 투자관리전문기관
② 제1항에 따른 조합은 그 채무에 대하여 무한책임을 지는 1인 이상의 조합원(이하 '업무집행조합원'이라 한다)과 출자액을 한도로 하여 유한책임을 지는 조합원(이하 '유한책임조합원'이라 한다)으로 구성한다. 이 경우 업무집행조합원은 다음 각 호의 어느 하나에 해당하는 자로 하되, 그 중 1인은 제1호에 해당하는 자이어야 한다.
 1. 제1항 각 호의 어느 하나에 해당하는 자
 2. 『보험업법』에 따른 보험회사
제00조 업무집행조합원은 농식품투자조합의 업무를 집행할 때 다음 각 호의 어느 하나에 해당하는 행위를 하여서는 아니 된다.
 1. 자기나 제3자의 이익을 위하여 농식품투자조합의 재산을 사용하는 행위
 2. 농식품투자조합 명의로 자금을 차입하는 행위
 3. 농식품투자조합의 재산으로 지급보증 또는 담보를 제공하는 행위
제00조 ① 농식품투자조합은 다음 각 호의 어느 하나에 해당하는 사유가 있을 때에는 해산한다.
 1. 존속기간의 만료
 2. 유한책임조합원 또는 업무집행조합원 전원의 탈퇴
 3. 농식품투자조합의 자산이 출자금 총액보다 적어지거나 그 밖의 사유가 생겨 업무를 계속 수행하기 어려운 경우로서 조합원 총수의 과반수와 조합원 총지분 과반수의 동의를 받은 경우
② 농식품투자조합이 해산하면 업무집행조합원이 청산인이 된다. 다만 조합의 규약으로 정하는 바에 따라 업무집행조합원 외의 자를 청산인으로 선임할 수 있다.
③ 농식품투자조합의 해산 당시의 출자금액을 초과하는 채무가 있으면 업무집행조합원이 그 채무를 변제하여야 한다.

① 농식품투자조합이 해산한 경우, 조합의 규약에 다른 규정이 없는 한 업무집행조합원이 청산인이 된다.
② 투자관리전문기관은 농식품투자조합의 유한책임조합원이 될 수 있지만 업무집행조합원이 될 수 없다.
③ 업무집행조합원은 농식품투자조합의 업무를 집행할 때, 그 조합의 재산으로 지급을 보증하는 행위를 할 수 있다.
④ 농식품투자조합 해산 당시 출자금액을 초과하는 채무가 있으면, 유한책임조합원 전원이 연대하여 그 채무를 변제하여야 한다.
⑤ 농식품투자조합의 자산이 출자금 총액보다 적어 업무를 계속 수행하기 어려운 경우, 조합원 총수의 과반수의 동의만으로 농식품투자조합은 해산한다.

03. 다음 글을 근거로 판단할 때, <보기>에서 민원을 정해진 기간 이내에 처리한 것만을 모두 고르면? 20 5급공채

제00조 ① 행정기관의 장은 '질의민원'을 접수한 경우에는 다음 각 호의 기간 이내에 처리하여야 한다.
　1. 법령에 관해 설명이나 해석을 요구하는 질의민원: 7일
　2. 제도·절차 등에 관해 설명이나 해석을 요구하는 질의민원: 4일
② 행정기관의 장은 '건의민원'을 접수한 경우에는 10일 이내에 처리하여야 한다.
③ 행정기관의 장은 '고충민원'을 접수한 경우에는 7일 이내에 처리하여야 한다. 단, 고충민원의 처리를 위해 14일의 범위에서 실지조사를 할 수 있고, 이 경우 실지조사 기간은 처리기간에 산입(算入)하지 아니한다.
④ 행정기관의 장은 '기타민원'을 접수한 경우에는 즉시 처리하여야 한다.
제00조 ① 민원의 처리기간을 '즉시'로 정한 경우에는 3근무시간 이내에 처리하여야 한다.
② 민원의 처리기간을 5일 이하로 정한 경우에는 민원의 접수시각부터 '시간' 단위로 계산한다. 이 경우 1일은 8시간의 근무시간을 기준으로 한다.
③ 민원의 처리기간을 6일 이상으로 정한 경우에는 '일' 단위로 계산하고 첫날을 산입한다.
④ 공휴일과 토요일은 민원의 처리기간과 실지조사 기간에 산입하지 아니한다.

※ 업무시간은 09:00~18:00이다. (점심시간 12:00~13:00 제외)
※ 3근무시간: 업무시간 내 3시간
※ 광복절(8월 15일, 화요일)과 일요일은 공휴일이고, 그 이외에 공휴일은 없다고 가정한다.

──── 〈보 기〉 ────

ㄱ. A부처는 8.7(월) 16시에 건의민원을 접수하고, 8.21(월) 14시에 처리하였다.
ㄴ. B부처는 8.14(월) 13시에 고충민원을 접수하고, 10일간 실지조사를 하여 9.7(목) 10시에 처리하였다.
ㄷ. C부처는 8.16(수) 17시에 기타민원을 접수하고, 8.17(목) 10시에 처리하였다.
ㄹ. D부처는 8.17(목) 11시에 제도에 대한 설명을 요구하는 질의민원을 접수하고, 8.22(화) 14시에 처리하였다.

① ㄱ, ㄴ
② ㄱ, ㄷ
③ ㄴ, ㄹ
④ ㄱ, ㄷ, ㄹ
⑤ ㄴ, ㄷ, ㄹ

04. 다음 글을 근거로 판단할 때, 평가대상기관(A~D) 중 최종순위 최상위기관과 최하위기관을 고르면? 18 5급공채

〈공공시설물 내진보강대책 추진실적 평가기준〉
○ 평가요소 및 점수부여
　- 내진성능평가지수 $= \dfrac{\text{내진성능평가실적건수}}{\text{내진보강대상건수}} \times 100$
　- 내진보강공사지수 $= \dfrac{\text{내진보강공사실적건수}}{\text{내진보강대상건수}} \times 100$
　- 산출된 지수 값에 따른 점수는 아래 표와 같이 부여한다.

구분	지수 값 최상위 1개 기관	지수 값 중위 2개 기관	지수 값 최하위 1개 기관
내진성능평가점수	5점	3점	1점
내진보강공사점수	5점	3점	1점

○ 최종순위 결정
　- 내진성능평가점수와 내진보강공사점수의 합이 큰 기관에 높은 순위를 부여한다.
　- 합산 점수가 동점인 경우에는 내진보강대상건수가 많은 기관을 높은 순위로 한다.

〈평가대상기관의 실적〉
(단위: 건)

구분	A	B	C	D
내진성능평가실적	82	72	72	83
내진보강공사실적	91	76	81	96
내진보강대상	100	80	90	100

	최상위기관	최하위기관
①	A	B
②	B	C
③	B	D
④	C	D
⑤	D	C

05. 다음 글을 근거로 판단할 때, 1차 투표와 2차 투표에서 모두 B안에 투표한 주민 수의 최솟값은? 20 5급공채

○○마을은 새로운 사업을 추진하기 위해 주민 100명을 대상으로 투표를 실시하였다. 주민들에게 사업안 A, B, C 중 하나를 선택하도록 하였다. 사전 자료를 바탕으로 1차 투표를 한 후, 주민들끼리 토론을 거쳐 2차 투표로 최종안을 결성하였다. 1자와 2자 투표 모두 투표율은 100%였고, 무효표는 없었다. 투표 결과는 다음과 같다.

구분	1차 투표	2차 투표
A안	30명	( )명
B안	50명	( )명
C안	20명	35명

1차 투표와 2차 투표에서 모두 A안에 투표한 주민은 20명이었고, 2차 투표에서만 A안에 투표한 주민은 5명이었다.

① 10
② 15
③ 20
④ 25
⑤ 30

06. 다음 <상황>을 근거로 판단할 때, <대안>의 월 소요 예산 규모를 비교한 것으로 옳은 것은? 18 5급공채

─ <상 황> ─

○ 甲사무관은 빈곤과 저출산 문제를 해결하기 위한 대안을 분석 중이다.
○ 전체 1,500가구는 자녀 수에 따라 네 가지 유형으로 구분할 수 있는데, 그 구성은 무자녀 가구 300가구, 한 자녀 가구 600가구, 두 자녀 가구 500가구, 세 자녀 이상 가구 100가구이다.
○ 전체 가구의 월 평균 소득은 200만 원이다.
○ 각 가구 유형의 30%는 맞벌이 가구이다.
○ 각 가구 유형의 20%는 빈곤 가구이다.

─ <대 안> ─

A안: 모든 빈곤 가구에게 전체 가구 월 평균 소득의 25%에 해당하는 금액을 가구당 매월 지급한다.
B안: 한 자녀 가구에는 10만 원, 두 자녀 가구에는 20만 원, 세 자녀 이상 가구에는 30만 원을 가구당 매월 지급한다.
C안: 자녀가 있는 모든 맞벌이 가구에 자녀 1명당 30만 원을 매월 지급한다. 다만 세 자녀 이상의 맞벌이 가구에는 일률적으로 가구당 100만 원을 매월 지급한다.

① A < B < C
② A < C < B
③ B < A < C
④ B < C < A
⑤ C < A < B

07. 다음 글을 근거로 판단할 때, 18시에서 20시 사이에 보행신호가 점등된 횟수는? 21 5급공채

○ A시는 차량통행은 많지만 사람의 통행은 적은 횡단보도에 보행자 자동인식시스템을 설치하였다.
○ 보행자 자동인식시스템이 횡단보도 앞에 도착한 보행자를 인식하면 1분 30초의 대기 후에 보행신호가 30초간 점등되며, 이후 차량통행을 보장하기 위해 2분간 보행신호는 점등되지 않는다. 점등 대기와 보행신호 점등, 차량통행 보장 시간 동안에는 보행자를 인식하지 않는다.

점등 대기	→	보행신호 점등	→	차량통행 보장
1분 30초		30초		2분

○ 보행신호가 점등되기 전까지 횡단보도 앞에 도착한 사람만 모두 건넌다.
○ 다음은 17시 50분부터 20시까지 횡단보도 앞에 도착한 사람의 수와 도착 시각을 정리한 것이다.

도착 시각	인원	도착 시각	인원
18:25:00	1	18:44:00	3
18:27:00	3	18:59:00	4
18:30:00	2	19:01:00	2
18:31:00	5	19:48:00	4
18:43:00	1	19:49:00	2

① 6
② 7
③ 8
④ 9
⑤ 10

08. 다음 글을 근거로 판단할 때, 甲과 乙이 콩을 나누기 위한 최소 측정 횟수는? 20 5급공채

甲이 乙을 도와 총 1,760g의 콩을 수확한 후, 甲은 400g을 가지고 나머지는 乙이 모두 가지기로 하였다. 콩을 나눌 때 사용할 수 있는 도구는 2개의 평형접시가 달린 양팔저울 1개, 5g짜리 돌멩이 1개, 35g짜리 돌멩이 1개뿐이다. 甲과 乙은 양팔저울 1개와 돌멩이 2개만을 이용하여 콩의 무게를 측정한다. 양팔저울의 평형접시 2개가 평형을 이룰 때 1회의 측정이 이루어진 것으로 본다.

① 2
② 3
③ 4
④ 5
⑤ 6

09. 다음 글을 근거로 판단할 때, 甲이 귀가했을 때의 정확한 시각은?

21 5급공채

甲은 집에 있는 시계 X의 건전지가 방전되어 새 건전지로 갈아 끼웠다. 甲은 정확한 시각을 알 수 없어서 일단 X의 시각을 정오로 맞춘 직후 일정한 빠르기로 걸어 친구 乙의 집으로 갔다. 乙의 집에 당일 도착했을 때 乙의 집 시계 Y는 10시 30분을 가리키고 있었다. 甲은 乙과 1시간 동안 이야기를 나눈 후 집으로 출발했다. 집으로 돌아올 때는 갈 때와 같은 길을 2배의 빠르기로 걸었다. 집에 도착했을 때, X는 14시 정각을 가리키고 있었다. 단, Y는 정확한 시각보다 10분 느리게 설정되어 있다.

※ X와 Y는 시각이 부정확한 것 외에는 정상 작동하고 있다.

① 11시 40분
② 11시 50분
③ 12시 00분
④ 12시 10분
⑤ 12시 20분

10. 다음 글을 근거로 판단할 때, 甲이 조립한 상자의 개수는?

20 5급공채

甲, 乙, 丙은 상자를 조립하는 봉사활동을 하였다. 이들은 상자 조립을 동시에 시작하여 각각 일정한 속도로 조립하였다. 그리고 '1분당 조립한 상자 개수', '조립한 상자 개수', '조립한 시간'에 대하여 아래와 같이 말하였다. 단, 2명은 모두 진실만을 말하였고 나머지 1명은 거짓만을 말하였다.

甲: 나는 乙보다 1분당 3개 더 조립했는데, 乙과 조립한 상자 개수는 같아. 丙보다 10분 적게 일했어.

乙: 나는 甲보다 40분 오래 일했어. 丙보다 10개 적게 조립했고 1분당 2개 적게 조립했어.

丙: 나는 甲보다 1분당 1개 더 조립했어. 조립한 시간은 乙과 같은데 乙보다 10개 적게 조립했어.

① 210
② 240
③ 250
④ 270
⑤ 300

11. 다음 <규칙>을 근거로 판단할 때, A와 B가 한 번의 게임에서 얻은 점수 합계의 최댓값과 최솟값은? 16 5급공채

─〈규 칙〉─

○ A와 B는 상자 안에 든 1~9까지의 숫자가 적힌 아홉 개의 공을 번갈아가며 하나씩 뽑는다. 단, 하나의 공에는 하나의 숫자만 적혀 있고, 중복되거나 누락된 숫자는 없다.
○ 뽑은 공은 상자 안에 다시 넣지 않는다.
○ 공은 A가 먼저 뽑고, 공을 모두 뽑으면 게임은 종료된다.
○ 득점방식은 다음과 같다.
　－ (n−1)번째 뽑은 공에 적힌 숫자와 n번째 뽑은 공에 적힌 숫자를 더한다. (n=2, 3, 4, 5, 6, 7, 8, 9)
　－ 위 합산 값의 일의 자리 수가 n번째 공을 뽑은 사람의 득점이 된다. 즉 n이 홀수일 때 A가 득점하고, n이 짝수일 때 B가 득점한다.
　－ A는 자신이 뽑은 첫 번째 공으로 득점할 수 없다.

	최댓값	최솟값
①	61	3
②	61	4
③	61	5
④	67	4
⑤	67	5

12. 다음 글을 근거로 판단할 때, A팀이 최종적으로 선택하게 될 이동수단의 종류와 그 비용으로 옳게 짝지은 것은? 17 5급공채

4명으로 구성된 A팀은 해외출장을 계획하고 있다. A팀은 출장지에서의 이동수단 한 가지를 결정하려 한다. 이 때 A팀은 경제성, 용이성, 안전성의 총 3가지 요소를 고려하여 최종점수가 가장 높은 이동수단을 선택한다.

○ 각 고려요소의 평가결과 '상' 등급을 받으면 3점을, '중' 등급을 받으면 2점을, '하' 등급을 받으면 1점을 부여한다. 단, 안전성을 중시하여 안전성 점수는 2배로 계산한다. (예: 안전성 '하' 등급 2점)
○ 경제성은 각 이동수단별 최소비용이 적은 것부터 상, 중, 하로 평가한다.
○ 각 고려요소의 평가점수를 합하여 최종점수를 구한다.

〈이동수단별 평가표〉

이동수단	경제성	용이성	안전성
렌터카	?	상	하
택시	?	중	중
대중교통	?	하	중

〈이동수단별 비용계산식〉

이동수단	비용계산식
렌터카	(렌트비＋유류비)×이용 일수 － 렌트비＝$50/1일(4인승 차량) － 유류비＝$10/1일(4인승 차량)
택시	거리 당 가격($1/1마일)×이동거리(마일) － 최대 4명까지 탑승가능
대중교통	대중교통패스 3일권($40/1인)×인원수

〈해외출장 일정〉

출장 일정	이동거리(마일)
11월 1일	100
11월 2일	50
11월 3일	50

	이동수단	비용
①	렌터카	$180
②	택시	$200
③	택시	$400
④	대중교통	$140
⑤	대중교통	$160

13. 다음 글과 <상황>을 근거로 판단할 때, 공기청정기가 자동으로 꺼지는 시각은? 20 민경채

○ A학교 학생들은 방과 후에 자기주도학습을 위해 교실을 이용한다.
○ 교실 안에 있는 학생 각각은 매 순간 일정한 양의 미세먼지를 발생시켜, 10분마다 5를 증가시킨다.
○ 교실에 설치된 공기청정기는 매 순간 일정한 양의 미세먼지를 제거하여, 10분마다 15를 감소시킨다.
○ 미세먼지는 사람에 의해서만 발생하고, 공기청정기에 의해서만 제거된다.
○ 공기청정기는 매 순간 미세먼지 양을 표시하며 교실 내 미세먼지 양이 30이 되는 순간 자동으로 꺼진다.

〈상 황〉

15시 50분 현재, A학교의 교실에는 아무도 없었고 켜져 있는 공기청정기가 나타내는 교실 내 미세먼지 양은 90이었다. 16시 정각에 학생 두 명이 교실에 들어와 공부를 시작하였고, 40분 후 학생 세 명이 더 들어와 공부를 시작하였다. 학생들은 모두 18시 정각에 교실에서 나왔다.

① 18시 50분
② 19시 00분
③ 19시 10분
④ 19시 20분
⑤ 19시 30분

14. 다음 글과 <반 편성 기준>을 근거로 판단할 때, <보기>에서 옳은 것만을 모두 고르면? 17 5급공채

○ 학생 6명(A~F)의 외국어반 편성을 위해 쓰기, 읽기, 듣기, 말하기 등 4개 영역에 대해 시험을 실시한다.
○ 영역별 점수는 시험 결과에 따라 1점 이상 10점 이하로 부여한다.
○ 다음 〈반 편성 기준〉에 따라 등수를 매겨 상위 3명은 심화반에, 하위 3명은 기초반에 편성한다.
○ 동점자가 발생할 경우, 듣기 점수가 더 높은 학생을 상위 등수로 간주하고, 듣기 점수도 같은 경우에는 말하기 점수, 말하기 점수도 같은 경우에는 읽기 점수, 읽기 점수도 같은 경우에는 쓰기 점수가 더 높은 학생을 상위 등수로 간주한다.
○ A~F의 영역별 점수는 다음과 같고, F의 쓰기와 말하기 영역은 채점 중이다.

(단위: 점)

학생	쓰기	읽기	듣기	말하기
A	10	10	6	3
B	7	8	7	8
C	5	4	4	3
D	5	4	4	6
E	8	7	6	5
F	?	6	5	?

〈반 편성 기준〉

아래 두 가지 기준 중 하나를 채택하여 반을 편성한다.
○ (기준1) 종합적 외국어능력을 반영하기 위해 4개 영역의 점수를 합산한 총점을 기준으로 편성한다.
○ (기준2) 수업 중 원어민 교사와의 원활한 소통을 위해 듣기와 말하기 점수의 합을 기준으로 편성한다.

〈보 기〉

ㄱ. B와 D는 어떤 경우에도 같은 반이 될 수 없다.
ㄴ. 채점 결과 F의 말하기 점수가 5점 이하라면, 어떤 기준에 따라 반을 편성하더라도 F는 기초반에 편성된다.
ㄷ. 채점 결과 F의 말하기 점수가 6점 이상이라면, 어떤 기준에 따라 반을 편성하더라도 C와 D는 같은 반에 편성된다.

① ㄱ
② ㄷ
③ ㄱ, ㄴ
④ ㄱ, ㄷ
⑤ ㄴ, ㄷ

15. 다음 글과 <상황>을 근거로 판단할 때 옳은 것은?

20 5급공채

제00조 ① 법원은 소송비용을 지출할 자금능력이 부족한 사람의 신청에 따라 또는 직권으로 소송구조(訴訟救助)를 할 수 있다. 다만 패소할 것이 분명한 경우에는 그러하지 아니하다.
② 제1항의 신청인은 구조의 사유를 소명하여야 한다.
제00조 소송구조의 범위는 다음 각 호와 같다. 다만 법원은 상당한 이유가 있는 때에는 다음 각 호 가운데 일부에 대한 소송구조를 할 수 있다.
　1. 재판비용의 납입유예
　2. 변호사 보수의 지급유예
　3. 소송비용의 담보면제
제00조 ① 소송구조는 이를 받은 사람에게만 효력이 미친다.
② 법원은 소송승계인에게 미루어 둔 비용의 납입을 명할 수 있다.
제00조 소송구조를 받은 사람이 소송비용을 납입할 자금능력이 있다는 것이 판명되거나, 자금능력이 있게 된 때에는 법원은 직권으로 또는 이해관계인의 신청에 따라 언제든지 구조를 취소하고, 납입을 미루어 둔 소송비용을 지급하도록 명할 수 있다.

※ 소송구조: 소송수행상 필요한 비용을 감당할 수 없는 경제적 약자를 위하여 비용을 미리 납입하지 않고 소송을 할 수 있도록 하는 제도
※ 소송승계인: 소송 중 소송당사자의 지위를 승계한 사람

―〈상 황〉―

甲은 乙이 운행하던 차량에 의해 교통사고를 당했다. 이에 甲은 乙을 상대로 불법행위로 인한 손해배상청구의 소를 제기하였다.

① 甲의 소송구조 신청에 따라 법원이 소송구조를 하는 경우, 甲의 재판비용 납입을 면제할 수 있다.

② 甲이 소송구조를 받아 소송을 진행하던 중 증여를 받아 자금능력이 있게 되었더라도 법원은 직권으로 소송구조를 취소할 수 없다.

③ 甲의 신청에 의해 법원이 소송구조를 한 경우, 甲뿐만 아니라 乙에게도 그 효력이 미쳐 乙은 법원으로부터 변호사 보수의 지급유예를 받을 수 있다.

④ 甲이 소송비용을 지출할 자금능력이 부족함을 소명하여 법원에 소송구조를 신청한 경우, 법원은 甲이 패소할 것이 분명하더라도 소송구조를 할 수 있다.

⑤ 甲이 소송구조를 받아 소송이 진행되던 중 丙이 甲의 소송승계인이 된 경우, 법원은 소송구조에 따라 납입유예한 재판비용을 丙에게 납입하도록 명할 수 있다.

16. 다음 글과 <상황>을 근거로 판단할 때, A와 B의 값으로 옳게 짝지은 것은?

16 5급공채

○○국 법원은 손해배상책임의 여부 또는 손해배상액을 정할 때에 피해자에게 과실이 있으면 그 과실의 정도를 반드시 참작하여야 하는데 이를 '과실상계(過失相計)'라고 한다. 예컨대 택시의 과속운행으로 승객이 부상당하여 승객에게 치료비 등 총 손해가 100만 원이 발생하였지만, 사실은 승객이 빨리 달리라고 요구하여 사고가 난 것이라고 하자. 이 경우 승객의 과실이 40%이면 손해액에서 40만 원을 빼고 60만 원만 배상액으로 정하는 것이다. 이는 자기 과실로 인한 손해를 타인에게 전가하는 것이 부당하므로 손해의 공평한 부담이라는 취지에서 인정되는 제도이다.
한편 손해가 발생하였어도 손해배상 청구권자가 손해를 본 것과 같은 원인에 의하여 이익도 보았을 때, 손해에서 그 이익을 공제하는 것을 '손익상계(損益相計)'라고 한다. 예컨대 타인에 의해 자동차가 완전 파손되어 자동차 가격에 대한 손해배상을 청구할 경우, 만약 해당 자동차를 고철로 팔아 이익을 얻었다면 그 이익을 공제하는 것이다. 주의할 것은, 국가배상에 의한 손해배상금에서 유족보상금을 공제하는 것과 같이 손해를 일으킨 원인으로 인해 피해자가 이익을 얻은 경우이어야 손익상계가 인정된다는 점이다. 따라서 손해배상의 책임 원인과 무관한 이익, 예컨대 사망했을 경우 별도로 가입한 보험계약에 의해 받은 생명보험금이나 조문객들의 부의금 등은 공제되지 않는다.
과실상계를 할 사유와 손익상계를 할 사유가 모두 있으면 과실상계를 먼저 한 후에 손익상계를 하여야 한다.

―〈상 황〉―

○○국 공무원 甲은 공무수행 중 사망하였다. 법원이 인정한 바에 따르면 국가와 甲 모두에게 과실이 있고, 손익상계와 과실상계를 하기 전 甲의 사망에 의한 손해액은 6억 원이었다. 甲의 유일한 상속인 乙은 甲의 사망으로 유족보상금 3억 원과 甲이 개인적으로 가입했던 보험계약에 의해 생명보험금 6천만 원을 수령하였다. 그 밖에 다른 사정은 없었다. 법원은 甲의 과실을 ⬚A⬚ %, 국가의 과실을 ⬚B⬚ %로 판단하여 국가가 甲의 상속인 乙에게 배상할 손해배상금을 1억 8천만 원으로 정하였다.

	A	B
①	20	80
②	25	75
③	30	70
④	40	60
⑤	70	30

17. 다음 규정을 근거로 판단할 때, <보기>에서 옳은 것을 모두 고르면?

11 민경채

제00조(성립) ① 정당은 중앙당이 중앙선거관리위원회에 등록함으로써 성립한다.

② 제1항의 등록에는 다음 각 호의 요건을 구비하여야 한다.

　1. 정당은 5개 이상의 시·도당을 가져야 한다.

　2. 시·도당은 각 1,000명 이상의 당원을 가져야 한다.

제00조(창당준비위원회) 정당의 창당활동은 발기인으로 구성하는 창당준비위원회가 한다.

제00조(창당준비위원회의 활동범위) ① 중앙당창당준비위원회는 중앙선거관리위원회에의 결성신고일부터 6월 이내에 한하여 창당활동을 할 수 있다.

② 중앙당창당준비위원회가 제1항의 기간 이내에 중앙당의 창당등록신청을 하지 아니한 때에는 그 기간만료일의 다음 날에 그 창당준비위원회는 소멸된 것으로 본다.

제00조(발기인) 창당준비위원회는 중앙당의 경우에는 200명 이상의, 시·도당의 경우에는 각 100명 이상의 발기인으로 구성한다.

제00조(등록신청) 창당준비위원회가 창당준비를 완료한 때에는 그 대표자는 관할 선거관리위원회에 정당의 등록을 신청하여야 한다.

제00조(등록의 취소) ① 정당이 다음 각 호의 어느 하나에 해당하는 때에는 당해 선거관리위원회는 그 등록을 취소한다.

　1. 정당성립의 등록에 필요한 시·도당 수 및 시·도당의 당원수의 요건을 구비하지 못하게 된 때. 다만, 요건의 흠결이 공직선거의 선거일 전 3월 이내에 생긴 때에는 선거일 후 3월까지, 그 외의 경우에는 요건 흠결시부터 3월까지 그 취소를 유예한다.

　2. 의회의원 총선거에 참여하여 의석을 얻지 못하고 유효투표총수의 100분의 2 이상을 득표하지 못한 때

─〈보 기〉─

ㄱ. 2010년 2월 1일, 정치인 甲은 5개 시·도에서 600명의 발기인으로 구성된 창당준비위원회를 결성하고 신고한 뒤, 이들 시·도에서 총 4,000명의 당원을 모집하였고, 같은 해 7월 30일 중앙선거관리위원회에 등록을 신청하여 정당으로 성립되었다.

ㄴ. 2010년 3월 15일, 정치인 乙은 중앙당 300명, 5개 시·도에서 각각 150명의 발기인으로 창당준비위원회를 결성하고 신고한 뒤, 이들 시·도에서 각 2,000명씩 총 10,000명의 당원을 모집한 후, 같은 해 9월 30일 중앙선거관리위원회에 등록을 신청하여 정당으로 성립되었다.

ㄷ. 중앙선거관리위원회에 등록되어 활동해오던 정당 丙은 의회의원 총선거를 2개월 앞둔 시점에서 2개 도의 당원 수가 각각 2,000명에서 절반으로 줄어 선거 1개월 후에 등록이 취소되었다.

ㄹ. 중앙선거관리위원회에 등록되어 활동해오던 정당 丁은 최근에 실시되었던 의회의원 총선거에 참여하여 한 명의 후보도 당선시키지 못하였으나, 유효투표총수인 1,000만 표 중 25만 표를 획득함으로써 등록이 유지되었다.

① ㄹ

② ㄱ, ㄴ

③ ㄴ, ㄷ

④ ㄷ, ㄹ

⑤ ㄱ, ㄴ, ㄹ

18. 다음 글을 근거로 판단할 때 옳은 것은? 21 5급공채

제00조 ① 재산공개대상자 및 그 이해관계인이 보유하고 있는 주식의 직무관련성을 심사·결정하기 위하여 인사혁신처에 주식백지신탁 심사위원회(이하 '심사위원회'라 한다)를 둔다.
② 심사위원회는 위원장 1명을 포함한 9명의 위원으로 구성한다.
③ 심사위원회의 위원장 및 위원은 대통령이 임명하거나 위촉한다. 이 경우 위원 중 3명은 국회가, 3명은 대법원장이 추천하는 자를 각각 임명하거나 위촉한다.
④ 심사위원회의 위원은 다음 각 호의 어느 하나에 해당하는 자격을 갖추어야 한다.
　1. 대학이나 공인된 연구기관에서 부교수 이상의 직에 5년 이상 근무하였을 것
　2. 판사, 검사 또는 변호사로 5년 이상 근무하였을 것
　3. 금융 관련 분야에 5년 이상 근무하였을 것
　4. 3급 이상 공무원 또는 고위공무원단에 속하는 공무원으로 3년 이상 근무하였을 것
⑤ 위원장 및 위원의 임기는 2년으로 하되, 1차례만 연임할 수 있다. 다만 임기가 만료된 위원은 그 후임자가 임명되거나 위촉될 때까지 해당 직무를 수행한다.
⑥ 주식의 직무관련성은 주식 관련 정보에 관한 직접적·간접적인 접근 가능성, 영향력 행사 가능성 등을 기준으로 판단하여야 한다.

① 심사위원회의 위원장은 위원 중에서 호선한다.
② 심사위원회의 위원 중 3명은 국회가 위촉한다.
③ 심사위원회의 위원이 4년을 초과하여 직무를 수행하는 경우가 있다.
④ 주식 관련 정보에 관한 간접적인 접근 가능성은 주식의 직무관련성을 판단하는 기준이 될 수 없다.
⑤ 금융 관련 분야에 5년 이상 근무하였더라도 대학에서 부교수 이상의 직에 5년 이상 근무하지 않으면 심사위원회의 위원이 될 수 없다.

19. 다음 글과 <상황>을 근거로 판단할 때, <보기>에서 옳은 것만을 모두 고르면? 20 5급공채

甲~戊로 구성된 A팀은 회식을 하고자 한다. 회식메뉴는 다음의 <메뉴 선호 순위>와 <메뉴 결정 기준>을 고려하여 정한다.

〈메뉴 선호 순위〉

메뉴＼팀원	탕수육	양고기	바닷가재	방어회	삼겹살
甲	3	2	1	4	5
乙	4	3	1	5	2
丙	3	1	5	4	2
丁	2	1	5	3	4
戊	3	5	1	4	2

〈메뉴 결정 기준〉

○ 기준1: 1순위가 가장 많은 메뉴로 정한다.
○ 기준2: 5순위가 가장 적은 메뉴로 정한다.
○ 기준3: 1순위에 5점, 2순위에 4점, 3순위에 3점, 4순위에 2점, 5순위에 1점을 부여하여 각각 합산한 뒤, 점수가 가장 높은 메뉴로 정한다.
○ 기준4: 기준3에 따른 합산 점수의 상위 2개 메뉴 중, 1순위가 더 많은 메뉴로 정한다.
○ 기준5: 5순위가 가장 많은 메뉴를 제외하고 남은 메뉴 중, 1순위가 가장 많은 메뉴로 정한다.

───── 〈상 황〉 ─────
○ 丁은 바닷가재가 메뉴로 정해지면 회식에 불참한다.
○ 丁이 회식에 불참하면 丙도 불참한다.
○ 戊는 양고기가 메뉴로 정해지면 회식에 불참한다.

───── 〈보 기〉 ─────
ㄱ. 기준1과 기준4 중 어느 것에 따르더라도 같은 메뉴가 정해진다.
ㄴ. 기준2에 따르면 탕수육으로 메뉴가 정해진다.
ㄷ. 기준3에 따르면 모든 팀원이 회식에 참석한다.
ㄹ. 기준5에 따르면 戊는 회식에 참석하지 않는다.

① ㄱ, ㄴ
② ㄴ, ㄷ
③ ㄷ, ㄹ
④ ㄱ, ㄴ, ㄹ
⑤ ㄱ, ㄷ, ㄹ

20. 다음 글과 <상황>을 근거로 판단할 때, 갑돌이가 할 수 없는 행위는? 20 민경채

> 'AD카드'란 올림픽 및 패럴림픽에서 정해진 구역을 출입하거나 차량을 탑승하기 위한 권한을 증명하는 일종의 신분증이다. 모든 관계자들은 반드시 AD카드를 패용해야 해당 구역에 출입하거나 차량을 탑승할 수 있다. 아래는 AD카드에 담긴 정보에 대한 설명이다.
>
> 〈AD카드 예시〉
>
>

대회구분	○ 올림픽 AD카드에는 다섯 개의 원이 겹쳐진 '오륜기'가, 패럴림픽 AD카드에는 세 개의 반달이 나열된 '아지토스'가 부착된다. ○ 올림픽 기간 동안에는 올림픽 AD카드만이, 패럴림픽 기간 동안에는 패럴림픽 AD카드만이 유효하다. ○ 두 대회의 기간은 겹치지 않는다.

탑승권한	○ AD카드 소지자가 탑승 가능한 교통서비스를 나타낸다. 탑승권한 코드는 복수로 부여될 수 있다.

코드	탑승 가능 교통서비스
T1	VIP용 지정차량
TA	선수단 셔틀버스
TM	미디어 셔틀버스

시설입장권한	○ AD카드 소지자가 입장 가능한 시설을 나타낸다. 시설입장권한 코드는 복수로 부여될 수 있다.

코드	입장 가능 시설
IBC	국제 방송센터
HAL	알파인 경기장
HCC	컬링센터
OFH	올림픽 패밀리 호텔
ALL	모든 시설

특수구역 접근권한	○ AD카드 소지자가 시설 내부에서 접근 가능한 특수구역을 나타낸다. 특수구역 접근권한 코드는 복수로 부여될 수 있다.

코드	접근 가능 구역
2	선수준비 구역
4	프레스 구역
6	VIP 구역

─── 〈상 황〉 ───

갑돌이는 올림픽 및 패럴림픽 관계자이다. 다음은 갑돌이가 패용한 AD카드이다.

 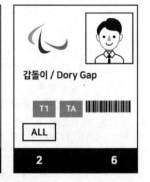

① 패럴림픽 기간 동안 알파인 경기장에 들어간다.

② 패럴림픽 기간 동안 VIP용 지정차량에 탑승한다.

③ 올림픽 기간 동안 올림픽 패밀리 호텔에 들어간다.

④ 올림픽 기간 동안 컬링센터 내부에 있는 선수준비 구역에 들어간다.

⑤ 올림픽 기간 동안 미디어 셔틀버스를 타고 이동한 후 국제 방송센터에 들어간다.

21. 다음 글과 <상황>을 근거로 판단할 때, A복지관에 채용될 2명의 후보자는?
18 민경채

A복지관은 청소년업무 담당자 2명을 채용하고자 한다. 청소년업무 담당자들은 심리상담, 위기청소년지원, 진학지도, 지역안전망구축 등 4가지 업무를 수행해야 한다. 채용되는 2명은 서로 다른 업무를 맡아 4가지 업무를 빠짐없이 분담해야 한다.

4가지 업무에 관련된 직무역량으로는 의사소통역량, 대인관계역량, 문제해결역량, 정보수집역량, 자원관리역량 등 5가지가 있다. 각 업무를 수행하기 위해서는 반드시 해당 업무에 필요한 직무역량을 모두 갖춰야 한다. 아래는 이를 표로 정리한 것이다.

업무	필요 직무역량
심리상담	의사소통역량, 대인관계역량
위기청소년지원	의사소통역량, 문제해결역량
진학지도	문제해결역량, 정보수집역량
지역안전망구축	대인관계역량, 자원관리역량

─────────〈상 황〉─────────

○ A복지관의 채용후보자는 4명(甲, 乙, 丙, 丁)이며, 각 채용후보자는 5가지 직무역량 중 3가지씩을 갖추고 있다.
○ 자원관리역량은 丙을 제외한 모든 채용후보자가 갖추고 있다.
○ 丁이 진학지도업무를 제외한 모든 업무를 수행하려면, 의사소통역량만 추가로 갖추면 된다.
○ 甲은 심리상담업무를 수행할 수 있고, 乙과 丙은 진학지도 업무를 수행할 수 있다.
○ 대인관계역량을 갖춘 채용후보자는 2명이다.

① 甲, 乙
② 甲, 丙
③ 乙, 丙
④ 乙, 丁
⑤ 丙, 丁

22. 다음 글을 근거로 판단할 때, 방에 출입한 사람의 순서는?
19 민경채

방에는 1부터 6까지의 번호가 각각 적힌 6개의 전구가 다음과 같이 놓여있다.

전구 번호	1	2	3	4	5	6
상태	켜짐	켜짐	켜짐	꺼짐	꺼짐	꺼짐

왼쪽 ←　　　　　　　→ 오른쪽

총 3명(A~C)이 각각 한 번씩 홀로 방에 들어가 자신이 정한 규칙에 의해서만 전구를 켜거나 끄고 나왔다.

○ A는 번호가 3의 배수인 전구가 켜진 상태라면 그 전구를 끄고, 꺼진 상태라면 그대로 둔다.
○ B는 번호가 2의 배수인 전구가 켜진 상태라면 그 전구를 끄고, 꺼진 상태라면 그 전구를 켠다.
○ C는 3번 전구는 그대로 두고, 3번 전구를 기준으로 왼쪽과 오른쪽 중 켜진 전구의 개수가 많은 쪽의 전구를 전부 끈다. 다만 켜진 전구의 개수가 같다면 양쪽에 켜진 전구를 모두 끈다.

마지막 사람이 방에서 나왔을 때, 방의 전구는 모두 꺼져 있었다.

① A－B－C
② A－C－B
③ B－A－C
④ B－C－A
⑤ C－B－A

연령규범은 특정 연령의 사람이 어떤 일을 할 수 있거나 해야 한다는 사회적 기대와 믿음이다. 연령규범은 사회적 자원 분배나 사회문화적 특성, 인간발달의 생물학적 리듬이 복합적으로 작용하여 제도화된다. 그 결과 결혼할 나이, 자녀를 가질 나이, 은퇴할 나이 등 사회구성원이 동의하는 기대연령이 달라진다. 즉 졸업, 취업, 결혼 등에 대한 기대 연령은 사회경제적 여건에 따라 달라지는 것이다.

연령규범이 특정 나이에 어떤 행동을 해야 하는지에 대한 기대를 담고 있기 때문에 나이에 따라 사회적으로 용인되는 행위도 달라진다. 이러한 기대는 법적 기준에 반영되기도 한다. 예를 들어 甲국의 청소년법은 만 19세 미만인 청소년의 건강을 고려하여 음주나 흡연을 제한한다. 그럼에도 불구하고 만 19세가 되는 해의 1월 1일부터는 술·담배 구입을 허용한다. 동법에 따르면 청소년은 만 19세 미만이지만, 만 19세에 도달하는 해의 1월 1일을 맞은 사람은 제외하기 때문이다. 이때 사용되는 나이 기준을 '연 나이'라고 한다. '연 나이'는 청소년법 등에서 공식적으로 사용하는 나이 계산법으로 현재 연도에서 태어난 연도를 뺀 값이 나이가 된다. 이와 달리 '만 나이'는 태어난 날을 기준으로 0살부터 시작하여 1년이 지나면 한 살을 더 먹는 것으로 계산한다.

한편 법률상 甲국의 성인기준은 만 19세 이상이지만, 만 18세 이상이면 군 입대, 운전면허 취득, 취업, 공무원 시험 응시가 가능하다. 청소년 관람불가 영화도 고등학생을 제외한 만 18세 이상이면 관람할 수 있다. 국회의원 피선거권은 만 20세 이상, 대통령 피선거권은 만 35세 이상이지만 투표권은 만 19세 이상에게 부여된다.

최근 甲국에서 노인 인구가 급증하면서 노인에 대한 연령규범이 변화하고 노인의 연령기준도 달라지고 있다. 甲국에서 노인 연령기준은 통상 만 65세 이상이지만, 만 65세 이상 국민의 과반수가 만 70세 이상을 노인으로 인식하고 있다.

하지만 甲국의 어떤 법에서도 몇 세부터 노인이라고 규정하는 연령기준이 일관되게 제시되지 않고 있다. 예를 들어 노인복리법은 노인에 대한 정의를 내리지 않고 만 65세 이상에게 교통수단 이용 시 무료나 할인 혜택을 주도록 규정하고 있다. 기초연금 수급, 장기요양보험 혜택, 노인 일자리 제공 등도 만 65세 이상이 대상이다. 한편 노후연금 수급연령은 만 62세부터이며, 노인복지관과 노인교실 이용, 주택연금 가입이나 노인주택 입주자격은 만 60세부터이다.

23. 윗글을 근거로 판단할 때 옳은 것은?

① 연령규범은 특정 나이에 어떤 일을 할 수 있는지에 대한 개인적 믿음을 말한다.

② 같은 연도 내에서는 만 나이와 연 나이가 항상 같다.

③ 甲국 법률에서 제시되는 노인 연령기준은 동일하다.

④ 결혼에 대한 기대연령은 생물학적 요인의 영향을 크게 받기 때문에 사회여건 변화가 영향을 미치기 어렵다.

⑤ 甲국의 연령규범에 따르면 만 19세인 사람은 운전면허 취득, 술 구매, 투표가 가능하다.

24. 윗글을 근거로 판단할 때, 5월생인 甲국 국민이 '연 나이' 62세가 된 날 이미 누리고 있거나 누릴 수 있게 되는 것만으로 옳은 것은?

① 국회의원 피선거권, 노인교실 이용, 장기요양보험 혜택

② 노후연금 수급, 기초연금 수급, 대통령 피선거권

③ 국회의원 피선거권, 기초연금 수급, 노인주택 입주자격

④ 노후연금 수급, 국회의원 피선거권, 노인복지관 이용

⑤ 노인교실 이용, 대통령 피선거권, 주택연금 가입

25. 다음 글과 <자료>를 근거로 판단할 때, 甲이 여행을 다녀온 시기로 가능한 것은? 16 5급공채

○ 甲은 선박으로 '포항 → 울릉도 → 독도 → 울릉도 → 포항' 순으로 여행을 다녀왔다.
○ '포항 → 울릉도' 선박은 매일 오전 10시, '울릉도 → 포항' 선박은 매일 오후 3시에 출발하며, 편도 운항에 3시간이 소요된다.
○ 울릉도에서 출발해 독도를 돌아보는 선박은 매주 화요일과 목요일 오전 8시에 출발하여 당일 오전 11시에 돌아온다.
○ 최대 파고가 3m 이상인 날은 모든 노선의 선박이 운항되지 않는다.
○ 甲은 매주 금요일에 술을 마시는데, 술을 마신 다음날은 멀미가 심해 선박을 탈 수 없다.
○ 이번 여행 중 甲은 울릉도에서 호박엿 만들기 체험을 했는데, 호박엿 만들기 체험은 매주 월·금요일 오후 6시에만 할 수 있다.

〈자 료〉

㉠: 최대 파고(단위: m)

일	월	화	수	목	금	토
16 ㉠ 1.0	17 ㉠ 1.4	18 ㉠ 3.2	19 ㉠ 2.7	20 ㉠ 2.8	21 ㉠ 3.7	22 ㉠ 2.0
23 ㉠ 0.7	24 ㉠ 3.3	25 ㉠ 2.8	26 ㉠ 2.7	27 ㉠ 0.5	28 ㉠ 3.7	29 ㉠ 3.3

① 16일(일) ~ 19일(수)
② 19일(수) ~ 22일(토)
③ 20일(목) ~ 23일(일)
④ 23일(일) ~ 26일(수)
⑤ 25일(화) ~ 28일(금)

약점 보완 해설집 p.2

01. 다음 글을 근거로 판단할 때 옳은 것은?
21 5급공채

제00조 ① 농림축산식품부장관은 채소류 등 저장성이 없는 농산물의 가격안정을 위하여 필요하다고 인정할 때에는 생산자 또는 생산자단체로부터 농산물가격안정기금으로 해당 농산물을 수매할 수 있다. 다만 가격안정을 위하여 특히 필요하다고 인정할 때에는 도매시장에서 해당 농산물을 수매할 수 있다.
② 제1항에 따라 수매한 농산물은 판매 또는 수출하거나 사회복지단체에 기증하는 등 필요한 처분을 할 수 있다.
③ 농림축산식품부장관은 제1항과 제2항에 따른 수매 및 처분에 관한 업무를 농업협동조합중앙회 · 산림조합중앙회(이하 '농림협중앙회'라 한다) 또는 한국농수산식품유통공사에 위탁할 수 있다.
제00조 ① 농림축산식품부장관은 농산물(쌀과 보리는 제외한다. 이하 이 조에서 같다)의 수급조절과 가격안정을 위하여 필요하다고 인정할 때에는 농산물가격안정기금으로 농산물을 비축하거나 농산물의 출하를 약정하는 생산자에게 그 대금의 일부를 미리 지급하여 출하를 조절할 수 있다.
② 제1항에 따른 비축용 농산물은 생산자 또는 생산자단체로부터 수매할 수 있다. 다만 가격안정을 위하여 특히 필요하다고 인정할 때에는 도매시장에서 수매하거나 수입할 수 있다.
③ 농림축산식품부장관은 제1항과 제2항에 따른 사업을 농림협중앙회 또는 한국농수산식품유통공사에 위탁할 수 있다.
④ 농림축산식품부장관은 제2항 단서에 따라 비축용 농산물을 수입하는 경우, 국제가격의 급격한 변동에 대비하여야 할 필요가 있다고 인정할 때에는 선물거래(先物去來)를 할 수 있다.

① 한국농수산식품유통공사는 가격안정을 위해 수매한 저장성이 없는 농산물을 외국에 수출할 수 없다.
② 채소류의 가격안정을 위해서 특히 필요하다고 인정되어 수매할 경우, 농림협중앙회는 소매시장에서 수매하여야 한다.
③ 농림협중앙회는 보리의 수급조절을 위하여 보리 생산자에게 대금의 일부를 미리 지급하여 출하를 조절할 수 있다.
④ 농림축산식품부장관은 개별 생산자로부터 비축용 농산물을 수매할 수 있다.
⑤ 농림축산식품부장관은 비축용 농산물 국제가격의 급격한 변동에 대비하여야 할 필요가 있다고 인정할 경우에도 선물거래를 할 수 없다.

02. 다음 글과 <상황>을 근거로 판단할 때 옳은 것은?
20 5급공채

제○○조 ① 주택 등에서 월령 2개월 이상인 개를 기르는 경우, 그 소유자는 시장 · 군수 · 구청장에게 이를 등록하여야 한다.
② 소유자는 제1항의 개를 기르는 곳에서 벗어나게 하는 경우에는 소유자의 성명, 소유자의 전화번호, 등록번호를 표시한 인식표를 그 개에게 부착하여야 한다.
제□□조 ① 맹견의 소유자는 다음 각 호의 사항을 준수하여야 한다.
1. 소유자 없이 맹견을 기르는 곳에서 벗어나지 아니하게 할 것
2. 월령이 3개월 이상인 맹견을 동반하고 외출할 때에는 목줄과 입마개를 하거나 맹견의 탈출을 방지할 수 있는 적정한 이동장치를 할 것
② 시장 · 군수 · 구청장은 맹견이 사람에게 신체적 피해를 주는 경우, 소유자의 동의 없이 맹견에 대하여 격리조치 등 필요한 조치를 취할 수 있다.
③ 맹견의 소유자는 맹견의 안전한 사육 및 관리에 관하여 정기적으로 교육을 받아야 한다.
제△△조 ① 제□□조 제1항을 위반하여 사람을 사망에 이르게 한 자는 3년 이하의 징역 또는 3천만 원 이하의 벌금에 처한다.
② 제□□조 제1항을 위반하여 사람의 신체를 상해에 이르게 한 자는 2년 이하의 징역 또는 2천만 원 이하의 벌금에 처한다.

─── 〈상 황〉 ───

甲과 乙은 맹견을 각자 자신의 주택에서 기르고 있다. 甲은 월령 1개월인 맹견 A의 소유자이고, 乙은 월령 3개월인 맹견 B의 소유자이다.

① 甲이 A를 동반하고 외출하는 경우 A에게 목줄과 입마개를 해야 한다.
② 甲은 맹견의 안전한 사육 및 관리에 관하여 정기적으로 교육을 받지 않아도 된다.
③ 甲이 A와 함께 타 지역으로 여행을 가는 경우, A에게 甲의 성명과 전화번호를 표시한 인식표를 부착하지 않아도 된다.
④ B가 제3자에게 신체적 피해를 주는 경우, 구청장이 B를 격리조치하기 위해서는 乙의 동의를 얻어야 한다.
⑤ 乙이 B에게 목줄을 하지 않아 제3자의 신체를 상해에 이르게 한 경우, 乙을 3년의 징역에 처한다.

03. 다음 글을 근거로 판단할 때, <상황>의 ㉠에 들어갈 금액으로 옳은 것은? 17 5급공채

법원이 진행하는 부동산 경매를 통해 부동산을 매수하려는 사람은 법원이 정한 해당 부동산의 '최저가매각가격' 이상의 금액을 매수가격으로 하여 매수신고를 하여야 한다. 이때 신고인은 최저가매각가격의 10분의 1을 보증금으로 납부하여야 입찰에 참가할 수 있다. 법원은 입찰자 중 최고가매수가격을 신고한 사람(최고가매수신고인)을 매수인으로 결정하며, 매수인은 신고한 매수가격(매수신고액)에서 보증금을 공제한 금액을 지정된 기일까지 납부하여야 한다. 만일 최고가매수신고인이 그 대금을 기일까지 납부하지 않으면, 최고가매수신고인 외의 매수신고인은 자신이 신고한 매수가격대로 매수를 허가하여 달라는 취지의 차순위매수신고를 할 수 있다. 다만 차순위매수신고는 매수신고액이 최고가매수신고액에서 보증금을 뺀 금액을 넘어야 할 수 있다.

───────〈상 황〉───────

甲과 乙은 법원이 최저가매각가격을 2억 원으로 정한 A주택의 경매에 입찰자로 참가하였다. 甲은 매수가격을 2억 5천만 원으로 신고하여 최고가매수신고인이 되었다. 甲이 지정된 기일까지 대금을 납부하지 않은 경우, 乙이 차순위매수신고를 하기 위해서는 乙의 매수신고액이 최소한 (㉠)을 넘어야 한다.

① 2천만 원

② 2억 원

③ 2억 2천만 원

④ 2억 2천 5백만 원

⑤ 2억 3천만 원

04. 다음 글을 근거로 판단할 때, <보기>에서 옳은 것만을 모두 고르면? 15 5급공채

조선시대 궁녀가 받는 보수에는 의전, 선반, 삭료 세 가지가 있었다. 『실록』에서 "봄, 가을에 궁녀에게 포화(布貨)를 내려주니, 이를 의전이라고 한다"라고 한 것처럼 '의전'은 1년에 두 차례 지급하는 옷값이다. '선반'은 궁중에서 근무하는 사람들에게 제공하는 식사를 의미한다. '삭료'는 매달 주는 봉급으로 곡식과 반찬거리 등의 현물이 지급되었다. 궁녀들에게 삭료 이외에 의전과 선반도 주었다는 것은 월급 이외에도 옷값과 함께 근무 중의 식사까지 제공했다는 것으로, 지금의 개념으로 본다면 일종의 복리후생비까지 지급한 셈이다.

삭료는 쌀, 콩, 북어 세 가지 모두 지급되었는데 그 항목은 공상과 방자로 나뉘어 있었다. 공상은 궁녀들에게 지급되는 월급 가운데 기본급에 해당하는 것이다. 공상은 모든 궁녀에게 지급되었으나 직급과 근무연수에 따라 온공상, 반공상, 반반공상 세 가지로 나뉘어 차등 지급되었다. 공상 중 온공상은 쌀 7두 5승, 콩 6두 5승, 북어 2태 10미였다. 반공상은 쌀 5두 5승, 콩 3두 3승, 북어 1태 5미였고, 반반공상은 쌀 4두, 콩 1두 5승, 북어 13미였다.

방자는 궁녀들의 하녀격인 무수리를 쓸 수 있는 비용이었으며, 기본급 이외에 별도로 지급되었다. 방자는 모두에게 지급된 것이 아니라 직급이나 직무에 따라 일부에게만 지급되었으므로, 일종의 직급수당 또는 직무수당인 셈이다. 방자는 온방자와 반방자 두 가지만 있었는데, 온방자는 매달 쌀 6두와 북어 1태였고 반방자는 온방자의 절반인 쌀 3두와 북어 10미였다.

───────〈보 기〉───────

ㄱ. 조선시대 궁녀에게는 현물과 포화가 지급되었다.

ㄴ. 삭료로 지급되는 현물의 양은 온공상이 반공상의 2배, 반공상이 반반공상의 2배였다.

ㄷ. 반공상과 온방자를 삭료로 받는 궁녀가 매달 받는 북어는 45미였다.

ㄹ. 매달 궁녀가 받을 수 있는 가장 적은 삭료는 쌀 4두, 콩 1두 5승, 북어 13미였다.

① ㄱ, ㄴ

② ㄱ, ㄹ

③ ㄴ, ㄷ

④ ㄱ, ㄷ, ㄹ

⑤ ㄴ, ㄷ, ㄹ

05. 다음 글을 근거로 판단할 때 옳은 것은?　21 5급공채

상속에는 혈족상속과 배우자상속이 있다. 혈족상속인은 피상속인(사망자)과의 관계에 따라 피상속인의 직계비속(1순위), 피상속인의 직계존속(2순위), 피상속인의 형제자매(3순위), 피상속인의 4촌 이내 방계혈족(4순위) 순으로 상속인이 된다. 후순위 상속인은 선순위 상속인이 없는 경우에 상속재산을 상속할 수 있다. 같은 순위의 혈족상속인이 여럿인 경우, 그 법정상속분은 균분(均分)한다.

피상속인의 배우자는 언제나 상속인이 된다. 그 배우자의 법정상속분은 직계비속과 공동으로 상속하는 때에는 직계비속 상속분의 5할을 가산하고, 직계존속과 공동으로 상속하는 때에는 직계존속 상속분의 5할을 가산한다. 피상속인에게 배우자만 있고 직계비속도 직계존속도 없는 때에는 배우자가 단독으로 상속한다.

한편 개인은 자신의 재산을 증여하거나 유언(유증)으로 자유롭게 처분할 수 있다. 그런데 이러한 자유를 무제한 허용한다면 상속재산의 전부가 타인에게 넘어가 상속인의 생활기반이 붕괴될 우려가 있다. 그래서 법률은 일정한 범위의 상속인에게 유류분을 인정하고 있다. 유류분이란 법률상 상속인에게 귀속되는 것이 보장되는 상속재산에 대한 일정비율을 의미한다.

피상속인이 유류분을 침해하는 유증이나 증여를 하는 경우, 유류분 권리자는 자기가 침해당한 유류분에 대해 반환을 청구할 수 있다. 유류분 권리자는 피상속인의 직계비속, 배우자, 직계존속 및 형제자매이다. 유류분은 피상속인의 배우자 또는 직계비속의 경우 그 법정상속분의 2분의 1, 피상속인의 직계존속 또는 형제자매의 경우 그 법정상속분의 3분의 1이다.

유류분반환청구권의 행사는 반드시 소에 의한 방법으로 하여야 할 필요는 없고, 유증을 받은 자 또는 증여를 받은 자에 대한 의사표시로 하면 된다. 유류분반환청구권은 유류분 권리자가 상속의 개시(피상속인의 사망시)와 반환하여야 할 증여 또는 유증을 한 사실을 안 때부터 1년 내에 행사하지 않거나, 상속이 개시된 때부터 10년이 경과하면 시효에 의하여 소멸한다.

① 피상속인이 유언에 의해 재산을 모두 사회단체에 기부한 경우, 그의 자녀는 유류분 권리자가 될 수 없다.

② 피상속인의 자녀에게는 법정상속분 2분의 1의 유류분이 인정되며, 유류분 산정액은 피상속인의 배우자의 그것과 같다.

③ 피상속인의 부모는 피상속인의 자녀와 공동으로 상속재산을 상속할 수 있다.

④ 상속이 개시한 때부터 10년이 경과하였다면, 소에 의한 방법으로 유류분반환청구권을 행사해야 한다.

⑤ 피상속인에게 3촌인 방계혈족만 있는 경우, 그 방계혈족은 상속인이 될 수 있지만 유류분 권리자는 될 수 없다.

---

06. 다음 <휴양림 요금규정>과 <조건>에 근거할 때, <상황>에서 甲, 乙, 丙 일행이 각각 지불한 총요금 중 가장 큰 금액과 가장 작은 금액의 차이는?　17 5급공채

─── 〈휴양림 요금규정〉───

○ 휴양림 입장료(1인당 1일 기준)

구분	요금(원)	입장료 면제
어른	1,000	• 동절기(12월~3월) • 다자녀 가정
청소년 (만 13세 이상~19세 미만)	600	
어린이 (만 13세 미만)	300	

※ '다자녀 가정'은 만 19세 미만의 자녀가 3인 이상 있는 가족을 말한다.

○ 야영시설 및 숙박시설(시설당 1일 기준)

구분		요금(원)		비고
		성수기 (7~8월)	비수기 (7~8월 외)	
야영시설 (10인 이내)	황토데크(개)	10,000		휴양림 입장료 별도
	캐빈(동)	30,000		
숙박시설	3인용(실)	45,000	24,000	휴양림 입장료 면제
	5인용(실)	85,000	46,000	

※ 일행 중 '장애인'이 있거나 '다자녀 가정'인 경우 비수기에 한해 야영시설 및 숙박시설 요금의 50%를 할인한다.

─── 〈조 건〉───

○ 총요금=(휴양림 입장료)+(야영시설 또는 숙박시설 요금)
○ 휴양림 입장료는 머문 일수만큼, 야영시설 및 숙박시설 요금은 숙박 일수만큼 계산함. (예: 2박 3일의 경우 머문 일수는 3일, 숙박 일수는 2일)

─── 〈상 황〉───

○ 甲(만 45세)은 아내(만 45세), 자녀 3명(각각 만 17세, 15세, 10세)과 함께 휴양림에 7월 중 3박 4일간 머물렀다. 甲 일행은 5인용 숙박시설 1실을 이용하였다.
○ 乙(만 25세)은 어머니(만 55세, 장애인), 아버지(만 58세)를 모시고 휴양림에서 12월 중 6박 7일간 머물렀다. 乙 일행은 캐빈 1동을 이용하였다.
○ 丙(만 21세)은 동갑인 친구 3명과 함께 휴양림에서 10월 중 9박 10일 동안 머물렀다. 丙 일행은 황토데크 1개를 이용하였다.

① 40,000원

② 114,000원

③ 125,000원

④ 144,000원

⑤ 165,000원

07. 다음 <상황>을 근거로 판단할 때, 짜장면 1그릇의 가격은?

17 민경채

─────〈상 황〉─────
○ A중식당의 각 테이블별 주문 내역과 그 총액은 아래
  〈표〉와 같다.
○ 각 테이블에서는 음식을 주문 내역별로 1그릇씩 주문하
  였다.

〈표〉

테이블	주문 내역	총액(원)
1	짜장면, 탕수육	17,000
2	짬뽕, 깐풍기	20,000
3	짜장면, 볶음밥	14,000
4	짬뽕, 탕수육	18,000
5	볶음밥, 깐풍기	21,000

① 4,000원
② 5,000원
③ 6,000원
④ 7,000원
⑤ 8,000원

08. 다음 글에 있는 측정대상자의 특성과 여건을 고려할 때 <보기>의 측정내용과 측정방법이 가장 적절하게 연결된 것은?

06 5급공채

A방법은 비용이 가장 저렴하고 간단하며 재측정이 쉽다는 장점이 있다. 그러나 이 방법은 테스트가 진행되는 동안 맥박을 측정할 수 없고, 신뢰성 있는 심전도 결과를 얻기 어렵다.
　B방법은 모든 강도의 운동을 테스트할 수 있다. 이 방법은 측정 대상의 맥박을 좀 더 쉽게 측정할 수 있고 운동 중 혈압을 용이하게 측정할 수 있다. 비용도 C방법에 비하면 훨씬 저렴하다. 그러나 이 방법은 수영이나 달리기와 같은 종류의 동작을 측정하기는 어렵다.
　C방법은 일반인을 대상으로 한 측정방법 중 가장 좋은 방법이다. 다만 A방법에 비하여 운동 중의 맥박, 혈압, 심전도 측정에 있어 경험 많은 측정자가 요구된다.
　D방법은 측정대상자가 정적인 운동을 주로 하는 경우 언제라도 실시할 수 있으며 운동능력을 정확하게 측정할 수 있다. 이러한 방법을 통하여 순환호흡계의 반응과 생화학적인 반응을 자세하게 분석할 수 있다.

─────〈보 기〉─────
ㄱ. 올림픽 출전을 앞둔 수영 선수 운동능력 측정
ㄴ. 심장질환이 있는 중년여성 심전도 측정
ㄷ. 초등학교 단거리 육상 선수 운동능력 측정
ㄹ. 종합병원에서의 신입사원 심전도 측정
ㅁ. 경기를 앞둔 이종 격투기 선수 운동능력 측정

① ㄱ - B방법
② ㄴ - A방법
③ ㄷ - B방법
④ ㄹ - C방법
⑤ ㅁ - D방법

09. 다음 글을 근거로 판단할 때, <보기>에서 옳은 것만을 모두 고르면?

21 5급공채

○ 3개의 과일상자가 있다.
○ 하나의 상자에는 사과만 담겨 있고, 다른 하나의 상자에는 배만 담겨 있으며, 나머지 하나의 상자에는 사과와 배가 섞여 담겨 있다.
○ 각 상자에는 '사과 상자', '배 상자', '사과와 배 상자'라는 이름표가 붙어 있다.
○ 이름표대로 내용물(과일)이 들어 있는 상자는 없다.
○ 상자 중 하나에서 한 개의 과일을 꺼내어 확인할 수 있다.

─────〈보 기〉─────

ㄱ. '사과와 배 상자'에서 과일 하나를 꺼내어 확인한 결과 사과라면, '사과 상자'에는 배만 들어 있다.
ㄴ. '배 상자'에서 과일 하나를 꺼내어 확인한 결과 배라면, '사과 상자'에는 사과와 배가 들어 있다.
ㄷ. '사과 상자'에서 과일 하나를 꺼내어 확인한 결과 배라면, '배 상자'에는 사과만 들어 있다.

① ㄱ
② ㄴ
③ ㄱ, ㄷ
④ ㄴ, ㄷ
⑤ ㄱ, ㄴ, ㄷ

10. 다음 글과 <표>를 근거로 판단할 때, A사무관이 선택할 4월의 광고수단은?

19 5급공채

○ 주어진 예산은 월 3천만 원이며, A사무관은 월별 광고효과가 가장 큰 광고수단 하나만을 선택한다.
○ 광고비용이 예산을 초과하면 해당 광고수단은 선택하지 않는다.
○ 광고효과는 아래와 같이 계산한다.

$$광고효과 = \frac{총\ 광고\ 횟수 \times 회당\ 광고노출자\ 수}{광고비용}$$

○ 광고수단은 한 달 단위로 선택된다.

〈표〉

광고수단	광고 횟수	회당 광고노출자 수	월 광고비용 (천 원)
TV	월 3회	100만 명	30,000
버스	일 1회	10만 명	20,000
KTX	일 70회	1만 명	35,000
지하철	일 60회	2천 명	25,000
포털사이트	일 50회	5천 명	30,000

① TV
② 버스
③ KTX
④ 지하철
⑤ 포털사이트

11. 다음 글에 근거할 때, <보기>에서 옳게 추론한 것을 모두 고르면?

12 민경채

○ LOFI(Little Out From Inside)는 한 지역 내에서 생산된 제품이 그 지역 내에서 소비된 비율을 의미한다. LOFI가 75% 이상이면 해당 지역은 독립적인 시장으로 본다.

○ A도, B도, C도, D도에는 각각 자도(自道)소주인 a소주, b소주, c소주, d소주를 생산하는 회사가 도별로 1개씩만 있다. 각 회사는 소주를 해당 도 내에서만 생산하지만, 판매는 다른 도에서도 할 수 있다.

○ 다음 그림은 전체 지역의 지난 1년 간 도별 소주 생산량과 각 도 사이의 물류량을 표시한 것이다. 동그라미 안의 숫자는 각 도별 소주 생산량을 의미하고, 화살표는 이동의 방향을 나타낸다. 그리고 화살표 옆의 숫자는 소주의 이동량을 의미한다. 예를 들어 A도에서 B도를 향한 화살표의 40은 a소주의 이동량을 나타낸다.

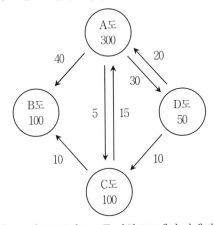

○ 다만 D도의 d소주가 A도를 거쳐 B도에서 판매되는 것과 같이 2번 이상의 이동은 일어날 수 없다. 또한 1년 간 생산된 소주는 그 해에 모두 소비된다고 가정한다. 이 경우 자도소주의 LOFI를 구하는 공식은 다음과 같다.

$$\text{LOFI}_{\text{자도소주}}(\%) = \frac{\text{해당 도내 자도소주 소비량}}{\text{해당 도의 자도소주 생산량}} \times 100$$

───〈 보 기 〉───

ㄱ. A도에서는 소주의 생산량보다 소비량이 더 많다.

ㄴ. A도와 B도가 하나의 도라면, 그 도는 독립적인 시장으로 볼 수 있다.

ㄷ. C도는 독립적인 시장으로 볼 수 없다.

① ㄱ

② ㄴ

③ ㄷ

④ ㄱ, ㄴ

⑤ ㄴ, ㄷ

12. 다음 글을 근거로 판단할 때, 도형의 모양으로 옳게 짝지어진 것은?

16 5급공채

5명의 학생은 5개 도형 A~E의 모양을 맞히는 게임을 하고 있다. 5개의 도형은 모두 서로 다른 모양을 가지며 각각 삼각형, 사각형, 오각형, 육각형, 원 중 하나의 모양으로 이루어진다. 학생들에게 아주 짧은 시간 동안 5개의 도형을 보여준 후 도형의 모양을 2개씩 진술하게 하였다. 학생들이 진술한 도형의 모양은 다음과 같고, 모두 하나씩만 정확하게 맞혔다.

지영: C=삼각형, D=사각형
종형: B=오각형, E=사각형
미석: C=원,　　D=오각형
길원: A=육각형, E=사각형
수연: A=육각형, B=삼각형

① A=육각형, D=사각형

② B=오각형, C=삼각형

③ A=삼각형, E=사각형

④ C=오각형, D=원

⑤ D=오각형, E=육각형

13. 다음 글과 <상황>을 근거로 판단할 때, 주택(A~E) 중 관리대상주택의 수는?   15 민경채

○○나라는 주택에 도달하는 빛의 조도를 다음과 같이 예측한다.

1. 각 조명시설에서 방출되는 광량은 그림에 표시된 값이다.
2. 위 그림에서 1칸의 거리는 2이며, 빛의 조도는 조명시설에서 방출되는 광량을 거리로 나눈 값이다.
3. 여러 조명시설로부터 동시에 빛이 도달할 경우, 각 조명시설로부터 주택에 도달한 빛의 조도를 예측하여 단순 합산한다.
4. 주택에 도달하는 빛은 그림에 표시된 세 개의 조명시설에서 방출되는 빛 외에는 없다고 가정한다.

───────── 〈상 황〉 ─────────

빛공해로부터 주민생활을 보호하기 위해, 주택에서 예측된 빛의 조도가 30을 초과할 경우 관리대상주택으로 지정한다.

① 1채
② 2채
③ 3채
④ 4채
⑤ 5채

14. 다음 글을 근거로 판단할 때, 수호가 세탁을 통해 가질 수 있는 수건의 색조합으로 옳지 않은 것은?   19 5급공채

○ 수호는 현재 빨간색, 파란색, 노란색, 흰색, 검은색 수건을 각 1개씩 가지고 있다.
○ 수호는 본인의 세탁기로 세탁하며, 동일한 수건을 여러 번 세탁할 수 있다.
○ 수호가 가지고 있는 세탁기는 수건을 2개까지 동시에 세탁할 수 있고, 다른 색의 수건을 함께 세탁하면 다음과 같이 색이 변한다.
─ 빨간색 수건과 파란색 수건을 함께 세탁하면, 모두 보라색 수건이 된다.
─ 빨간색 수건과 노란색 수건을 함께 세탁하면, 각각 빨간색 수건과 주황색 수건이 된다.
─ 파란색 수건과 노란색 수건을 함께 세탁하면, 각각 파란색 수건과 초록색 수건이 된다.
─ 흰색 수건을 다른 색 수건과 함께 세탁하면, 모두 그 다른 색 수건이 된다.
─ 검은색 수건을 다른 색 수건과 함께 세탁하면, 모두 검은색 수건이 된다.

① 빨간색 1개, 파란색 1개, 보라색 2개, 검은색 1개
② 주황색 1개, 파란색 1개, 노란색 1개, 검은색 2개
③ 빨간색 1개, 주황색 1개, 파란색 2개, 검은색 1개
④ 보라색 3개, 초록색 1개, 검은색 1개
⑤ 빨간색 2개, 초록색 1개, 검은색 2개

15. 다음 글과 <상황>을 근거로 판단할 때 옳은 것은? 19 민경채

제00조 이 법에서 사용하는 용어의 뜻은 다음과 같다.
1. '자연장(自然葬)'이란 화장한 유골의 골분(骨粉)을 수목·화초·잔디 등의 밑이나 주변에 묻어 장사하는 것을 말한다.
2. '개장(改葬)'이란 매장한 시신이나 유골을 다른 분묘에 옮기거나 화장 또는 자연장하는 것을 말한다.

제00조 ① 사망한 때부터 24시간이 지난 후가 아니면 매장 또는 화장을 하지 못한다.
② 누구든지 허가를 받은 공설묘지, 공설자연장지, 사설묘지 및 사설자연장지 외의 구역에 매장하여서는 안 된다.

제00조 ① 매장(단, 자연장 제외)을 한 자는 매장 후 30일 이내에 매장지를 관할하는 시장·군수·구청장(이하 '시장 등'이라 한다)에게 신고하여야 한다.
② 화장을 하려는 자는 화장시설을 관할하는 시장 등에게 신고하여야 한다.
③ 개장을 하려는 자는 다음 각 호의 구분에 따라 시신 또는 유골의 현존지(現存地) 또는 개장지(改葬地)를 관할하는 시장 등에게 각각 신고하여야 한다.
1. 매장한 시신 또는 유골을 다른 분묘로 옮기거나 화장하는 경우: 시신 또는 유골의 현존지와 개장지
2. 매장한 시신 또는 유골을 자연장하는 경우: 시신 또는 유골의 현존지

제00조 ① 국가, 시·도지사 또는 시장 등이 아닌 자는 가족묘지, 종중·문중묘지 등을 설치·관리할 수 있다.
② 제1항의 묘지를 설치·관리하려는 자는 해당 묘지 소재지를 관할하는 시장 등의 허가를 받아야 한다.

─────────⟨상 황⟩─────────
甲은 90세의 나이로 2019년 7월 10일 아침 7시 A시에서 사망하였다. 이에 甲의 자녀는 이미 사망한 甲의 배우자 乙의 묘지(B시 소재 공설묘지)에서 유골을 옮겨 가족묘지를 만드는 것을 포함하여 장례에 대하여 논의하였다.

① 甲을 2019년 7월 10일 매장할 수 있다.
② 甲을 C시 소재 화장시설에서 화장하려는 경우, 그 시설을 관할하는 C시의 장에게 신고하여야 한다.
③ 甲의 자녀가 가족묘지를 설치·관리하려는 경우, 그 소재지의 관할 시장 등에게 신고하여야 한다.
④ 甲의 유골의 골분을 자연장한 경우, 자연장지 소재지의 관할 시장에게 2019년 8월 10일까지는 허가를 받아야 한다.
⑤ 乙의 유골을 甲과 함께 D시 소재 공설묘지에 합장하려는 경우, B시의 장과 D시의 장의 허가를 각각 받아야 한다.

16. 다음 글을 근거로 판단할 때, <사례>에서 甲이 乙에게 지급을 청구하여 받을 수 있는 최대 손해배상액은? 16 민경채

채무자가 고의 또는 과실로 인하여 채무의 내용에 따른 이행을 하지 않으면 채권자는 채무자에게 손해배상을 청구할 수 있다. 채권자가 채무불이행을 이유로 채무자로부터 손해배상을 받으려면 손해의 발생사실과 손해액을 증명하여야 하는데, 증명의 어려움을 해소하기 위해 손해배상액을 예정하는 경우가 있다.

손해배상액의 예정은 장래의 채무불이행 시 지급해야 할 손해배상액을 사전에 정하는 약정을 말한다. 채권자와 채무자 사이에 손해배상액의 예정이 있으면 채권자는 실손해액과 상관없이 예정된 배상액을 청구할 수 있지만, 실손해액이 예정액을 초과하더라도 그 초과액을 배상받을 수 없다. 그리고 손해배상액을 예정한 사유가 아닌 다른 사유로 발생한 손해에 대해서는 손해배상액 예정의 효력이 미치지 않는다. 따라서 이로 인한 손해를 배상받으려면 별도로 손해의 발생사실과 손해액을 증명해야 한다.

─────────⟨사 례⟩─────────
甲과 乙은 다음과 같은 공사도급계약을 체결하였다.

○ 계약당사자: 甲(X건물 소유주)/乙(건축업자)
○ 계약내용: X건물의 리모델링
○ 공사대금: 1억 원
○ 공사기간: 2015. 10. 1. ~ 2016. 3. 31.
○ 손해배상액의 예정: 공사기간 내에 X건물의 리모델링을 완료하지 못할 경우, 지연기간 1일당 위 공사대금의 0.1%를 乙이 甲에게 지급

그런데 乙의 과실로 인해 X건물 리모델링의 완료가 30일이 지연되었고, 이로 인해 甲은 500만 원의 손해를 입었다. 또한 乙이 고의로 불량자재를 사용하여 부실공사가 이루어졌고, 이로 인해 甲은 1,000만 원의 손해를 입었다. 甲은 각각의 손해발생사실과 손해액을 증명하여 乙에게 손해배상을 청구하였다.

① 500만 원
② 800만 원
③ 1,300만 원
④ 1,500만 원
⑤ 1,800만 원

17. 다음 글을 근거로 판단할 때, <보기>에서 옳은 것만을 모두 고르면?

17 민경채

주민투표제도는 주민에게 과도한 부담을 주거나 중대한 영향을 미치는 주요사항을 결정하는 과정에서 주민에게 직접 의사를 표시할 수 있는 기회를 주기 위해 2004년 1월 주민투표법에 의해 도입되었다. 주민투표법에서는 주민투표를 실시할 수 있는 권한을 지방자치단체장에게만 부여하고 있다. 한편 중앙행정기관의 장은 지방자치단체장에게 주민투표 실시를 요구할 수 있고, 지방의회와 지역주민은 지방자치단체장에게 주민투표 실시를 청구할 수 있다.

주민이 직접 조례의 제정 및 개폐를 청구할 수 있는 주민발의제도는 1998년 8월 지방자치법의 개정으로 도입되었다. 주민발의는 지방자치단체장에게 청구하도록 되어 있는데, 지방자치단체장은 청구를 수리한 날로부터 60일 이내에 조례의 제정 또는 개폐안을 작성하여 지방의회에 부의하여야 한다. 주민발의를 지방자치단체장에게 청구하려면 선거권이 있는 19세 이상 주민 일정 수 이상의 서명을 받아야 한다. 청구에 필요한 주민의 수는 지방자치단체의 조례로 정하되 인구가 50만 명 이상인 대도시에서는 19세 이상 주민 총수의 100분의 1 이상 70분의 1 이하의 범위 내에서, 그리고 그 외의 시·군 및 자치구에서는 19세 이상 주민 총수의 50분의 1 이상 20분의 1 이하의 범위 내에서 정하도록 하고 있다.

주민소환제도는 선출직 지방자치단체장 또는 지방의회의원의 위법·부당행위, 직무유기 또는 직권남용 등에 대한 책임을 묻는 제도로, 2006년 5월 지방자치법 개정으로 도입되었다. 주민소환 실시의 청구를 위해서도 주민소환에 관한 법률에 따라 일정 수 이상 주민의 서명을 받아야 한다. 광역자치단체장을 소환하고자 할 때는 선거권이 있는 19세 이상 주민 총수의 100분의 10 이상, 기초자치단체장에 대해서는 100분의 15 이상, 지방의회 지역구의원에 대해서는 100분의 20 이상의 서명을 받아야 주민소환 실시를 청구할 수 있다.

─〈보 기〉─

ㄱ. 주민투표법에서 주민투표를 실시할 수 있는 권한은 지방자치단체장만이 가지고 있다.

ㄴ. 인구 70만 명인 甲시에서 주민발의 청구를 위해서는 19세 이상 주민 총수의 50분의 1 이상 20분의 1 이하의 범위에서 서명을 받아야 한다.

ㄷ. 주민발의제도에 근거할 때 주민은 조례의 제정 및 개폐에 관한 사항을 지방의회에 대해 직접 청구할 수 없다.

ㄹ. 기초자치단체인 乙시의 丙시장에 대한 주민소환 실시의 청구를 위해서는 선거권이 있는 19세 이상 주민의 100분의 20 이상의 서명을 받아야 한다.

① ㄱ, ㄷ

② ㄱ, ㄹ

③ ㄴ, ㄷ

④ ㄱ, ㄴ, ㄹ

⑤ ㄴ, ㄷ, ㄹ

---

18. 다음 글과 <상황>을 근거로 판단할 때 옳은 것은?

20 5급공채

주주총회의 소집절차 또는 그 결의방법이 법령이나 정관을 위반하거나 그 결의내용이 정관을 위반한 경우, 주주총회 결의취소의 소(이하 '결의취소의 소'라 한다)를 제기할 수 있는 사람은 해당 회사의 주주, 이사 또는 감사이다. 이들 이외의 사람이 결의취소의 소를 제기하면 소는 부적법한 것으로 각하된다. 결의취소의 소를 제기한 주주·이사·감사는 변론이 종결될 때까지 그 자격을 유지하여야 한다. 따라서 변론종결 전에 원고인 주주가 주식을 전부 양도하거나 이사·감사가 임기만료나 해임·사임·사망 등으로 그 지위를 상실한 경우, 소는 부적법한 것으로 각하된다. 소가 부적법 각하되면 주주총회의 결의를 취소하는 것이 정당한지에 관한 법원의 판단 없이 소송은 그대로 종료하게 된다.

결의취소의 소는 해당 회사를 피고로 해야 하며, 회사 아닌 사람을 공동피고로 한 경우 그 사람에 대한 소는 부적법한 것으로 각하되고, 회사에 대한 소송만 진행된다. 한편 회사가 피고가 된 소송에서는 회사의 대표이사가 회사를 대표하여 소송을 수행한다. 그렇지만 이사가 결의취소의 소를 제기한 때에는 이사와 대표이사의 공모를 막기 위해서 감사가 회사를 대표하여 소송을 수행한다. 이와 달리 이사 이외의 자가 결의취소의 소를 제기한 때에는 대표이사가 소송을 수행하며, 그 대표이사가 결의취소의 소의 대상이 된 주주총회 결의로 선임된 경우라 하더라도 마찬가지이다.

─〈상 황〉─

A회사의 주주총회는 대표이사 甲을 해임하고 새로이 乙을 대표이사로 선임하는 결의를 하여 乙이 즉시 대표이사로 취임하였다. 그런데 그 주주총회의 소집절차는 법령에 위반된 것이었다. A회사의 주주는 丙과 丁 등이 있고, 이사는 戊, 감사는 己이다. 甲과 乙은 주주가 아니며, 甲은 대표이사 해임결의로 이사의 지위도 상실하였다.

① 甲이 A회사를 피고로 하여 결의취소의 소를 제기하면, 법원은 결의를 취소하는 것이 정당한지에 관해 판단해야 한다.

② 丙이 A회사를 피고로 하여 결의취소의 소를 제기하면, 乙이 A회사를 대표하여 소송을 수행한다.

③ 丁이 A회사와 乙을 공동피고로 하여 결의취소의 소를 제기하면, A회사와 乙에 대한 소는 모두 부적법 각하된다.

④ 戊가 A회사를 피고로 하여 결의취소의 소를 제기하면, 甲이 A회사를 대표하여 소송을 수행한다.

⑤ 己가 A회사를 피고로 하여 제기한 결의취소의 소의 변론이 종결된 후에 己의 임기가 만료된다면, 그 소는 부적법 각하된다.

19. 다음을 근거로 판단할 때 甲이 최종적으로 지불해야 하는 금액은? 11 5급공채

甲은 프로젝트를 도와준 동료들의 취향에 맞추어 음료를 대접하고자 한다. 동료들의 취향은 다음과 같다.
A: 녹차 큰 잔
B: 노른자를 추가한 쌍화차 작은 잔
C: 식혜 작은 잔
D: 수정과 큰 잔

⟨차림표⟩

	작은 잔(원)	큰 잔(원)
녹차	2,500	2,800
식혜	3,500	3,800
수정과	3,800	4,200
쌍화차	3,000	3,500
유자차	3,500	3,800

추가	금액(원)
꿀	500
대추와 잣	600
노른자	800

○ 오늘의 차: 유자차 (균일가 3,000원)
○ 찻집 2주년 기념행사: 총 금액 20,000원 초과 시 5% 할인
※ 회원특전
  • 10,000원 이상 결제 시 회원카드를 제시하면 총 결제 금액에서 1,000원 할인
  • 적립금이 2,000점 이상인 경우, 현금처럼 사용가능 (1점당 1원, 100원 단위로만 사용가능하며, 타 할인 혜택 적용 후 최종금액의 5%까지만 사용가능)
※ 할인혜택은 중복적용 가능

甲은 유자차 작은 잔을 마실 예정이며, 자신의 회원카드를 제시하려고 한다.
甲의 회원카드 적립금은 3,800점이며, 적립금을 최대한 사용할 예정이다.

① 14,000원
② 14,500원
③ 15,000원
④ 15,500원
⑤ 16,000원

20. 다음 글과 <A기관 벌점 산정 기초자료>를 근거로 판단할 때, 두 번째로 높은 벌점을 받게 될 사람은? 15 5급공채

A기관은 업무처리시 오류 발생을 줄이기 위해 2015년 1월부터 벌점을 부과하여 인사고과에 반영하려 한다. 이를 위해 매달 직원별로 오류 건수를 조사하여 다음과 같은 ⟨벌점 산정 방식⟩에 따라 벌점을 부과한다. 2015년 1월 한 달 동안 직원들의 업무처리 건수는 1인당 100건으로 동일하다.

⟨벌점 산정 방식⟩
○ 일반 오류는 1건당 10점, 중대 오류는 1건당 20점씩 오류 점수를 부과하여 이를 합산한다.
○ 전월 우수사원으로 선정된 경우, 합산한 오류 점수에서 80점을 차감하여 월별 최종 오류 점수를 계산한다.
○ 벌점 부과 대상은 월별 최종 오류 점수가 400점 이상인 동시에 월별 오류 발생 비율이 30% 이상인 직원이다.
○ 월별 최종 오류 점수 1점당 벌점 10점을 부과한다.

※ 오류 발생 비율(%) = $\frac{오류\ 건수}{업무처리\ 건수} \times 100$

⟨A기간 벌점 산정 기초자료⟩

(2015. 1. 1. ~ 2015. 1. 31.)

직원	오류 건수(건) 일반 오류	오류 건수(건) 중대 오류	전월 우수사원 선정 여부
甲	5	20	미선정
乙	10	20	미선정
丙	15	15	선정
丁	20	10	미선정
戊	30	10	선정

① 甲
② 乙
③ 丙
④ 丁
⑤ 戊

21. 다음 글과 <조건>을 근거로 판단할 때, A 매립지에서 8월에 쓰레기를 매립할 셀은? 17 5급공채

> A 매립지는 셀 방식으로 쓰레기를 매립하고 있다. 셀 방식은 전체 매립부지를 일정한 넓이의 셀로 나누어서 각 셀마다 쓰레기를 매립한다. 이 방식에 따르면 쓰레기를 매립할 셀을 지정해서 개방한 후, 해당 셀이 포화되면 순차적으로 다른 셀을 개방한다. 이는 쓰레기를 무차별적으로 매립하는 것을 방지하고 매립과정을 쉽게 감시하기 위한 것이다.

〈조 건〉

○ A 매립지는 4×4 셀로 구성되어 있다.
○ 각 행에는 1, 2, 3, 4 중 서로 다른 숫자 1개가 각 셀에 지정된다.
○ A 매립지는 효율적인 관리를 위해 한 개 이상의 셀로 이루어진 구획을 설정하고, 조감도에 두꺼운 테두리로 표현한다.
○ 두 개 이상의 셀로 구성되는 구획에는 각 구획을 구성하는 셀에 지정된 숫자들을 모두 곱한 값이 다음 예와 같이 표현되어 있다.

예)

(24*)		

'(24*)'는 구획을 구성하는 셀에 지정된 숫자를 모두 곱하면 24가 된다는 의미이다. 1, 2, 3, 4 중 서로 다른 숫자를 곱하여 24가 되는 3개의 숫자는 2, 3, 4밖에 없으므로 위의 셀 안에는 2, 3, 4가 각각 하나씩 들어가야 한다.

○ A 매립지는 하나의 셀이 한 달마다 포화되고, 개방되는 셀은 행의 순서와 셀에 지정된 숫자에 의해 결정된다. 즉 1월에는 1행의 1이 쓰인 셀, 2월에는 2행의 1이 쓰인 셀, 3월에는 3행의 1이 쓰인 셀, 4월에는 4행의 1이 쓰인 셀에 매립이 이루어진다. 5월에는 1행의 2가 쓰인 셀, 6월에는 2행의 2가 쓰인 셀에 쓰레기가 매립되며, 이와 같은 방식으로 12월까지 매립이 이루어지게 된다.

〈A 매립지 조감도〉

(24*)	3	⑩	(3*) 1
(4*) ㉣	1	(12*) 4	3
1	㉢	3	(8*) 4
3	(4*) 4	㉡	㉠

① ㉠

② ㉡

③ ㉢

④ ㉣

⑤ ⑩

22. 다음 글을 근거로 판단할 때, A물건 1개의 무게로 가능한 것은? 21 5급공채

> 甲이 가진 전자식 체중계는 소수점 이하 첫째 자리에서 반올림하여 kg 단위의 자연수로 무게를 표시한다. 甲은 이 체중계를 아래와 같이 이용하여 A물건의 무게를 추정하고자 한다.
> ○ 甲이 체중계에 올라갔더니 66이 표시되었다.
> ○ 甲이 A물건을 2개 들고 체중계에 올라갔지만 66이 그대로 표시되었다.
> ○ 甲이 A물건을 3개 들고 체중계에 올라갔더니 67이 표시되었다.
> ○ 甲이 A물건을 4개 들고 체중계에 올라갔을 때에도 67이 표시되었다.
> ○ 甲이 A물건을 5개 들고 체중계에 올라갔더니 68이 표시되었다.

① 200g

② 300g

③ 400g

④ 500g

⑤ 600g

채종하여 파종할 때까지 종자를 보관하는 것을 '종자의 저장'이라고 하는데, 채종하여 1년 이내 서장하는 것을 단기저장, 2~5년은 중기저장, 그 이상은 장기저장이라 한다.

종자의 함수율(moisture content)은 종자의 수명을 결정하는 가장 중요한 인자이다. 함수율은 아래와 같이 백분율로 표시한다.

$$함수율(\%) = \frac{원종자\ 무게 - 건조\ 종자\ 무게}{원종자\ 무게} \times 100$$

일반적으로 종자저장에 가장 적합한 함수율은 5~10%이다. 다만 잣나무류 등과 같이 수분이 많은 종자들은 함수율을 약 30% 이상으로 유지시켜 주어야 한다. 또한 유전자 보존을 위해서는 보통 장기저장을 하는데, 이에 가장 적합한 함수율은 4~6%이다. 일반적으로 온도와 수분은 종자의 저장기간과 역의 상관관계를 갖는다.

종자는 저장 용이성에 따라 '보통저장성' 종자와 '난저장성' 종자로 구분한다. 보통저장성 종자는 종자 수분 5~10%, 온도 0℃ 부근에서 비교적 장기간 보관이 가능한데, 전나무류, 자작나무류, 벚나무류, 소나무류 등 온대 지역의 수종 대부분이 이에 속한다. 하지만 대사작용이 활발하여 산소가 많이 필요한 난저장성 종자는 0℃ 혹은 약간 더 낮은 온도에서 저장하여야 건조되는 것을 방지할 수 있다. 이에 속하는 수종은 참나무류, 칠엽수류 등의 몇몇 온대수종과 모든 열대수종이다.

한편 종자의 저장 방법에는 '건조저장법'과 '보습저장법'이 있다. 건조저장법은 '상온저장법'과 '저온저장법'으로 구분한다. 상온저장법은 일정한 용기 안에 종자를 넣어 창고 또는 실내에서 보관하는 방법으로 보통 가을부터 이듬해 봄까지 저장하며, 1년 이상 보관 시에는 건조제를 용기에 넣어 보관한다. 반면에 저온저장법의 경우, 보통저장성 종자는 함수율이 5~10% 정도 되도록 건조하여 주변에서 수분을 흡수할 수 없도록 밀봉 용기에 저장하여야 한다. 난저장성 종자는 −3℃ 이하에 저장해서는 안 된다.

보습저장법은 '노천매장법', '보호저장법', '냉습적법' 등이 있다. 노천매장법은 양지바르고 배수가 잘되는 곳에 50~100cm 깊이의 구덩이를 파고 종자를 넣은 뒤 땅 표면은 흙을 덮어 겨울 동안 눈이나 빗물이 그대로 스며들 수 있도록 하는 방식이다. 보호저장법은 건사저장법이라고도 하는데 참나무류, 칠엽수류 등 수분이 많은 종자가 부패되지 않도록 저장하는 방법이다. 냉습적법은 용기 안에 보습제인 이끼, 모래와 종자를 섞어서 넣고 3~5℃의 냉장고에 저장하는 방법이다.

23. 윗글을 근거로 판단할 때 옳은 것은?

① 저온저장법으로 저장할 때 열대수종은 −3℃ 이하로 보관하는 것이 좋다.

② 일반적으로 유전자 보존을 위해서는 종자를 함수율 5% 정도로 2~5년 저장한다.

③ 일부 난저장성 종자는 보호저장법으로 저장하는 것이 적절하다.

④ 참나무 종자저장에 적합한 함수율은 5~10%이다.

⑤ 일반적으로 종자보관장소의 온도를 높이면 종자의 저장기간이 길어진다.

24. 윗글을 근거로 판단할 때, 일반적으로 종자저장에 가장 적합한 함수율을 가진 원종자의 무게가 10g이면 건조 종자의 무게는?

① 6g~6.5g

② 7g~7.5g

③ 8g~8.5g

④ 9g~9.5g

⑤ 10g~10.5g

25. 다음 <화장품의 사용가능기한>과 <화장품의 제조번호 표기방식>에 근거할 때, 사용가능기한이 지난 화장품은? (단, 2012년 2월 1일 현재를 기준으로 한다) 12 5급공채

〈화장품의 사용가능기한〉

제품 유형	사용가능기한	
	개봉 전 (제조일로부터)	개봉 후 (개봉일로부터)
스킨	3년	6개월
에센스	3년	6개월
로션	3년	1년
아이크림	3년	1년
클렌저	3년	1년
립스틱	5년	1년

※ 두 가지 사용가능기한 중 어느 한 기한이 만료되면 사용가능기한이 지난 것으로 본다.

┌─────〈화장품의 제조번호 표기방식〉─────┐
M0703520이라는 표기에서 07은 2007년을 뜻하고, 035는 2007년의 35번째 날, 즉 2월 4일 제조된 것을 뜻한다. 맨 마지막의 20은 생산라인 번호를 나타낸다.
└──────────────────────────────┘

① M1103530이라고 쓰여 있고 개봉된 립스틱

② M0903530이라고 쓰여 있고 개봉되지 않은 클렌저

③ M0902140이라고 쓰여 있고 개봉된 날짜를 알 수 없는 아이크림

④ M0904030이라고 쓰여 있고 2011년 100번째 되는 날 개봉된 로션

⑤ M0930750이라고 쓰여 있고 2011년의 325번째 되는 날 개봉된 스킨

약점 보완 해설집 p.12

01. 다음 글을 근거로 판단할 때 옳은 것은? 20 5급공채

제00조 ① 청원경찰이란 기관의 장 또는 시설·사업장 등의 경영자(이하 '기관의 장 등'이라 한다)가 경비를 부담할 것을 조건으로 경찰의 배치를 신청하는 경우 그 기관·시설·사업장 등의 경비를 담당하게 하기 위하여 배치하는 경찰을 말한다.
② 청원경찰을 배치받으려는 기관의 장 등은 관할 지방경찰청장에게 청원경찰 배치를 신청하여야 한다.
③ 지방경찰청장은 제2항의 청원경찰 배치신청을 받으면 지체 없이 그 배치 여부를 결정하여야 한다.
④ 지방경찰청장은 청원경찰 배치가 필요한 경우 관할 구역에 소재하는 기관의 장 등에게 청원경찰을 배치할 것을 요청할 수 있다.
제00조 ① 청원경찰은 청원경찰의 배치결정을 받은 자[이하 '청원주'(請願主)라 한다]와 배치된 기관·시설·사업장의 구역을 관할하는 경찰서장의 감독을 받아 그 경비구역만의 경비를 목적으로 필요한 범위에서 「경찰관 직무집행법」에 따른 경찰관의 직무를 수행한다.
② 청원경찰은 제1항에도 불구하고 수사활동 등 사법경찰관리(司法警察官吏)의 직무를 수행해서는 아니 된다.
제00조 ① 청원경찰은 청원주가 임용하되, 임용을 할 때에는 미리 관할 지방경찰청장의 승인을 받아야 한다.
② 「국가공무원법」의 결격사유에 해당하는 사람은 청원경찰로 임용될 수 없다.
③ 청원경찰의 임용자격·임용방법·교육 및 보수에 관하여는 대통령령으로 정한다.
제00조 청원주가 청원경찰이 휴대할 무기를 대여받으려는 경우에는 관할 경찰서장을 거쳐 지방경찰청장에게 무기대여를 신청하여야 한다.

① 청원경찰의 임용승인과 직무감독의 권한은 관할 경찰서장에게 있다.
② 청원경찰은 관할 지방경찰청장의 요청뿐만 아니라 배치받으려는 기관의 장 등의 신청에 의해서도 배치될 수 있다.
③ 청원경찰의 임용자격 및 임용방법은 「국가공무원법」에 따르며, 청원경찰의 결격사유는 대통령령으로 정한다.
④ 청원경찰은 배치된 사업장의 경비를 목적으로 필요한 범위에서 수사활동 등 사법경찰관리의 직무를 수행할 수 있다.
⑤ 청원경찰은 직무수행에 필요한 경우 직접 관할 지방경찰청장에게 무기대여를 신청하여야 한다.

02. 다음 <약관>의 규정에 근거할 때, 신용카드사용이 일시정지 또는 해지될 수 없는 경우는? 12 민경채

─── 〈약 관〉 ───

제00조(회원의 종류) ① 회원은 본인회원과 가족회원으로 구분합니다.
② 본인회원이란 이 약관을 승인하고 당해 신용카드 회사(이하 '카드사'로 약칭함)에 신용카드(이하 '카드'로 약칭함)의 발급을 신청하여 카드사로부터 카드를 발급받은 분을 말합니다.
③ 가족회원이란 본인회원이 지정하고 대금의 지급 및 기타 카드사용에 관한 책임을 본인회원이 부담할 것을 승낙한 분으로서, 이 약관을 승인하고 카드사로부터 카드를 발급받은 분을 말합니다.
제00조(카드사용의 일시정지 또는 해지) ① 카드사는 다음 각 호의 1에 해당되는 회원에게 그 사유와 그로 인한 카드사용의 일시정지 또는 카드사와 회원 사이의 카드이용계약(이하 '계약'으로 약칭함)의 해지를 통보할 수 있습니다.
 1. 입회신청서의 기재사항을 허위로 작성한 경우
 2. 카드사용 대금을 3회 연속하여 연체한 경우
 3. 이민, 구속, 사망 등으로 회원의 채무변제가 불가능하거나 현저히 곤란하다고 판단되는 경우
② 회원은 카드사에 언제든지 카드사용의 일시정지 또는 해지를 통보할 수 있습니다.
③ 본인회원은 가족회원의 동의 없이 가족회원의 카드사용의 일시정지 또는 해지를 통보할 수 있습니다.
④ 제1항부터 제3항의 일시정지 또는 해지는 상대방에게 통보한 때 그 효력이 발생합니다.
제00조(카드사의 의무 등) ① 회원이 최종 사용일로부터 1년 이상 카드를 사용하지 않은 경우 카드사는 전화, 서면, 전자우편(e-mail), 단문메시지서비스(SMS), 자동응답시스템(ARS) 등으로 회원의 계약 해지의사를 확인하여야 합니다.
② 제1항에 의해 회원이 전화, 서면, 전자우편, 단문메시지서비스, 자동응답시스템 등으로 해지의사를 밝히면 그 시점에 계약이 해지됩니다.

① 본인회원인 A가 가족회원인 딸 B의 동의 없이 B의 카드사용 해지를 카드사에 통보한 경우
② 가족회원인 C가 자신의 카드사용의 일시정지를 카드사에 통보한 경우
③ 카드사가 최근 1년 간 카드사용 실적이 없는 회원 D에게 전화로 계약 해지의사를 묻자, D가 해지의사를 밝힌 경우
④ 카드사가 회원 E에게 2회의 카드사용 대금 연체 사실을 통보한 경우
⑤ 입회신청서를 허위로 기재한 회원 F에게 카드사가 그 사실과 카드사용의 일시정지를 통보한 경우

03. 다음 글과 <상황>을 근거로 판단할 때, <보기>에서 옳은 것만을 모두 고르면?

19 민경채

소송절차의 '정지'란 소송이 개시된 뒤 절차가 종료되기 전에 소송절차가 법률상 진행되지 않는 상태를 말한다. 여기에는 '중단'과 '중지'가 있다.

소송절차의 중단은 소송진행 중 당사자에게 소송을 수행할 수 없는 사유가 발생하였을 경우, 새로운 소송수행자가 나타나 소송에 관여할 수 있을 때까지 법률상 당연히 절차진행이 정지되는 것이다. 예컨대 당사자가 사망한 경우, 그 상속인이 소송을 수행할 수 있을 때까지 절차진행이 정지되며, 이후 상속인의 수계신청 또는 법원의 속행명령에 의해 중단이 해소되고 절차는 다시 진행된다. 다만 사망한 당사자에게 이미 변호사가 소송대리인으로 선임되어 있을 때는 변호사가 소송을 대리하는 데 지장이 없으므로 절차는 중단되지 않는다. 소송대리인인 변호사의 사망도 중단사유가 아니다. 당사자가 절차를 진행할 수 있기 때문이다.

소송절차의 중지는 법원이나 당사자에게 소송을 진행할 수 없는 장애가 생겼거나 진행에 부적당한 사유가 발생하여 법률상 당연히 또는 법원의 재판에 의하여 절차가 정지되는 것이다. 이는 새로운 소송수행자로 교체되지 않는다는 점에서 중단과 다르다. 소송절차의 중지에는 당연중지와 재판중지가 있다. 당연중지는 천재지변이나 그 밖의 사고로 법원이 직무수행을 할 수 없게 된 경우에 법원의 재판 없이 당연히 절차진행이 정지되는 것을 말한다. 이 경우 법원의 직무수행불능 상태가 소멸함과 동시에 중지도 해소되고 절차는 진행된다. 재판중지는 법원이 직무수행을 할 수 있지만 당사자가 법원에 출석하여 소송을 진행할 수 없는 장애사유가 발생한 경우, 예컨대 전쟁이나 그 밖의 사유로 교통이 두절되어 당사자가 출석할 수 없는 경우에 법원의 재판에 의해 절차진행이 정지되는 것을 의미한다. 이때는 법원의 취소재판에 의하여 중지가 해소되고 절차는 진행된다.

※ 수계신청: 법원에 대해 중단된 절차의 속행을 구하는 신청

───〈상 황〉───

원고 甲과 피고 乙 사이에 대여금반환청구소송이 A법원에서 진행 중이다. 甲은 변호사 丙을 소송대리인으로 선임하였지만, 乙은 소송대리인을 선임하지 않았다.

───〈보 기〉───

ㄱ. 소송진행 중 甲이 사망하였다면, 절차진행은 중단되며 甲의 상속인의 수계신청에 의해 중단이 해소되고 절차가 진행된다.

ㄴ. 소송진행 중 丙이 사망하였다면, 절차진행은 중단되며 甲이 새로운 변호사를 소송대리인으로 선임하면 중단은 해소되고 절차가 진행된다.

ㄷ. 소송진행 중 A법원의 건물이 화재로 전소(全燒)되어 직무수행이 불가능해졌다면, 절차진행은 중단되며 이후 A법원의 속행명령이 있으면 절차가 진행된다.

ㄹ. 소송진행 중 乙이 거주하고 있는 장소에서만 발생한 지진으로 교통이 두절되어 乙이 A법원에 출석할 수 없는 경우, A법원의 재판에 의해 절차진행이 중지되며 이후 A법원의 취소재판에 의해 중지는 해소되고 절차가 진행된다.

① ㄹ
② ㄱ, ㄴ
③ ㄱ, ㄹ
④ ㄴ, ㄷ
⑤ ㄷ, ㄹ

04. 다음 글과 <상황>을 근거로 판단할 때, 甲이 A대학을 졸업하기 위해 추가로 필요한 최소 취득학점은? 19 5급공채

△△법 제◇◇조(학점의 인정 등) ① 전문학사학위과정 또는 학사학위과정을 운영하는 대학(이하 '대학'이라 한다)은 학생이 다음 각 호의 어느 하나에 해당하는 경우에 학칙으로 정하는 바에 따라 이를 해당 대학에서 학점을 취득한 것으로 인정할 수 있다.
  1. 국내외의 다른 전문학사학위과정 또는 학사학위과정에서 학점을 취득한 경우
  2. 전문학사학위과정 또는 학사학위과정과 동등한 학력·학위가 인정되는 평생교육시설에서 학점을 취득한 경우
  3. 「병역법」에 따른 입영 또는 복무로 인하여 휴학 중인 사람이 원격수업을 수강하여 학점을 취득한 경우
② 제1항에 따라 인정되는 학점의 범위와 기준은 다음 각 호와 같다.
  1. 제1항 제1호에 해당하는 경우: 취득한 학점의 전부
  2. 제1항 제2호에 해당하는 경우: 대학 졸업에 필요한 학점의 2분의 1 이내
  3. 제1항 제3호에 해당하는 경우: 연(年) 12학점 이내
제□□조(편입학 등) 학사학위과정을 운영하는 대학은 다음 각 호에 해당하는 학생을 편입학 전형을 통해 선발할 수 있다.
  1. 전문학사학위를 취득한 자
  2. 학사학위과정의 제2학년을 수료한 자

─────────〈상 황〉─────────

○ A대학은 학칙을 통해 학점인정의 범위를 △△법에서 허용하는 최대 수준으로 정하고 있다.
○ 졸업에 필요한 최소 취득학점은 A대학 120학점, B전문대학 63학점이다.
○ 甲은 B전문대학에서 졸업에 필요한 최소 취득학점만으로 전문학사학위를 취득하였다.
○ 甲은 B전문대학 졸업 후 A대학 3학년에 편입하였고 군복무로 인한 휴학 기간에 원격수업을 수강하여 총 6학점을 취득하였다.
○ 甲은 A대학에 복학한 이후 총 30학점을 취득하였고, 1년 동안 미국의 C대학에 교환학생으로 파견되어 총 12학점을 취득하였다.

① 9학점
② 12학점
③ 15학점
④ 22학점
⑤ 24학점

05. 다음 글과 <상황>을 근거로 판단할 때, 미란이가 지원받을 수 있는 주택보수비용이 최대 액수는? 17 5급공채

○ 주택을 소유하고 해당 주택에 거주하는 가구를 대상으로 주택 노후도 평가를 실시하여 그 결과(경·중·대보수)에 따라 아래와 같이 주택보수비용을 지원

〈주택보수비용 지원 내용〉

구분	경보수	중보수	대보수
보수항목	도배 혹은 장판	수도시설 혹은 난방시설	지붕 혹은 기둥
주택당 보수비용 지원한도액	350만 원	650만 원	950만 원

○ 소득인정액에 따라 위 보수비용 지원한도액의 80~100%를 차등지원

구분	중위소득 25% 미만	중위소득 25% 이상 35% 미만	중위소득 35% 이상 43% 미만
지원율	100%	90%	80%

─────────〈상 황〉─────────

미란이는 현재 거주하고 있는 A주택의 소유자이며, 소득인정액이 중위소득 40%에 해당한다. A주택의 노후도 평가 결과, 지붕의 수선이 필요한 주택보수비용 지원 대상에 선정되었다.

① 520만 원
② 650만 원
③ 760만 원
④ 855만 원
⑤ 950만 원

06. 다음 글을 근거로 판단할 때, 甲~戊중 가장 많은 지원금을 받는 신청자는? 　　18 민경채

A국은 신재생에너지 보급 사업 활성화를 위하여 신재생에너지 설비에 대한 지원 내용을 공고하였다. 〈지원 기준〉과 〈지원 신청 현황〉은 아래와 같다.

〈지원 기준〉

구분		용량(성능)	지원금 단가
태양광	단독주택	2kW 이하	kW당 80만 원
		2kW 초과 3kW 이하	kW당 60만 원
	공동주택	30kW 이하	kW당 80만 원
태양열	평판형· 진공관형	$10m^2$ 이하	m^2당 50만 원
		$10m^2$ 초과 $20m^2$ 이하	m^2당 30만 원
지열	수직 밀폐형	10kW 이하	kW당 60만 원
		10kW 초과	kW당 50만 원
연료전지	인산형 등	1kW 이하	kW당 2,100만 원

○ 지원금은 '용량(성능)×지원금 단가'로 산정
○ 국가 및 지방자치단체 소유 건물은 지원 대상에서 제외
○ 전월 전력사용량이 450kWh 이상인 건물은 태양열 설비 지원 대상에서 제외
○ 용량(성능)이 〈지원 기준〉의 범위를 벗어나는 신청은 지원 대상에서 제외

〈지원 신청 현황〉

신청자	설비 종류	용량 (성능)	건물 소유자	전월 전력 사용량	비고
甲	태양광	8kW	개인	350kWh	공동주택
乙	태양열	$15m^2$	개인	550kWh	진공관형
丙	태양열	$5m^2$	국가	400kWh	평판형
丁	지열	15kW	개인	200kWh	수직 밀폐형
戊	연료전지	3kW	개인	500kWh	인산형

① 甲
② 乙
③ 丙
④ 丁
⑤ 戊

07. 다음 〈조건〉과 〈정보〉를 근거로 판단할 때, 곶감의 위치와 착한 호랑이, 나쁜 호랑이의 조합으로 가능한 것은? 　　14 5급공채

〈조 건〉

○ 착한 호랑이는 2마리이고, 나쁜 호랑이는 3마리로 총 5 마리의 호랑이(甲~戊)가 있다.
○ 착한 호랑이는 참말만 하고, 나쁜 호랑이는 거짓말만 한다.
○ 곶감은 꿀단지, 아궁이, 소쿠리 중 한 곳에만 있다.

〈정 보〉

甲: 곶감은 아궁이에 있지.
乙: 여기서 나만 곶감의 위치를 알아.
丙: 甲은 나쁜 호랑이야.
丁: 나는 곶감이 어디 있는지 알지.
戊: 곶감은 꿀단지에 있어.

	곶감의 위치	착한 호랑이	나쁜 호랑이
①	꿀단지	戊	丙
②	소쿠리	丁	乙
③	소쿠리	乙	丙
④	아궁이	丙	戊
⑤	아궁이	甲	丁

08. 다음 글과 〈사무용품 배분방법〉을 근거로 판단할 때, 11월 1일 현재 甲기관의 직원 수는? 20 7급무의

甲기관은 사무용품 절약을 위해 〈사무용품 배분방법〉으로 한 달 동안 사용할 네 종류(A, B, C, D)의 사무용품을 매월 1일에 배분한다. 이에 따라 11월 1일에 네 종류의 사무용품을 모든 직원에게 배분하였다. 甲기관이 배분한 사무용품의 개수는 총 1,050개였다.

─────〈사무용품 배분방법〉─────

○ A는 1인당 1개씩 배분한다.
○ B는 2인당 1개씩 배분한다.
○ C는 4인당 1개씩 배분한다.
○ D는 8인당 1개씩 배분한다.

① 320명
② 400명
③ 480명
④ 560명
⑤ 640명

09. 다음 글을 근거로 판단할 때, 오늘날을 기준으로 1석(石)은 몇 승(升)인가? 20 5급공채

옛날 도량에는 두(斗), 구(區), 부(釜), 종(鍾) 등이 있었다. 1두(斗)는 4승(升)인데, 4두(斗)가 1구(區)이고, 4구(區)가 1부(釜)이며, 10부(釜)가 1종(鍾)이었다.

오늘날 도량은 옛날과 다소 달라졌다. 지금의 1승(升)이 옛날 1승(升)에 비해 네 배가 되어 옛날의 1두(斗)와 같아졌다. 오늘날 4구(區)는 1부(釜)로 옛날과 같지만, 4승(升)이 1구(區)가 되며, 1부(釜)는 1두(豆) 6승(升), 1종(鍾)은 16두(豆)가 된다. 오늘날 1석(石)은 1종(鍾)에 비해 1두(豆)가 적다.

① 110승
② 120승
③ 130승
④ 140승
⑤ 150승

10. 다음 <연주 규칙>에 근거할 때 옳지 않은 것은?　13 5급공채

―――〈연주 규칙〉―――

　　1~2구간의 흰 건반 10개만을 사용하여 '비행기'와 '학교종' 두 곡을 연주한다. 왼손과 오른손을 나란히 놓고, 엄지, 검지, 중지, 약지, 새끼 다섯 종류의 손가락을 사용한다. 손가락 번호와 일치하는 건반 한 개만 칠 수 있으며, 각 노래에 사용되는 음은 아래와 같다.

○ 비행기: 한 구간 내의 '도, 레, 미' 음만 사용
○ 학교종: 한 구간 내의 '도, 레, 미, 솔, 라' 음만 사용

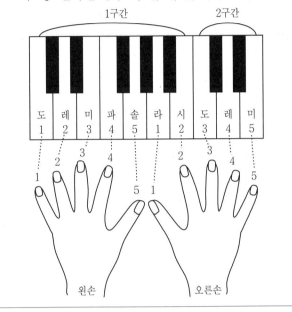

① '비행기'는 어느 구간에서 연주하든 같은 종류의 손가락을 사용한다.
② '비행기'는 어느 구간에서 연주하든 같은 번호의 손가락을 사용한다.
③ '학교종'을 연주할 때는 검지 손가락을 사용하지 않는다.
④ '비행기'는 한 손만으로도 연주할 수 있다.
⑤ '학교종'은 한 손만으로 연주할 수 없다.

11. 다음 글을 근거로 판단할 때, <보기>에서 옳은 것만을 모두 고르면?　21 5급공채

　　아르키메데스는 대장장이가 만든 왕관이 순금인지 알아내기 위해 질량 1kg인 왕관을 물이 가득 찬 용기에 완전히 잠기도록 넣었을 때 넘친 물의 부피를 측정하였다.
　　이 왕관은 금, 은, 구리, 철 중 1개 이상의 금속으로 만들어졌고, 밀도는 각각 20, 10, 9, 8g/cm³이다.
　　밀도와 질량, 부피 사이의 관계는 아래 식과 같다.

$$밀도(g/cm^3) = \frac{질량(g)}{부피(cm^3)}$$

※ 각 금속의 밀도, 질량, 부피 변화나 금속 간의 반응은 없고, 둘 이상의 금속을 합해 만든 왕관의 질량(또는 부피)은 각 금속의 질량(또는 부피)의 합과 같다.

―――〈보 기〉―――

ㄱ. 대장장이가 왕관을 금으로만 만들었다면, 넘친 물의 부피는 50cm³이다.
ㄴ. 넘친 물의 부피가 80cm³이고 왕관이 금과 은으로만 만들어졌다면, 왕관에 포함된 은의 부피는 왕관에 포함된 금 부피의 3배이다.
ㄷ. 넘친 물의 부피가 80cm³이고 왕관이 금과 구리로만 만들어졌다면, 왕관에 포함된 구리의 부피는 왕관에 포함된 금 부피의 3배 이상이다.
ㄹ. 넘친 물의 부피가 120cm³보다 크다면, 왕관은 철을 포함하고 있다.

① ㄱ, ㄴ
② ㄴ, ㄷ
③ ㄷ, ㄹ
④ ㄱ, ㄴ, ㄹ
⑤ ㄱ, ㄷ, ㄹ

12. 다섯 개의 숫자로 이루어진 비밀번호를 다음 <숫자→암호문 변환 절차>에 따라 <암호표>를 사용하여 암호문으로 변환하였다. <완성된 암호문>이 의미하는 비밀번호로 옳은 것은?

14 5급공채

─── 〈숫자→암호문 변환 절차〉 ───

1. 비밀번호의 숫자를 세로로 쓰고 〈암호표〉에서 해당하는 숫자의 오른쪽에 나열된 알파벳(6개)을 〈예시〉의 과정1과 같이 숫자 순서대로 나열한다.
2. 1의 과정을 통해 순서대로 나열된 알파벳을 〈예시〉의 과정2와 같이 왼편부터 한 열씩 세로로 읽어나가면 완성된 암호문이 된다.

〈암호표〉

1	T	H	P	Q	B	I
2	H	C	O	X	D	V
3	N	S	P	S	S	E
4	W	H	O	W	E	C
5	A	D	I	N	K	T
6	N	R	E	M	V	J
7	F	G	X	Z	C	B
8	E	S	X	V	B	J
9	W	E	I	P	Y	K
0	H	C	J	U	U	I

─── 〈예시: 비밀번호 '10675'의 암호 변환 과정〉 ───

－ 과정1

1	T	H	P	Q	B	I
0	H	C	J	U	U	I
6	N	R	E	M	V	J
7	F	G	X	Z	C	B
5	A	D	I	N	K	T

－ 과정2

THNFA HCRGD PJEXI QUMZN BUVCK IIJBT

─── 〈완성된 암호문〉 ───

HEWHT CSECH OXIJP XVPUQ DBYUB VJKII

① 08401
② 08425
③ 28425
④ 28901
⑤ 28921

13. 다음 글을 근거로 판단할 때 옳은 것은?

19 5급공채

□□학과는 지망자 5명(A~E) 중 한 명을 교환학생으로 추천하기 위하여 각각 5회의 평가를 실시하고, 그 결과에 바탕을 둔 추천을 하기로 했다. 평가 및 추천 방식과 현재까지 진행된 평가 결과는 아래와 같다.

○ 매 회 100점 만점으로 10점 단위의 점수를 매기며, 100점을 얻은 지망자에게는 5장의 카드, 90점을 얻은 지망자에게는 2장의 카드, 80점을 얻은 지망자에게는 1장의 카드를 부여한다. 70점 이하를 얻은 지망자에게는 카드를 부여하지 않는다.

○ 5회차 평가 이후 각 지망자는 자신이 받은 모든 카드에 본인의 이름을 적고, 추첨함에 넣는다. 다만 5번의 평가의 총점이 400점 미만인 지망자는 본인의 카드를 추첨함에 넣지 못한다.

○ □□학과장은 추첨함에서 한 장의 카드를 무작위로 뽑아 카드에 이름이 적힌 지망자를 □□학과의 교환학생으로 추천한다.

〈평가 결과〉

(단위: 점)

구분	1회	2회	3회	4회	5회
A	90	90	90	90	
B	80	80	70	70	
C	90	70	90	70	
D	70	70	70	70	
E	80	80	90	80	

① A가 5회차 평가에서 80점을 얻더라도 다른 지망자의 점수에 관계없이 추천될 확률이 가장 높다.

② B가 5회차 평가에서 90점을 얻는다면 적어도 D보다는 추천될 확률이 높다.

③ C가 5회차 평가에서 카드를 받지 못하더라도 B보다는 추천될 확률이 높다.

④ D가 5회차 평가에서 100점을 받고 다른 지망자가 모두 80점을 받는다면 D가 추천될 확률은 세 번째로 높다.

⑤ E가 5회차 평가에서 카드를 받지 못하더라도 E는 추천 대상에 포함될 수 있다.

14. 다음 <그림>처럼 ⓟ가 1회 이동할 때는 선을 따라 한 칸 움직인 지점에서 우측으로 45도 꺾어서 한 칸 더 나아가는 방식으로 움직인다. 하지만 ⓟ가 이동하려는 경로 상에 장애물(⊠)이 있으면 움직이지 못한다. <보기> A~E에서 ⓟ가 3회 이하로 이동해서 위치할 수 있는 곳만을 옳게 묶은 것은?

13 민경채

〈그 림〉

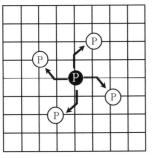

〈보 기〉

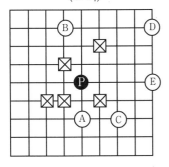

① A, B

② B, D

③ A, C, E

④ B, D, E

⑤ C, D, E

15. 다음 글을 근거로 판단할 때 옳은 것은?

20 5급공채

제00조 ① 체육시설업은 다음과 같이 구분한다.
  1. 등록 체육시설업: 스키장업, 골프장업, 자동차 경주장업
  2. 신고 체육시설업: 빙상장업, 썰매장업, 수영장업, 체력단련장업, 체육도장업, 골프연습장업, 당구장업, 무도학원업, 무도장업, 야구장업, 가상체험 체육시설업
② 체육시설업자는 체육시설업의 종류에 따라 아래 〈시설기준〉에 맞는 시설을 설치하고 유지·관리하여야 한다.

〈시설기준〉

필수시설	○ 수용인원에 적합한 주차장(등록 체육시설업만 해당한다) 및 화장실을 갖추어야 한다. 다만 해당 체육시설이 같은 부지 또는 복합건물 내에 다른 시설물과 함께 위치한 경우로서 그 다른 시설물과 공동으로 사용하는 주차장 및 화장실이 있을 때에는 별도로 갖추지 아니할 수 있다. ○ 수용인원에 적합한 탈의실과 급수시설을 갖추어야 한다. 다만 신고 체육시설업(수영장업은 제외한다)과 자동차 경주장업에는 탈의실을 대신하여 세면실을 설치할 수 있다. ○ 부상자 및 환자의 구호를 위한 응급실 및 구급약품을 갖추어야 한다. 다만 신고 체육시설업(수영장업은 제외한다)과 골프장업에는 응급실을 갖추지 아니할 수 있다.
임의시설	○ 체육용품의 판매·수선 또는 대여점을 설치할 수 있다. ○ 식당·목욕시설·매점 등 편의시설을 설치할 수 있다(무도학원업과 무도장업은 제외한다). ○ 등록 체육시설업의 경우에는 해당 체육시설을 이용하는 데에 지장이 없는 범위에서 그 체육시설 외에 다른 종류의 체육시설을 설치할 수 있다. 다만 신고 체육시설업의 경우에는 그러하지 아니하다.

① 무도장을 운영할 때 목욕시설과 매점을 설치하는 경우 시설기준에 위반된다.

② 수영장을 운영할 때 수용인원에 적합한 세면실과 급수시설을 모두 깃추어야 한다.

③ 체력단련장을 운영할 때 이를 이용하는 데에 지장이 없는 범위에서 가상체험 체육시설을 설치할 수 있다.

④ 복합건물 내에 위치한 골프연습장을 운영할 때 다른 시설물과 공동으로 사용하는 주차장이 없다면, 수용인원에 적합한 주차장을 반드시 갖추어야 한다.

⑤ 수영장을 운영할 때 구급약품을 충분히 갖추어 부상자 및 환자의 구호에 지장이 없다면, 응급실을 갖추지 않아도 시설기준에 위반되지 않는다.

16. 다음 글을 근거로 판단할 때 옳은 것은? 20 5급공채

「국가공무원법」은 정무직 공무원을 ① 선거로 취임하는 공무원, ② 임명할 때 국회의 동의가 필요한 공무원, ③ 고도의 정책결정 업무를 담당하거나 이러한 업무를 보조하는 공무원으로서 법률이나 대통령령에서 정무직으로 지정하는 공무원으로 규정하고 있다. 이에 해당하는 정무직 공무원에는 대통령, 감사원장, 민주평화통일자문회의 사무처장, 국가정보원장, 대통령비서실 수석비서관 등이 있다.

「지방공무원법」에서는 정무직 공무원을 ① 선거로 취임하는 공무원, ② 임명할 때 지방의회의 동의가 필요한 공무원, ③ 고도의 정책결정 업무를 담당하거나 이러한 업무를 보조하는 공무원으로서 법령 또는 조례에서 정무직으로 지정하는 공무원으로 규정하고 있다.

정무직 공무원은 재산등록의무가 있으며 병역사항 신고의무도 있다. 한편 「국가공무원법」상 정무직 공무원은 국가공무원의 총정원에 포함되지 않지만 그 인사에 관한 사항은 관보에 게재된다.

행정기관 소속 정무직 공무원으로는 정부부처의 차관급 이상 공무원, 특별시의 행정부시장과 정무부시장 등이 있다. 이들은 정책결정자 역할과 함께 최고관리자 역할도 수행한다. 여기에는 일과 인력을 조직화하고 소속 직원의 동기를 부여하며 업무 수행을 통제하는 역할이 포함된다. 그리고 이들은 정책을 개발할 뿐만 아니라 정책집행의 법적 책임도 진다. 행정기관 소속 정무직 공무원은 좁은 의미의 공무원을 지칭하는 정부관료집단에 포함되지 않는 것이 보통이다.

① 감사원장은 국가공무원 총정원에 포함된다.

② 조례로 정무직 공무원을 지정하는 것이 가능하다.

③ 「국가공무원법」상 정무직 공무원의 임명에는 모두 국회의 동의가 필요하다.

④ 대통령비서실 수석비서관은 재산등록의무가 있으나 병역사항 신고의무는 없다.

⑤ 정부부처의 차관은 정부관료집단의 일원이지만 정책집행의 법적 책임은 지지 않는다.

17. 다음 글을 근거로 판단할 때, <보기>에서 옳은 것만을 모두 고르면? 14 민경채

□ 증여세의 납세의무자는 누구이며 부과대상은 무엇입니까?
  ○ 증여세는 타인으로부터 재산을 무상으로 받은 사람, 즉 수증자가 원칙적으로 납세의무를 부담합니다.
  ○ 또한 법인 아닌 사단·재단, 비영리법인은 증여세 납세의무를 부담합니다. 다만 증여받은 재산에 대해 법인세가 과세되는 영리법인은 증여세 납부의무가 없습니다.
  ○ 수증자가 국내거주자이면 증여받은 '국내외 모든 재산', 수증자가 국외거주자이면 증여받은 '국내소재 재산, 국외 예금과 국외 적금'이 증여세 부과대상입니다.

□ 증여자가 예외적으로 수증자와 함께 납세의무를 부담하는 경우도 있습니까?
  ○ 수증자가 국외거주자인 경우, 증여자는 연대납세의무를 부담합니다.
  ○ 또한 수증자가 다음 중 어느 하나에 해당하는 경우에도 증여자는 연대납세의무를 부담합니다.
    – 수증자의 주소 또는 거소가 분명하지 아니한 경우로서 조세채권의 확보가 곤란한 경우
    – 수증자가 증여세를 납부할 능력이 없다고 인정되는 경우로서 체납처분을 하여도 조세채권의 확보가 곤란한 경우

───〈보 기〉───

ㄱ. 甲이 국내거주자 장남에게 자신의 강릉 소재 빌딩(시가 10억 원 상당)을 증여한 경우, 甲은 원칙적으로 증여세를 납부할 의무가 있다.

ㄴ. 乙이 평생 모은 재산 10억 원을 국내소재 사회복지법인 丙(비영리법인)에게 기부한 경우, 丙은 증여세를 납부할 의무가 있다.

ㄷ. 丁이 자신의 국외 예금(10억 원 상당)을 해외에 거주하고 있는 아들에게 증여한 경우, 丁은 연대납세의무를 진다.

ㄹ. 戊로부터 10억 원을 증여받은 국내거주자 己가 현재 파산상태로 인해 체납처분을 하여도 조세채권의 확보가 곤란한 경우, 己는 증여세 납부의무가 없다.

① ㄱ, ㄴ

② ㄱ, ㄷ

③ ㄴ, ㄷ

④ ㄴ, ㄹ

⑤ ㄷ, ㄹ

18. 다음 글과 <필요 물품 목록>을 근거로 판단할 때, ○○부 아동방과후교육 사업에서 허용되는 사업비 지출품목만을 모두 고르면?

○○부는 아동방과후교육 사업을 운영하고 있다. 원칙적으로 사업비는 사용목적이 '사업 운영'인 경우에만 지출할 수 있다. 다만 다음 중 어느 하나에 해당하면 예외적으로 허용된다. 첫째, 품목당 단가가 10만 원 이하로 사용목적이 '서비스 제공'인 경우에 지출할 수 있다. 둘째, 사용연한이 1년 이내인 경우에 지출할 수 있다.

〈필요 물품 목록〉

품목	단가(원)	사용목적	사용연한
인형탈	120,000	사업 운영	2년
프로그램 대여	300,000	보고서 작성	6개월
의자	110,000	서비스 제공	5년
컴퓨터	950,000	서비스 제공	3년
클리어파일	500	상담일지 보관	2년
블라인드	99,000	서비스 제공	5년

① 프로그램 대여, 의자
② 컴퓨터, 클리어파일
③ 클리어파일, 블라인드
④ 인형탈, 프로그램 대여, 블라인드
⑤ 인형탈, 의자, 컴퓨터

19. 다음 글을 근거로 판단할 때, 9월 17일(토)부터 책을 대여하기 시작한 甲이 마지막 편을 도서관에 반납할 요일은? (단, 다른 조건은 고려하지 않는다)

甲은 10편으로 구성된 위인전을 완독하기 위해 다음과 같이 계획하였다.

책을 빌리는 첫째 날은 한 권만 빌려 다음날 반납하고, 반납한 날 두 권을 빌려 당일 포함 2박 3일이 되는 날 반납한다. 이런 식으로 도서관을 방문할 때마다 대여하는 책의 수는 한 권씩 증가하지만, 대여 일수는 빌리는 책 권수를 n으로 했을 때 두 권 이상일 경우 (2n−1)의 규칙으로 증가한다.

예를 들어 3월 1일(월)에 1편을 빌렸다면 3월 2일(화)에 1편을 반납하고 그날 2, 3편을 빌려 3월 4일(목)에 반납한다. 4일에 4, 5, 6편을 빌려 3월 8일(월)에 반납하고 그날 7, 8, 9, 10편을 대여한다.

도서관은 일요일만 휴관하고, 이날은 반납과 대여가 불가능하므로 다음날인 월요일에 반납과 대여를 한다. 이 경우에 한하여 일요일은 대여 일수에 포함되지 않는다.

① 월요일
② 화요일
③ 수요일
④ 목요일
⑤ 금요일

PART1 기출 우선 모의고사

1회

2회

3회

4회

5회

해커스 단기합격 7급 PSAT 기출+적중 모의고사 상황판단

20. 다음 글을 근거로 판단할 때, <보기>에서 옳은 것만을 모두 고르면?

20 5급공채

○ A청은 업무능력 평가를 통해 3개 부서(甲~丙) 중 평가 항목별 최종점수의 합계가 높은 2개 부서를 포상한다.
○ 4명의 평가위원(가~라)은 문제인식, 실현가능성, 성장 전략으로 구성된 평가항목을 5개 등급(최상, 상, 중, 하, 최하)으로 각각 평가하여 점수를 부여한다.
○ 각 평가항목의 등급별 점수는 다음과 같다.

구분	최상	상	중	하	최하
문제인식	30	24	18	12	6
실현가능성	30	24	18	12	6
성장전략	40	32	24	16	8

○ 평가항목별 최종점수는 아래의 식에 따라 산출한다. 단, 최고점수 또는 최저점수가 복수인 경우 각각 하나씩만 차감한다.

$$\frac{\text{평가항목에 대한 점수 합계} - (\text{최고점수} + \text{최저점수})}{\text{평가위원 수} - 2}$$

○ 평가결과는 다음과 같다.

구분	평가위원	점수		
		문제인식	실현가능성	성장전략
甲	가	30	24	24
	나	24	30	24
	다	30	18	40
	라	ⓐ	12	32
乙	가	6	24	32
	나	12	24	ⓑ
	다	24	18	16
	라	24	18	32
丙	가	12	30	ⓒ
	나	24	24	24
	다	18	12	40
	라	30	6	24

─────〈보 기〉─────

ㄱ. ⓐ값에 관계없이 문제인식 평가항목의 최종점수는 甲이 제일 높다.
ㄴ. ⓑ=ⓒ>16이라면, 성장전략 평가항목의 최종점수는 乙이 丙보다 낮지 않다.
ㄷ. ⓐ=18, ⓑ=24, ⓒ=24일 때, 포상을 받게 되는 부서는 甲과 丙이다.

① ㄴ
② ㄷ
③ ㄱ, ㄴ
④ ㄱ, ㄷ
⑤ ㄱ, ㄴ, ㄷ

21. 다음 글을 근거로 판단할 때, 하이디와 페터가 키우는 양의 총 마리 수와 ㉠~㉣ 중 옳게 기록된 것만을 짝지은 것은?

18 5급공채

○ 하이디와 페터는 알프스의 목장에서 양을 키우는데, 목장은 4개의 구역(A~D)으로 이루어져 있다. 양들은 자유롭게 다른 구역을 넘나들 수 있지만 목장을 벗어나지 않는다.
○ 하이디와 페터는 양을 잘 관리하기 위해 구역별 양의 수를 파악하고 있어야 하는데, 양들이 계속 구역을 넘나들기 때문에 양의 수를 정확히 헤아리는 데 어려움을 겪고 있다. 고민 끝에 하이디와 페터는 시간별로 양의 수를 기록하되, 하이디는 특정 시간 특정 구역의 양의 수만을 기록하고, 페터는 양이 구역을 넘나들 때마다 그 시간과 그때 이동한 양의 수를 기록하기로 하였다.
○ 하이디와 페터가 같은 날 오전 9시부터 오전 10시 15분까지 작성한 기록표는 다음과 같으며, ㉠~㉣을 제외한 모든 기록은 정확하다.

하이디의 기록표			페터의 기록표		
시간	구역	마리 수	시간	구역 이동	마리 수
09:10	A	17마리	09:08	B → A	3마리
09:22	D	21마리	09:15	B → D	2마리
09:30	B	8마리	09:18	C → A	5마리
09:45	C	11마리	09:32	D → C	1마리
09:58	D	㉠21마리	09:48	A → C	4마리
10:04	A	㉡18마리	09:50	D → B	1마리
10:10	B	㉢12마리	09:52	C → D	3마리
10:15	C	㉣10마리	10:05	C → B	2마리

※ 구역 이동 외의 양의 수 변화는 고려하지 않는다.

① 59마리, ㉡, ㉣
② 59마리, ㉢, ㉣
③ 60마리, ㉠, ㉢
④ 61마리, ㉠, ㉡
⑤ 61마리, ㉡, ㉣

22. 다음 <상황>과 <대화>를 근거로 판단할 때, <보기>에서 옳은 것만을 모두 고르면? 13 민경채

─────〈상 황〉─────

　지구와 거대한 운석이 충돌할 것으로 예상되자, A국 정부는 인류의 멸망을 막기 위해 甲, 乙, 丙 세 사람을 각각 냉동캡슐에 넣어 보존하기로 했다. 운석 충돌 후 시간이 흘러 지구에 다시 사람이 살 수 있는 환경이 조성되자, 3개의 냉동캡슐은 각각 다른 시점에 해동이 시작되어 하루 만에 완료되었다. 그 후 甲, 乙, 丙 세 사람은 2120년 9월 7일 한 자리에 모여 다음과 같은 〈대화〉를 나누었다.

─────〈대 화〉─────

甲: 나는 2086년에 태어났습니다. 19살에 냉동캡슐에 들어갔고, 캡슐에서 해동된 지는 정확히 7년이 되었어요.

乙: 나는 2075년생입니다. 26살에 냉동캡슐에 들어갔고, 캡슐에서 해동된 것은 지금으로부터 1년 5개월 전입니다.

丙: 난 2083년 5월 17일에 태어났어요. 21살이 되기 두 달 전에 냉동캡슐에 들어갔고, 해동된 건 일주일 전이에요.

※ 이들이 밝히는 나이는 만 나이이며, 냉동되어 있는 기간은 나이에 산입되지 않는다.

─────〈보 기〉─────

ㄱ. 甲, 乙, 丙이 냉동되어 있던 기간은 모두 다르다.

ㄴ. 대화를 나눈 시점에 甲이 丙보다 나이가 어리다.

ㄷ. 가장 이른 연도에 냉동캡슐에 들어간 사람은 甲이다.

① ㄱ

② ㄱ, ㄴ

③ ㄱ, ㄷ

④ ㄴ, ㄷ

⑤ ㄱ, ㄴ, ㄷ

23. 다음 <조건>에 따라 악기를 배치하고자 할 때, 옳지 않은 것은? 12 5급공채

─────〈조 건〉─────

○ 목관5중주는 플루트, 클라리넷, 오보에, 바순, 호른 각 1대씩으로 이루어진다.

○ 최상의 음향 효과를 내기 위해서는 음색이 서로 잘 어울리는 악기는 바로 옆자리에 놓아야 하고, 서로 잘 어울리지 않는 악기는 바로 옆자리에 놓아서는 안 된다.

○ 오보에와 클라리넷의 음색은 서로 잘 어울리지 않는다.

○ 플루트와 클라리넷의 음색은 서로 잘 어울린다.

○ 플루트와 오보에의 음색은 서로 잘 어울린다.

○ 호른과 오보에의 음색은 서로 잘 어울리지 않는다.

○ 바순의 음색과 서로 잘 어울리지 않는 악기는 없다.

○ 바순은 그 음이 낮아 제일 왼쪽(1번) 자리에는 놓일 수 없다.

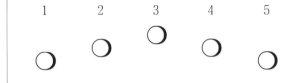

① 플루트는 3번 자리에 놓일 수 있다.

② 클라리넷은 5번 자리에 놓일 수 있다.

③ 오보에는 2번 자리에 놓일 수 있다.

④ 바순은 3번 자리에 놓일 수 없다.

⑤ 호른은 2번 자리에 놓일 수 없다.

'알파고'는 기존 인공지능의 수읽기 능력뿐만 아니라 정책망과 가치망이라는 두 가지 인공신경망을 통해 인간 고수 못지않은 감각적 예측 능력(정책망)과 형세판단 능력(가치망)을 구현한 바둑 인공지능이다. 인간의 지능활동은 물리적인 차원에서 보면 뇌 안의 시냅스로 연결된 뉴런들이 주고받는 전기신호의 상호작용으로 인해 나타난다. 인공신경망은 인간의 뇌가 작동하는 방식에서 착안하여 만든 것이다.

'학습'을 거치지 않은 인공신경망은 무작위로 설정한 다수의 가중치를 갖고 있다. 이를 갖고 입력값을 처리했을 때 옳지 않은 출력값이 나온 경우, 올바른 결과를 도출하기 위해 가중치를 조절하는 것이 인공신경망의 학습과정이다. 따라서 오답에 따른 학습을 반복할수록 인공신경망의 정확도는 향상된다.

알파고의 첫 번째 인공신경망인 '정책망'은 "인간 고수라면 다음 수를 어디에 둘까?"를 예측한다. 입력(현 바둑판의 상황)과 출력(그 상황에서의 인간 고수의 착점) 사이의 관계를 간단한 함수로 표현할 수는 없다. 하지만 알파고는 일련의 사고가 단계별로 진행되므로 인공신경망의 입력과 출력 사이에 13개의 중간층을 둔 심층신경망을 통해 다음 수를 결정한다. 이 복잡한 인공신경망은 인간의 뇌에서 뉴런들이 주고받는 전기신호의 세기에 해당하는 가중치를 최적화해 나아간다. 이를 위해 인터넷 바둑 사이트의 6~9단 사용자의 기보 16만 건에서 추출된 약 3,000만 건의 착점을 학습했다. 3,000만 개의 예제를 학습하여 입력값을 넣었을 때 원하는 출력값이 나오게끔 하는 가중치를 각종 최적화 기법으로 찾는 방식이다.

이러한 '지도학습'이 끝나면 '강화학습'이 시작된다. 지도학습으로 찾아낸 각 가중치를 조금씩 바꿔보는 것이다. 예를 들어 지도학습 결과 어떤 가중치가 0.3이었다면, 나머지 모든 조건은 동일한 상태에서 그 가중치만 0.4로 바꾼 인공신경망과 가중치가 0.3인 기존의 인공신경망을 여러 번 대국시켰을 때, 주로 이긴 인공신경망의 가중치를 선택하게 된다. 모든 가중치에 대해 이와 같은 과정을 반복하여 최적의 가중치를 찾게 되는 것이다.

알파고의 두 번째 인공신경망인 '가치망'은 바둑의 대국이 끝날 때까지 시뮬레이션을 해보고 결과를 판단하는 대신에, 현재 장면으로부터 앞으로 몇 수만 진행시켜보고 그 상황에서 형세를 판단하는 것이다. 현대 바둑 이론으로도 형세의 유불리를 판단하는 기준이 몇 집인지 정량적으로 환산하기는 어렵다. 마찬가지로 정확한 평가 함수를 프로그래머가 알아야 할 필요가 없다. 평가 함수의 초깃값을 임의로 설정해놓고 정책망의 강화학습 때와 같이 두 가지 버전의 인공신경망을 대국시킨다. 만약 변경된 버전이 주로 이겼다면 그 다음 실험에서는 변경된 버전을 채택하는 과정을 무수히 반복한다. 이런 식으로 아주 정확한 평가 함수를 찾아갈 수 있는 것이다.

24. 윗글을 근거로 판단할 때 옳은 것은?

① 오답을 통한 학습과정을 더 많이 거칠수록 인공신경망의 정확도는 떨어진다.

② 알파고는 가중치를 최적화하는 과정에서 기보 한 건당 1,000건 이상의 착점을 학습했다.

③ 알파고는 빠른 데이터 처리 능력 덕분에 인터넷 기보를 이용한 지도학습만으로도 정확한 형세판단 능력의 평가 함수를 찾을 수 있었다.

④ 알파고가 바둑의 형세를 판단하도록 하기 위해서 프로그래머는 정확한 평가 함수를 알아야 한다.

⑤ 최초에는 동일한 인공신경망이라고 해도 강화학습의 유무에 따라 인공신경망의 가중치는 달라질 수 있다.

25. 윗글과 다음 <상황>을 근거로 판단할 때, 최종적으로 선택할 알파고의 가중치 A와 B를 옳게 짝지은 것은?

―――――――〈상 황〉―――――――
○ 다른 모든 조건이 동일한 상태에서 가중치 A, B만을 변경한다.
○ 가중치 A가 0.4이고 가중치 B가 0.3인 인공신경망이 가중치 A가 0.3이고 가중치 B가 0.3인 인공신경망을 주로 이겼다.
○ 가중치 A가 0.5이고 가중치 B가 0.3인 인공신경망이 가중치 A가 0.3이고 가중치 B가 0.3인 인공신경망을 주로 이겼다.
○ 가중치 A가 0.4이고 가중치 B가 0.4인 인공신경망은 가중치 A가 0.4이고 가중치 B가 0.3인 인공신경망에게 주로 졌다.
○ 가중치 A가 0.5이고 가중치 B가 0.3인 인공신경망은 가중치 A가 0.4이고 가중치 B가 0.3인 인공신경망에게 주로 졌다.
○ 가중치 A가 0.4이고 가중치 B가 0.3인 인공신경망이 가중치 A가 0.4이고 가중치 B가 0.2인 인공신경망을 주로 이겼다.

	가중치 A	가중치 B
①	0.3	0.3
②	0.4	0.2
③	0.4	0.3
④	0.4	0.4
⑤	0.5	0.3

약점 보완 해설집 p.20

01. 다음 <A국 사업타당성조사 규정>을 근거로 판단할 때, <보기>에서 옳은 것만을 모두 고르면?　　　17 5급공채

――――――〈A국 사업타당성조사 규정〉――――――
제○○조(예비타당성조사 대상사업) 신규 사업 중 총사업비가 500억 원 이상이면서 국가의 재정지원 규모가 300억 원 이상인 건설사업, 정보화사업, 국가연구개발사업에 대해 예비타당성조사를 실시한다.
제△△조(타당성조사의 대상사업과 실시) ① 제○○조에 해당하지 않는 사업으로서, 국가 예산의 지원을 받아 지자체·공기업·준정부기관·기타 공공기관 또는 민간이 시행하는 사업 중 완성에 2년 이상이 소요되는 다음 각 호의 사업을 타당성조사 대상사업으로 한다.
　1. 총사업비가 500억 원 이상인 토목사업 및 정보화사업
　2. 총사업비가 200억 원 이상인 건설사업
② 제1항의 대상사업 중 다음 각 호의 어느 하나에 해당하는 경우에는 타당성조사를 실시하여야 한다.
　1. 사업추진 과정에서 총사업비가 예비타당성조사의 대상 규모로 증가한 사업
　2. 사업물량 또는 토지 등의 규모 증가로 인하여 총사업비가 100분의 20 이상 증가한 사업

――――――〈보 기〉――――――
ㄱ. 국가의 재정지원 비율이 50%인 총사업비 550억 원 규모의 신규 건설사업은 예비타당성조사 대상이 된다.
ㄴ. 민간이 시행하는 사업도 타당성조사 대상사업이 될 수 있다.
ㄷ. 지자체가 시행하는 건설사업으로서 사업완성에 2년 이상 소요되며 전액 국가의 재정지원을 받는 총사업비 460억 원 규모의 사업추진 과정에서, 총사업비가 10% 증가한 경우 타당성조사를 실시하여야 한다.
ㄹ. 총사업비가 500억 원 미만인 모든 사업은 예비타당성조사 및 타당성조사 대상사업에서 제외된다.

① ㄱ, ㄴ
② ㄱ, ㄷ
③ ㄴ, ㄷ
④ ㄴ, ㄹ
⑤ ㄷ, ㄹ

02. 다음 규정에 근거할 때, 수수료 총액이 가장 많은 것은?　　　12 5급공채

제00조 특허출원 관련 수수료는 다음 각 호와 같다.
　1. 특허출원료
　　가. 출원서를 서면으로 제출하는 경우: 매건 5만 8천 원 (단, 출원서의 첨부서류 중 명세서, 도면 및 요약서의 합이 20면을 초과하는 경우 초과하는 1면마다 1천 원을 가산한다)
　　나. 출원서를 전자문서로 제출하는 경우: 매건 3만 8천 원
　2. 출원인변경신고료
　　가. 상속에 의한 경우: 매건 6천 5백 원
　　나. 법인의 분할·합병에 의한 경우: 매건 6천 5백 원
　　다. 「기업구조조정 촉진법」 제15조 제1항의 규정에 따른 약정을 체결한 기업이 경영정상화계획의 이행을 위하여 행하는 영업양도의 경우: 매건 6천 5백 원
　　라. 가목 내지 다목 외의 사유에 의한 경우: 매건 1만 3천 원
제00조 특허권 관련 수수료는 다음 각 호와 같다.
　1. 특허권의 실시권 설정 또는 그 보존등록료
　　가. 전용실시권: 매건 7만 2천 원
　　나. 통상실시권: 매건 4만 3천 원
　2. 특허권의 이전등록료
　　가. 상속에 의한 경우: 매건 1만 4천 원
　　나. 법인의 분할·합병에 의한 경우: 매건 1만 4천 원
　　다. 「기업구조조정 촉진법」 제15조 제1항의 규정에 따른 약정을 체결한 기업이 경영정상화계획의 이행을 위하여 행하는 영업양도의 경우: 매건 1만 4천 원
　　라. 가목 내지 다목 외의 사유에 의한 경우: 매건 5만 3천 원
　3. 등록사항의 경정·변경(행정구역 또는 지번의 변경으로 인한 경우 및 등록명의인의 표시변경 또는 경정으로 인한 경우는 제외한다)·취소·말소 또는 회복등록료: 매건 5천 원

① 특허출원 5건을 신청한 A가 사망한 후, A의 단독 상속인 B가 출원인을 변경하고자 할 때의 출원인변경신고료
② C가 자기 소유의 특허권 9건을 말소하는 경우의 등록료
③ D가 특허출원 1건에 대한 40면 분량의 특허출원서를 전자문서로 제출하는 경우의 특허출원료
④ E소유의 특허권 1건의 통상실시권에 대한 보존등록료
⑤ F주식회사가 G주식회사를 합병하면서 획득한 G주식회사 소유의 특허권 4건에 대한 이전등록료

03. 다음 <민간위탁 교육훈련사업 계약>을 근거로 판단할 때, <보기>에서 계약 위반행위만을 모두 고르면? 14 5급공채

〈민간위탁 교육훈련사업 계약〉

(가) 계약금액(사업비)은 7,000만 원이고, 계약기간은 1월 1일부터 12월 31일까지이다.

(나) 甲은 乙에게 사업비의 50%에 해당하는 금액을 반기(6개월)별로 지급하며, 乙이 청구한 날로부터 14일 이내에 지급하여야 한다.

(다) 乙은 하반기 사업비 청구시 상반기 사업추진실적과 상반기 사업비 사용내역을 함께 제출하여야 하며, 甲은 이를 확인한 후 지급한다.

(라) 乙은 사업비를 위탁받은 교육훈련 이외의 다른 용도로 사용하여서는 안 된다.

(마) 乙은 상·하반기 사업비와는 별도로 매 분기(3개월) 종료 후 10일 이내에 관련 증빙서류를 구비하여 甲에게 훈련참여자의 취업실적에 따른 성과인센티브의 지급을 청구할 수 있다.

(바) 甲은 (마)에 따른 관련 증빙서류를 확인한 후 인정된 취업실적에 대한 성과인센티브를 취업자 1인당 10만 원씩 지급한다.

〈보 기〉

ㄱ. 乙은 9월 10일 교육훈련과 관련없는 甲의 등산대회에 사업비에서 100만 원을 협찬하였다.

ㄴ. 乙은 1월 25일에 상반기 사업비 지급을 청구하였으며, 甲은 2월 10일에 3,500만 원을 지급하였다.

ㄷ. 乙은 8월 8일에 하반기 사업비 지급을 청구하면서 상반기 사업추진실적 및 사업비 사용내역을 제출하였다.

ㄹ. 乙은 10월 9일에 관련 증빙서류를 구비하여 성과인센티브의 지급을 청구하였으나, 甲은 증빙서류의 확인을 거부하고 지급하지 않았다.

① ㄱ, ㄷ
② ㄴ, ㄹ
③ ㄱ, ㄴ, ㄷ
④ ㄱ, ㄴ, ㄹ
⑤ ㄴ, ㄷ, ㄹ

04. 다음 글을 근거로 판단할 때, <보기>에서 옳은 것만을 모두 고르면? 20 민경채

일반적인 내연기관에서는 휘발유와 공기가 엔진 내부의 실린더 속에서 압축된 후 점화 장치에 의하여 점화되어 연소된다. 이 때의 연소는 휘발유의 주성분인 탄화수소가 공기 중의 산소와 반응하여 이산화탄소와 물을 생성하는 것이다. 여러 개의 실린더에서 규칙적이고 연속적으로 일어나는 '공기·휘발유' 혼합물의 연소에서 발생하는 힘으로 자동차는 달리게 된다. 그런데 간혹 실린더 내의 과도한 열이나 압력, 혹은 질 낮은 연료의 사용 등으로 인해 '노킹(knocking)' 현상이 발생하기도 한다. 노킹 현상이란 공기·휘발유 혼합물의 조기 연소 현상을 지칭한다. 공기·휘발유 혼합물이 점화되기도 전에 연소되는 노킹 현상이 지속되면 엔진의 성능은 급격히 저하된다.

자동차 연료로 사용되는 휘발유에는 '옥탄가(octane number)'라는 값에 따른 등급이 부여된다. 옥탄가는 휘발유의 특성을 나타내는 수치 중 하나로, 이 값이 높을수록 노킹 현상이 발생할 가능성은 줄어든다. 甲국에서는 보통, 중급, 고급으로 분류되는 세 가지 등급의 휘발유가 판매되고 있는데, 이 등급을 구분하는 최소 옥탄가의 기준은 각각 87, 89, 93이다. 하지만 甲국의 고산지대에 위치한 A시에서 판매되는 휘발유는 다른 지역의 휘발유보다 등급을 구분하는 최소 옥탄가의 기준이 등급별로 2씩 낮다. 이는 산소의 밀도가 낮아 노킹 현상이 발생할 가능성이 더 낮은 고산지대의 특징을 반영한 것이다.

〈보 기〉

ㄱ. A시에서 고급 휘발유로 판매되는 휘발유의 옥탄가는 91 이상이다.

ㄴ. 실린더 내에 과도한 열이 발생하면 노킹 현상이 발생할 수 있다.

ㄷ. 노킹 현상이 일어나지 않는다면, 일반적인 내연기관 내부의 실린더 속에서 공기·휘발유 혼합물은 점화가 된 후에 연소된다.

ㄹ. 내연기관 내에서의 연소는 이산화탄소와 산소가 반응하여 물을 생성하는 것이다.

① ㄱ, ㄴ
② ㄱ, ㄹ
③ ㄷ, ㄹ
④ ㄱ, ㄴ, ㄷ
⑤ ㄴ, ㄷ, ㄹ

05. 다음 글과 <설립위치 선정 기준>을 근거로 판단할 때, A사가 서비스센터를 설립하는 방식과 위치로 옳은 것은?

○ 휴대폰 제조사 A는 B국에 고객서비스를 제공하기 위해 1개의 서비스센터 설립을 추진하려고 한다.
○ 설립방식에는 (가)방식과 (나)방식이 있다.
○ A사는 {(고객만족도 효과의 현재가치)−(비용의 현재가치)}의 값이 큰 방식을 선택한다.
○ 비용에는 규제비용과 로열티비용이 있다.

구분		(가)방식	(나)방식
고객만족도 효과의 현재가치		5억 원	4.5억 원
비용의 현재가치	규제비용	3억 원 (설립 당해년도만 발생)	없음
	로열티비용	없음	− 3년간 로열티비용을 지불함 − 로열티비용의 현재가치 환산액: 설립 당해년도는 2억 원, 그 다음 해부터는 직전년도 로열티비용의 1/2씩 감액한 금액

※ 고객만족도 효과의 현재가치는 설립 당해년도를 기준으로 산정한 결과이다.

──────〈설립위치 선정 기준〉──────
○ 설립위치로 B국의 甲, 乙, 丙 3곳을 검토 중이며, 각 위치의 특성은 다음과 같다.

위치	유동인구(만 명)	20~30대 비율(%)	교통혼잡성
甲	80	75	3
乙	100	50	1
丙	75	60	2

○ A사는 {(유동인구)×(20~30대 비율)/(교통혼잡성)} 값이 큰 곳을 선정한다. 다만 A사는 제품의 특성을 고려하여 20~30대 비율이 50% 이하인 지역은 선정대상에서 제외한다.

	설립방식	설립위치
①	(가)	甲
②	(가)	丙
③	(나)	甲
④	(나)	乙
⑤	(나)	丙

06. 다음 글을 근거로 판단할 때, 甲과 인사교류를 할 수 있는 사람만을 모두 고르면?

○ 甲은 인사교류를 통해 ○○기관에서 타 기관으로 전출하고자 한다. 인사교류란 동일 직급간 신청자끼리 1:1로 교류하는 제도로서, 각 신청자가 속한 두 기관의 교류 승인 조건을 모두 충족해야 한다.
○ 기관별로 교류를 승인하는 조건은 다음과 같다.
  ○○기관: 신청자간 현직급임용년월은 3년 이상 차이나지 않고, 연령은 7세 이상 차이나지 않는 경우
  □□기관: 신청자간 최초임용년월은 5년 이상 차이나지 않고, 연령은 3세 이상 차이나지 않는 경우
  △△기관: 신청자간 최초임용년월은 2년 이상 차이나지 않고, 연령은 5세 이상 차이나지 않는 경우
○ 甲(32세)의 최초임용년월과 현직급임용년월은 2015년 9월로 동일하다.
○ 甲과 동일 직급인 인사교류 신청자(A~E)의 인사정보는 다음과 같다.

신청자	연령(세)	현 소속기관	최초임용년월	현직급임용년월
A	30	□□	2016년 5월	2019년 5월
B	37	□□	2009년 12월	2017년 3월
C	32	□□	2015년 12월	2015년 12월
D	31	△△	2014년 1월	2014년 1월
E	35	△△	2017년 10월	2017년 10월

① A, B
② B, E
③ C, D
④ A, B, D
⑤ C, D, E

07. 다음 글을 근거로 판단할 때, ○○백화점이 한 해 캐롤 음원 이용료로 지불해야 하는 최대 금액은? 19 5급공채

○○백화점에서는 매년 크리스마스 트리 점등식(11월 네 번째 목요일) 이후 돌아오는 첫 월요일부터 크리스마스(12월 25일)까지 백화점 내에서 캐롤을 틀어 놓는다. (단, 휴점일 제외) 이 기간 동안 캐롤을 틀기 위해서는 하루에 2만 원의 음원이용료를 지불해야 한다. ○○백화점 휴점일은 매월 네 번째 수요일이지만, 크리스마스와 겹칠 경우에는 정상영업을 한다.

① 48만 원

② 52만 원

③ 58만 원

④ 60만 원

⑤ 66만 원

08. 다음 글을 근거로 판단할 때, ㉠에 들어갈 일시는? 18 5급공채

○ 서울에 있는 甲사무관, 런던에 있는 乙사무관, 시애틀에 있는 丙사무관은 같은 프로젝트를 진행하면서 다음과 같이 영상업무회의를 진행하였다.

○ 회의 시각은 런던을 기준으로 11월 1일 오전 9시였다.

○ 런던은 GMT+0, 서울은 GMT+9, 시애틀은 GMT-7을 표준시로 사용한다. (즉, 런던이 오전 9시일 때, 서울은 같은 날 오후 6시이며 시애틀은 같은 날 오전 2시이다)

甲: 제가 프로젝트에서 맡은 업무는 오늘 오후 10시면 마칠 수 있습니다. 런던에서 받아서 1차 수정을 부탁드립니다.

乙: 네, 저는 甲사무관님께서 제시간에 끝내 주시면 다음날 오후 3시면 마칠 수 있습니다. 시애틀에서 받아서 마지막 수정을 부탁드립니다.

丙: 알겠습니다. 저는 앞선 두 분이 제시간에 끝내 주신다면 서울을 기준으로 모레 오전 10시면 마칠 수 있습니다. 제가 업무를 마치면 프로젝트가 최종 마무리 되겠군요.

甲: 잠깐, 다들 말씀하신 시각의 기준이 다른 것 같은데요? 저는 처음부터 런던을 기준으로 이해하고 말씀드렸습니다.

乙: 저는 처음부터 시애틀을 기준으로 이해하고 말씀드렸는데요?

丙: 저는 처음부터 서울을 기준으로 이해하고 말씀드렸습니다. 그렇다면 계획대로 진행될 때 서울을 기준으로 (㉠)에 프로젝트를 최종 마무리할 수 있겠네요.

甲, 乙: 네, 맞습니다.

① 11월 2일 오후 3시

② 11월 2일 오후 11시

③ 11월 3일 오전 10시

④ 11월 3일 오후 3시

⑤ 11월 3일 오후 7시

09. 다음 <배드민턴 복식 경기방식>을 따를 때, <경기상황>에 이어질 서브 방향 및 선수 위치로 가능한 것은? 14 5급공채

─── 〈배드민턴 복식 경기방식〉 ───
○ 점수를 획득한 팀이 서브권을 갖는다. 다만 서브권이 상대팀으로 넘어가기 전까지는 팀 내에서 같은 선수가 연속해서 서브권을 갖는다.
○ 서브하는 팀은 자신의 팀 점수가 0이거나 짝수인 경우는 우측에서, 점수가 홀수인 경우는 좌측에서 서브한다.
○ 서브하는 선수로부터 코트의 대각선 위치에 선 선수가 서브를 받는다.
○ 서브를 받는 팀은 자신의 팀으로 서브권이 넘어오기 전까지는 팀 내에서 선수끼리 서로 코트 위치를 바꾸지 않는다.

※ 좌측, 우측은 각 팀이 네트를 바라보고 인식하는 좌, 우이다.

─── 〈경기상황〉 ───
○ 甲팀(A · B)과 乙팀(C · D)간 복식 경기 진행
○ 3 : 3 동점 상황에서 A가 C에 서브하고 甲팀(A · B)이 1점 득점

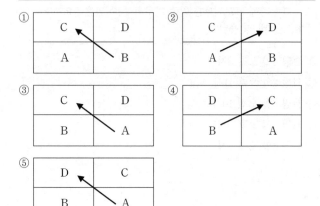

점수	서브 방향 및 선수 위치	득점한 팀
3 : 3	D C / A B	甲

①
C	D
A	B

②
C	D
A	B

③
C	D
B	A

④
D	C
B	A

⑤
D	C
B	A

10. 다음 글을 근거로 판단할 때 옳은 것은? 20 민경채

네 사람(甲~丁)은 각각 주식, 채권, 선물, 옵션 중 서로 다른 하나의 금융상품에 투자하고 있으며, 투자액과 수익률도 각각 다르다.
○ 네 사람 중 투자액이 가장 큰 50대 주부는 주식에 투자하였다.
○ 30대 회사원 丙은 네 사람 중 가장 높은 수익률을 올려 아내와 여행을 다녀왔다.
○ 甲은 주식과 옵션에는 투자하지 않았다.
○ 40대 회사원 乙은 옵션에 투자하지 않았다.
○ 60대 사업가는 채권에 투자하지 않았다.

① 채권 투자자는 甲이다.
② 선물 투자자는 사업가이다.
③ 투자액이 가장 큰 사람은 乙이다.
④ 회사원은 옵션에 투자하지 않았다.
⑤ 가장 높은 수익률을 올린 사람은 선물 투자자이다.

11. 다음 글을 근거로 판단할 때, 사과 사탕 1개와 딸기 사탕 1개를 함께 먹은 사람과 戊가 먹은 사탕을 옳게 짝지은 것은?

18 5급공채

사과 사탕, 포도 사탕, 딸기 사탕이 각각 2개씩 있다. 다섯 명의 사람(甲~戊) 중 한 명이 사과 사탕 1개와 딸기 사탕 1개를 함께 먹고, 다른 네 명이 남은 사탕을 각각 1개씩 먹었다. 이 사실만을 알고 甲~戊는 차례대로 다음과 같이 말했으며, 모두 진실을 말하였다.

甲: 나는 포도 사탕을 먹지 않았어.
乙: 나는 사과 사탕만을 먹었어.
丙: 나는 사과 사탕을 먹지 않았어.
丁: 나는 사탕을 한 종류만 먹었어.
戊: 너희 말을 다 듣고 아무리 생각해봐도 나는 딸기 사탕을 먹은 사람 두 명 다 알 수는 없어.

① 甲, 포도 사탕 1개
② 甲, 딸기 사탕 1개
③ 丙, 포도 사탕 1개
④ 丙, 딸기 사탕 1개
⑤ 戊, 사과 사탕 1개와 딸기 사탕 1개

12. 다음 글을 근거로 판단할 때, 2017년 3월 인사 파견에서 선발될 직원만을 모두 고르면?

17 5급공채

○ △△도청에서는 소속 공무원들의 역량 강화를 위해 정례적으로 인사 파견을 실시하고 있다.
○ 인사 파견은 지원자 중 3명을 선발하여 1년 간 이루어지고 파견 기간은 변경되지 않는다.
○ 선발 조건은 다음과 같다.
  - 과장을 선발하는 경우 동일 부서에 근무하는 직원을 1명 이상 함께 선발한다.
  - 동일 부서에 근무하는 2명 이상의 팀장을 선발할 수 없다.
  - 과학기술과 직원을 1명 이상 선발한다.
  - 근무 평정이 70점 이상인 직원만을 선발한다.
  - 어학 능력이 '하'인 직원을 선발한다면 어학 능력이 '상'인 직원도 선발한다.
  - 직전 인사 파견 기간이 종료된 이후 2년 이상 경과하지 않은 직원을 선발할 수 없다.
○ 2017년 3월 인사 파견의 지원자 현황은 다음과 같다.

직원	직위	근무 부서	근무 평정	어학 능력	직전 인사 파견 시작 시점
A	과장	과학기술과	65	중	2013년 1월
B	과장	자치행정과	75	하	2014년 1월
C	팀장	과학기술과	90	중	2014년 7월
D	팀장	문화정책과	70	상	2013년 7월
E	팀장	문화정책과	75	중	2014년 1월
F	-	과학기술과	75	중	2014년 1월
G	-	자치행정과	80	하	2013년 7월

① A, D, F
② B, D, G
③ B, E, F
④ C, D, G
⑤ D, F, G

13. 다음 <상황>을 근거로 판단할 때 갑 법안을 지지하는 국회의원 수의 최댓값은? _{21 입법고시}

─〈상 황〉─

갑 법안을 지지하는 국회의원의 수는 을 법안을 지지하는 국회의원의 수의 3배이다. 갑 법안을 지지하는 국회의원의 수는 병 법안을 지지하는 국회의원의 수의 8배이다. 그리고 총 국회의원의 수는 290명 미만이다. 단, 두 개 이상의 법안을 지지하는 국회의원은 없다.

① 168
② 180
③ 192
④ 198
⑤ 204

14. 다음 <상황>을 근거로 판단할 때 대회에서 우승한 사람은? _{20 입법고시}

─〈상 황〉─

테니스 대회에 갑, 을, 병, 정, 무 5명이 참가하였으며, 이 중 한 명이 우승하였다. 참가자들에 대한 기록을 정리해보면 다음과 같다.

○ 참가자의 전공은 정치학, 경제학, 사회학, 통계학, 경영학이며 서로 겹치지 않는다.
○ 정치학 전공생과 경제학 전공생은 강아지를 기르며, 경영학 전공생은 고양이를 기른다.
○ 제주도가 고향인 참가자는 3명이며, 경제학 전공생과 통계학 전공생은 제주도가 고향이 아니다.
○ 갑은 원숭이를 기른다.
○ 을과 병은 울릉도가 고향이다.

참가자들에 대한 기록을 검토해 본 결과, 우승자는 사회학 전공생이었다.

※ 모든 참가자들의 이름, 전공, 애완동물은 1명당 하나뿐이다.

① 갑
② 을
③ 병
④ 정
⑤ 무

15. 다음 글과 <법조문>을 근거로 판단할 때, 甲이 乙에게 2,000만 원을 1년간 빌려주면서 선이자로 800만 원을 공제하고 1,200만 원만을 준 경우, 乙이 갚기로 한 날짜에 甲에게 전부 변제하여야 할 금액은? <small>13 5급공채</small>

> 돈이나 물품 등을 빌려 쓴 사람이 돈이나 같은 종류의 물품을 같은 양만큼 갚기로 하는 계약을 소비대차라 한다. 소비대차는 이자를 지불하기로 약정할 수 있고, 그 이자는 일정한 이율에 의하여 계산한다. 이런 이자는 돈을 빌려 주면서 먼저 공제할 수도 있는데, 이를 선이자라 한다. 한편 약정이자의 상한에는 법률상의 제한이 있다.

<hr/>

〈법조문〉

제00조 ① 금전소비대차에 관한 계약상의 최고이자율은 연 30%로 한다.
② 계약상의 이자로서 제1항에서 정한 최고이자율을 초과하는 부분은 무효로 한다.
③ 약정금액(당초 빌려주기로 한 금액)에서 선이자를 사전 공제한 경우, 그 공제액이 '채무자가 실제 수령한 금액'을 기준으로 하여 제1항에서 정한 최고이자율에 따라 계산한 금액을 초과하면 그 초과부분은 약정금액의 일부를 변제한 것으로 본다.

① 760만 원
② 1,000만 원
③ 1,560만 원
④ 1,640만 원
⑤ 1,800만 원

16. 다음 글을 근거로 판단할 때 옳은 것은? <small>19 5급공채</small>

> 제00조(사무의 관장) 시장(특별시장·광역시장은 제외한다. 이하 같다)·군수 및 자치구의 구청장은 이 법에 따른 본인서명사실확인서 및 전자본인서명확인서의 발급·관리 등에 관한 사무를 관장한다.
> 제00조(본인서명사실확인서의 발급 신청) ① 본인서명사실확인서를 발급받으려는 사람 중 다음 각 호의 어느 하나에 해당하는 사람은 시장·군수·구청장(자치구가 아닌 구의 구청장을 포함한다)이나 읍장·면장·동장(이하 '발급기관'이라 한다)을 직접 방문하여 발급을 신청하여야 한다.
> 　1. 대한민국 내에 주소를 가진 국민
> 　2. 대한민국 내에 주소를 가지지 아니한 국민
> 　3. 「재외동포의 출입국과 법적 지위에 관한 법률」에 따라 국내거소신고를 한 재외국민
> ② 미성년자인 신청인이 제1항에 따라 본인서명사실확인서의 발급을 신청하려는 경우에는 법정대리인과 함께 발급기관을 직접 방문하여 법정대리인의 동의를 받아 신청하여야 한다.
> 제00조(전자본인서명확인서 발급시스템 이용의 승인) ① 민원인은 전자본인서명확인서 발급시스템을 이용하려는 경우에는 미리 시장·군수 또는 자치구의 구청장(이하 '승인권자'라 한다)의 승인을 받아야 한다.
> ② 제1항에 따라 승인을 받으려는 민원인은 승인권자를 직접 방문하여 이용 승인을 신청하여야 한다.
> ③ 미성년자인 민원인이 제2항에 따라 이용 승인을 신청하려는 경우에는 법정대리인과 함께 승인권자를 직접 방문하여 법정대리인의 동의를 받아 신청하여야 한다.
> 제00조(인감증명서와의 관계) 부동산거래에서 인감증명서 제출과 함께 관련 서면에 인감을 날인하여야 할 때에는 다음 각 호의 어느 하나에 해당하는 경우 인감증명서를 제출하고 관련 서면에 인감을 날인한 것으로 본다.
> 　1. 본인서명사실확인서를 제출하고 관련 서면에 서명을 한 경우
> 　2. 전자본인서명확인서 발급증을 제출하고 관련 서면에 서명을 한 경우

① 대구광역시 수성구 A동 주민 甲(30세)이 전자본인서명확인서 발급시스템을 이용하기 위해서는 미리 동장을 방문하여 이용 승인을 신청하여야 한다.

② 재외국민 乙(26세)이 「재외동포의 출입국과 법적 지위에 관한 법률」에 따라 국내거소신고를 하였다면 본인서명사실확인서 발급을 신청한 것으로 본다.

③ 본인서명사실확인서를 발급받은 바 있는 丙(17세)이 전자본인서명확인서 발급시스템 이용 승인을 신청하기 위해서는 법정대리인의 동의를 받지 않아도 된다.

④ 토지매매시 인감증명서를 제출하고 관련 서면에 인감을 날인하여야 하는 경우, 본인서명사실확인서를 제출하고 관련 서면에 서명하는 것으로 대신할 수 있다.

⑤ 서울특별시 종로구 B동 주민 丁(25세)은 본인서명사실확인서를 발급받기 위하여 서울특별시장을 방문하여 전자본인서명확인서 발급시스템 이용 승인을 신청하여야 한다.

제00조(예비이전후보지의 선정) ① 종전부지 지방자치단체의 장은 군 공항을 이전하고자 하는 경우 국방부장관에게 이전을 건의할 수 있다.

② 제1항의 건의를 받은 국방부장관은 군 공항을 이전하고자 하는 경우 군사작전 및 군 공항 입지의 적합성 등을 고려하여 군 공항 예비이전후보지(이하 '예비이전후보지'라 한다)를 선정할 수 있다.

제00조(이전후보지의 선정) 국방부장관은 한 곳 이상의 예비이전후보지 중에서 군 공항 이전후보지를 선정함에 있어서 군 공항 이전부지 선정위원회의 심의를 거쳐야 한다.

제00조(군 공항 이전부지 선정위원회) ① 군 공항 이전 후보지 및 이전부지의 선정 등을 심의하기 위해 국방부에 군 공항 이전부지 선정위원회(이하 '선정위원회'라 한다)를 둔다.

② 위원장은 국방부장관으로 하고, 당연직위원은 다음 각 호의 사람으로 한다.

　1. 기획재정부차관, 국토교통부차관

　2. 종전부지 지방자치단체의 장

　3. 예비이전후보지를 포함한 이전주변지역 지방자치단체의 장

　4. 종전부지 및 이전주변지역을 관할하는 특별시장·광역시장 또는 도지사

③ 선정위원회는 다음 각 호의 사항을 심의한다.

　1. 이전후보지 및 이전부지 선정

　2. 종전부지 활용방안 및 종전부지 매각을 통한 이전주변지역 지원방안

제00조(이전부지의 선정) ① 국방부장관은 이전후보지 지방자치단체의 장에게 「주민투표법」에 따라 주민투표를 요구할 수 있다.

② 제1항의 지방자치단체의 장은 주민투표 결과를 충실히 반영하여 국방부장관에게 군 공항 이전 유치를 신청한다.

③ 국방부장관은 제2항에 따라 유치를 신청한 지방자치단체 중에서 선정위원회의 심의를 거쳐 이전부지를 선정한다.

※ 종전부지: 군 공항이 설치되어 있는 기존의 부지
※ 이전부지: 군 공항이 이전되어 설치될 부지

① 종전부지를 관할하는 광역시장은 이전부지 선정 심의에 참여한다.

② 국방부장관은 선정위원회의 심의를 거치지 않고 예비이전후보지를 선정할 수 있다.

③ 선정위원회는 군 공항이 이전되고 난 후에 종전부지를 어떻게 활용할 것인지에 대한 사항도 심의한다.

④ 종전부지 지방자치단체의 장은 주민투표를 거치지 않으면 국방부장관에게 군 공항 이전을 건의할 수 없다.

⑤ 예비이전후보지가 한 곳이라고 하더라도 선정위원회의 심의를 거쳐야 이전후보지로 선정될 수 있다.

○○국의 지방자치단체는 국가에 비해 재원확보능력이 취약하고 지역간 재정 불균형이 심한 편이다. 이에 따라 국가는 지방자치단체의 재정활동을 지원하고 지역간 재정 불균형을 해소하기 위해, 지방교부세와 국고보조금을 교부하고 있다.

지방교부세는 국가가 각 지방자치단체의 재정부족액을 산정해 국세로 징수한 세금의 일부를 지방자치단체로 이전하는 재원이다. 이에 비해 국고보조금은 국가가 특정한 행정 업무를 지방자치단체로 하여금 처리하도록 하기 위해 지방자치단체에 지급하는 재원으로, 국가의 정책상 필요한 사업뿐만 아니라 지방자치단체가 필요한 사업을 지원하기 위한 것이다.

국고보조금의 특징은 다음과 같다. 첫째, 국고보조금은 매년 지방자치단체장의 신청에 의해 지급된다. 둘째, 국고보조금은 특정 용도 외의 사용이 금지되어 있다는 점에서 용도에 제한을 두지 않는 지방교부세와 다르다. 셋째, 국고보조금이 투입되는 사업에 대해서는 상급기관의 행정적·재정적 감독을 받게 되어 예산운용의 측면에서 지방자치단체의 자율성이 약화될 수 있다. 넷째, 국고보조금은 지방자치단체가 사업 비용의 일부를 부담해야 한다는 것이 전제 조건이다. 따라서 재정력이 양호한 지방자치단체의 경우는 국고보조사업을 수행하는 데 문제가 없으나, 재정력이 취약한 지방자치단체는 지방비 부담으로 인해 상대적으로 국고보조사업 신청에 소극적이다.

① 국가는 지방자치단체가 필요로 하는 사업에 용도를 지정하여 지방교부세를 지급한다.

② 국고보조금은 지방교부세에 비해 예산운용의 측면에서 지방자치단체의 자율성을 약화시킬 수 있다.

③ 지방자치단체의 R&D 사업에 지급된 국고보조금의 경우, 해당 R&D 사업 외의 용도로 사용될 수 있다.

④ 일반적으로 재정력이 취약한 지방자치단체는 재정력이 양호한 지방자치단체에 비해 국고보조사업 신청에 더 적극적이다.

⑤ 국고보조금은 지방자치단체가 필요로 하는 사업에는 지원되지 않기 때문에 지방자치단체간 재정 불균형을 해소하는 기능은 없다.

19. 다음 글을 근거로 판단할 때, 甲이 통합력에 투입해야 하는 노력의 최솟값은? 21 7급공채

○ 업무역량은 기획력, 창의력, 추진력, 통합력의 4가지 부문으로 나뉜다.

○ 부문별 업무역량 값을 수식으로 나타내면 다음과 같다.

부문별 업무역량 값
=(해당 업무역량 재능×4)+(해당 업무역량 노력×3) ※ 재능과 노력의 값은 음이 아닌 정수이다.

○ 甲의 부문별 업무역량의 재능은 다음과 같다.

기획력	창의력	추진력	통합력
90	100	110	60

○ 甲은 통합력의 업무역량 값을 다른 어떤 부문의 값보다 크게 만들고자 한다. 단, 甲이 투입 가능한 노력은 총 100이며 甲은 가능한 노력을 남김없이 투입한다.

① 67
② 68
③ 69
④ 70
⑤ 71

20. 다음 글을 근거로 판단할 때, <보기>에서 옳은 것만을 모두 고르면? 20 5급공채

甲국은 출산장려를 위한 경제적 지원 정책으로 다음과 같은 세 가지 안(A~C)을 고려 중이다.

○ A안: 18세 이하의 자녀가 있는 가정에 수당을 매월 지급하되, 자녀가 둘 이상인 경우에 한한다. 18세 이하의 자녀에 대해서 첫째와 둘째는 각각 15만 원, 셋째는 30만 원, 넷째부터는 45만 원씩의 수당을 해당 가정에 지급한다.

○ B안: 18세 이하의 자녀가 있는 가정에 수당을 매월 지급한다. 다만 자녀가 18세를 초과하더라도 재학 중인 경우에는 24세까지 수당을 지급한다. 첫째와 둘째는 각각 20만 원, 셋째는 22만 원, 넷째부터는 25만 원씩의 수당을 해당 가정에 지급한다.

○ C안: 자녀가 중학교를 졸업할 때(상한 연령 16세)까지만 해당 가정에 수당을 매월 지급한다. 우선 3세 미만의 자녀가 있는 가정에는 3세 미만의 자녀 1명 당 10만 원을 지급한다. 3세부터 초등학교를 졸업할 때까지는 첫째와 둘째는 각각 8만 원, 셋째부터는 10만 원씩 해당 가정에 지급한다. 중학생 자녀의 경우, 일률적으로 1명 당 8만 원씩 해당 가정에 지급한다.

〈보 기〉

ㄱ. 18세 이하 자녀 3명만 있는 가정의 경우, 지급받는 월 수당액은 A안보다 B안을 적용할 때 더 많다.

ㄴ. A안을 적용할 때 자녀가 18세 이하 1명만 있는 가정은 월 15만 원을 수당으로 지급받는다.

ㄷ. C안의 수당을 50% 증액하더라도 중학생 자녀 2명(14세, 15세)만 있는 가정은 A안보다 C안을 적용할 때 더 적은 월 수당을 지급받는다.

ㄹ. C안을 적용할 때 한 자녀에 대해 지급되는 월 수당액은 그 자녀가 성장하면서 지속적으로 증가하는 특징이 있다.

① ㄱ, ㄷ
② ㄱ, ㄹ
③ ㄴ, ㄹ
④ ㄱ, ㄴ, ㄷ
⑤ ㄴ, ㄷ, ㄹ

21. 다음 글과 <조건>을 근거로 판단할 때, 甲이 두 번째로 전화를 걸 대상은? 14 5급공채

○○국은 자문위원 간담회를 열 계획이다. 담당자 甲은 <자문위원 명단>을 보고 모든 자문위원에게 직접 전화를 걸어 참석여부를 확인하려 한다.

〈자문위원 명단〉

성명	소속	분야	참석경험 유무
A	가 대학	세계경제	O
B	나 기업	세계경제	X
C	다 연구소	경제원조	X
D	다 연구소	경제협력	O
E	라 협회	통상	X
F	가 대학	경제협력	X

─── 〈조 건〉 ───

○ 같은 소속이면 참석경험이 있는 자문위원에게 먼저 전화를 건다.
○ 같은 분야면 참석경험이 있는 자문위원에게 먼저 전화를 건다.
○ 같은 소속의 자문위원에게 연이어 전화를 걸 수 없다.
○ 같은 분야의 자문위원에게 연이어 전화를 걸 수 없다.
○ 참석경험이 있는 자문위원에게 연이어 전화를 걸 수 없다.
○ 명단에 있는 모든 자문위원에게 1회만 전화를 건다.

① A
② B
③ C
④ D
⑤ E

22. 다음 글을 근거로 판단할 때, <보기>에서 옳은 것만을 모두 고르면? 19 5급공채

○ 甲과 乙은 민원을 담당하는 직원으로 각자 한 번에 하나의 민원만 접수한다.
○ 민원은 'X민원'과 'Y민원' 중 하나이고, 민원을 접수한 직원은 'X민원' 접수 시 기분이 좋아져 감정도가 10 상승하지만 'Y민원' 접수 시 기분이 나빠져 감정도가 20 하락한다.
○ 甲과 乙은 오늘 09:00부터 18:00까지 근무했다.
○ 09:00에 甲과 乙의 감정도는 100이다.
○ 매시 정각 甲과 乙의 감정도는 5씩 상승한다. (단, 09:00, 13:00, 18:00 제외)
○ 13:00에는 甲과 乙의 감정도가 100으로 초기화된다.
○ 18:00가 되었을 때, 감정도가 50 미만인 직원에게는 1일의 월차를 부여한다.
○ 甲과 乙이 오늘 접수한 각각의 민원은 아래 <민원 등록 대장>에 모두 기록됐다.

〈민원 등록 대장〉

접수 시각	접수한 직원	민원 종류
09:30	甲	Y민원
10:00	乙	X민원
11:40	甲	Y민원
13:20	乙	Y민원
14:10	甲	Y민원
14:20	乙	Y민원
15:10	甲	㉠
16:10	乙	Y민원
16:50	乙	㉡
17:00	甲	X민원
17:40	乙	X민원

─── 〈보 기〉 ───

ㄱ. ㉠, ㉡에 상관없이 18:00에 甲의 감정도는 乙의 감정도보다 높다.
ㄴ. ㉡이 'Y민원'이라면, 乙은 1일의 월차를 부여받는다.
ㄷ. 12:30에 乙의 감정도는 125이다.

① ㄱ
② ㄴ
③ ㄱ, ㄷ
④ ㄴ, ㄷ
⑤ ㄱ, ㄴ, ㄷ

제00조 교도소에 수용된 수형자(이하 '수형자'라 한다)의 도주 위험성에 따라 계호(戒護)의 정도를 구별하고, 범죄성향의 진전과 개선정도, 교정성적에 따라 처우수준을 구별하는 경비처우급은 개방처우급, 완화경비처우급, 일반경비처우급, 중(重)경비처우급으로 구분한다.

제00조 교도소장(이하 '소장'이라 한다)은 개방처우급·완화경비처우급·일반경비처우급 수형자로서 교정성적, 나이, 인성 등을 고려하여 다른 수형자의 모범이 된다고 인정되는 경우에는 봉사원으로 선정하여 교도관의 사무처리 업무를 보조하게 할 수 있다.

제00조 ① 소장은 개방처우급·완화경비처우급 수형자에게 자치생활을 허가할 수 있다.
② 소장은 자치생활 수형자들이 교육실, 강당 등 적당한 장소에서 월 1회 이상 토론회를 할 수 있도록 하여야 한다.

제00조 ① 수형자의 접견의 허용횟수는 개방처우급은 1일 1회, 완화경비처우급은 월 6회, 일반경비처우급은 월 5회, 중경비처우급은 월 4회로 한다.
② 접견은 1일 1회만 허용한다.
③ 소장은 개방처우급·완화경비처우급 수형자에 대하여 가족 만남의 날 행사에 참여하게 하거나 가족 만남의 집을 이용하게 할 수 있다. 이 경우 제1항의 접견 허용횟수에는 포함되지 아니한다.
④ 소장은 제3항에도 불구하고 교화를 위하여 특히 필요한 경우에는 일반경비처우급 수형자에 대하여도 가족 만남의 날 행사 참여 또는 가족 만남의 집 이용을 허가할 수 있다.

제00조 소장은 개방처우급·완화경비처우급 수형자에 대하여 교도소 밖에서 이루어지는 사회견학, 사회봉사, 종교행사 참석, 연극·영화·그 밖의 문화공연 관람 활동을 허가할 수 있다. 다만 처우상 특히 필요한 경우에는 일반경비처우급 수형자에게도 이를 허가할 수 있다.

제00조 ① 소장은 개방처우급 혹은 완화경비처우급 수형자가 형기(刑期)가 3년 이상이고 범죄 횟수가 2회 이하이며 형기 종료 예정일까지 기간이 3개월 이상 1년 6개월 이하인 경우에는 교도소 내에 설치된 개방시설에 수용하여 사회적응에 필요한 교육, 취업지원 등 적정한 처우를 할 수 있다.
② 소장은 제1항에 따른 처우의 대상자 중 형기 종료 예정일까지의 기간이 9개월 미만인 수형자에 대해서는 지역사회에 설치된 개방시설에 수용하여 제1항에 따른 처우를 할 수 있다.

제00조 소장은 수형자가 개방처우급 또는 완화경비처우급으로서 직업능력 향상을 위하여 특히 필요한 경우에는 교도소 밖의 공공기관 또는 기업체 등에서 운영하는 직업훈련을 받게 할 수 있다.

※ 계호(戒護): 경계하여 지킴

23. 윗글을 근거로 판단할 때, 소장이 일반경비처우급 수형자에게 부여할 수 있는 처우를 <보기>에서 모두 고르면?

─〈보 기〉─
ㄱ. 교도관의 사무처리 업무 보조
ㄴ. 교도소 밖 사회봉사활동 및 종교행사 참석
ㄷ. 교도소 내 교육실에서의 월 1회 토론회 참여
ㄹ. 가족 만남의 날 행사 참여

① ㄱ, ㄴ
② ㄴ, ㄷ
③ ㄷ, ㄹ
④ ㄱ, ㄴ, ㄹ
⑤ ㄱ, ㄷ, ㄹ

24. 윗글을 근거로 판단할 때, <보기>에서 소장의 조치로 적법한 것만을 모두 고르면?

─〈보 기〉─
ㄱ. 과거 범죄 횟수가 1회이며, 7년 형을 선고받고 남은 형기가 6개월인 개방처우급 수형자 甲에게 소장은 교도소 내 개방시설에 수용하여 사회적응교육을 받도록 하였다.
ㄴ. 과거 범죄 횟수가 1회이며, 5년 형을 선고받고 남은 형기가 10개월인 완화경비처우급 수형자 乙에게 소장은 지역사회에 설치된 개방시설에 수용하여 취업지원 처우를 받도록 하였다.
ㄷ. 과거 범죄 횟수가 3회이며, 5년 형을 선고받고 남은 형기가 2개월인 일반경비처우급 수형자 丙에게 소장은 교도소 밖의 개방시설에 수용하여 사회적응교육을 받도록 하였다.
ㄹ. 초범자로서 3년 형을 선고받고 남은 형기가 8개월인 완화경비처우급 수형자 丁을 소장은 직업능력 향상을 위하여 특히 필요한 경우로 보아 교도소 밖의 공공기관에서 직업훈련을 받게 하였다.

① ㄱ, ㄴ
② ㄱ, ㄹ
③ ㄴ, ㄷ
④ ㄱ, ㄷ, ㄹ
⑤ ㄴ, ㄷ, ㄹ

25. 다음 글을 근거로 판단할 때, <보기>에서 옳은 것만을 모두 고르면?

18 5급공채

△△국 농구리그에는 네 팀(甲~丁)이 참여하고 있다. 이 리그의 2019 시즌 신인선수 선발은 2018 시즌 종료 후 1·2 라운드로 나누어 다음과 같이 진행한다.

○ 1라운드: 2018 시즌 3, 4등에게 무작위 추첨을 통해 신인선수 선발 권한 1, 2순위를 부여하는데, 2018 시즌 3, 4등은 이 추첨에 반드시 참여하여야 한다. 2018 시즌 2등은 3순위로, 2018 시즌 1등은 마지막 순위로 선수를 선발한다.

○ 2라운드: 1라운드에서 부여된 신인선수 선발 순위의 역순으로 선수를 선발한다.

○ 각 팀은 희망 선수 선호도에 따라 선수를 라운드당 1명씩 선발해야 한다.

2018 시즌에는 팀당 60경기를 치르며, 경기에서 무승부는 없다. 승수가 많을수록 등수가 높다. 2018년 3월 10일 현재 각 팀별 성적 및 희망 선수 선호도는 다음과 같다.

현재등수	팀명	승	패	희망 선수 선호도
1	甲	50	9	A-B-C-D-E-F-G-H
2	乙	30	29	H-G-C-A-E-B-D-F
3	丙	29	29	H-A-C-D-F-E-B-G
4	丁	8	50	A-B-F-H-D-C-E-G

※ 희망 선수 선호도는 오른쪽에서 왼쪽으로 갈수록 더 높으며, 2019 시즌 신인선수 선발 종료 시점까지 변하지 않는다.

※ 시즌 종료시 최종 등수가 같은 경우는 나오지 않는다.

─────────〈보 기〉─────────

ㄱ. 甲팀은 2라운드에서 가장 먼저 선수를 선발할 것이다.

ㄴ. 乙팀이 2등으로 2018 시즌을 종료할 경우, H선수를 선발할 것이다.

ㄷ. 丙팀이 2등으로 2018 시즌을 종료할 경우, C선수와 F선수를 선발할 것이다.

ㄹ. 丁팀은 남은 경기의 결과에 따라 1라운드 1순위 선발 권한을 확보하기 위한 추첨에 참여하지 못할 수도 있다.

① ㄱ, ㄴ

② ㄱ, ㄷ

③ ㄴ, ㄹ

④ ㄱ, ㄷ, ㄹ

⑤ ㄴ, ㄷ, ㄹ

약점 보완 해설집 p.28

01. 다음 글을 근거로 판단할 때, <보기>에서 저작권자의 허락없이 허용되는 행위만을 모두 고르면? 20 민경채

제00조 타인의 공표된 저작물의 내용·형식을 변환하거나 그 저작물을 복제·배포·공연 또는 공중송신(방송·전송을 포함한다)하기 위해서는 특별한 규정이 없는 한 저작권자의 허락을 받아야 한다.

제00조 ① 누구든지 공표된 저작물을 저작권자의 허락없이 시각장애인을 위하여 점자로 복제·배포할 수 있다.

② 시각장애인을 보호하고 있는 시설, 시각장애인을 위한 특수학교 또는 점자도서관은 영리를 목적으로 하지 아니하고 시각장애인의 이용에 제공하기 위하여, 공표된 어문저작물을 저작권자의 허락없이 녹음하여 복제하거나 디지털음성정보 기록방식으로 복제·배포 또는 전송할 수 있다.

제00조 ① 누구든지 공표된 저작물을 저작권자의 허락없이 청각장애인을 위하여 한국수어로 변환할 수 있으며 이러한 한국수어를 복제·배포·공연 또는 공중송신할 수 있다.

② 청각장애인을 보호하고 있는 시설, 청각장애인을 위한 특수학교 또는 한국어수어통역센터는 영리를 목적으로 하지 아니하고 청각장애인의 이용에 제공하기 위하여, 공표된 저작물에 포함된 음성 및 음향 등을 저작권자의 허락없이 자막 등 청각장애인이 인지할 수 있는 방식으로 변환할 수 있으며 이러한 자막 등을 청각장애인이 이용할 수 있도록 복제·배포·공연 또는 공중송신할 수 있다.

※ 어문저작물: 소설·시·논문·각본 등 문자로 이루어진 저작물

─────── 〈보 기〉 ───────

ㄱ. 학교도서관이 공표된 소설을 청각장애인을 위하여 한국수어로 변환하고 이 한국수어를 복제·공중송신하는 행위

ㄴ. 한국어수어통역센터가 영리를 목적으로 청각장애인의 이용에 제공하기 위하여, 공표된 영화에 포함된 음성을 자막으로 변환하여 배포하는 행위

ㄷ. 점자도서관이 영리를 목적으로 하지 아니하고 시각장애인의 이용에 제공하기 위하여, 공표된 피아니스트의 연주 음악을 녹음하여 복제·전송하는 행위

① ㄱ
② ㄴ
③ ㄱ, ㄷ
④ ㄴ, ㄷ
⑤ ㄱ, ㄴ, ㄷ

02. 다음 글과 <상황>을 근거로 판단할 때 옳은 것은? 16 민경채

K국의 현행법상 상속인으로는 혈족상속인과 배우자상속인이 있다. 제1순위 상속인은 피상속인의 직계비속이며, 직계비속이 없는 경우 직계존속이 상속인이 된다. 태아는 사산되어 출생하지 못한 경우를 제외하고 상속인이 된다. 배우자는 직계비속과 동순위로 공동상속인이 되고, 직계비속이 없는 경우에 피상속인의 직계존속과 공동상속인이 되며, 피상속인에게 직계비속과 직계존속이 없으면 단독상속인이 된다. 현행 상속분 규정은 상속재산을 배우자에게 직계존속·직계비속보다 50%를 더 주도록 정하고 있다. 예를 들어 상속인이 배우자(X)와 2명의 자녀(Y, Z)라면, '1.5(X) : 1(Y) : 1(Z)'의 비율로 상속이 이루어진다.

그런데 K국에서는 부부의 공동재산 기여분을 보장하기 위한 차원에서 상속법 개정을 추진하고 있다. '개정안'은 상속재산의 절반을 배우자에게 우선 배분하고, 나머지 절반은 현행 규정대로 배분하는 내용을 골자로 한다. 즉, 피상속인이 사망하였을 경우 상속재산의 50%를 그 배우자에게 먼저 배분하고, 이를 제외한 나머지 50%에 대해서는 다시 현행법상의 비율대로 상속이 이루어진다.

─────── 〈상 황〉 ───────

甲은 심장마비로 갑자기 사망하였다. 甲의 유족으로는 어머니 A, 배우자 B, 아들 C, 딸 D가 있고, B는 현재 태아 E를 임신 중이다. 甲은 9억 원의 상속재산을 남겼다.

① 현행법에 의하면, E가 출생한 경우 B는 30% 이하의 상속분을 갖게 된다.

② 개정안에 의하면, E가 출생한 경우 B는 6억 원을 상속받게 된다.

③ 현행법에 의하면, E가 사산된 경우 B는 3억 원을 상속받게 된다.

④ 개정안에 의하면, E가 사산된 경우 B는 4억 원을 상속받게 된다.

⑤ 개정안에 의하면, E의 사산여부에 관계없이 B가 상속받게 되는 금액은 현행법에 의할 때보다 50% 증가한다.

03. 다음 글과 <甲지방자치단체 공직자윤리위원회 위원 현황>을 근거로 판단할 때 옳은 것은? (단, 오늘은 2018년 3월 10일이다)
18 5급공채

제00조 ① 지방자치단체는 공직자윤리위원회(이하 '위원회'라 한다)를 두어야 한다.

② 위원회는 위원장과 부위원장 각 1명을 포함한 9명의 위원으로 구성하되 위원은 다음 각 호에 따라 위촉한다.

  1. 5명의 위원은 법관, 교육자, 시민단체에서 추천한 자로 한다. 이 경우 제2호의 요건에 해당하는 자는 제외된다.

  2. 4명의 위원은 해당 지방의회 의원 2명, 해당 지방자치단체 소속 행정국장, 기획관리실장(이하 '소속 공무원'이라 한다)으로 한다.

③ 위원회의 위원장과 부위원장은 위원회에서 다음 각 호에 따라 선임한다.

  1. 위원장은 제2항 제1호의 5명 중에서 선임

  2. 부위원장은 제2항 제2호의 4명 중에서 선임

제00조 ① 위원의 임기는 2년으로 하되, 한 차례만 연임할 수 있다.

② 지방자치단체의회 의원 및 소속 공무원 중에서 위촉된 위원의 임기는 제1항에도 불구하고 지방의회 의원인 경우에는 그 임기 내로 하고, 소속 공무원인 경우에는 그 직위에 재직 중인 기간으로 한다.

③ 전조 제2항 제1호에 따른 위원 중 결원이 생겼을 경우 그 자리에 새로 위촉된 위원의 임기는 전임자의 남은 기간으로 한다.

〈甲지방자치단체 공직자윤리위원회 위원 현황〉

성명	직위	최초 위촉일자
A	甲지방의회 의원	2016. 9. 1.
B	시민연대 회원	2016. 9. 1.
C	甲지방자치단체 소속 기획관리실장	2016. 9. 1.
D	지방법원 판사	2017. 3. 1.
E	대학교 교수	2016. 9. 1.
F	고등학교 교사	2014. 9. 1.
G	중학교 교사	2016. 9. 1.
H	甲지방의회 의원	2016. 9. 1.
I	甲지방자치단체 소속 행정국장	2016. 9. 1.

※ 모든 위원은 최초 위촉 이후 계속 위원으로 활동하고 있다.

① B가 사망하여 새로운 위원을 위촉하는 경우 甲지방의회 의원을 위촉할 수 있다.

② C가 오늘자로 명예퇴직하더라도 위원직을 유지할 수 있다.

③ E가 오늘자로 사임한 경우 당일 그 자리에 위촉된 위원의 임기는 위촉된 날로부터 2년이다.

④ F는 임기가 만료되면 연임할 수 있다.

⑤ I는 부위원장으로 선임될 수 있다.

헌법 제29조 제1항은 "공무원의 직무상 불법행위로 손해를 받은 국민은 법률이 정하는 바에 의하여 국가 또는 공공단체에 정당한 배상을 청구할 수 있다. 이 경우 공무원 자신의 책임은 면제되지 아니한다."라고 규정하고 있다. 대법원은 이 헌법 조항의 의미에 대하여 다음과 같이 판단하였다.

[다수의견] 헌법 제29조 제1항은 공무원의 직무상 불법행위로 인하여 국가 등이 배상책임을 진다고 할지라도 그 때문에 공무원 자신의 민·형사책임이나 징계책임이 면제되지 아니한다는 원칙을 규정한 것이나, 그 조항 자체로 피해자에 대한 공무원 개인의 구체적인 손해배상책임의 범위까지 규정한 것으로 보기는 어렵다. 따라서 공무원이 직무수행 중 불법행위로 국민에게 손해를 입힌 경우에 국가 또는 공공단체가 국가배상책임을 부담하는 외에 공무원 개인도 고의 또는 중과실이 있는 경우에는 피해자에게 불법행위로 인한 손해배상책임을 진다고 할 것이다. 그러나 공무원에게 경과실만 있는 경우에는 공무원 개인은 피해자에게 손해배상책임을 부담하지 아니한다고 해석하여야 한다.

[별개의견] 헌법 제29조 제1항의 공무원의 책임은 직무상 불법행위를 한 그 공무원 개인의 불법행위책임임이 분명하다. 여기에서 말하는 불법행위의 개념은 법적인 일반 개념으로서, 그것은 고의 또는 과실로 인한 위법행위로 타인에게 손해를 가한 것을 의미하고, 이때의 과실은 중과실과 경과실을 구별하지 않는다. 따라서 공무원의 경과실로 인한 직무상 불법행위의 경우에도, 국가 또는 공공단체의 책임은 물론, 공무원 개인의 피해자에 대한 손해배상책임도 면제되지 아니한다고 해석하는 것이, 우리 헌법의 관계규정의 연혁에 비추어 그 명문에 충실한 것일 뿐만 아니라 헌법의 기본권 보장 정신과 법치주의의 이념에도 부응한다.

[반대의견] 헌법 제29조 제1항의 규정은 직무상 불법행위를 한 공무원 개인의 피해자에 대한 손해배상책임이 면제되지 아니한다는 것을 규정한 것으로 볼 수는 없고, 이는 다만 직무상 불법행위를 한 공무원의 국가 또는 공공단체에 대한 내부적 책임 등이 면제되지 아니한다는 취지를 규정한 것으로 보아야 한다. 따라서 공무원이 직무상 불법행위를 한 경우에 국가 또는 공공단체만이 피해자에 대하여 국가배상법에 의한 손해배상책임을 부담할 뿐, 공무원 개인은 고의 또는 중과실이 있는 경우에도 피해자에 대하여 손해배상책임을 부담하지 않는 것으로 보아야 한다.

① 공무원의 경과실로 인한 직무상 불법행위로 국민에게 손해가 발생한 경우, 공무원 개인이 피해자에게 배상책임을 지지 않는다는 것이 [다수의견]과 [별개의견]의 일치된 입장이다.

② 공무원의 경과실로 인한 직무상 불법행위로 국민에게 손해가 발생한 경우, 국가 또는 공공단체가 피해자에게 배상책임을 진다는 점에서는 [다수의견], [별개의견], [반대의견]의 입장이 모두 일치한다.

③ 공무원이 직무상 불법행위로 국민에게 손해배상책임을 지는 데 있어서, [다수의견]과 [반대의견]은 모두 경과실과 중과실을 구분하지 않는다.

④ 공무원의 중과실로 인한 직무상 불법행위로 국민에게 손해가 발생한 경우, 피해자에 대해서뿐만 아니라 국가 또는 공공단체에 대한 공무원의 책임도 면제된다는 것이 [반대의견]의 입장이다.

⑤ 공무원의 고의 또는 중과실로 인한 직무상 불법행위로 국민에게 손해가 발생한 경우, 공무원 개인이 피해자에게 배상책임을 진다는 점에서는 [다수의견], [별개의견], [반대의견]의 입장이 모두 일치한다.

05. 다음 <지원계획>과 <연구모임 현황 및 평가결과>를 근거로 판단할 때, 연구모임 A~E 중 두 번째로 많은 총지원금을 받는 모임은? 17 5급공채

─── 〈지원계획〉 ───

○ 지원을 받기 위해서는 한 모임당 6명 이상 9명 미만으로 구성되어야 한다.
○ 기본지원금
　한 모임당 1,500천 원을 기본으로 지원한다. 단, 상품개발을 위한 모임의 경우는 2,000천 원을 지원한다.
○ 추가지원금
　연구 계획 사전평가결과에 따라,
　'상' 등급을 받은 모임에는 구성원 1인당 120천 원을,
　'중' 등급을 받은 모임에는 구성원 1인당 100천 원을,
　'하' 등급을 받은 모임에는 구성원 1인당 70천 원을 추가로 지원한다.
○ 협업 장려를 위해 협업이 인정되는 모임에는 위의 두 지원금을 합한 금액의 30%를 별도로 지원한다.

〈연구모임 현황 및 평가결과〉

모임	상품개발 여부	구성원 수	연구 계획 사전평가결과	협업 인정 여부
A	O	5	상	O
B	X	6	중	X
C	X	8	상	O
D	O	7	중	X
E	X	9	하	X

① A
② B
③ C
④ D
⑤ E

06. 다음 글을 근거로 판단할 때, ㉠에 해당하는 수는?

21 민경채

　○○부처의 주무관은 모두 20명이며, 성과등급은 4단계(S, A, B, C)로 구성된다. 아래는 ○○부처 소속 직원들의 대화 내용이다.

甲주무관: 乙주무관 축하해! 작년에 비해 올해 성과등급이 비약적으로 올랐던데? 우리 부처에서 성과등급이 세 단계나 변한 주무관은 乙주무관 외에 없잖아.
乙주무관: 고마워. 올해는 평가방식을 많이 바꿨다며? 작년이랑 똑같은 성과등급을 받은 주무관은 우리 부처에서 한 명밖에 없어.
甲주무관: 그렇구나. 우리 부처에서 작년에 비해 성과등급이 한 단계 변한 주무관 수는 두 단계 변한 주무관 수의 2배라고 해.
乙주무관: 그러면 우리 부처에서 성과등급이 한 단계 변한 주무관은 (㉠)명이네.

① 4
② 6
③ 8
④ 10
⑤ 12

재적의원이 210명인 ○○국 의회에서 다음과 같은 <규칙>에 따라 안건 통과 여부를 결정한다고 할 때, <보기>에서 옳은 것만을 모두 고르면?　16 5급공채

―― 〈규 칙〉 ――
○ 안건이 상정된 회의에서 기권표가 전체의 3분의 1 이상이면 안건은 부결된다.
○ 기권표를 제외하고, 찬성 또는 반대의견을 던진 표 중에서 찬성표가 50%를 초과해야 안건이 가결된다.

※ 재적의원 전원이 참석하여 1인 1표를 행사하였고, 무효표는 없다.

―― 〈보 기〉 ――
ㄱ. 70명이 기권하여도 71명이 찬성하면 안건이 가결된다.
ㄴ. 104명이 반대하면 기권표에 관계없이 안건이 부결된다.
ㄷ. 141명이 찬성하면 기권표에 관계없이 안건이 가결된다.
ㄹ. 안건이 가결될 수 있는 최소 찬성표는 71표이다.

① ㄱ, ㄴ
② ㄱ, ㄷ
③ ㄴ, ㄷ
④ ㄴ, ㄹ
⑤ ㄷ, ㄹ

08. 다음 글을 근거로 판단할 때, <상황>의 (㉠)에 해당되는 수는?　11 5급공채

〈양성평등채용목표제〉
1. 채용목표인원
　○ 성별 최소 채용목표인원(이하 '목표인원')은 시험실시단계별 합격예정인원에 30%(다만 검찰사무직렬은 20%)를 곱한 인원수로 함
2. 합격자 결정방법
가. 제1차시험
　○ 각 과목 만점의 40% 이상, 전 과목 총점의 60% 이상 득점한 자 중에서 전 과목 총득점에 의한 고득점자 순으로 선발예정인원의 150%를 합격자로 결정함
　○ 상기 합격자 중 어느 한 성(性)의 합격자가 목표인원에 미달하는 경우에는 각 과목 만점의 40% 이상, 전 과목 총점의 60% 이상 득점하고, 전 과목 평균득점이 합격선 −3점 이상인 해당 성의 응시자 중에서 고득점자 순으로 목표미달인원만큼 당초 합격예정인원을 초과하여 추가합격 처리함
나. 제2차시험 및 최종합격자 결정
　○ 제1차시험에서 어느 한 성을 추가합격시킨 경우 일정 인원을 선발예정인원에 초과하여 최종합격자로 결정함

〈7급 국가공무원 공개경쟁채용시험 공고〉
○ 선발예정인원

직렬(직류)	선발예정인원
검찰사무직(검찰사무)	30명

※ 7급 국가공무원 공개경쟁채용시험은 양성평등채용목표제가 적용됨.

―― 〈상 황〉 ――
검찰사무직 제1차시험에서 남성이 39명 합격하였다면, 제1차시험의 합격자 수는 최대 (㉠)명이다.

① 42
② 45
③ 48
④ 52
⑤ 53

09.

다음 <대화>와 <품질인증서번호 부여 규칙>을 근거로 판단할 때, 乙이 발급받은 품질인증서번호는?　20 5급공채

〈대 화〉

甲: 안녕하세요? '품질인증서' 발급을 신청하러 오셨나요?

乙: 토목분야로 예전에 품질인증서를 발급받은 적이 있어요. 재발급받으려 합니다.

甲: 인증서 유효기간은 발급일로부터 2년까지입니다. 선생님께선 2017년 11월 20일에 발급받으셨네요. 오늘 접수하시면 유효기간 만료일로부터 30일이 지난 겁니다.

乙: 그렇군요. 저희가 2019년 11월에 본사와 공장을 전부 이전해서 주소가 바뀌었어요. 본사는 대전으로 이전했고, 공장은 중동에서 베트남으로 이전해 있어요. 이러한 내용으로 발급해 주세요.

甲: 접수되었습니다. 품질인증서는 접수일로부터 3주 후에 발급됩니다.

〈품질인증서번호 부여 규칙〉

품질인증서번호는 부여 규칙(가~라)에 따라 아래와 같이 ㉠~㉣란에 숫자 또는 코드가 기재된다.

㉠	㉡	㉢	㉣

가. ㉠란에 발급연도의 3, 4번째 숫자를 기재한다.

나. ㉡란에 아래의 신청유형별 코드를 기재한다.

신청유형	코드	신청유형	코드
신규신청	1A	재발급(기간만료 후)	4B
연장신청(기간만료 전)	2A	재발급(양도)	5C
규격확인 신청	3B	재발급(공장주소변경)	6C

※ 2개 이상의 신청유형에 해당되는 경우에는 해당 코드를 모두 기재하되, 각 코드에 포함된 숫자가 큰 코드를 먼저 기재한다.

다. ㉢란에 아래의 분야별 코드를 기재한다.

분야명	코드	분야명	코드
기계	AA	에너지	CC
전기·전자	AB	토목	CD
정보·통신	BB	의료기기	DD

라. ㉣란에 아래의 지역구분 코드를 기재한다. (단, 지역구분 코드는 발급연도를 기준으로 공장소재지에 따른다)

국내	코드	국외	코드
서울·인천·경기	DA	아시아	FA
대전·세종·충남·충북	DB	미주	FB
광주·전남·전북·제주	DC	유럽	FC
부산·울산·경남	DD	중동	FD
대구·경북	DE	아프리카	FE
강원	DF	기타지역	FF

① 196C4BCDFA

② 194B6CCCDB

③ 196C4BCDFD

④ 204B6CCDDB

⑤ 206C4BCDFA

10. 다음 <상황>을 근거로 판단할 때 운전을 해야 하는 여행객이 치소 숫자는? 20 입법고시

<상 황>

○ 60명의 여행객이 자동차를 빌려서 모두 한 번에 이동하여야 한다.
○ 빌릴 수 있는 자동차는 3인승, 7인승, 17인승의 3종류가 있다.
○ 각 자동차에 정원을 채워서 탑승해야 하고, 3종류의 자동차를 종류별로 한 대 이상씩 빌려야 한다. 자동차의 정원에는 운전자가 포함되며, 운전자 없이 자동차만 빌려 여행객이 직접 운전을 하여야 한다.

① 7

② 8

③ 9

④ 10

⑤ 11

11. 다음 <조건>과 <표>를 근거로 판단할 때, 화령이가 만들 수 있는 두시락으로 옳은 것은? 17 5급공채

<조 건>

○ 화령이는 아래 <표>의 3종류(탄수화물, 단백질, 채소)를 모두 넣어서 도시락을 만들려고 한다.
○ 열량은 500kcal 이하, 재료비는 3,000원 이하로 한다. (단, 양념은 집에 있는 것을 사용하여 추가 재료비가 들지 않는다)
○ 도시락 반찬은 다음의 재료를 사용하여 만든다.
  – 두부구이: 두부 100g, 올리브유 10ml, 간장 10ml
  – 닭불고기: 닭가슴살 100g, 양파 1개, 올리브유 10ml, 고추장 15g, 설탕 5g
  – 돼지불고기: 돼지고기 100g, 양파 1개, 올리브유 10ml, 간장 15ml, 설탕 10g
○ 도시락 반찬의 열량은 재료 열량의 합이다.

<표>

종류	품목	양	가격(원)	열량(kcal)
탄수화물	현미밥	100g	600	150
	통밀빵	100g	850	100
	고구마	1개	500	128
단백질	돼지고기	100g	800	223
	닭가슴살	100g	1,500	109
	두부	100g	1,600	100
	우유	100ml	450	50
채소	어린잎	100g	2,000	25
	상추	100g	700	11
	토마토	1개	700	14
	양파	1개	500	20
양념	올리브유	10ml	–	80
	고추장	15g	–	30
	간장	30ml	–	15
	설탕	5g	–	20

① 현미밥 200g, 닭불고기

② 돼지불고기, 상추 100g

③ 현미밥 300g, 두부구이

④ 통밀빵 100g, 돼지불고기

⑤ 고구마 2개, 우유 200ml, 토마토 2개

12. 다음 글을 근거로 판단할 때, <보기>에서 옳은 것만을 모두 고르면?

16 5급공채

○ 이 게임은 카드를 뽑아 낱말퍼즐 조각끼리 맞바꿔 단어를 만드는 게임이다. 낱말퍼즐은 총 16조각으로 이루어져 있고, 다음과 같이 1조각당 숫자 1개와 문자 1개가 함께 적혀 있다.

1 경	2 표	3 명	4 심
5 목	6 세	7 유	8 서
9 자	10 심	11 보	12 법
13 손	14 민	15 병	16 감

○ 카드는 A, B, C 각 1장씩 있고, 뽑힌 각 1장의 카드로 낱말퍼즐 조각 2개를 아래와 같은 방식으로 1회 맞바꿀 수 있다.

카드 A	짝수가 적혀 있는 낱말퍼즐 조각끼리 맞바꿈
카드 B	낱말퍼즐 조각에 적힌 숫자를 3으로 나눈 나머지가 같은 조각끼리 맞바꿈
카드 C	낱말퍼즐 조각에 적힌 숫자를 더해서 소수가 되는 조각끼리 맞바꿈

○ 낱말퍼즐에서 같은 가로 줄에 있는 4개의 문자를 왼쪽에서부터 차례로 읽은 것 또는 같은 세로 줄에 있는 4개의 문자를 위쪽에서부터 차례로 읽은 것을 '단어'라고 한다.

─────〈보 기〉─────

ㄱ. 카드 A, B를 뽑았다면 '목민심서'라는 단어를 만들 수 있다.

ㄴ. 카드 A, C를 뽑았다면 '경세유표'라는 단어를 만들 수 있다.

ㄷ. 카드 B, C를 뽑았다면 '명심보감'이라는 단어를 만들 수 있다.

① ㄴ

② ㄷ

③ ㄱ, ㄴ

④ ㄱ, ㄷ

⑤ ㄱ, ㄴ, ㄷ

13. 다음 글을 근거로 판단할 때, 서연이가 구매할 가전제품과 구매할 상점을 옳게 연결한 것은?

20 5급공채

○ 서연이는 가전제품 A~E를 1대씩 구매하기 위하여 상점 甲, 乙, 丙의 가전제품 판매가격을 알아보았다.

〈상점별 가전제품 판매가격〉

(단위: 만 원)

구분	A	B	C	D	E
甲	150	50	50	20	20
乙	130	45	60	20	10
丙	140	40	50	25	15

○ 서연이는 각각의 가전제품을 세 상점 중 어느 곳에서나 구매할 수 있으며, 아래의 〈혜택〉을 이용하여 총 구매액을 최소화하고자 한다.

〈혜 택〉

- 甲: 200만 원 이상 구매시 전품목 10% 할인
- 乙: A를 구매한 고객에게는 C, D를 20% 할인
- 丙: C, D를 모두 구매한 고객에게는 E를 5만 원에 판매

① A─甲

② B─乙

③ C─丙

④ D─甲

⑤ E─乙

14. 다음 글을 근거로 판단할 때, <보기>에서 <A사업의 상황별 대안의 기대이익>에 대한 설명으로 옳은 것만을 모두 고르면?

20 5급공채

기준Ⅰ, 기준Ⅱ, 기준Ⅲ을 이용하여 불확실한 상황에서 대안을 비교·평가할 수 있다.

기준Ⅰ은 최상의 상황이 발생할 것이라는 가정에서 최선의 대안을 선택하는 것이다. <표 1>에서 각 대안의 최대 기대이익을 비교하여, 그 중 가장 큰 값을 갖는 '대안1'을 선택하는 것이다.

기준Ⅱ는 최악의 상황이 발생할 것이라는 가정에서 최선의 대안을 선택하는 것이다. <표 1>에서 각 대안의 최소 기대이익을 비교하여, 그 중 가장 큰 값을 갖는 '대안3'을 선택하는 것이다.

〈표 1〉 ○○사업의 상황별 대안의 기대이익

구분	상황1	상황2	상황3	최대 기대이익	최소 기대이익
대안1	30	10	-10	30	-10
대안2	20	14	5	20	5
대안3	15	15	15	15	15

기준Ⅲ은 최대 '후회'가 가장 작은 대안을 선택하는 것이다. 후회는 일정한 상황에서 특정 대안을 선택함으로써 최선의 대안을 선택하였더라면 얻을 수 있는 기대이익을 얻지 못해 발생하는 손실을 의미한다. <표 1>의 상황별 최대 기대이익에서 각 대안의 기대이익을 차감하여 <표 2>와 같이 후회를 구할 수 있다. 이후 각 대안의 최대 후회를 비교하여, 그 중 가장 작은 값을 갖는 '대안2'를 선택하는 것이다.

〈표 2〉 ○○사업의 후회

구분	상황1	상황2	상황3	최대 후회
대안1	0	5	25	25
대안2	10	1	10	10
대안3	15	0	0	15

〈A사업의 상황별 대안의 기대이익〉

구분	상황S_1	상황S_2	상황S_3
대안A_1	50	16	-9
대안A_2	30	19	5
대안A_3	20	15	10

─────〈보 기〉─────
ㄱ. 기준Ⅰ로 대안을 선택한다면, 대안A_2를 선택하게 된다.
ㄴ. 기준Ⅱ로 대안을 선택한다면, 대안A_3을 선택하게 된다.
ㄷ. 상황S_2에서 대안A_2의 후회는 11이다.
ㄹ. 기준Ⅲ으로 대안을 선택한다면, 대안A_1을 선택하게 된다.

① ㄱ, ㄴ
② ㄱ, ㄷ
③ ㄴ, ㄹ
④ ㄷ, ㄹ
⑤ ㄴ, ㄷ, ㄹ

---

15. 다음 글과 <규정>을 근거로 판단할 때, <보기>에서 옳은 것만을 모두 고르면?

14 5급공채

지방자치단체는 자율적으로 지방행정을 처리하지만, 지방행정도 중앙행정과 마찬가지로 국가행정의 일부이다. 따라서 지방자치는 국가의 법질서 테두리 내에서만 인정되는 것이므로 지방자치단체가 국가차원의 감독, 통제를 받는 것은 불가피하다. 국회는 지방자치에 관하여 중요하고 본질적인 사항을 직접 결정해야 하므로, 지방자치에 관한 입법권한을 모두 지방자치단체에 위임할 수는 없다.

그러므로 지방의회가 제정하는 조례와 지방자치단체장이 제정하는 규칙의 형식적 효력은 국회가 제정한 법률이나 중앙행정기관이 제정한 명령보다 하위에 있으며, 조례와 규칙은 법률과 명령을 위반해서는 안 된다.

─────〈규 정〉─────
헌법 제00조 ① 지방자치단체는 주민의 복리에 관한 사무를 처리하고 재산을 관리하며, 법령의 범위 안에서 자치에 관한 규정을 제정할 수 있다.
② 지방자치단체의 종류는 법률로 정한다.
헌법 제00조 ① 지방자치단체에 의회를 둔다.
② 지방의회의 조직·권한·의원선거와 지방자치단체장의 선임방법 기타 지방자치단체의 조직과 운영에 관한 사항은 법률로 정한다.

지방자치법 제00조 지방자치단체는 법령의 범위 안에서 그 사무에 관하여 조례를 제정할 수 있다. 다만 주민의 권리 제한 또는 의무 부과에 관한 사항이나 벌칙을 정할 때에는 법률의 위임이 있어야 한다.
지방자치법 제00조 지방자치단체장은 법령이나 조례가 위임한 범위에서 그 권한에 속하는 사무에 관하여 규칙을 제정할 수 있다.

※ 법령이란 법률과 명령을 의미함.

─────〈보 기〉─────
ㄱ. 주민의 복리에 관한 조례는 법령의 범위 안에서 지방자치단체에 따라 상이할 수 있다.
ㄴ. 헌법을 개정하지 않더라도 법률의 개정으로 지방자치단체의 종류를 변경할 수 있다.
ㄷ. 지방의회는 공석이 된 지방자치단체장의 선임방법을 조례로만 정해야 한다.
ㄹ. 지방자치단체장은 지방의회의 조직을 임의로 정할 수 있다.

① ㄱ, ㄴ
② ㄷ, ㄹ
③ ㄱ, ㄴ, ㄷ
④ ㄴ, ㄷ, ㄹ
⑤ ㄱ, ㄴ, ㄷ, ㄹ

16. 다음 글을 근거로 판단할 때 옳은 것은? 21 7급공채

제00조 ① 각 중앙관서의 장은 그 소관 물품관리에 관한 사무를 소속 공무원에게 위임할 수 있고, 필요하면 다른 중앙관서의 소속 공무원에게 위임할 수 있다.
② 제1항에 따라 각 중앙관서의 장으로부터 물품관리에 관한 사무를 위임받은 공무원을 물품관리관이라 한다.

제00조 ① 물품관리관은 물품수급관리계획에 정하여진 물품에 대하여는 그 계획의 범위에서, 그 밖의 물품에 대하여는 필요할 때마다 계약담당공무원에게 물품의 취득에 관한 필요한 조치를 할 것을 청구하여야 한다.
② 계약담당공무원은 제1항에 따른 청구가 있으면 예산의 범위에서 해당 물품을 취득하기 위한 필요한 조치를 하여야 한다.

제00조 물품은 국가의 시설에 보관하여야 한다. 다만 물품관리관이 국가의 시설에 보관하는 것이 물품의 사용이나 처분에 부적당하다고 인정하거나 그 밖에 특별한 사유가 있으면 국가 외의 자의 시설에 보관할 수 있다.

제00조 ① 물품관리관은 물품을 출납하게 하려면 물품출납공무원에게 출납하여야 할 물품의 분류를 명백히 하여 그 출납을 명하여야 한다.
② 물품출납공무원은 제1항에 따른 명령이 없으면 물품을 출납할 수 없다.

제00조 ① 물품출납공무원은 보관 중인 물품 중 사용할 수 없거나 수선 또는 개조가 필요한 물품이 있다고 인정하면 그 사실을 물품관리관에게 보고하여야 한다.
② 물품관리관은 제1항에 따른 보고에 의하여 수선이나 개조가 필요한 물품이 있다고 인정하면 계약담당공무원이나 그 밖의 관계 공무원에게 그 수선이나 개조를 위한 필요한 조치를 할 것을 청구하여야 한다.

① 물품출납공무원은 물품관리관의 명령이 없으면 자신의 재량으로 물품을 출납할 수 없다.

② A중앙관서의 장이 그 소관 물품관리에 관한 사무를 위임하고자 할 경우, B중앙관서의 소속 공무원에게는 위임할 수 없다.

③ 계약담당공무원은 물품을 국가의 시설에 보관하는 것이 그 사용이나 처분에 부적당하다고 인정하는 경우, 그 물품을 국가 외의 자의 시설에 보관할 수 있다.

④ 물품수급관리계획에 정해진 물품 이외의 물품이 필요한 경우, 물품관리관은 필요할 때마다 물품출납공무원에게 물품의 취득에 관한 필요한 조치를 할 것을 청구해야 한다.

⑤ 물품출납공무원은 보관 중인 물품 중 수선이 필요한 물품이 있다고 인정하는 경우, 계약담당공무원에게 수선에 필요한 조치를 할 것을 청구해야 한다.

17. 다음 규정에 근거할 때, 옳은 것을 <보기>에서 모두 고르면? 12 5급공채

제00조(공공기관의 구분) ① 기획재정부장관은 공공기관을 공기업·준정부기관과 기타공공기관으로 구분하여 지정한다. 직원 정원이 50인 이상인 공공기관은 공기업 또는 준정부기관으로, 그 외에는 기타공공기관으로 지정한다.
② 기획재정부장관은 제1항의 규정에 따라 공기업과 준정부기관을 지정하는 경우 자체수입액이 총수입액의 2분의 1 이상인 기관은 공기업으로, 그 외에는 준정부기관으로 지정한다.
③ 기획재정부장관은 제1항 및 제2항의 규정에 따른 공기업을 다음 각 호의 구분에 따라 세분하여 지정한다.
  1. 시장형 공기업: 자산규모가 2조 원 이상이고, 총 수입액 중 자체수입액이 100분의 85 이상인 공기업
  2. 준시장형 공기업: 시장형 공기업이 아닌 공기업

〈공공기관 현황〉

공공기관	직원 정원	자산규모	자체수입비율
A	80명	3조 원	85%
B	40명	1.5조 원	60%
C	60명	1조 원	45%
D	55명	2.5조 원	40%

※ 자체수입비율: 총 수입액 대비 자체수입액 비율

─────〈보 기〉─────
ㄱ. 기관 A는 시장형 공기업이다.
ㄴ. 기관 B는 준시장형 공기업이다.
ㄷ. 기관 C는 기타공공기관이다.
ㄹ. 기관 D는 준정부기관이다.

① ㄱ, ㄴ
② ㄱ, ㄹ
③ ㄴ, ㄷ
④ ㄱ, ㄷ, ㄹ
⑤ ㄴ, ㄷ, ㄹ

18. 다음 글과 <상황>을 근거로 판단할 때, 甲과 乙에게 부과된 과태료의 합은? 19 5급공채

A국은 부동산 또는 부동산을 취득할 수 있는 권리의 매매계약을 체결한 경우, 매도인이 그 실제 거래가격을 거래계약 체결일부터 60일 이내에 관할관청에 신고하도록 신고의무를 ○○법으로 규정하고 있다. 그리고 이를 위반할 경우 다음의 기준에 따라 과태료를 부과한다.

○○법 제00조(과태료 부과기준) ① 신고의무를 게을리 한 경우에는 다음 각 호의 기준에 따라 과태료를 부과한다.
  1. 신고기간 만료일의 다음 날부터 기산하여 신고를 하지 않은 기간(이하 '해태기간'이라 한다)이 1개월 이하인 경우
    가. 실제 거래가격이 3억 원 미만인 경우: 50만 원
    나. 실제 거래가격이 3억 원 이상인 경우: 100만 원
  2. 해태기간이 1개월을 초과한 경우
    가. 실제 거래가격이 3억 원 미만인 경우: 100만 원
    나. 실제 거래가격이 3억 원 이상인 경우: 200만 원
② 거짓으로 신고를 한 경우에는 다음 각 호의 기준에 따라 과태료를 부과한다. 단, 과태료 산정에 있어서의 취득세는 매수인을 기준으로 한다.
  1. 부동산의 실제 거래가격을 거짓으로 신고한 경우
    가. 실제 거래가격과 신고가격의 차액이 실제 거래가격의 20% 미만인 경우
      - 실제 거래가격이 5억 원 이하인 경우: 취득세의 2배
      - 실제 거래가격이 5억 원 초과인 경우: 취득세의 1배
    나. 실제 거래가격과 신고가격의 차액이 실제 거래가격의 20% 이상인 경우
      - 실제 거래가격이 5억 원 이하인 경우: 취득세의 3배
      - 실제 거래가격이 5억 원 초과인 경우: 취득세의 2배
  2. 부동산을 취득할 수 있는 권리의 실제 거래가격을 거짓으로 신고한 경우
    가. 실제 거래가격과 신고가격의 차액이 실제 거래가격의 20% 미만인 경우: 실제 거래가격의 100분의 2
    나. 실제 거래가격과 신고가격의 차액이 실제 거래가격의 20% 이상인 경우: 실제 거래가격의 100분의 4
③ 제1항과 제2항에 해당하는 위반행위를 동시에 한 경우 해당 과태료는 병과한다.

───── 〈상 황〉 ─────

○ 매수인의 취득세는 실제 거래가격의 100분의 1이다.
○ 甲은 X토지를 2018. 1. 15. 丙에게 5억 원에 매도하였으나, 2018. 4. 2. 거래가격을 3억 원으로 신고하였다가 적발되어 과태료가 부과되었다.
○ 乙은 공사 중인 Y아파트를 취득할 권리인 입주권을 2018. 2. 1. 丁에게 2억 원에 매도하였으나, 2018. 2. 5. 거래가격을 1억 원으로 신고하였다가 적발되어 과태료가 부과되었다.

① 1,400만 원
② 2,000만 원
③ 2,300만 원
④ 2,400만 원
⑤ 2,500만 원

19. 다음 글을 근거로 판단할 때, ○○ 공장에서 4월 1일과 4월 2일에 작업한 최소 시간의 합은? 20 5급공채

○○공장은 작업반 A와 B로 구성되어 있고 제품 X와 제품 Y를 생산한다. 다음 표는 각 작업반이 1시간에 생산할 수 있는 각 제품의 수량을 나타낸다. 각 작업반은 X와 Y를 동시에 생산할 수 없고 작업 속도는 일정하다.

〈작업반별 시간당 생산량〉

(단위: 개)

구분	X	Y
작업반 A	2	3
작업반 B	1	3

○○공장은 4월 1일 오전 9시에 X 24개와 Y 18개를 주문받았으며, 4월 2일에도 같은 시간에 동일한 주문을 받았다. 당일 주문받은 물량은 당일에 모두 생산하였다.
4월 1일에는 작업 여건상 두 작업반이 같은 시간대에 동일한 종류의 제품만을 생산해야 했지만, 4월 2일에는 그러한 제약이 없었다. 두 작업반은 매일 동시에 작업을 시작하며, 작업 시간은 작업 시작 시점부터 주문받은 물량 생산 완료 시점까지의 시간을 의미한다.

① 19시간
② 20시간
③ 21시간
④ 22시간
⑤ 23시간

20. 다음 <숫자를 만드는 규칙>과 <놀이규칙>에 따라 놀이를 할 때, <보기>에서 가장 높은 점수를 받게 되는 경우부터 순서대로 나열한 것은? 13 5급공채

─────〈숫자를 만드는 규칙〉─────

○ 막대를 활용해 숫자를 만든다.
○ 각 숫자를 만들 때는 아래 정해진 형태로만 만들어야 하며 정해진 개수만큼의 막대를 사용해야 한다.

○ 각 숫자를 만드는데 필요한 막대의 개수는 아래의 표와 `같다.

숫자	1	2	3	4	5	6	7	8	9	0
필요한 막대 개수	2	5	5	4	5	6	4	7	6	6

─────〈놀이규칙〉─────

공식: □□-□□=?
(두 자리수 빼기 두 자리수의 값)

○ 주어진 개수의 막대를 사용하여 □ 안에 들어갈 4개의 숫자를 만든다.
○ 주어진 개수의 막대를 모두 활용하여야 하며 막대를 남기거나 더 사용하면 안 된다.
○ 각 □ 안에는 하나의 숫자만 들어가야 하며 각 숫자는 1회만 사용해야 한다.
○ 두 자리수를 만들어야 하므로 각 숫자의 앞자리에는 0이 들어갈 수 없다.
○ 공식에 의하여 나온 가장 높은 값을 점수로 매긴다.

─────〈보 기〉─────

ㄱ. 18개의 막대 사용
ㄴ. 19개의 막대 사용
ㄷ. 20개의 막대 사용
ㄹ. 21개의 막대 사용

① ㄱ > ㄴ > ㄷ > ㄹ
② ㄱ > ㄹ > ㄴ > ㄷ
③ ㄹ > ㄱ > ㄴ > ㄷ
④ ㄹ > ㄱ > ㄷ > ㄴ
⑤ ㄹ > ㄷ > ㄴ > ㄱ

21. 다음 <표>와 <평가 기준>을 근거로 판단할 때 관광지 비대면 지수의 총점이 가장 높은 관광지로 옳은 것은? 21 입법고시

〈표〉 관광지 정보

평가항목 관광지명	방문객 혼잡도 지수	교통 트래픽량 지수	소셜 관심도 지수	코로나 확진자 지수
엔젤 아일랜드	1,290	201	42	0
하이드로시티	3,459	364	88	36
마블 가든	23,452	264	7	9
머쉬룸 힐	288	10	240	1
샌도폴리스	8,362	319	78	5

─────〈평가 기준〉─────

○ 평가항목 중 방문객 혼잡도 지수, 교통 트래픽량 지수, 소셜 관심도 지수, 코로나 확진자 지수에 대해 각 항목별 지수의 값이 낮은 순으로 5, 4, 3, 2, 1점을 각각의 관광지에 부여한다.
○ 평가항목의 가중치는 다음과 같다.

방문객 혼잡도 지수	교통 트래픽량 지수	소셜 관심도 지수	코로나 확진자 지수
0.147	0.353	0.302	0.198

○ 관광지 비대면 지수의 총점은 4가지 평가항목에서 부여받은 각각의 점수에 가중치를 곱한 점수를 모두 더하여 산출한다.

① 엔젤 아일랜드
② 하이드로시티
③ 마블 가든
④ 머쉬룸 힐
⑤ 샌도폴리스

22. 다음 <상황>과 <암호해독키>를 근거로 판단할 때 조력자의 이름으로 적절한 것은?

'21 입법고시

───── <상 황> ─────

빅토리호의 선원 읍동이는 외계인의 침입에 대비하기 위해 조력자와 만나야 한다. 만남장소에는 조력자 1명과 외계인 4명이 있다. 빅토리호의 선장은 정보 보안을 위해 읍동이에게 조력자에 대한 암호를 보냈다. 읍동이는 암호해독키를 사전에 알고 있었고 이를 이용해 암호를 해독한 후, 만남장소에 나타난 5명 중 조력자를 알아낼 수 있었다.

〈암호1〉	〈암호2〉

```
        ㄱ   ㄴ   ㄷ
   +    ㄹ   ㄴ   ㄷ              ㄷ   ㅁ   ㅂ
   +         ㄷ         +   ㅂ   ㅁ   ㄷ
   ─────────────────     ──────────────────
        ㅂ   8   1           ㄹ   3   3   2
```

───── <암호해독키> ─────

ㄱ, ㄴ, ㄷ, ㄹ, ㅁ, ㅂ은 각각 0부터 9 사이의 숫자이며 서로 다르다. 단, ㄱ은 3이 될 수 없다.

조력자는 ㄱㄴㄷㄹㅁㅂ에 해당하는 문자를 가진 사람이다.

숫자	해당하는 문자
1	A 또는 K
2	B 또는 L
3	C 또는 M
4	D 또는 N
5	E 또는 O 또는 Z
6	F 또는 P 또는 Y
7	G 또는 Q 또는 X
8	H 또는 R 또는 W
9	I 또는 S 또는 V
0	J 또는 T 또는 U

① DCRXOP
② NULEKF
③ DMGAYZ
④ NMTASW
⑤ DMQKLR

23. 다음 <상황>과 <자기소개>를 근거로 판단할 때 옳지 않은 것은?

'20 5급공채

───── <상 황> ─────

5명의 직장인(甲~戊)이 커플 매칭 프로그램에 참여했다.

○ 남성이 3명이고 여성이 2명이다.
○ 5명의 나이는 34세, 32세, 30세, 28세, 26세이다.
○ 5명의 직업은 의사, 간호사, TV드라마감독, 라디오작가, 요리사이다.
○ 의사와 간호사는 성별이 같다.
○ 라디오작가는 요리사와 매칭된다.
○ 남성과 여성의 평균 나이는 같다.
○ 한 사람당 한 명의 이성과 매칭이 가능하다.

───── <자기소개> ─────

甲: 안녕하세요. 저는 32세이고 의료 관련 일을 합니다.
乙: 저는 방송업계에서 일하는 남성입니다.
丙: 저는 20대 남성입니다.
丁: 반갑습니다. 저는 방송업계에서 일하는 여성입니다.
戊: 제가 이 중 막내네요. 저는 요리사입니다.

① TV드라마감독은 乙보다 네 살이 많다.
② 의사와 간호사 나이의 평균은 30세이다.
③ 요리사와 라디오작가는 네 살 차이이다.
④ 甲의 나이는 방송업계에서 일하는 사람들 나이의 평균과 같다.
⑤ 丁은 의료계에서 일하는 두 사람 중 나이가 적은 사람보다 두 살 많다.

도지(賭地)란 조선 후기에 도지권을 가진 소작농이 일정한 사용료, 즉 도조(賭租)를 내고 빌려서 경작했던 논밭을 말한다. 지주는 도지를 제공하고 그 대신 도조를 받았다. 도지권을 가진 소작농은 농작물을 수확하여 도조를 치른 후 나머지를 차지하였다. 도지계약은 구두로 하는 것이 보통이고, 문서를 작성하는 경우는 드물었다.

도조를 정하는 방법에는 수확량을 고려하지 않고 미리 일정액을 정하는 방식과 매년 농작물을 수확하기 직전에 지주가 간평인(看坪人)을 보내어 수확량을 조사하고 그 해의 도조를 결정하는 방식이 있었다. 후자의 경우에 수확량에 대한 도조의 비율은 일정하였다. 특히 논밭을 경작하기 전에 도조를 미리 지급하고 경작하는 경우의 도지를 선도지(先賭地)라고 하였다.

도지권을 가진 소작농은 그 도지를 영구히 경작할 수 있었고, 지주의 승낙이 없어도 임의로 도지권을 타인에게 매매, 양도, 임대, 저당, 상속할 수 있었다. 도지권의 매매 가격은 지주의 소유권 가격의 1/2이었으며, 도지의 전체 가격은 소작농의 도지권 가격과 지주의 소유권 가격의 합이었다. 도조는 수확량의 약 1/4에서 1/3 정도에 불과하여 일반적인 소작지의 소작료보다 훨씬 저렴하였기 때문에, 도지권을 가진 소작농은 도지를 다른 소작농에게 빌려주고 그로부터 일반 소작료를 받아 지주에게 납부해야 할 도조를 제외한 다음 그 차액을 가지기도 하였다. 지주가 이러한 사실을 알더라도 그것은 당연한 도지권의 행사이기 때문에 간섭하지 않았다.

지주가 도지권을 소멸시키거나 다른 소작농에게 이작(移作)시키려 할 때에는 도지권을 가진 소작농의 동의를 구하고 도지권의 가격만큼을 지급하여야 하였다. 다만 도지권을 가진 소작농이 도조를 납부하지 않는 상황에는 지주가 소작농의 동의를 얻은 뒤 도지권을 팔 수 있었다. 이 경우 지주는 연체된 도조를 빼고 나머지는 소작농에게 반환하여야 하였다.

도지권은 일제가 실시한 토지조사사업에 의하여 그 권리가 부정됨으로써 급격히 소멸하게 되었다. 일제의 토지조사사업으로 부분적 소유권으로서의 소작농의 도지권은 부인되었고 대신 소작기간 20년 이상 50년 이하의 소작권이 인정되었다. 이것은 원래의 도지권 성격과는 크게 다른 것이었으므로 도지권을 소유한 소작농들은 도지권 수호운동을 전개하였으나, 일제의 무력탄압으로 모두 좌절되고 말았다.

24. 윗글을 근거로 판단할 때, <보기>에서 옳은 것만을 모두 고르면?

─〈보 기〉─

ㄱ. 지주의 사전 승낙이 없어도 도지권을 매입한 소작농이 있었을 수 있다.

ㄴ. 지주가 간평인을 보내어 도조를 결정하였다면, 해당 도지는 선도지가 아니었을 것이다.

ㄷ. 도지권을 가진 소작농들은 일제의 토지조사사업으로 소작을 할 수 없게 되었다.

ㄹ. 도지권을 가진 소작농이 도지권을 매매하려면, 그 소작농은 지주의 동의를 얻어야 했다.

① ㄱ, ㄴ

② ㄱ, ㄹ

③ ㄴ, ㄷ

④ ㄷ, ㄹ

⑤ ㄱ, ㄴ, ㄷ

25. 윗글을 근거로 판단할 때, <상황>의 ㉠~㉣에 들어갈 수의 합은? (단, 쌀 1말의 가치는 5냥이며, 주어진 조건 외에는 고려하지 않는다)

─〈상 황〉─

甲소유의 논 A는 1년에 한 번 수확하고 수확량은 매년 쌀 20말이다. 소작농乙은 A 전부를 대상으로 매년 수확량의 1/4을 甲에게 도조로 납부하는 도지계약을 甲과 체결한 상태이다. A의 전체 가격은 甲, 乙의 도지계약 당시부터 올해 말까지 변동 없이 900냥이다.

재작년 乙은 수확 후 甲에게 정해진 도조 액수인 (㉠)냥을 납부하였다.

작년 초부터 큰 병을 얻은 乙은 더 이상 농사를 지을 수 없게 되자, 乙은 매년 (㉡)냥을 받아 도조 납부 후 25냥을 남길 생각으로 丙에게 A를 빌려주었다.

그러나 乙은 약값에 허덕여 작년과 올해분의 도조를 甲에게 납부하지 못했다. 결국 甲은 乙의 동의를 얻어 丁에게 A에 대한 도지권을 올해 말 (㉢)냥에 매매한 후, 乙에게 (㉣)냥을 반환하기로 하였다.

① 575

② 600

③ 625

④ 750

⑤ 925

약점 보완 해설집 p.36

PART **2**

적중 예상 모의고사

01. 다음 글을 근거로 판단할 때 옳은 것은?

제00조 ① 살아있는 사람의 장기 등은 본인이 동의한 경우에만 적출할 수 있다. 다만, 16세 이상인 미성년자의 장기 등과 16세 미만인 미성년자의 골수를 적출하려는 경우에는 본인과 그 부모(부모가 없고 형제자매에게 골수를 이식하기 위하여 적출하려는 경우에는 법정대리인)의 동의를 함께 받아야 한다.
② 제1항 단서의 경우 부모 중 1명이 행방불명, 그 밖에 대통령령으로 정하는 부득이한 사유로 동의할 수 없으면 부모 중 나머지 1명과 가족 또는 유족 중 선순위자 1명의 동의를 받아야 한다.
③ 뇌사자와 사망한 자의 장기 등은 다음 각 호의 어느 하나에 해당하는 경우에만 적출할 수 있다.
  1. 본인이 뇌사 또는 사망하기 전에 장기 등의 적출에 동의한 경우. 다만, 그 가족 또는 유족이 장기 등의 적출을 명시적으로 거부하는 경우는 제외한다.
  2. 본인이 뇌사 또는 사망하기 전에 장기 등의 적출에 동의하거나 반대한 사실이 확인되지 아니한 경우로서 그 가족 또는 유족이 장기 등의 적출에 동의한 경우. 다만, 본인이 16세 미만의 미성년자인 경우에는 그 부모(부모 중 1명이 사망·행방불명, 그 밖에 대통령령으로 정하는 부득이한 사유로 동의할 수 없으면 부모 중 나머지 1명)가 장기 등의 적출에 동의한 경우로 한정한다.
④ 제1항부터 제3항까지에 따라 동의한 사람은 장기 등을 적출하기 위한 수술이 시작되기 전까지는 언제든지 장기 등의 적출에 관한 동의의 의사표시를 철회할 수 있다.

① 뇌사자의 경우, 본인이 뇌사하기 전에 장기 등의 적출에 동의한 경우에만 장기 등을 적출할 수 있다.
② 살아있는 사람의 장기 등을 적출하려는 경우, 반드시 본인과 부모 모두의 동의를 받아야 한다.
③ 장기 등의 적출에 관한 동의의 의사표시는 한 번 서명하면 철회할 수 없다.
④ 장기 등의 적출에 대한 본인의 동의가 확인되지 않은 사망자가 16세 미만 미성년자인 경우, 장기 등의 적출은 실행할 수 없다.
⑤ 16세 미만 미성년자가 형제자매에게 골수를 이식하려는 경우에도 부모의 동의를 받아야 한다.

02. 다음 글을 근거로 판단할 때, 식품의약품안전처장으로부터 건강기능식품제조업 허가를 받을 수 없는 경우를 <보기>에서 모두 고르면?

제○○조(영업의 허가 등) 식품의약품안전처장은 제□□조 각 호의 어느 하나에 해당하는 경우를 제외하고는 건강기능식품제조업의 허가를 하여야 한다.
제□□조(영업허가 등의 제한) 다음 각 호의 어느 하나에 해당하는 경우에는 건강기능식품제조업의 영업허가를 할 수 없다.
  1. 영업허가가 취소된 후 6개월이 지나기 전에 그 영업소에서 같은 종류의 영업을 하려는 경우. 다만, 영업시설의 전부를 철거하여 영업허가가 취소된 경우에는 그러하지 아니하다.
  2. 영업허가가 취소된 후 1년이 지나지 아니한 자(법인의 경우에는 그 대표자를 포함한다)가 취소된 영업과 같은 종류의 영업을 하려는 경우
  3. 영업허가를 받으려는 자(법인의 경우에는 그 대표자를 포함한다)가 피성년후견인이거나 파산선고를 받고 복권되지 아니한 자인 경우
  4. 영업정지 처분을 받은 후 폐업신고를 하고 그 영업정지 기간이 지나기 전에 그 영업소에서 같은 종류의 영업을 하려는 경우
  5. 영업정지 처분을 받은 후 폐업신고를 하고 그 영업정지 기간이 지나지 아니한 자(법인인 경우에는 그 대표자를 포함한다)가 같은 종류의 영업을 하려는 경우

─────── <보 기> ───────

ㄱ. 2020년 1월 1일에 영업허가가 취소된 후, 2020년 8월 1일에 다른 영업소에서 이전에 운영하던 영업소와 같은 종류의 건강기능식품제조업 영업을 하려고 하는 甲
ㄴ. 2020년 1월 1일에 6개월 영업정지 처분을 받자 즉시 폐업신고를 하고, 2020년 2월 1일에 자신의 동생을 대표자로 하여 같은 영업소에서 같은 종류의 건강기능식품제조업 영업을 하려고 하는 乙
ㄷ. 2020년 1월 1일에 영업시설의 전부를 철거하여 영업허가가 취소된 타인의 영업소를 2020년 5월 1일에 인수하여 같은 종류의 건강기능식품제조업 영업을 하려고 하는 丙
ㄹ. 2년 전에 파산선고를 받고 운영하던 영업소의 영업시설을 전부 철거하여 영업허가가 취소된 후, 아직 복권되지 아니한 상태에서 이전과는 다른 종류의 건강기능식품제조업 영업을 하려고 하는 丁

① ㄱ, ㄴ   ② ㄱ, ㄹ
③ ㄴ, ㄷ   ④ ㄱ, ㄴ, ㄹ
⑤ ㄴ, ㄷ, ㄹ

03. 다음 글과 <상황>을 근거로 판단할 때 옳은 것은?

제○○조(선박오염물질기록부의 관리) ① 선박의 선장(피예인선의 경우에는 선박의 소유자를 말한다)은 그 선박에서 사용하거나 운반·처리하는 폐기물·기름 및 유해액체물질에 대한 다음 각 호의 구분에 따른 기록부(이하 '선박오염물질기록부'라 한다)를 그 선박(피예인선의 경우에는 선박의 소유자의 사무실을 말한다) 안에 비치하고 그 사용량·운반량 및 처리량 등을 기록하여야 한다.

　1. 폐기물기록부: 다음 각 목의 어느 하나에 해당하는 선박에서 발생하는 폐기물의 총량·처리량 등을 기록하는 장부

　　가. 총톤수 400톤 이상의 선박

　　나. 최대승선인원이 15명 이상인 선박

　2. 기름기록부: 선박에서 사용하는 기름의 사용량·처리량을 기록하는 장부. 다만, 다음 각 목의 어느 하나에 해당하는 선박의 경우를 제외하며, 유조선의 경우에는 기름의 사용량·처리량 외에 운반량을 추가로 기록하여야 한다.

　　가. 총톤수 100톤(군함과 경찰용 선박의 경우에는 경하배수톤수 200톤) 미만의 선박

　　나. 선저폐수가 생기지 아니하는 선박

　3. 유해액체물질기록부: 선박에서 산적하여 운반하는 유해액체물질의 운반량·처리량을 기록하는 장부

② 선박오염물질기록부의 보존기간은 최종기재를 한 날부터 3년으로 한다.

제□□조(벌칙) 다음 제1호에 해당하는 자에게는 100만 원 이하의 과태료를 부과한다.

　1. 제○○조 규정에 따른 오염물질기록부를 비치하지 아니하거나 기록·보존하지 아니한 자 또는 거짓으로 기재한 자

――――――〈상 황〉――――――

○ 甲은 유조선 A호의 소유자이고, 乙은 A호의 선장이다. A호는 총톤수가 500톤이고 선원이 50명이며, 다량의 선저폐수가 발생한다.

○ 丙은 군함 B정의 선장이다. B정은 경하배수톤수가 170톤이고 선원이 30명이며, 선저폐수가 발생한다.

○ 丁은 여객선 C호의 소유자이고, 戊는 C호의 선장이다. C호는 총톤수가 2,000톤이고 선원이 7명, 최대승선인원이 100명이며 선저폐수가 발생하지 않는다.

※ 1) 예인: 선박, 어구 등을 끌어당김
　2) 예인선: 손상을 입어 자력으로 이동할 수 없는 선박을 구조하는 선박
　3) 피예인선: 예인선에 의해 예인되는 선박

① A호는 항상 선장실에 폐기물기록부와 기름기록부를 비치하여야 한다.

② 최종기재를 한 지 3년이 지나지 않은 A호의 기름기록부에 기름의 사용량과 처리량만 기재되어 있더라도 甲 또는 乙이 작성한 기름기록부는 규정을 위반한 것이 아니다.

③ 丙은 B정의 선장실에 기름기록부를 반드시 비치하여야 한다.

④ C호가 예인되는 상황에서 丁의 사무실에 C호의 기름기록부가 비치되어 있지 않더라도 丁은 과태료를 부과받지 않는다.

⑤ C호가 예인되지 않는 상황에서 C호 내에 폐기물기록부를 비치하지 않더라도 戊는 과태료를 부과받지 않을 수 있다.

04. 다음 글을 근거로 판단할 때 옳은 것은?

A시는 A시에 거주하는 저소득 근로 청년들의 안정적인 자산 형성을 지원하기 위하여 청년통장 프로그램을 운영하고 있다. 청년통장 프로그램은 A시에 거주하는 근로 청년이 매달 일정 금액을 정해진 기간동안 저축하면 본인저축액의 100%를 A시 예산과 민간 재원으로 추가 적립해주는 제도이다. 정해진 기간이 도래하면 청년통장 프로그램 참가자는 자신이 저축한 금액의 두 배를 돌려받게 되고, 프로그램을 통해 형성한 자산을 주거·결혼·교육·창업 등의 목적에 활용할 수 있다.

청년통장 프로그램은 A시에 거주하는 만18세~만34세의 근로자가 신청할 수 있고, 이때 본인의 근로소득 금액이 세전 월 220만 원 이하, 부양의무자의 소득인정액이 기준중위소득의 80% 이하여야 한다. 기준중위소득의 80%는 1인 가구를 기준으로 1,365,606원, 2인 가구를 기준으로 2,325,222원, 3인 가구를 기준으로 3,008,026원, 4인 가구를 기준으로 3,690,829원, 5인 가구를 기준으로 4,373,632원이다. 가구원 수에 신청자 본인은 제외되며, 형제·자매·조부모는 신청자 본인과 주민등록상 동일 가구인 경우에만 포함된다.

한편, 다음 여섯 가지 경우 중 하나라도 해당하면 청년통장 프로그램을 신청할 수 없다. 첫 번째는 신청자 본인이 생계·의료·주거·교육급여 수급자인 경우이고, 두 번째는 신청자 본인의 부채가 5천만 원 이상인 경우이다. 다만, 부채가 학자금, 전세자금 대출인 경우는 해당하지 않는다. 세 번째는 신청자 본인의 통장 개설이 불가능한 경우이고, 네 번째는 신청자 본인이 중앙정부부처 혹은 타 지방자치단체가 진행하는 유사 자산형성사업에 참여하고 있는 경우이다. 또한 다섯 번째는 신청자의 가구원이 A시 혹은 중앙정부부처가 진행하는 유사 자산형성사업에 참여하고 있는 경우이고, 여섯 번째는 신청자 본인이 현재 A시 청년수당 사업에 참여하고 있는 경우이다.

① 본인을 포함한 가구원이 4인이고, 부양의무자의 소득인정액이 360만 원인 甲은 다른 조건을 충족하더라도 청년통장 프로그램을 신청할 수 없다.

② 실업급여 수급자인 乙은 다른 조건을 충족하더라도 청년통상 프로그램을 신청할 수 없다.

③ 전세자금 대출로 총 1억 원의 채무를 지고 있는 丙은 다른 조건을 충족하더라도 청년통장 프로그램을 신청할 수 없다.

④ 과거에 A시 청년수당 사업에 참여한 적이 있는 丁은 다른 조건을 충족하더라도 청년통장 프로그램을 신청할 수 없다.

⑤ 戊의 가구원인 근가 B시에서 진행하는 유사 자산형성사업에 참여하고 있다면 戊는 다른 조건을 충족하더라도 청년통장 프로그램을 신청할 수 없다.

05. 다음 글과 <생산 작업표>를 근거로 판단할 때, 甲기업이 A부품을 생산하는 데 소요되는 최소 일수는?

○ 甲기업은 <생산 작업표>에 따라 A부품을 생산한다.
○ A부품은 '가'부터 '자'까지의 모든 생산작업을 거쳐야 한다.
○ 필수 선행작업이 있는 작업은 필수 선행작업을 완료해야만 다음 생산작업을 수행할 수 있다.
○ 甲기업은 2개 이상의 생산작업을 동시에 진행할 수 있으며, 甲기업은 A부품을 생산하는 데 소요되는 시간을 최소화하고자 한다.

〈생산 작업표〉

생산작업	필수 선행작업	최소 소요일수
가	–	12일
나	–	10일
다	가	10일
라	가, 나	5일
마	가, 나	11일
바	다, 라	8일
사	라	9일
아	마	6일
자	바, 사, 아	3일

① 33일
② 34일
③ 35일
④ 36일
⑤ 37일

06. 다음 글과 <甲의 장바구니>를 근거로 판단할 때, 甲이 구매할 게임은?

○ 甲은 각 게임의 장르와 기능에 따라 효용을 계산한 다음, 효용에서 게임의 가격을 뺀 값이 가장 높은 게임을 구매한다.
○ 甲이 효용을 계산하는 방법은 다음과 같다.
  – 게임의 장르에 따른 효용을 먼저 계산하고, 기능에 따른 효용을 나중에 계산한다.
  – 게임의 효용에 영향을 미치는 장르나 기능이 여러 개인 경우, 각각을 모두 계산한다.
○ 게임의 효용은 다음의 원리에 따라 결정된다.
  – 기본 효용은 30,000원이다.
  – 게임의 장르가 '액션', '전략', '공상과학' 중 하나라면 효용은 20,000원 증가한다.
  – 게임의 장르가 '판타지' 또는 '캐주얼'이라면 효용은 10,000원 감소한다.
  – 게임의 기능 중 하나가 '멀티 플레이'라면 전체 효용은 두 배가 된다.
○ 단, 甲은 '레이싱' 장르에 분류된 게임 중 '레이싱 휠' 기능을 지원하는 게임은 구매하지 않는다.

〈甲의 장바구니〉

상품명	장르	기능	가격(원)
A	어드벤처, 우주, 공상과학, 공포	컨트롤러, 멀티 플레이	74,000
B	시뮬레이션, 레이싱, 전략, 판타지	멀티 플레이, 레이싱 휠	35,000
C	공상과학, 도시 건설, 캐주얼	컨트롤러, 가상현실	13,000
D	슈팅, 협동, 어드벤처, 생존	모바일 연동, 증강현실	7,000
E	스포츠, 캐주얼, 액션, 레이싱	스트리밍, 멀티 플레이	51,000

① A
② B
③ C
④ D
⑤ E

07. 다음 글을 근거로 판단할 때, <예제>의 (가)에 들어갈 수는?

전류는 전하의 흐름을 말하며 기본 단위는 암페어(A)이다. 1A는 도선의 단면적을 초당 6.25×1,018개의 전자가 지나 갈 때 전류의 세기를 말하는 것으로 이때 전류가 흐를 수 있게 하는 힘이 바로 전압이다. 도선에 전류가 흐르면 전기장치에는 단위 시간 동안 전기 에너지가 공급되는데, 이를 전력이라고 한다. 전력은 전류와 전압을 곱한 값으로 P=VI로 표현할 수 있으며, 전력의 단위는 와트(W)를 사용한다. 일반적으로는 전력에 소비 시간을 곱하여 일정 시간 동안 사용한 전력의 양을 나타내는데, 이때의 단위는 와트시(Wh) 또는 킬로와트시(kWh)를 사용한다.

─────────── 〈예 제〉 ───────────

전기용품 안전관리법에 의한 표시

○ 품명 및 종류: 에어컨/냉방전용
○ 시스템 코드: AB-C123DE
○ 모델명: FG-H456IJ78
○ 정격전압: 220V
○ 월간냉방소비전력: 388.5kWh/월
○ 냉방소비전력: (   )W
○ 냉방운전전류: (가)A

위의 표는 한 에어컨의 소비전력을 표시한 것이다. 냉방소비전력은 에어컨을 1시간 동안 가동했을 때의 전력량이고, 월간냉방소비전력은 에어컨을 하루 7시간씩 30일 동안 가동한다고 가정했을 때의 전력량이다. 이때 위 에어컨의 냉방운전전류는 약 (가)A이다. (단, 해당 에어컨의 냉방운전전류는 소수점 첫째 자리까지만 표기하며, 1kW는 1,000W임)

① 4.9
② 8.4
③ 17.7
④ 25.2
⑤ 58.9

08. 다음 <상황>을 근거로 판단할 때, <보기>에서 옳은 것만을 모두 고르면?

─────────── 〈상 황〉 ───────────

○ 10명의 참가자가 가위바위보 대회에 참가하였다.
○ 각 참가자는 다른 모든 참가자들과 한 차례씩 가위바위보 경기를 진행한다.
○ 각 경기에서 이기면 승점 3점, 비기면 두 사람이 각각 승점 1점씩을 획득하고, 지면 승점을 획득하지 못한다.

─────────── 〈보 기〉 ───────────

ㄱ. 가위바위보 대회에서 진행된 모든 경기가 비겼다면, 참가자들의 승점 총합은 90점이다.
ㄴ. 가위바위보 대회에서 각 참가자들이 얻은 승점의 총합이 100점이라면, 비긴 경기의 수는 10경기이다.
ㄷ. 모든 경기에서 비긴 참가자가 있다면, 가위바위보 대회에서 각 참가자들이 얻은 승점의 총합은 최대 125점이다.

① ㄱ
② ㄷ
③ ㄱ, ㄴ
④ ㄱ, ㄷ
⑤ ㄴ, ㄷ

09. 다음 글을 근거로 판단할 때, ○○장학회 장학생으로 선발되는 학생은?

○○장학회는 장학생 1인을 선발하여 장학금을 수여하고자 한다. 장학생은 신청한 학생들의 각 과목 성적에 〈○○장학회의 장학생 선발 기준〉을 적용하여 과목별 점수를 모두 합한 총점이 가장 높은 학생이 선발된다. 다음은 〈○○장학회 장학생 선발 기준〉과 〈장학금 신청자 성적표〉이다.

〈○○장학회 장학생 선발 기준〉

○ 영어 영역에서 90점 이상의 성적을 받은 학생은 총점에서 10점을 가산한다.
○ 국어 영역에서 80점 이하의 성적을 받은 학생은 총점에서 5점을 감산한다.
○ 한국사 영역에서 80점 미만의 성적을 받은 학생은 장학금 수여 대상에서 제외한다.

〈장학금 신청자 성적표〉

구분	甲	乙	丙	丁	戊
국어 영역	75	70	80	95	85
수학 영역	95	75	95	80	90
영어 영역	80	90	85	95	95
한국사 영역	90	75	100	80	60

① 甲
② 乙
③ 丙
④ 丁
⑤ 戊

10. 다음 글을 근거로 판단할 때, 여섯째 날 오후 11시에 불침번을 서기 시작하는 사람은?

○ 甲, 乙, 丙, 丁, 戊 다섯 명으로 구성된 탐험대가 오지로 탐험을 떠났다.
○ 탐험대는 첫째 날과 둘째 날에는 들판, 셋째 날에는 숲, 넷째 날과 다섯째 날에는 늪, 여섯째 날에는 다시 들판에서 숙박할 계획이다.
○ 탐험대가 숙박을 하는 동안에는 甲, 乙, 丙, 丁, 戊의 순서로 3시간씩 불침번을 선다. 예를 들어, 첫째 날 甲과 乙이 불침번을 섰다면, 둘째 날은 丙부터 불침번을 선다. 이런 방식으로 戊까지 불침번을 선 후에는 다시 甲부터 불침번을 선다.
○ 탐험대가 불침번을 서는 규칙은 다음과 같다.
 - 들판에서 숙박하는 날은 오후 11시부터 다음 날 오전 5시까지 한 명씩 불침번을 선다.
 - 숲에서 숙박하는 날은 오후 9시부터 다음 날 오전 6시까지 두 명씩 불침번을 선다.
 - 늪에서 숙박하는 날은 오후 7시부터 다음 날 오전 7시까지 두 명씩 불침번을 선다.

① 甲
② 乙
③ 丙
④ 丁
⑤ 戊

11. 다음 글을 근거로 판단할 때, 계산기로 '579+876'을 누르면 나오는 값은?

> 다음과 같은 배열을 가진 계산기가 있다.
>
> | 0 | 1 | 2 | 3 | 4 | + | = |
> |---|---|---|---|---|---|---|
> | 5 | 6 | 7 | 8 | 9 | − | |
>
> 이 계산기는 +, −, = 같은 연산 키와 0~4 숫자 키는 정상적으로 입력되지만, 5~9 숫자 키는 비정상적으로 입력되어 키를 누르면 5~9 숫자 중 서로 다른 하나의 숫자가 계산기에 입력된다. 이때, 5~9 숫자 키를 눌렀을 때 입력되는 숫자는 각각 서로 다르며 중복되지 않는다.
>
> 다음은 이 계산기로 몇 가지 계산을 실행해 본 결과이다.
>
> ○ 50+60을 계산했더니 결과는 150이었다.
> ○ 87 − 65를 계산했더니 결과는 8이었다.
> ○ 5+5를 계산했더니 결과는 14였다.

① 1,295
② 1,455
③ 1,634
④ 1,672
⑤ 1,714

12. 다음 글을 근거로 판단할 때, 甲 회사 영업팀의 1분기 영업 실적은? (단, 건수는 자연수이다)

> ○ 甲 회사 영업팀에는 A, B, C, D, E 총 다섯 명의 사원이 있으며, 분기별 영업 실적은 영업사원 A~E의 해당 분기 신규 계약 체결 건수를 모두 합한 값이다.
> ○ A의 1분기 신규 계약 체결 건수는 80건 초과 100건 미만이다.
> ○ B의 1분기 신규 계약 체결 건수는 A의 1분기 신규 계약 체결 건수의 3/4이다.
> ○ C의 1분기 신규 계약 체결 건수는 B의 1분기 신규 계약 체결 건수의 3/4이다.
> ○ D의 1분기 신규 계약 체결 건수는 C의 1분기 신규 계약 체결 건수의 1/2이다.
> ○ E의 1분기 신규 계약 체결 건수는 B의 1분기 신규 계약 체결 건수의 1/3이다.

① 273
② 364
③ 443
④ 455
⑤ 539

13. 다음 <○○대출 상품>을 근거로 판단할 때, <보기>에서 대출금리가 높은 순서로 나열한 것은?

─────〈○○대출 상품〉─────

○ 상품안내: 저소득층과 무주택자가 주택을 구매할 때 최대 2억 원을 낮은 금리로 대출해주는 상품
○ 신청대상: 부부합산 연소득 6천만 원(단, 생애 최초 주택구입, 신혼, 2자녀 이상의 경우 7천만 원까지) 이하의 무주택자
○ 대출금리

소득수준 (부부합산)	만기별 금리(%)			
	10년	15년	20년	30년
2천만 원 이하	2.00	2.10	2.20	2.30
2천만 원 초과 ~4천만 원 이하	2.45	2.55	2.65	2.75
4천만 원 초과 ~6천만 원 이하 (생애 최초 7천만 원까지)	2.85	2.95	3.05	3.15

○ 기존 대출금리를 낮춰주는 가구별 금리우대 적용 가능 (가구별 금리우대 간 중복적용 불가능)
 - 한부모 가구 0.5%p, 다문화 가구·장애인 가구·생애 최초 주택구입자·신혼 가구(결혼예정자 포함) 각각 0.2%p의 금리우대를 적용함
○ 대출기간 중 자녀 수가 증가하게 된 경우 금리우대 적용 가능(타 금리우대와 중복적용 가능)
 - 2018년 9월 28일부터 2019년 12월 30일까지 자녀 수가 증가한 경우: 다자녀 가구 0.5%p, 2자녀 가구 0.3%p, 1자녀 가구 0.2%p의 금리우대를 적용함
 - 2019년 12월 31일 이후 자녀 수가 증가한 경우: 다자녀 가구 0.7%p, 2자녀 가구 0.5%p, 1자녀 가구 0.3%p의 금리우대를 적용함(단, 자녀 수가 3명 이상인 경우 자녀 수 증가와 관계없이 다자녀 금리우대 적용)

─────〈보 기〉─────

ㄱ. 2020년 2월 10일에 결혼예정인 부부 甲(연봉 3천만 원)과 乙(장애인, 연봉 2천만 원)은 아파트를 구매할 때 10년 만기로 ○○대출을 이용하였다.

ㄴ. 2018년 12월 30일에 부부 丙(연봉 4천만 원)과 丁(연봉 2천5백만 원)은 10년 만기의 ○○대출로 생애 최초로 주택을 구입했으며, 2020년 01월 18일에 쌍둥이 자녀를 출산하였다.

ㄷ. 2018년 11월 25일에 부부 戊(연봉 2천5백만 원)와 己(연봉 1천5백만 원)은 30년 만기의 ○○대출로 주택을 구입하였고, 2019년 12월 1일에 자녀 1명을 출산하였다.

① ㄱ - ㄴ - ㄷ
② ㄱ - ㄷ - ㄴ
③ ㄴ - ㄷ - ㄱ
④ ㄴ - ㄱ - ㄷ
⑤ ㄷ - ㄱ - ㄴ

14. 다음 글을 근거로 판단할 때 甲, 乙, 丙, 丁이 분실한 소지품을 옳게 짝지은 것은?

A역에 백팩, 이어폰, 핸드폰, 서류가방이 분실물로 접수되었다. 甲, 乙, 丙, 丁 네 사람이 소지품을 분실했다고 신고를 하였으나, 신고를 접수한 직원의 실수로 분실물이 누구의 것인지는 알지 못한다. 다만, 신고를 접수한 직원은 다음과 같은 몇 개의 정보를 기억하고 있다.

○ A역이 속한 노선은 한 노선뿐이며, 지하철은 E역 → D역 → C역 → B역 → A역 순서로 이동한다. 甲, 乙, 丙, 丁 모두 E역에서 A역으로 향하는 방향의 지하철에 탑승하였다.
○ 甲~丁이 탑승한 역은 각각 E역, C역, E역, B역이고, 하차한 역은 각각 C역, A역, A역, A역이다.
○ 甲과 乙이 분실한 소지품은 핸드폰 또는 이어폰이 아니다.
○ 백팩은 최소한 D역에서부터 분실된 상태였다.
○ 이어폰은 A역에서 하차한 사람의 분실물이며, 핸드폰은 C역에서부터 분실된 상태였다.

	백팩	이어폰	핸드폰	서류가방
①	甲	乙	丙	丁
②	甲	丙	丁	乙
③	甲	丁	丙	乙
④	乙	丙	丁	甲
⑤	乙	丁	丙	甲

15. 다음 글과 <상황>을 근거로 판단할 때, 甲이 7월에 수령할 정근수당액은?

모든 공무원에게는 공무원수당에 관한 규정에 따라 1월과 7월의 보수지급일에 정근수당과 정근수당 가산금을 더한 정근수당액이 지급된다.

정근수당은 아래의 <정근수당 지급기준표>에 따라 현재 공무원의 신분을 보유하고 봉급이 지급되는 사람 중 지난 6개월의 기간 내에서 1개월 이상 봉급이 지급된 공무원에게 지급한다. 예를 들어 1월 정근수당은 지난해 6월 1일부터 12월 31일까지의 기간 중 1개월 이상 봉급이 지급된 공무원에게 지급된다.

이때 직위해제나 휴직처분을 받은 공무원의 경우에는 해당 지급대상기간 중 공무원으로 실제 근무한 기간(단, 직위해제 처분기간은 실제 근무하지 않은 기간으로 본다)을 고려하여 지급해야 할 정근수당에서 '실제 근무한 기간(개월)/6(개월)'을 곱한 금액을 지급한다. (단, 실제 근무한 기간을 계산할 때 15일 이상은 1개월로 계산하고 15일 미만은 계산하지 않는다)

정근수당 가산금은 아래의 <정근수당 가산금 지급기준표>에 따라 매월 보수지급일에 정근수당 가산금을 지급한다.

〈정근수당 지급기준표〉

근무연수	지급액	근무연수	지급액
1년 미만	미지급	7년 미만	월봉급액의 30%
3년 미만	월봉급액의 10%	10년 미만	월봉급액의 40%
5년 미만	월봉급액의 20%	10년 이상	월봉급액의 50%

〈정근수당 가산금 지급기준표〉

근무연수	월지급액	비고
20년 이상	100,000원	근무연수가 20년 이상 25년 미만인 사람에게는 월 10,000원을, 25년 이상인 사람에게는 월 30,000원을 가산
15년 이상 20년 미만	80,000원	
10년 이상 15년 미만	60,000원	

─── 〈상 황〉 ───

甲은 1월 1일부터 7월 1일 현재까지 공무원의 신분을 보유하고 봉급이 지급되는 사람이다. 甲은 7급 공채로 입직하여 23년간 ○○부에서 근무한 서기관으로 월봉급액은 5,088,900원이다. 甲은 비위사실이 적발되어 2월 18일부터 60일간 직위해제 되는 조치를 받았다.

① 1,786,300원
② 1,796,300원
③ 1,806,300원
④ 2,644,450원
⑤ 2,654,450원

16. 다음 글을 근거로 판단할 때 옳은 것은?

제00조(정의) 이 법에서 사용하는 용어의 뜻은 다음과 같다.
1. '이북5도'란 황해도, 평안남도, 평안북도, 함경남도, 함경북도를 말한다.
2. '미수복 시·군'이란 현재 행정구역 상 북한의 경기도와 강원도에 속한 시와 군을 말한다.

제00조(위촉) ① 명예시장·군수는 이북5도와 미수복 시·군(이하 '이북5도 등'이라 한다)에 대하여 1945년 8월 15일 현재의 시·군 단위로 위촉하되, 당해 시·군을 상징적으로 대표하는 명예직으로 한다.

② 명예시장·군수는 이북5도 등의 시·군 출신이거나 연고가 있는 사람으로서 학식과 덕망을 겸비하고 통일 과업에 열성이 있는 사람 중에서 이북5도 도지사(이북5도 도지사는 대통령이 임명한다)의 추천(미수복 시·군의 명예시장·군수는 경기도지사 및 강원도지사의 의견을 들어 이북5도위원회 위원장이 추천한다)을 받아 행정안전부장관의 제청으로 국무총리를 경유하여 대통령이 위촉한다.

③ 도지사(미수복 시·군의 경우에는 이북5도위원회 위원장을 말한다)는 명예시장·군수가 궐위(闕位)된 때에는 지체 없이 그 후임자를 행정안전부장관에게 추천하여야 한다. 다만, 전임자의 잔여임기가 6개월 미만인 경우에는 후임자를 추천하지 아니할 수 있다.

제00조(임기) ① 명예시장·군수의 임기는 3년으로 하되, 1차에 한하여 연임할 수 있다. 다만, 지역적 특수사정 등으로 2차 이상 연임이 불가피할 때에는 그러하지 아니하다.

② 제1항 본문에 불구하고 궐위로 인하여 새로 위촉된 명예시장·군수의 임기는 전임자의 잔여임기로 한다.

제00조(명예동장 등) ① 이북5도 등 시의 동·리에 명예동장·이장을 두고, 군의 읍·면에는 명예읍장·면장을 둘 수 있다.

② 명예동장·이장·읍장·면장은 이북5도 등에 대하여 1945년 8월 15일 현재의 동·리·읍·면 단위로 위촉하되, 명예직으로 한다. 다만, 명예동장·이장은 둘 이상의 동과 리를 통합하여 위촉할 수 있다.

① 1945년 8월 15일 현재 함경남도에 속해 있던 원산시가 1946년에 강원도로 편입되었다면, 2020년에 원산시의 명예시장은 강원도지사의 의견을 들어 이북5도위원회 위원장이 추천한다.

② 1945년 8월 15일 현재 경기도에 속해 있던 개풍군의 명예군수가 임기를 5개월 남기고 일신상의 사유로 사의를 표명한 경우, 이북5도위원회 위원장은 지체 없이 그 후임자를 행정안전부장관에게 추천하여야 한다.

③ 6.25전쟁 당시 부산으로 피난 온 평안남도 평양시 출신 甲이 학식과 덕망을 겸비하고 통일 과업에 열성이 있는 사람인 경우 평양시의 명예시장으로 위촉될 수 있다.

④ 2014년 1월 1일에 평안북도 삭주군 명예군수로 위촉된 乙은 최대 2019년 12월 31일까지 명예군수로 재직할 수 있다.

⑤ 함경북도 경흥군에 속한 아오지읍과 경흥면의 명예읍장·면장을 통합하여 한 사람으로 위촉할 수 있다.

17. 다음 글을 근거로 판단할 때, <보기>에서 옳은 것만을 모두 고르면?

제00조 ① 모든 국민은 신체의 자유를 가진다. 누구든지 법률에 의하지 아니하고는 체포·구속·압수·수색 또는 심문을 받지 아니하며, 법률과 적법한 절차에 의하지 아니하고는 처벌·보안처분 또는 강제노역을 받지 아니한다.
② 모든 국민은 고문을 받지 아니하며, 형사상 자기에게 불리한 진술을 강요당하지 아니한다.
③ 누구든지 체포 또는 구속의 이유와 변호인의 조력을 받을 권리가 있음을 고지받지 아니하고는 체포 또는 구속을 당하지 아니한다. 체포 또는 구속을 당한 자의 가족 등 법률이 정하는 자에게는 그 이유와 일시·장소가 지체없이 통지되어야 한다.
④ 누구든지 체포 또는 구속을 당한 때에는 적부의 심사를 법원에 청구할 권리를 가진다.
⑤ 피고인의 자백이 고문·폭행·협박·구속의 부당한 장기화 또는 기망 기타의 방법에 의하여 자의로 진술된 것이 아니라고 인정될 때 또는 정식재판에 있어서 피고인의 자백이 그에게 불리한 유일한 증거일 때에는 이를 유죄의 증거로 삼거나 이를 이유로 처벌할 수 없다.
제00조 모든 국민은 헌법과 법률이 정한 법관에 의하여 법률에 의한 재판을 받을 권리를 가진다.
제00조 형사피의자 또는 형사피고인으로서 구금되었던 자가 법률이 정하는 바에 의해 재판을 받지 않게 되거나, 무죄판결을 받은 때에는 법률이 정하는 바에 의하여 국가에 정당한 보상을 청구할 수 있다.
제00조 체포 또는 구속된 피의자 또는 그 변호인, 법정대리인, 배우자, 직계친족, 형제자매나 가족, 동거인 또는 고용주는 관할법원에 체포 또는 구속의 적부심사를 청구할 수 있다.

─── <보 기> ───

ㄱ. 경찰은 피의자를 체포·구속할 때 체포·구속의 이유를 피의자 본인에 한하여 알려야 한다.

ㄴ. 정식재판에서 피고인이 강요에 의한 자백을 하였고 그 자백이 피고인에게 불리한 유일한 증거일 경우, 이를 유죄의 증거로 삼을 수 없다.

ㄷ. 절도 혐의로 체포된 피의자의 배우자가 체포 사실이 부당하다고 생각한 경우, 법원에 구속적부심사를 요청할 수 있다.

ㄹ. 피고인이 검찰이 구형한 형량보다 가벼운 형량을 판결받았을 경우, 피고인은 국가를 상대로 자신이 구금되었을 당시 발생한 손해의 보상청구를 할 수 있다.

① ㄱ, ㄴ
② ㄱ, ㄹ
③ ㄴ, ㄷ
④ ㄷ, ㄹ
⑤ ㄴ, ㄷ, ㄹ

18. 다음 글을 근거로 판단할 때 옳은 것은?

매장문화재란 토지 또는 수중에 매장·분포되어 있거나 건조물 등에 포장되어 있는 유형의 문화재를 의미하며, 지표·지중·수중 등에 생성·퇴적되어 있는 천연동굴·화석 등도 포함한다. 매장문화재를 보존하고 효율적으로 보호·조사 및 관리하기 위하여 매장문화재를 발견한 사람이나 매장문화재가 발견된 장소의 소유자·점유자 또는 관리자에게는 신고의무가 부과된다. 이에 따라 매장문화재를 발견한 경우 그 발견자나 매장문화재가 발견된 장소의 소유자·점유자 또는 관리자는 그 현상을 변경하지 말고 매장문화재가 발견된 사실을 발견한 날로부터 7일 이내에 문화재청장에게 신고해야 한다. 신고는 매장문화재가 발견된 장소를 관할하는 경찰서장 또는 특별자치시장·시장·군수·구청장에게도 할 수 있으며, 이 경우에는 해당 기관에 신고가 접수된 날에 문화재청장에게 신고한 것으로 본다. 이때 구청장은 자치구의 구청장을 의미한다.

매장문화재를 발견한 후 신고를 하지 않은 사람에게는 문화재청장이 500만 원 이하의 과태료를 부과·징수한다. 매장문화재를 발견한 후 이를 은닉 또는 처분하거나 현상을 변경한 사람은 3년 이하의 징역 또는 3천만 원 이하의 벌금에 처하고, 해당 문화재를 몰수한다.

만약 매장문화재가 발견·신고된 후 그 정당한 소유자가 없다면, 국가에서 직접 보존할 필요가 있는 문화재인 경우 국가에 귀속한다. 문화재를 국가에 귀속하는 경우 그 발견자, 습득자 및 문화재가 발견된 토지나 건조물 등의 소유자에게 보상금을 지급한다. 이때 발견자나 습득자가 토지 또는 건조물 등의 소유자와 동일인이 아닌 경우에는 보상금을 균등하게 분할하여 지급한다. 문화재를 발견하거나 습득할 때 경비를 지출한 경우에는 발견자나 습득자에게 발견하거나 습득할 때 지출한 경비를 보상금 중에서 우선 지급하고, 그 차액을 발견자나 습득자와 문화재가 발견된 토지 또는 건조물 등의 소유자에게 균등하게 분할하여 지급한다.

① 甲이 1월 1일에 A도 B시 C구에서 매장문화재를 발견하여 1월 5일에 C구청장에게 매장문화재 발견을 신고하였고, 신고한 당일 접수되었다면 甲은 1월 5일에 문화재청장에게 매장문화재 발견 신고를 한 것으로 본다.

② 乙이 자신이 소유한 토지에서 매장문화재를 발견하여 3일간 해당 문화재를 수리한 직후 문화재청장에게 매장문화재 발견 신고를 하였다면 乙은 해당 문화재의 소유권을 인정받게 된다.

③ 丙이 매장문화재를 발견하여 기간 내에 문화재청장에게 신고하였고, 해당 문화재의 정당한 소유자가 없다면 반드시 丙이 그 문화재의 정당한 소유자가 된다.

④ 丁이 戊가 소유한 토지에서 50만 원을 들여 매장문화재를 발견 및 습득하였고, 문화재청장이 해당 문화재를 국가에 귀속하며 총 보상금을 300만 원으로 책정하였다면 丁이 받게 되는 보상금은 175만 원이다.

⑤ 己가 庚이 정당한 소유자인 매장문화재를 발견하고 이를 신고하였다면 해당 문화재의 소유권은 庚에게 인정되고, 己에게는 보상금이 지급된다.

19. 다음 글을 근거로 판단할 때, 운전석-조수석-운전석 뒷자리-조수석 뒷자리에 앉은 순서로 옳은 것은?

　甲, 乙, 丙, 丁 네 사람은 4인용 자동차를 타고 여행을 가기로 하였다. 네 사람은 아래의 정보에 따라 자동차 좌석에 앉는다.

○ 자동차의 좌석은 운전석, 조수석, 운전석 뒷자리, 조수석 뒷자리로 구분한다. 운전석과 조수석을 서로 옆자리라고 표현하고, 운전석 뒷자리와 조수석 뒷자리를 서로 옆자리라고 표현한다.
○ 운전석에는 운전면허를 보유한 사람만 앉을 수 있다.
○ 甲과 乙은 반드시 옆자리에 앉는다.
○ 甲은 운전석에 앉거나 조수석 뒷자리에 앉는다.
○ 丁은 차멀미를 심하게 하기 때문에 반드시 운전석 혹은 조수석에 앉아야 한다.

① 甲-乙-丙-丁
② 甲-乙-丁-丙
③ 丁-乙-丙-甲
④ 丁-丙-甲-乙
⑤ 丁-丙-乙-甲

20. 다음 글을 근거로 판단할 때, ⓐ~ⓔ 상자 안에 들어 있는 금화의 개수로 가능하지 않은 것은?

　금화 1개가 들어있는 상자 3개, 금화 2개가 들어있는 상자 3개, 금화 3개가 들어있는 상자 3개를 무작위로 3행 3열로 배열했다. 이때 상자 밖에 표시된 숫자는 각 행과 열에 배열된 상자 속 금화 개수의 합을 의미하고, 가운데 상자에는 금화가 1개 들어있다.

ⓐ	ⓑ		8개
ⓒ	1개		4개
ⓓ		ⓔ	6개
6개	5개	7개	

① ⓐ-3개
② ⓑ-2개
③ ⓒ-1개
④ ⓓ-1개
⑤ ⓔ-1개

21. 다음 글을 근거로 판단할 때, 甲이 3~5월 동안 ○○카페에서 지출한 금액의 총합은?

> 甲은 월요일부터 토요일까지 ○○카페에서 하루에 한 잔씩 1,800원짜리 아이스 아메리카노를 마신다. ○○카페는 아이스 아메리카노 한 잔에 쿠폰 도장 1개를 찍어주는데, 10개의 도장을 모으면 아이스 아메리카노 한 잔을 무료로 제공한다. 무료 아이스 아메리카노는 10번째 도장을 찍은 다음 날부터 받을 수 있고, 무료 아이스 아메리카노를 받을 때는 쿠폰 도장을 받을 수 없다. 甲은 무료 아이스 아메리카노를 받은 날은 별도로 아이스 아메리카노를 구입하지 않으며, 도장 10개를 모은 날이 토요일이라면 돌아오는 월요일에 무료 아이스 아메리카노를 받는다. 甲은 3월 2일 월요일에 아이스 아메리카노를 구매하여 첫 쿠폰 도장을 받았다.

① 124,200원

② 126,000원

③ 127,800원

④ 129,600원

⑤ 131,400원

22. 다음 글을 근거로 판단할 때, 과학자들이 甲 행성에 처음 이주시킨 A의 총 마리 수는?

> ○ 과학자들은 실험을 위해 아무런 생명체도 살지 않는 甲 행성에 甲 행성에서 거주할 수 있는 생명체 A를 이주시켰다.
> ○ A의 성별은 α와 β뿐이며 모든 A는 탄생한 지 20년이 되는 순간 사망한다. A는 탄생한 지 5년째가 되는 순간 α 개체 한 마리와 β 개체 한 마리가 α 개체 두 마리, β 개체 두 마리를 낳는다. (단, A는 탄생한 지 5년째 되는 순간 이외에는 번식을 하지 않는다)
> ○ 과학자들은 갓 태어난 A를 α와 β 각각 n마리씩 甲 행성에 이주시켰다.
> ○ 甲 행성에 A를 이주시킨 지 21년이 되는 순간, 과학자들은 甲 행성에 A가 α와 β 각각 180마리씩 총 360마리가 존재함을 확인하였다.

① 10마리

② 12마리

③ 14마리

④ 16마리

⑤ 18마리

드론이란 원격 또는 자율 방식으로 조종하여 사람이 탑승하지 않는 무인 비행체를 의미한다. 드론의 날개 끝에는 비행을 위한 회전식 로터가 달려 있는데, 일반적으로 우측 전방에 있는 로터부터 1번으로 시작하여 반시계 방향으로 돌아가며 로터의 번호를 매긴다.

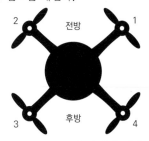

드론의 비행은 기체의 속도와 압력이 반비례한다는 베르누이 원리로 설명할 수 있다. 드론이 비행할 때 날개 위쪽에는 공기의 흐름이 빨라지고 날개를 누르는 압력이 낮아지는 반면, 날개 아래쪽에는 공기의 흐름이 느려지고 날개를 밀어 올리는 압력이 높아진다. 이때 날개 아래쪽을 밀어 올리는 높은 압력을 양력이라 하는데, 드론은 양력을 활용하여 비행한다. 또한 드론이 균형을 유지한 채 비행할 수 있도록 각각의 로터는 서로 다른 방향으로 회전한다. 예를 들어 드론의 우측 전방 로터인 1번과 대각선 반대 방향 로터인 3번은 반시계 방향으로 회전을 하고, 드론의 좌측 전방 로터인 2번과 대각선 반대 방향 로터인 4번은 시계 방향으로 회전한다.

드론은 기체의 좌 · 우를 연결한 가로축, 기체의 앞 · 뒤를 연결한 세로축, 기체의 위 · 아래를 연결한 수직축 등 3개의 축을 중심으로 비행 원리를 설명할 수 있다. 드론의 비행 원리로는 기체의 가로축을 중심으로 기체가 좌 · 우로 움직이며 비행하는 롤링, 기체의 세로축을 중심으로 기체가 앞 · 뒤로 움직이며 비행하는 피칭, 기체의 수직축을 중심으로 기체가 회전하며 비행하는 요잉이 있다. 드론은 기체가 기울어진 방향으로 비행하므로 피칭으로 전 · 후 이동, 롤링으로 좌 · 우 이동, 요잉으로 기체를 회전시킨다. 예를 들어 드론이 전진할 때는 피칭을 하는데, 1번과 2번 로터의 회전을 다른 로터의 회전보다 느리게 하면 드론이 앞쪽으로 기울면서 전진한다. 드론이 좌 · 우측으로 기울여 비행할 때는 롤링을 하는데, 2번과 3번 로터의 회전을 다른 로터의 회전보다 느리게 하면 드론이 좌측으로 기울면서 비행하고 1번과 4번 로터의 회전을 다른 로터의 회전보다 느리게 하면 드론이 우측으로 기울면서 비행한다. 드론의 기체가 회전할 때는 요잉을 하는데, 기체가 좌회전을 할 경우 2번과 4번 로터의 회전속도를 높이고 1번과 3번 로터의 회전속도를 낮추면 좌회전을 할 수 있다. 반대로 기체가 우회전을 할 경우 2번과 4번 로터의 회전속도를 낮추고 1번과 3번 로터의 회전속도를 높이면 우회전을 할 수 있다.

23. 윗글을 근거로 판단할 때, <보기>에서 옳은 것만을 모두 고르면?

〈보 기〉

ㄱ. 좌측에 있는 로터가 천천히 회전하고 우측에 있는 로터가 빠르게 회전하면 드론은 좌측으로 이동한다.

ㄴ. 1번과 2번 로터가 빠르게 회전하고 3번과 4번의 로터가 느리게 회전하면 드론이 전진한다.

ㄷ. 우측 전방 로터인 1번과 좌측 후방 로터인 4번은 서로 같은 방향으로 회전한다.

ㄹ. 드론 날개의 위쪽보다 아래쪽에 높은 압력이 발생하는 이유는 날개 아래쪽의 공기의 흐름이 날개의 위쪽보다 더 느리기 때문이다.

① ㄱ, ㄴ

② ㄱ, ㄹ

③ ㄴ, ㄷ

④ ㄴ, ㄹ

⑤ ㄷ, ㄹ

24. 윗글과 <상황>을 근거로 판단할 때, 철수, 영희, 훈이가 활용한 드론의 비행 원리로 옳게 짝지은 것은?

〈상 황〉

○ 철수, 영희, 훈이는 드론의 비행 원리인 피칭, 롤링, 요잉 중 한 가지를 활용하여 드론을 조작하였다.

○ 철수는 1번과 2번 로터의 회전속도를 높이고 3번과 4번 로터의 회전속도를 낮추었다.

○ 영희는 1번과 3번 로터의 회전속도를 높이고 2번과 4번 로터의 회전속도를 낮추었다.

○ 훈이는 1번과 4번 로터의 회전속도를 낮추고 2번과 3번 로터의 회전속도를 높였다.

	철수	영희	훈이
①	피칭	요잉	롤링
②	피칭	롤링	요잉
③	요잉	피칭	롤링
④	롤링	요잉	피칭
⑤	롤링	피칭	요잉

25. 다음 글을 근거로 판단할 때, <보기>에서 옳은 것만을 모두 고르면?

○ 甲과 乙은 14개의 자음(ㄱ, ㄴ, ㄷ, ㄹ, ㅁ, ㅂ, ㅅ, ㅇ, ㅈ, ㅊ, ㅋ, ㅌ, ㅍ, ㅎ)과 6개의 모음(ㅏ, ㅓ, ㅗ, ㅜ, ㅡ, ㅣ)을 순서대로 조합하여 음절을 말하는 게임을 한다.
○ 첫 번째로는 ㄱ과 ㅏ, 두 번째로는 ㄴ과 ㅓ, 세 번째로는 ㄷ과 ㅗ를 조합하는 방식으로 계속해서 반복한다.
○ 모든 게임은 甲이 먼저 말하는 것으로 시작된다.

<보 기>

ㄱ. 두 번째로 반복되는 '가'는 甲이 말한다.

ㄴ. 100번째에 말하는 음절은 '누'이다.

ㄷ. 乙은 '후'라는 음절을 말하지 않는다.

ㄹ. 모음 'ㅑ', 'ㅕ'를 'ㅣ' 뒤에 차례로 추가하여 8개의 모음으로 조합을 하는 경우, 두 번째로 반복되는 '프'는 70번째보다 뒤에 말한다.

① ㄱ, ㄴ
② ㄱ, ㄷ
③ ㄱ, ㄹ
④ ㄴ, ㄷ
⑤ ㄴ, ㄹ

약점 보완 해설집 p.46

01. 다음 글을 근거로 판단할 때 옳지 않은 것은?

제00조(사망신고와 그 기재사항) ① 사망의 신고는 사망신고 의무자가 사망의 사실을 안 날부터 1개월 이내에 진단서 또는 검안서를 첨부하여 신고서를 작성하여야 한다.
② 부득이한 사유로 제1항의 신고서에 진단서나 검안서를 첨부할 수 없는 때에는 사망의 사실을 증명할 만한 서면을 첨부하여야 한다. 이 경우 제1항의 신고서에 진단서 또는 검안서를 첨부할 수 없는 사유를 기재하여야 한다.
제00조(사망신고 의무자) ① 사망의 신고는 동거하는 친족이 하여야 한다.
② 친족·동거자 또는 사망장소를 관리하는 사람, 사망장소의 동장 또는 통·이장도 사망의 신고를 할 수 있다.
제00조(사망신고의 장소) 사망의 신고는 사망지·매장지 또는 화장지에서 할 수 있다. 다만, 사망지가 분명하지 아니한 때에는 사체가 처음 발견된 곳에서, 기차나 그 밖의 교통기관 안에서 사망이 있었을 때에는 그 사체를 교통기관에서 내린 곳에서, 항해일지를 비치하지 아니한 선박 안에서 사망한 때에는 그 선박이 최초로 입항한 곳에서 할 수 있다.
제00조(재난 등으로 인한 사망) 수해, 화재나 그 밖의 재난으로 인하여 사망한 사람이 있는 경우에는 이를 조사한 관공서는 지체 없이 사망지의 시·읍·면의 장에게 통보하여야 한다. 다만, 외국에서 사망한 때에는 재외국민 가족관계등록사무소의 가족관계등록관에게 통보하여야 한다.
제00조(등록불명자 등의 사망) ① 사망자에 대하여 등록이 되어 있는지 여부가 분명하지 아니하거나 사망자를 인식할 수 없는 때에는 국가경찰공무원은 검시조서를 작성·첨부하여 지체 없이 사망지의 시·읍·면의 장에게 사망의 통보를 하여야 한다.
② 제1항의 통보가 있은 후에 사망신고 의무자가 사망자의 신원을 인지한 때에는 그 날부터 10일 이내에 사망의 신고를 하여야 한다.

① 사망자가 해외여행 중에 태풍으로 사망한 경우, 이를 조사한 관공서는 재외국민 가족관계등록사무소의 가족관계등록관에게 통보하여야 한다.
② 사망신고 의무자가 신고서에 진단서나 검안서를 첨부할 수 없는 경우, 이를 첨부할 수 없는 사유를 신고서에 기재하는 동시에 사망 사실을 증명하는 서면을 첨부하여야 한다.
③ 사망자에게 친족과 동거자 모두 없을 경우, 사망장소의 동장이 사망자의 사망신고를 할 수 있다.
④ 사망자가 기차 안에서 사망하여 사망지가 분명하지 않은 경우, 해당 사체가 내려진 역에서 사망신고를 할 수 있다.
⑤ 국가경찰공무원이 시장에게 사망을 통보한 이후 사망신고 의무자가 해당 사망자의 신원을 인지한 경우, 국가경찰공무원은 10일 이내에 사망자의 사망신고를 하여야 한다.

02. 다음 글을 근거로 판단할 때 옳은 것은?

제00조(국어심의회) ① 국어의 발전과 보전을 위한 중요사항을 심의하기 위하여 문화체육관광부에 국어심의회(이하 '국어심의회'라 한다)를 둔다.
② 국어심의회는 위원장 1명과 부위원장 1명을 포함한 60명 이내의 위원으로 구성한다.
③ 위원장과 부위원장은 위원 중에서 호선(互選)하고, 위원은 국어학·언어학 또는 이와 관련된 분야의 전문지식이 있는 사람 중에서 문화체육관광부장관이 위촉한다.
제00조(국어심의회 위원의 임기 등) ① 국어심의회 위원의 임기는 2년으로 한다.
② 국어심의회 위원은 다음 각 호의 어느 하나에 해당하는 사람 중에서 문화체육관광부장관이 성별을 고려하여 임명하거나 위촉한다.
  1. 문화체육관광부의 국어 관련 부서 소속 공무원
  2. 국어·언어·국어교육 또는 한국어교육 분야 등의 관련 기관이나 단체의 장
  3. 국어학·언어학·국어교육 또는 한국어교육 분야 등에서 박사학위를 취득한 후 같은 분야에서 3년 이상 연구하거나 실무 경험이 있는 사람
  4. 언론·방송·출판 및 정보화 등 국어와 관련된 분야의 전문지식과 경험이 풍부한 사람
제00조(국어심의회의 간사 및 서기) ① 국어심의회에 간사와 서기 각 1명을 둔다.
② 간사와 서기는 문화체육관광부 소속 공무원 중에서 문화체육관광부장관이 임명한다.
제00조(세종학당정책협의회의 구성) ① 세종학당정책협의회(이하 '협의회'라 한다)는 위원장 1명을 포함한 12명 이내의 위원으로 구성한다.
② 협의회의 위원장은 문화체육관광부 제1차관이 되며, 위원은 다음 각 호의 사람이 된다.
  1. 교육부 국제협력관, 외교부 문화외교국장 및 문화체육관광부 문화정책관
  2. 한국어 교육 관련 단체의 임원·직원 중에서 위원장이 성별을 고려하여 위촉한 사람

① 국어와 관련된 분야의 전문지식과 경험이 풍부한 자로서 국어심의회 위원으로 위촉된 언론사 기자 A는 국어심의회의 간사로 임명될 수 있다.
② 국어심의회 위원이 된 한국어교육 관련 단체의 장 B는 국어심의회의 위원장으로 호선될 수 있다.
③ 언어학 박사학위를 소지하였고, 언어학 분야에서 연구원으로 2년간 근무한 C는 국어심의회 위원으로 임명될 수 있다.
④ 문화체육관광부 문화정책관 D는 세종학당정책협의회의 위원장으로 호선될 수 있다.
⑤ 세종학당정책협의회의 위원장은 E는 한국어 교육 관련 단체의 직원 중에서 위원을 위촉할 때 성별 고려 없이 위원을 구성할 수 있다.

03. 다음 글을 근거로 판단할 때, <보기>에서 옳은 것만을 모두 고르면?

> 제00조(국가기록관리위원회) ① 국무총리 소속으로 국가기록관리위원회(이하 '위원회'라 한다)를 둔다.
> ② 위원회는 위원장 1명을 포함하여 20명 이내의 위원으로 구성하고, 위원은 다음 각 호의 사람 중에서 국무총리가 임명하거나 위촉한다.
> 　1. 국회사무총장, 법원행정처장, 헌법재판소사무처장이 추천하는 소속 공무원
> 　2. 중앙기록물관리기관의 장
> 　3. 기록물관리에 관한 학식과 경험이 풍부한 사람
> ③ 위원회의 위원장은 국무총리가 위원 중에서 임명한다.
> ④ 제2항 제3호에 따른 위원의 임기는 3년으로 하며, 한 차례만 연임할 수 있다.
> ⑤ 위원회의 효율적인 운영을 위하여 위원회에 전문위원회나 특별위원회를 둔다.
> 제00조(국가기록관리위원회 운영) ① 위원회의 회의는 분기별로 개최한다. 다만, 위원장이 필요하다고 인정하는 때에는 임시회를 소집할 수 있다.
> ② 위원회의 회의는 재적위원 과반수의 출석으로 개의하고 출석위원 과반수의 찬성으로 의결한다.
> ③ 위원회의 운영에 관하여 필요한 사항은 위원회의 의결을 거쳐 위원장이 정한다.
> 제00조(전문위원회의 구성·운영) ① 전문적으로 조사·심의하기 위하여 해당 분야별로 전문위원회를 구성·운영한다.
> ② 전문위원회는 9인 이내의 위원으로 구성하며 공무원이 아닌 위원의 임기는 3년으로 한다.
> ③ 간사위원은 국가기록관리위원회의 위원 중에서 위원장이 임명하며, 전문위원회를 주관한다.
> ④ 위원은 소관 분야 전문가 및 관계기관 공무원 중 중앙기록물관리기관의 장의 추천으로 위원장이 임명한다.
> ⑤ 회의는 위원장 또는 간사위원이 필요하다고 인정할 경우 개최하며, 재적위원 과반수의 출석으로 개의하고 출석위원 과반수의 찬성으로 의결한다.

───〈보 기〉───

ㄱ. 국가기록관리위원회의 위원으로 기록물관리에 관한 학식과 경험이 풍부한 사람이 임명될 경우, 해당 위원의 임기는 최대 6년이다.

ㄴ. 甲이 전문위원회에 소속된 간사위원일 경우, 甲은 국가기록관리위원회의 위원이어야 한다.

ㄷ. 국가기록관리위원회의 회의가 3월과 5월에 개최된 경우, 두 회의 중 하나는 반드시 임시회로 개최되었을 것이다.

ㄹ. 전문위원회의 회의는 전문위원회 재적위원의 과반수가 필요하다고 인정할 경우 개최될 수 있다.

① ㄱ, ㄴ
② ㄱ, ㄷ
③ ㄱ, ㄹ
④ ㄴ, ㄷ
⑤ ㄴ, ㄹ

04. 다음 글을 근거로 판단할 때, <보기>에서 옳은 것만을 모두 고르면?

〈□□법〉

제○○조(정의) 이 법에서 사용하는 용어의 뜻은 다음과 같다.

1. '장애인'이란 다음 각 목의 어느 하나에 해당하는 사람을 말한다.
   가. 장애인등록증을 발급받은 사람
   나. 상이등급 중 어느 하나에 해당한다는 판정을 받은 사람
2. '장애인기업'이란 다음 각 목의 요건을 모두 갖춘 기업을 말한다.
   가. 장애인이 소유하거나 경영하는 기업으로서 시행령으로 정하는 기준에 해당하는 기업
   나. 해당 기업에 고용된 상시근로자 총수 중 장애인비율이 100분의 30 이상인 기업

〈□□법 시행령〉

제○○조(장애인기업의 정의 등) □□법 제○○조 제2호 가목에서 '시행령으로 정하는 기준에 해당하는 기업'이라 함은 다음 각 호의 어느 하나에 해당하는 기업을 말한다.

1. 장애인이 그 회사의 대표권 있는 임원으로 등기되어 있는 회사. 다만, 회사대표가 수인(이하 '공동대표'라 한다)인 경우에는 장애인인 공동대표가 소유하는 주식의 수가 비장애인 공동대표가 소유하는 주식의 수보다 많은 회사에 한한다.
2. 장애인이 사업자등록을 한 사업체
3. 다음 각 목의 요건을 모두 갖춘 협동조합
   가. 장애인인 조합원 수가 총 조합원 수의 과반수일 것
   나. 장애인인 조합원의 출자좌수의 합이 총 출자좌수의 과반수일 것
   다. 협동조합의 이사장이 장애인인 조합원일 것

─────〈보 기〉─────

ㄱ. 상이등급 7급 판정을 받은 甲이 1인 대표로 운영하는 A회사에 고용된 상시근로자 총수 중 장애인비율이 50%라면 A회사는 장애인기업으로 분류된다.

ㄴ. 장애인인 乙이 B회사의 공동대표로서 회사가 발행한 총 주식의 과반을 소유하고 있을 경우, B회사는 고용된 장애인 근로자의 비율과는 상관없이 장애인기업으로 분류된다.

ㄷ. 상시근로자 전원이 조합원이고 상시근로자의 총수 중 장애인 비율이 70%이며, 장애인인 조합원의 출자좌수의 합이 총 출자좌수의 과반을 상회하는 C협동조합의 이사장이 비장애인이라면 C협동조합은 장애인기업으로 분류되지 않는다.

ㄹ. 상이등급 5급 판정을 받은 丙이 상시근로자 총수 중 장애인비율이 50%인 D회사의 사업자등록을 했다면, D회사는 장애인기업으로 분류된다.

① ㄱ, ㄴ
② ㄱ, ㄷ
③ ㄴ, ㄹ
④ ㄱ, ㄷ, ㄹ
⑤ ㄴ, ㄷ, ㄹ

05. 다음 글을 근거로 판단할 때, <보기>에서 옳은 것만을 모두 고르면?

현재까지 출토된 신라의 금동관(金銅冠)은 5세기 초부터 6세기 무렵에 제작된 것들로 5세기 초에 제작된 금동관은 고구려의 영향을 많이 받았지만, 5세기 중엽부터는 신라의 독자적 형식을 갖춘 금동관이 제작되었다. 이 독자적 형식을 갖춘 신라의 금동관은 그 시기와 형태에 따라 시원형식 금동관, 표준형식 금동관, 퇴화형식 금동관으로 분류된다.

5세기 중엽에 제작된 시원형식 금동관은 머리에 쓰는 부분인 띠 모양의 대륜(臺輪)에 하늘을 향해 길쭉하게 솟은 입식(立飾)을 여러 개 붙여 놓은 형태를 하고 있다. 입식에는 여러 개의 가지가 붙어 있는데, 시원형식 금동관은 입식에 붙은 가지가 입식과 수직하지 않게 붙어있거나, 가지의 끝에 붙은 잔가지가 넓게 퍼지는 특징이 있다. 또한 입식에 붙은 가지가 입식과 수직하게 붙어있더라도 입식이 위에서 아래로 갈수록 넓어진다면 시원형식 금동관으로 분류된다. 시원형식 금동관은 신라의 독자적 형식을 갖추기는 했으나 여전히 고구려 금동관의 장식적 특색을 반영하고 있다.

5세기 말엽에는 각 입식에 붙은 가지가 입식과 수직하고, 잔가지가 가지와 수직하여 입식과 평행한 형태를 가진 표준형식 금동관이 제작되었다. 표준형식 금동관의 입식은 입식에 붙은 가지와 잔가지가 만들어내는 모양이 출(出)자와 비슷하다고 하여 출자형 입식이라고 부르기도 한다. 한편, 표준형식 금동관은 입식 1개에 가지가 3단 또는 4단으로 붙어 있는데, 3단이면 가지가 7개, 4단이면 가지가 9개이다.

6세기 무렵에는 출자형 입식을 가지고 있지만 표준형식 금동관의 화려한 문양이나 장식 등을 생략한 퇴화형식 금동관이 제작되었다. 퇴화형식 금동관은 시원형식 금동관이나 표준형식 금동관에 비해 초라하게 느껴질 정도로 간소한 외형을 그 특징으로 한다.

※ 대륜(臺輪): 관의 둥근 밑동 부분
※ 입식(立飾): 머리에 얹는 관의 둥근 밑동 부분 위에 세운 장식

─────〈보 기〉─────

ㄱ. 5세기 초에 제작된 신라 금동관은 시원형식 금동관으로 분류된다.

ㄴ. 독자적 형식을 갖춘 것으로 분류되는 신라의 금동관에서도 고구려의 특색이 발견될 수 있다.

ㄷ. 가지가 입식에 수직하게 붙어 있다면 표준형식 금동관 또는 퇴화형식 금동관으로 분류된다.

ㄹ. 대륜에 가지가 4단인 입식 3개가 붙어있는 표준형식 금동관의 가지는 모두 36개이다.

① ㄴ
② ㄷ
③ ㄱ, ㄴ
④ ㄴ, ㄹ
⑤ ㄷ, ㄹ

06. 다음 글과 <상황>을 근거로 판단할 때, A팀이 최대로 얻을 수 있는 점수의 총합은?

○ 甲사는 사내 체육대회를 진행 중이다. 체육대회에는 A, B 두 팀이 참가하며, 각 팀의 전체 인원은 경기에 출전하거나 팀을 응원하는 활동에 참여해야 한다.
○ 각 팀의 응원하는 인원은 팀 전체 인원에서 각 경기 종목에 출전하는 인원을 제외한 인원이다. 예를 들어 전체 인원이 100명이고, 그 중 어느 한 경기 종목에 출전하는 인원이 30명이라면 응원하는 인원은 70명이 된다.
○ A, B 두 팀은 체육대회 매 경기마다 출전한 인원 1명당 10점씩을 얻는다. 또한 체육대회 매 경기의 시작 시와 종료 시 응원하는 인원 1명당 5점씩을 얻는다.
○ 체육대회의 각 경기마다 우승하는 팀은 출전 보너스 점수 200점, 응원 보너스 점수 100점을 얻고, 경기에 출전한 인원 1명당 5점의 추가 점수를 얻는다.
○ A, B 두 팀뿐이므로 체육대회 각 경기 종목은 한 번의 경기로 우승이 결정되며, 다른 조건은 고려하지 않는다.

── 〈상 황〉──

체육대회의 경기 종목은 단체 줄넘기, 줄다리기, 피구, 장애물 달리기로 구성되며, 각 팀에서 출전하는 인원 수는 경기 종목마다 각각 40명, 100명, 50명, 70명이다. 체육대회에 참가한 A팀의 전체 인원은 총 120명이다.

① 6,500점
② 6,950점
③ 7,100점
④ 7,300점
⑤ 7,550점

07. 다음 글을 근거로 판단할 때, 요일과 시간대별로 A가 위치한 장소를 옳게 짝지은 것은?

A의 핸드폰에 저장된 대학 시간표는 시스템오류로 인해 숫자 0이 8로, 8이 0으로, 교양관이 역사관으로, 공학관이 사회관으로 표시되어 있다. A가 각 교시별 강의실 목록을 알아보기 위해 자신의 핸드폰으로 확인한 〈대학 시간표〉는 다음과 같다.

〈대학 시간표〉

교시(시간)	월	화	수	목	금
1교시 (89:88~18:15)	역사관 380호		역사관 380호		
2교시 (18:38~11:45)		사회관 482호		사회관 482호	
3교시 (12:88~13:15)	과학관 228호		과학관 228호		역사관 181호
4교시 (14:88~15:15)			인문관 180호		역사관 181호
5교시 (15:38~16:45)		미래관 380호	인문관 180호	미래관 380호	

A는 강의가 없는 시간에 미래관 212호에 위치한 독서실에 있을 예정이다.

① 월요일 오전 10시 00분 – 교양관 380호
② 화요일 오전 11시 40분 – 공학관 402호
③ 수요일 오후 2시 30분 – 과학관 220호
④ 목요일 오후 1시 10분 – 미래관 308호
⑤ 금요일 오후 12시 10분 – 역사관 101호

08. 다음 글을 근거로 판단할 때, <보기>에서 옳은 것만을 모두 고르면?

○ □□부는 기상기후 사진·영상 공모전에 참가한 甲~戊의 영상을 심사한다.
○ 총 점수는 기상기후 영상의 좋아요 수에 따른 점수와 평가 항목별 최종 점수의 합이고, 총 점수가 높은 순위에 따라 3위까지 수상한다. 단, 총 점수가 동일한 참가자가 있는 경우 좋아요 수가 더 많은 참가자가 더 높은 순위이다.
○ 총 점수에 따라 1위를 한 참가자와 2위를 한 참가자의 점수 차이가 2점 이상인 경우, 1위를 한 참가자에게 포상금을 지급한다.
○ 좋아요 수에 따른 점수는 좋아요 수에 따라 나누어 부여된다. 좋아요 수가 1,500개 이상인 경우 10점, 1,000개 이상 1,500개 미만인 경우 9점, 500개 이상 1,000개 미만인 경우 8점, 500개 미만인 경우 7점이 부여된다.
○ 평가 항목별 최종 점수는 5개 항목(희귀성, 학술적 가치, 작품성, 참신성, 사실성)에 각각 부여한 평가 점수(1~10의 자연수)에서 최고점 및 최저점을 제외한 3개 점수의 합으로 계산한다. 이때 최고점이 복수인 경우에는 그 중 한 점수만 제외하여 계산하며, 최저점이 복수인 경우에도 이와 동일하다.
○ 평가 결과는 다음과 같다.

참가자	좋아요 수	항목별 평가 점수				
		희귀성	학술적 가치	작품성	참신성	사실성
甲	1,909	9	8	㉠	8	8
乙	472	9	8	6	8	9
丙	1,350	7	9	9	7	8
丁	2,013	9	8	7	6	㉡
戊	769	9	8	6	7	8

〈보 기〉

ㄱ. ㉠이 9점 이상인 경우, 甲은 항상 포상금을 지급받는다.
ㄴ. ㉠과 ㉡에 상관없이 丙은 수상한다.
ㄷ. 丁은 1위로 수상할 수 있다.
ㄹ. ㉡이 6점 이하인 경우, 戊는 수상한다.

① ㄱ, ㄹ
② ㄴ, ㄷ
③ ㄴ, ㄹ
④ ㄱ, ㄷ, ㄹ
⑤ ㄴ, ㄷ, ㄹ

09. 다음 글과 <상황>을 근거로 판단할 때, 甲이 받는 총 성과 상여금은?

○ □□부는 적극행정 우수 공무원에게 성과 상여금을 지급한다.
○ □□부의 성과 상여금 지급 방법은 다음과 같다.
 − 적극행정 우수 공무원에게 배정된 성과 상여금 중 20%를 각 적극행정 우수 공무원에게 동일하게 배분한다.
 − 동일하게 배분하고 남은 성과 상여금은 각 적극행정 우수 공무원의 성과 평정에 따라 차등적으로 배분한다. 이때 성과 평정이 가장 높은 우수 공무원에게 성과 평정이 가장 낮은 우수 공무원이 차등적으로 분배받는 성과 상여금의 4배를 분배한다.
 − 배정된 성과 상여금은 남김없이 적극행정 우수 공무원에게 모두 배분한다.

〈상 황〉

□□부는 적극행정 우수 공무원 4명(甲~丁)에게 성과 상여금을 지급하였다. 적극행정 우수 공무원에게 배정된 성과 상여금은 총 2,000만 원이었다. 적극행정 우수 공무원의 성과 평정은 乙이 가장 높았고, 그 다음으로 甲, 丙, 丁 순이었다. 이때 丙이 받은 총 성과 상여금은 丁이 받은 총 성과 상여금보다 50만 원이 많았고, 甲이 받은 총 성과 상여금은 乙이 받은 총 성과 상여금의 절반이었다.

① 250만 원
② 300만 원
③ 350만 원
④ 400만 원
⑤ 450만 원

10. 다음 <조건>을 근거로 판단할 때, 乙이 앉은 좌석번호와 乙이 입은 티셔츠의 색깔로 옳게 짝지은 것은?

─── 〈조 건〉───

○ 甲, 乙, 丙, 丁, 戊 다섯 사람이 원형 테이블에 둘러앉아 있다.
○ 남자는 세 명, 여자는 두 명이고, 이들은 각각 긴소매 티셔츠 또는 민소매 티셔츠를 입고 있다.
○ 甲~戊가 입은 티셔츠의 색은 모두 다르며, 긴소매 티셔츠는 초록색, 파란색이다.
○ 테이블에는 1번부터 5번까지 시계방향으로 좌석번호가 지정되어 있다.
○ 甲은 긴소매 티셔츠를 입지 않았으며 1번에 앉았다.
○ 모든 여자의 오른쪽 바로 옆에는 남자가 앉았다.
○ 丁은 남자이며 초록색 티셔츠를 입고 있다. 또한 丁의 오른쪽 바로 옆에는 乙이 앉았다.
○ 戊는 남자가 아니며, 4번에 앉지 않았다. 또한 戊의 오른쪽 바로 옆에는 파란색 티셔츠를 입은 남자가 앉았다.
○ 甲의 바로 양 옆에는 남자가 앉았다.
○ 민소매 티셔츠를 입은 사람들은 좌석번호가 큰 순서대로 빨간색, 주황색, 보라색을 입었다.

	좌석번호	티셔츠의 색깔
①	2번	보라색
②	3번	파란색
③	4번	주황색
④	4번	빨간색
⑤	5번	보라색

11. 다음 글과 <상황>을 근거로 판단할 때, 甲이 5일 동안 출근할 때 지불한 교통 요금의 총합은?

○ B시에 거주하는 甲은 9월 1일부터 5일 동안 홀수 날에는 A시 교육청으로, 짝수 날에는 C시 교육청으로 출근하였다.
○ 甲의 거주지에서 A시까지의 거리는 25km이고 C시까지의 거리는 35km이다.
○ 교통수단은 버스, 지하철, 택시 총 세 가지이며 출근할 때는 이 중 한 가지 교통수단만을 이용하여 출근하였다.
○ 교통수단별 기본요금은 버스와 지하철이 각각 1,100원이고 택시가 5,000원이다.
○ 버스는 10km까지는 기본요금, 그 이후부터 1km당 100원의 추가요금을 받으며, 지하철은 12km까지는 기본요금, 그 이후부터 1km당 50원의 추가요금을 받는다.
○ 택시는 5km까지는 기본요금, 그 이후부터 1km당 300원의 추가요금을 받는다. 단, 각 택시의 소재지와 승객의 목적지가 다른 도시일 경우 기본요금과 추가요금 총합의 20%를 할증하여 추가로 받는다.
○ 각 교통수단의 승차 위치는 甲의 거주지이며 교통수단을 이용한 이동 거리 이외에 다른 조건은 고려하지 않는다.

〈상 황〉

甲의 출근기록	이용 교통수단	비고
1일차	택시	A시 택시 탑승
2일차	지하철	
3일차	버스	
4일차	택시	B시 택시 탑승
5일차	지하철	

① 31,600원
② 33,400원
③ 34,400원
④ 35,600원
⑤ 36,600원

12. 다음 글과 <상황>을 근거로 판단할 때, 甲이 입력해야 하는 비밀번호는?

스마트워크센터 이용자들은 <비밀번호 변경규칙>을 참고하여 공용 컴퓨터의 비밀번호를 입력한다.

〈비밀번호 변경규칙〉

○ 비밀번호는 스마트워크센터를 공동으로 사용하는 부처 명과 숫자를 활용하여 만들어진다.

○ 비밀번호에 사용되는 부처명은 기획재정부, 교육부, 고용노동부, 외교부, 통일부, 법무부, 국방부, 행정안전부 중 하나이며, 위의 순서대로 매일 변경된다.

○ 비밀번호에 사용되는 부처명은 홀수 번째 글자만 한글 자판에 따라 그대로 영자로 입력한다. 예를 들어 오늘 비밀번호에 사용되는 부처명이 '외교부'라면 '외'와 '부'를 영자로 입력한 'DHLQN'이 입력된다.

○ 비밀번호에 사용되는 숫자는 2, 3, 5, 7, 11, 13, 17이며 첫 번째 숫자부터 순서대로 월, 화, 수, 목, 금, 토, 일요일에 해당한다. 이 숫자는 매일 각 요일에 해당하는 숫자부터 순서대로 부처명의 알파벳 사이에 입력한다. 예를 들어 오늘이 수요일이고, 비밀번호에 사용되는 부처명이 '외교부'일 경우, 'DHLQN'의 각 알파벳 사이에 5부터 순서대로 입력하여 비밀번호는 'D5H7L11Q13N'이 된다. (단, 숫자는 첫 번째 알파벳과 마지막 알파벳 내에만 입력하며, 알파벳이 길어질 경우, 글자 사이를 모두 입력할 때까지 다시 첫 번째 숫자부터 순서대로 입력한다)

○ 키보드 자판 배열

〈상 황〉

甲은 스마트워크센터 공용 컴퓨터의 4월 11일 비밀번호가 'G11O13D17D2K3S5Q7N'이었다는 것을 기억하고 있다. 오늘은 4월의 마지막 날이며 甲은 스마트워크센터의 공용 컴퓨터에서 인쇄 작업을 하려고 한다.

① R3H5S7H11Q13N

② R3Y5Q7N

③ R5H7S11H13Q17N

④ R5Y7Q11N

⑤ R11H13S17H2Q3N

13. 다음 글을 근거로 판단할 때, A시가 2022년 일자리 창출 우수기업으로 선정할 기업만을 모두 고르면?

○ A시는 2022년 일자리 창출에 기여하는 우수기업 3곳을 선정하려고 한다.

○ 일자리 창출 우수기업의 선정 기준은 다음과 같다.

  – 기업경영 건전성 점수(20점 만점), 일자리 성장성 점수(40점 만점), 근로환경 점수(30점 만점), 취약계층 지원 점수(10점 만점) 및 가산점을 합산하여 점수가 높은 순으로 우수기업을 선정한다.

  – 취약계층을 지원한 기업 중 사회공헌 관련 표창을 수상한 기업은 취약계층 지원 점수의 20%를 가산점으로 부여한다.

  – 기업경영 건전성 점수가 15점 미만인 기업은 선정하지 않는다.

  – 동일한 직종의 기업을 2곳 이상 선정하지 않는다.

○ 2022년 선정후보 기업(甲~己) 현황은 다음과 같다.

기업	기업경영 건전성	일자리 성장성	근로환경	취약계층 지원	사회공헌 관련 표창 수상 여부	직종
甲	18	34	26	10	O	제조업
乙	18	36	28	6	X	제조업
丙	17	34	25	10	O	서비스업
丁	14	34	30	5	X	서비스업
戊	16	40	27	8	X	게임 산업
己	17	34	26	10	O	게임 산업

① 甲, 乙, 戊

② 甲, 丙, 戊

③ 甲, 丙, 己

④ 乙, 丙, 戊

⑤ 乙, 丁, 己

14. 다음 글을 근거로 판단할 때, (A), (B), (C)에 들어갈 수 있는 숫자를 옳게 짝지은 것은?

△△시의 버스 번호는 세 자리 숫자로 구성되고, 이는 버스의 편도 노선에 따라 결정된다. 버스 번호를 결정하는 방식은 △△시 전체를 아홉 구역으로 나누고, 버스가 출발하는 구역의 구역 번호를 백의 자리, 버스가 경유하는 구역의 구역 번호를 십의 자리, 버스의 종착점이 있는 구역의 구역 번호를 일의 자리에 표기하는 것이다. 두 개의 구역만을 운행하는 버스는 십의 자리를 0으로 표기하며, △△시 버스 중 네 개 이상의 구역을 운행하는 버스는 없다. △△시의 아홉 구역을 나타내면 다음과 같다.

1구역	2구역	3구역
4구역	5구역	6구역
7구역	8구역	9구역

△△시의 아홉 구역은 상·하·좌·우뿐만 아니라 대각선 방향으로도 인접해 있다. 예를 들어, 버스의 편도 노선이 3구역에서 출발하여 5구역을 경유, 7구역에 종착점이 있다면 이때 버스 노선은 357이다. 또한 △△시의 버스는 출발하는 구역 또는 경유하는 구역에서 탑승이 가능하며, 경유하는 구역 또는 종착점이 있는 구역에서 하차가 가능하다. 아래는 △△시 버스를 이용한 甲~丙의 정보이다.

○ 甲은 1구역에서 (A)번 버스에 탑승하여 4구역에서 하차하였다.
○ 乙은 3구역에서 (B)번 버스에 탑승하여 5구역에서 하차하였다.
○ 丙은 5구역에서 (C)번 버스에 탑승하여 7구역에서 하차하였다.

	(A)	(B)	(C)
①	214	635	578
②	147	653	857
③	541	358	257
④	148	853	507
⑤	124	359	708

15. 다음 <연구용역계약 특수조건>을 근거로 판단할 때, <보기>에서 옳은 것만을 모두 고르면?

〈연구용역계약 특수조건〉

□ 연구용역의 계약
○ △△위원회는 정책기본계획 수립을 위해 연구용역을 선발하여 계약한다.
□ 연구용역의 착수
○ 계약자는 계약체결일로부터 7일 이내에 사업내용에 대한 추진방향, 사업내용, 기대효과, 추진체계 및 추진일정, 사업수행자 명단 등 구체적인 사업수행계획서와 기타 사업수행에 필요한 제반서류를 첨부하여 △△위원회에 착수신고서를 제출하여야 한다.
□ 연구내용의 조정
○ 계약자는 불가피한 사정으로 연구기간·내용 등을 변경하여야 할 경우에는 관련서류를 첨부하여 △△위원회의 사전승인을 받아야 한다.
□ 연구용역의 검사
○ 계약자가 연구용역을 완성하였을 때에는 △△위원회에 서면으로 검사요청하고 △△위원회의 검사에 적극 협조하여야 한다.
○ △△위원회는 검사기간이 장기간 소요되어 특별히 계약 시 따로 정한 경우 외에는 통보 받은 날로부터 14일 이내에 검사를 완료하여야 한다. 다만, 계약자의 비협조 또는 준비부족인 경우에는 계약자의 책임으로 간주한다.
□ 지체상금
○ 계약자가 계약기간 내에 용역수행을 완료하지 못하였을 때에는 지체일수 매 1일에 대하여 계약금액의 1,000분의 2.5에 상당하는 금액을 지체상금으로 결정하고 이를 납품대가에서 공제한다.
○ 용역수행 완료일은 계약자가 검사를 요청한 날을 기준으로 하여 계약자의 사유로 인하여 검사기간을 초과하였을 때도 초과한 기간만큼 지체상금이 부과된다.
□ 특약사항
○ 연구 방법에 있어서 설문을 필요로 하는 경우 설문지는 해당 연구진 외의 전문가로부터 자문을 받은 후 사용하여야 한다.

〈보 기〉

ㄱ. △△위원회는 연구기간 내에 연구용역의 검사가 필요하다고 판단한 경우, 14일 동안 연구용역의 검사를 실시할 수 있다.
ㄴ. 계약금액이 60억 원인 연구용역의 계약기간을 5일 지체했을 경우, 계약자의 지체상금은 7,000만 원이다.
ㄷ. 연구내용의 변경이 필요한 경우, 계약자는 관련서류를 첨부하여 △△위원회의 사전승인을 받아야 한다.
ㄹ. 계약자가 연구 진행 중 설문조사가 필요한 경우, 설문조사는 연구진 외의 전문가에게 자문을 받은 설문지로 실시하여야 한다.

① ㄱ, ㄴ
② ㄱ, ㄷ
③ ㄴ, ㄹ
④ ㄴ, ㄷ
⑤ ㄷ, ㄹ

16. 다음 글과 <상황>을 근거로 판단할 때 옳은 것은?

초·중등교육법 제00조는 초등학교·중학교·고등학교 및 이에 준하는 각종학교의 학생들에게 조기진급을 할 수 있도록 규정하고 있다. 초·중등교육법 제00조에 따라 제정된 조기진급 등에 관한 규정에서는 조기진급자 선정 기준과 절차에 관한 사항들을 규정하고 있는데, 조기진급을 하기 위해서는 다음의 다섯 가지 사항 중 일부를 만족해야 한다.

(A) 학업성취도에 관한 사항
(B) 지능검사 결과 등 수학능력에 관한 사항
(C) 국내외 경시·경연대회 입상 경력에 관한 사항
(D) 차상급 학년의 교육과정의 이수에 관한 사항
(E) 조기진급 평가위원회의 평가에 관한 사항

조기진급 등에 관한 규정에서 열거된 사항들은 각 시·도 교육감이 그 세부적인 내용을 정한다. 이에 따라 ○○광역시 교육청은 조기진급 등에 관한 지침을 통해 그 세부적인 내용을 정하였다. ○○광역시 교육청의 지침에 따르면, 중학교 1학년생이 중학교 1학년 이수 후 곧바로 중학교 3학년으로 진급하기 위해서는 위의 (A), (B), (C) 항목 중 한 가지 이상을 만족하면서 (D)와 (E) 항목은 모두 만족해야 한다. ○○광역시 교육청이 규정한 학업성취도에 관한 사항은 직전 학년도에 이수한 국어, 사회, 수학, 과학, 영어의 학업성취도가 모두 A인 자를 의미하며, 지능검사 결과 등 수학능력에 관한 사항은 지능지수(IQ)가 140 이상인 자를 의미한다. 그리고 국내외 경시·경연대회 입상 경력에 관한 사항은 국가기관이 주관 또는 주최한 전국대회에서 학교장의 추천과 지역예선을 거쳐 3등 이내 입상한 자 또는 국제올림피아드에 국가대표로 참가한 자를 의미한다.

〈상 황〉

○○광역시에 소재한 중학교의 1학년생인 甲은 조기진급을 준비 중이다. 甲은 직전 학년도에 이수한 국어, 사회, 수학, 과학은 학업성취도가 A였지만, 영어는 B였다. 甲의 지능지수는 138이고, 작년에는 국제올림피아드에 국가대표로 출전하여 4위의 성적을 기록하였다. 甲은 조기진급 등에 관한 규정과 ○○광역시 조기진급 등에 관한 지침에서 규정된 차상급 학년의 교육과정의 이수에 관한 사항을 규정대로 이수하였고, 이를 인정받았다.

① 甲은 현재 상황만으로도 중학교 3학년으로 조기진급을 할 수 있다.
② 甲은 (A), (C), (D) 세 가지 항목을 만족하였으므로 (E) 항목만 만족하면 중학교 3학년으로 조기진급을 할 수 있다.
③ 甲은 (A), (B), (C) 항목 중 어느 한 가지도 만족하지 못하였으므로 (E) 항목을 만족한다 하더라도 중학교 3학년으로 조기진급을 할 수 없다.
④ 甲은 (A), (B) 항목을 만족하지 못하였지만 (C) 항목을 만족하였으므로 조기진급 평가위원회의 평가에 관한 사항만 만족하면 중학교 3학년으로 조기진급을 할 수 있다.
⑤ 甲은 조기진급 평가위원회의 평가에 관한 사항을 만족하더라도 (A), (B), (C) 항목 중 두 가지 이상을 만족하지 못하였으므로 중학교 3학년으로 조기진급을 할 수 없다.

17. 다음 글을 근거로 판단할 때, <보기>에서 옳지 않은 것만을 모두 고르면?

과학기술정보통신부 장관(이하 '장관'이라 한다)은 기초연구의 성과 등을 바탕으로 국가 미래 유망 기술과 융합기술을 중점적으로 개발하기 위한 연구개발사업을 계획하고, 연도별로 연구과제를 선정하여 기관 또는 단체에게 연구하게 하는 연구협약을 체결할 수 있다. 연구협약의 체결 대상이 될 수 있는 기관 또는 단체는 정부출연연구기관, 대학, 국공립연구기관, 대통령령으로 정하는 기준을 충족하여 장관으로부터 인정받은 기업부설연구소 또는 연구개발전담부서(이하 '기업부설연구소 등'이라 한다), 대통령령으로 정하는 기준에 해당하는 과학기술분야 비영리법인 등이 있다.

기업부설연구소 등이 소속된 기업체는 그 명칭, 소재지, 대표자, 기업 유형, 업종 등을 변경하고자 할 때 장관에게 변경 신고를 해야 하고, 기업부설연구소 등 역시 그 명칭, 연구 분야, 소재지, 연구개발인력, 연구기자재의 품명 및 모델명, 연구공간 등을 변경하고자 할 때 장관에게 변경 신고를 해야 한다.

장관은 기업부설연구소 등이 소속된 기업이 폐업하거나 기업부설연구소 등이 폐쇄된 것을 확인한 경우, 기업부설연구소 등이 소속된 기업에 변경 사유가 발생한 날부터 1년 이내에 변경 신고를 하지 않은 경우, 기업부설연구소 등에 근무하는 자가 연구개발 활동과 관련된 업무 외에 생산·판매·영업 등의 기업활동과 관련된 다른 업무를 겸하는 경우 등에는 기업부설연구소 등의 인정을 취소할 수 있다. 또한 기업부설연구소 등이 거짓 또는 그 밖의 부정한 방법으로 인정을 받거나 변경 신고를 하였거나 기업부설연구소 등이 소속된 기업이 기업부설연구소 등의 인정 취소를 요청하였다면 장관은 그 인정을 취소해야 한다.

〈보 기〉

ㄱ. 과학기술정보통신부 장관으로부터 인정받지 않은 과학기술분야 비영리법인은 연구협약의 체결 대상이 될 수 없다.
ㄴ. 기업부설연구소 등이 소속된 기업체는 연구 분야를 변경하고자 할 때, 과학기술정보통신부장관에게 변경신고를 해야 한다.
ㄷ. 연구협약을 체결한 기업부설연구소 등에 근무하는 자가 영업 업무를 겸하는 경우, 과학기술정보통신부장관은 연구협약 체결을 취소해야 한다.
ㄹ. 기업부설연구소 등이 소속된 기업이 그 명칭을 변경한 날부터 1년 이내에 변경신고를 하지 않았더라도 연구협약 체결 대상이 될 수 있다.

① ㄱ, ㄴ
② ㄱ, ㄷ
③ ㄴ, ㄷ
④ ㄱ, ㄴ, ㄷ
⑤ ㄴ, ㄷ, ㄹ

18. 다음 글에 근거할 때, 甲의 관점에서 옳게 추론한 것만을 <보기>에서 모두 고르면?

○ 대통령 선거 제도는 크게 두 가지로 구분된다. 하나는 국민들이 직접 대통령을 선출하는 대통령 직선제이고, 다른 하나는 국민들이 뽑은 대통령 선거인단이 대통령을 선출하는 대통령 간선제이다. 한편 대통령 선거 방식도 여러 가지로 구분된다. 하나는 한 번의 투표에 의해 최다득표자가 당선자로 결정되는 단순다수제 방식이고, 다른 하나는 여러 차례의 투표를 통해 투표자의 과반 혹은 전체 유권자의 과반 득표를 얻은 후보를 당선자로 결정하는 결선투표제 방식이다. 정치학자 甲은 대통령 선거 제도에 있어서 국민들의 의사가 더욱 직접적으로 반영되는 제도가 민주적인 선거 제도라고 평가한다. 따라서 대통령 간선제보다는 대통령 직선제가 더 민주적이며, 대통령 간선제의 경우에는 국민에 의해 선출된 대통령 선거인단의 수가 많을수록 민주적이라고 평가한다. 대통령 선거 방식에 있어서는 전체 유권자의 과반 이상을 득표한 후보가 당선되는 결선투표제 방식을 가장 민주적이라고 평가하고, 그 뒤로는 투표자의 과반 이상을 득표한 후보가 당선되는 결선투표제 방식, 단순다수제 방식 순으로 민주적이라고 평가한다.

○ X국은 국민들이 선출한 대통령 선거인단에 의해 대통령을 선출해왔다. X국의 대통령 선거 방식은 유권자인 전체 선거인단의 과반수 이상 찬성을 받은 후보가 대통령으로 당선되는 결선투표제 방식이었다. 그러나 1987년 개헌 이후 X국은 국민들이 직접 한 차례의 투표를 해서 최다득표자가 당선자로 결정되는 방식으로 변경하였다. 한편, Y국은 국민들이 선출한 대통령 선거인단이 한 차례의 투표를 통해 최다득표자를 대통령으로 선출한다. Z국은 국민들이 직접 대통령을 선출한다. 만약 대통령 선출시 투표자의 과반에 해당하는 득표를 한 후보가 없는 경우에는 가장 득표를 많이 한 후보 두 명을 대상으로 결선투표를 실시하여 반드시 투표자의 과반수 득표를 한 후보를 대통령으로 선출한다.

───〈보 기〉───

ㄱ. X국의 1987년 개헌 이후 변경된 대통령 선거 방식은 개헌 이전보다 민주적이다.

ㄴ. 현행 대통령 선거 제도를 기준으로 고려했을 때, X국이 Y국보다 민주적이다.

ㄷ. Z국은 대통령 선거 제도와 선거 방식 모든 면에 있어서 Y국보다 민주적이다.

ㄹ. 대통령 선거 방식에 있어서 1987년 개헌 이전의 X국은 Z국보다 민주적이다.

① ㄱ, ㄴ

② ㄴ, ㄷ

③ ㄷ, ㄹ

④ ㄴ, ㄷ, ㄹ

⑤ ㄱ, ㄴ, ㄷ, ㄹ

19. 다음 글을 근거로 판단할 때, 甲이 A지역으로 되돌아 왔을 때의 시간은?

○ 甲은 가장 빠른 경로를 선택하여 A지역에서 B지역을 거쳐 C지역으로 갔다가 왔던 길을 통해 A지역으로 되돌아오고자 한다.

○ A지역과 B지역 사이의 길은 'AB1길', 'AB2길' 두 개이고, B지역과 C지역 사이의 길은 'BC1길', 'BC2길' 두 개이다.

○ 각 길의 정보는 다음과 같다.
  - 'AB1길'은 총 길이가 10km이고, 평평한 길이다.
  - 'AB2길'은 총 길이가 8km이고, A에서 B로 갈 때는 오르막길, B에서 A로 갈 때는 내리막길이다.
  - 'BC1길'은 총 길이가 12km이고, B에서 C로 갈 때는 오르막길, C에서 B로 갈 때는 내리막길이다.
  - 'BC2길'은 총 길이가 17.5km이고, 평평한 길이다.

○ 甲은 평평한 길은 시속 5km/h, 오르막길은 시속 2km/h, 내리막길은 시속 16km/h의 속력으로 이동한다.

○ 'AB길'이 끝나는 지점에서는 곧바로 'BC길'이 이어져 있기 때문에 甲은 B지역에서 머무르지 않고 C지역으로 이동한다. C지역에 도착한 甲은 정확히 30분간 C지역에 머무른 후에 A지역으로 되돌아간다.

○ 甲은 A지역에서 오전 9시 정각에 출발하였다.

① 19시 45분

② 20시 00분

③ 20시 15분

④ 20시 30분

⑤ 20시 45분

20. 다음 글과 <대화>를 근거로 판단할 때, 배점이 4점인 퀴즈를 푼 학생은?

학생 甲, 乙, 丙, 丁, 戊는 교내에서 열린 퀴즈 대회에 참가하였다. 퀴즈 대회에서 퀴즈의 배점은 4점, 2점, 1점이고, 퀴즈를 풀 때는 배점이 동일한 퀴즈만 풀어야 한다. 예를 들면 처음에 배점이 4점인 퀴즈를 푼 학생은 끝까지 배점이 4점인 퀴즈만 풀고, 처음에 배점이 2점인 퀴즈를 푼 학생은 끝까지 배점이 2점인 퀴즈만 풀어야 한다.

甲~戊 중 배점이 4점인 퀴즈를 푼 학생은 1명, 배점이 2점인 퀴즈를 푼 학생은 2명, 배점이 1점인 퀴즈를 푼 학생은 2명이다. 甲~戊가 맞힌 퀴즈의 개수를 모두 더하면 20개이고, 5명의 퀴즈 점수의 합은 39점이다. 다음은 퀴즈 대회가 끝난 후 甲~戊의 <대화>이다.

---〈대 화〉---

甲: 丁이 맞힌 퀴즈의 개수는 내가 맞힌 퀴즈 개수의 2배야.

乙: 내가 맞힌 퀴즈의 개수는 丙과 戊가 맞힌 퀴즈 개수의 합과 같아.

丙: 서로 맞힌 퀴즈의 개수가 같은 사람은 나와 丁밖에 없고, 퀴즈 점수는 내가 丁의 2배야.

丁: 나와 甲이 맞힌 퀴즈 개수의 합은 乙과 戊가 맞힌 퀴즈 개수의 합의 3/5이야.

戊: 내 퀴즈 점수는 甲의 3배야.

① 甲
② 乙
③ 丙
④ 丁
⑤ 戊

21. 다음 글을 근거로 판단할 때, 甲이 스위치를 C-B-D-A 순으로 누른 후, 각 방에 들어가 있는 쥐의 총합은?

甲은 다음의 규칙에 따라 여섯 개의 방에 쥐를 들어가도록 한다.
○ 여섯 개의 방(1~6번)의 문은 스위치(A~D)에 따라 열리거나 닫힌다.
○ 각각의 스위치를 누르면 스위치에 연결된 문이 닫혀있는 것은 열리고, 열려 있는 것은 닫힌다.
○ 각각의 스위치에 연결된 방의 문은 다음과 같다.
  - 스위치 A: 방 1번, 3번, 4번과 연결됨
  - 스위치 B: 방 1번, 2번, 4번과 연결됨
  - 스위치 C: 방 2번, 4번, 6번과 연결됨
  - 스위치 D: 방 3번, 4번, 5번과 연결됨
○ 여섯 개의 방의 스위치를 누르기 전 상태는 아래와 같다.

방 번호	1	2	3	4	5	6
방 상태	X	X	X	X	X	X

※ 방 상태는 문이 열려있을 경우 O, 문이 닫혀있을 경우 X로 나타냄.

○ 甲은 스위치를 누를 때마다 여섯 개의 방 중 문이 열려 있는 각 방에 각 방 번호만큼의 쥐를 들어가도록 한다. 예를 들어, 모든 방의 문이 닫힌 상태에서 스위치 A를 눌렀을 경우 1번, 2번, 5번 방의 문은 열려 있고 3번, 4번, 5번 방의 문은 닫혀 있으므로 1번, 2번, 5번 방에 각각 쥐 1마리, 2마리, 5마리를 들어가게 한다.
○ 甲은 스위치를 C-B-D-A 순으로 각 한 번씩 눌렀다.

① 49마리
② 56마리
③ 60마리
④ 68마리
⑤ 74마리

22. 다음 <조건>에 따라 다섯 명이 태어난 달을 모두 정확히 알 수 있는 하나의 조건을 추가하려고 할 때, 가능한 것은?

<조 건>

○ 甲~戊는 같은 해에 태어난 친구들이다.
○ 甲~戊 중 어느 누구도 같은 달에 태어나지 않았다.
○ 가장 먼저 태어난 사람은 3월에 태어났고, 가장 늦게 태어난 사람은 11월에 태어났다.
○ 乙은 가장 먼저 태어나지도, 가장 늦게 태어나지도 않았다.
○ 丙은 丁보다 한 달 먼저 태어났다.
○ 丁은 甲보다 먼저 태어났고, 甲은 戊보다 먼저 태어났다.
○ 戊와 태어난 달이 가장 가까운 사람은 乙이다.
○ 짝수 달에 태어난 사람은 한 명이다.

① 4월에 태어난 사람은 丁이다.
② 5월에 태어난 사람은 丁이 아니다.
③ 7월에 태어난 사람은 아무도 없다.
④ 10월에 태어난 사람은 아무도 없다.
⑤ 가장 늦게 태어난 사람은 戊이다.

23. 다음 글을 근거로 판단할 때, <보기>에서 옳은 것만을 모두 고르면?

오행(五行)이란 나무, 불, 흙, 쇠, 물의 다섯 가지 원소들이 가지는 상호관계를 의미한다. 다섯 가지 원소들의 상호관계는 하나가 다른 하나를 살리는 관계인 상생과, 하나가 다른 하나를 죽이는 관계인 상극으로 이루어져 있다. 상생의 관계에서는 나무가 불을 살리고, 불이 흙을 살리고, 흙이 쇠를 살리고, 쇠가 물을 살리고, 물이 나무를 살린다. 상극의 관계에서는 나무가 흙을 죽이고, 흙이 물을 죽이고, 물이 불을 죽이고, 불이 쇠를 죽이고, 쇠가 나무를 죽인다.

甲과 乙은 오행과 관련한 게임을 한다. 게임의 규칙은 다음과 같다.

○ 각각 나무, 불, 흙, 쇠, 물이 적힌 다섯 장의 카드를 가진다.
○ 甲과 乙은 매 라운드에서 한 장의 카드를 낸다.
○ 두 사람이 낸 카드가 같은 카드라면 두 사람 모두 1점을 획득한다.
○ 두 사람이 낸 카드가 상생의 관계에 있는 카드라면 살리는 카드를 낸 사람은 2점, 살림을 받는 카드를 낸 사람은 3점을 획득한다.
○ 두 사람이 낸 카드가 상극의 관계에 있는 카드라면 죽이는 카드를 낸 사람은 5점, 죽임을 당하는 카드를 낸 사람은 0점을 획득한다.
○ 예를 들어, 甲이 나무 카드, 乙이 나무 카드를 낸 경우 甲과 乙 모두 1점을 획득한다. 甲이 나무 카드, 乙이 불 카드를 낸 경우 나무가 불을 살리므로 나무 카드를 낸 甲은 2점, 불 카드를 낸 乙은 3점을 획득한다. 甲이 나무 카드, 乙이 흙 카드를 낸 경우 나무가 흙을 죽이므로 나무 카드를 낸 甲은 5점, 흙 카드를 낸 乙은 0점을 획득한다.
○ 두 사람은 한 번 냈던 카드를 다시 낼 수 없다.

<보 기>

ㄱ. 甲이 물 카드를 낸 경우, 乙이 흙 카드를 낼 때와 불 카드를 낼 때 乙이 획득하는 점수의 차이는 5점이다.
ㄴ. 甲이 나무, 흙, 물의 순서로 카드를 낸다면, 乙은 쇠, 불, 흙의 순서로 카드를 낼 때 가장 많은 점수를 획득할 수 있다.
ㄷ. 甲이 흙, 불, 나무의 순서로 카드를 내고, 乙이 쇠, 불, 물의 순서로 카드를 낸다면 두 사람이 세 라운드를 통해 획득한 점수의 합은 동일하다.

① ㄱ
② ㄱ, ㄴ
③ ㄱ, ㄷ
④ ㄴ, ㄷ
⑤ ㄱ, ㄴ, ㄷ

※ 다음 글을 읽고 물음에 답하시오. [24~25]

제00조(지원신청 및 결정 등) ① 보조금의 지원 신청은 한옥 수선 등의 공사를 착수하기 전에 하여야 하며, 한옥 수선 등의 보조금 신청서를 시장에게 제출하여야 한다.
② 시장이 지원 신청을 받은 때에는 위원회 자문을 거쳐 지원 여부 및 지원 금액 등을 결정하고, 그 결정 사항을 해당 신청자에게 통지하여야 한다.
③ 제2항의 통지를 받은 자는 통지를 받은 날부터 6개월 이내에 한옥 수선 등의 공사를 착수하여야 한다. 다만, 부득이한 사유가 있는 때에는 시장의 사전 승인을 받아 3개월 기간 내에서 연장할 수 있다.
제00조(한옥 수선 등의 착수신고) ① 한옥 수선 등의 보조 지원 신청을 한 자는 지원 결정 통지를 받기 전에 수선 등의 공사를 착수하여서는 아니 된다.
② 보조금의 지원 결정 통지를 받은 자(이하 '지원 대상자'라 한다)는 수선 등의 공사에 착수하기 5일 전에 한옥 수선 등의 착수 신고서를 시장에게 제출하여야 한다.
제00조(수선 등의 완료 신고) ① 지원 대상자는 한옥 수선 등의 공사를 완료하였을 때에는 한옥 수선 등의 완료 신고서를 시장에게 제출하여야 한다.
② 공사 완료를 확인한 시장은 보조금 지원액을 확정하고, 그 결과를 지원 대상자에게 통지한다.
③ 시장은 보조금 지원액을 한옥 수선 등의 공사가 완료된 후에 지급하여야 한다.
제00조(지원금의 환수) ① 시장은 한옥 수선 등의 지원 대상자가 해당 한옥을 임의로 철거·멸실하는 등 당초의 사업 목적 달성이 불가능하다고 판단되는 때에는 기간을 정하여 지원 대상자에게 원상회복 등의 처분을 할 수 있다.
② 시장은 지원 대상자가 제1항에 따른 처분을 받고 이를 이행하지 않은 경우에는 보조금 지원액을 환수할 수 있다.
제00조(한옥 수선 등의 비용 지원) 보조금의 지원 한도액 기준은 다음 각 호와 같다. 다만, 최근 5년 이내에 한옥 보조금을 지원 받지 않은 경우에 한정한다.
 1. 한옥마을의 지원 한도액
   가. 한옥 대수선의 경우: 공사비의 100분의 50단, 최대 지원 한도액 3,000만 원
   나. 한옥 외관 수선의 경우: 공사비의 100분의 50단, 최대 지원 한도액 1,500만 원
 2. 건축자산 진흥구역의 지원 한도액
   가. 한옥 대수선의 경우: 공사비의 100분의 70단, 최대 지원 한도액 4,200만 원
   나. 한옥 외관 수선의 경우: 공사비의 100분의 70단, 최대 지원 한도액 2,100만 원
 3. 그 밖의 지역에서의 지원 한도액
   가. 한옥 대수선의 경우: 공사비의 100분의 30단, 최대 지원 한도액 1,500만 원
   나. 한옥 외관 수선의 경우: 공사비의 100분의 30단, 최대 지원 한도액 500만 원

※ 멸실: 물건이 경제적 효용을 전부 상실할 정도로 파괴된 상태를 의미한다.

24. 윗글을 근거로 판단할 때 옳은 것은?

① 甲이 한옥 수선에 대한 보조금의 지원 결정 통지를 받은 경우, 甲은 해당 통지를 받은 날로부터 3개월 이내에 한옥 수선의 공사를 착수해야 한다.

② 乙이 한옥 수선에 대한 보조금의 지원 결정 통지를 받은 경우, 시장은 해당 공사가 착수하기 5일 전에 보조금 지원액을 지급해야 한다.

③ 丙이 한옥 수선으로 보조금의 지원을 받고 3년이 지난 경우, 乙은 해당 한옥의 외관 수선에 대한 보조금의 지원을 받을 수 있다.

④ 丁이 한옥 수선에 대한 보조금의 지원 신청을 한 경우, 丁은 보조금의 지원 결정 통지를 받기 전에 한옥 수선의 공사를 착수할 수 있다.

⑤ 戊가 보조금의 지원을 받고 수선한 한옥을 임의로 멸실하여 원상회복 처분을 받았으나 이를 이행하지 않은 경우, 시장은 戊에게 지급한 보조금 지원액을 환수할 수 있다.

25. 윗글을 근거로 판단할 때, <상황>의 ⊙~ⓒ에 들어갈 수의 합은? (단, 주어진 조건 외에 다른 조건은 고려하지 않는다)

─────────〈상 황〉─────────

○ A는 한옥마을에 있는 한옥의 대수선을 진행하고자 보조금의 지원 신청을 하였고, 시장으로부터 보조금 지원 결정을 받았다. 이에 따라 A는 해당 한옥의 대수선 공사를 착수하여 완료하였으며 총 공사비는 7,000만 원이었다. 시장은 공사 완료를 확인한 후, 보조금 지원액을 확정하고 보조금 지원액인 (⊙)만 원을 지급하였다.

○ B는 한옥마을 및 건축자산 진흥구역이 아닌 지역에 있는 한옥의 외관 수선을 진행하고자 보조금의 지원 신청을 하였고, 시장으로부터 보조금 지원 결정을 받았다. 이에 따라 B는 해당 한옥의 외관 수선 공사를 착수하여 완료하였으며 총 공사비는 1,500만 원이었다. 시장은 공사 완료를 확인한 후, 보조금 지원액을 확정하고 보조금 지원액인 (ⓒ)만 원을 지급하였다.

○ C는 건축자산 진흥구역에 있는 한옥의 외관 수선을 진행하고자 보조금의 지원 신청을 하였고, 시장으로부터 보조금 지원 결정을 받았다. 이에 따라 C는 해당 한옥의 외관 수선 공사를 착수하여 완료하였으며 총 공사비는 4,000만 원이었다. 시장은 공사 완료를 확인한 후, 보조금 지원액을 확정하고 보조금 지원액인 (ⓒ)만 원을 지급하였다.

① 5,100
② 5,550
③ 6,050
④ 6,750
⑤ 6,800

약점 보완 해설집 p.54

부록

기출 출처 인덱스
회독용 답안지

기출 출처 인덱스

교재에 수록된 문제의 출처를 쉽게 확인할 수 있도록 출제 연도, 시험 유형, 책형, 문제 번호, 교재 수록 페이지 순으로 정리하였습니다.
기출 문제 풀이 후 해당 유형을 찾아 학습할 때 활용할 수 있습니다.

입법고시

_____ 모의고사 ____ 회

01	①	②	③	④	⑤
02	①	②	③	④	⑤
03	①	②	③	④	⑤
04	①	②	③	④	⑤
05	①	②	③	④	⑤
06	①	②	③	④	⑤
07	①	②	③	④	⑤
08	①	②	③	④	⑤
09	①	②	③	④	⑤
10	①	②	③	④	⑤
11	①	②	③	④	⑤
12	①	②	③	④	⑤
13	①	②	③	④	⑤
14	①	②	③	④	⑤
15	①	②	③	④	⑤
16	①	②	③	④	⑤
17	①	②	③	④	⑤
18	①	②	③	④	⑤
19	①	②	③	④	⑤
20	①	②	③	④	⑤
21	①	②	③	④	⑤
22	①	②	③	④	⑤
23	①	②	③	④	⑤
24	①	②	③	④	⑤
25	①	②	③	④	⑤
○: 개 △: 개 X: 개

_____ 모의고사 ____ 회

01	①	②	③	④	⑤
02	①	②	③	④	⑤
03	①	②	③	④	⑤
04	①	②	③	④	⑤
05	①	②	③	④	⑤
06	①	②	③	④	⑤
07	①	②	③	④	⑤
08	①	②	③	④	⑤
09	①	②	③	④	⑤
10	①	②	③	④	⑤
11	①	②	③	④	⑤
12	①	②	③	④	⑤
13	①	②	③	④	⑤
14	①	②	③	④	⑤
15	①	②	③	④	⑤
16	①	②	③	④	⑤
17	①	②	③	④	⑤
18	①	②	③	④	⑤
19	①	②	③	④	⑤
20	①	②	③	④	⑤
21	①	②	③	④	⑤
22	①	②	③	④	⑤
23	①	②	③	④	⑤
24	①	②	③	④	⑤
25	①	②	③	④	⑤
○: 개 △: 개 X: 개

_____ 모의고사 ____ 회

01	①	②	③	④	⑤
02	①	②	③	④	⑤
03	①	②	③	④	⑤
04	①	②	③	④	⑤
05	①	②	③	④	⑤
06	①	②	③	④	⑤
07	①	②	③	④	⑤
08	①	②	③	④	⑤
09	①	②	③	④	⑤
10	①	②	③	④	⑤
11	①	②	③	④	⑤
12	①	②	③	④	⑤
13	①	②	③	④	⑤
14	①	②	③	④	⑤
15	①	②	③	④	⑤
16	①	②	③	④	⑤
17	①	②	③	④	⑤
18	①	②	③	④	⑤
19	①	②	③	④	⑤
20	①	②	③	④	⑤
21	①	②	③	④	⑤
22	①	②	③	④	⑤
23	①	②	③	④	⑤
24	①	②	③	④	⑤
25	①	②	③	④	⑤
○: 개 △: 개 X: 개

_____ 모의고사 ____ 회

01	①	②	③	④	⑤
02	①	②	③	④	⑤
03	①	②	③	④	⑤
04	①	②	③	④	⑤
05	①	②	③	④	⑤
06	①	②	③	④	⑤
07	①	②	③	④	⑤
08	①	②	③	④	⑤
09	①	②	③	④	⑤
10	①	②	③	④	⑤
11	①	②	③	④	⑤
12	①	②	③	④	⑤
13	①	②	③	④	⑤
14	①	②	③	④	⑤
15	①	②	③	④	⑤
16	①	②	③	④	⑤
17	①	②	③	④	⑤
18	①	②	③	④	⑤
19	①	②	③	④	⑤
20	①	②	③	④	⑤
21	①	②	③	④	⑤
22	①	②	③	④	⑤
23	①	②	③	④	⑤
24	①	②	③	④	⑤
25	①	②	③	④	⑤
○: 개 △: 개 X: 개

_____ 모의고사 ____ 회

01	①	②	③	④	⑤
02	①	②	③	④	⑤
03	①	②	③	④	⑤
04	①	②	③	④	⑤
05	①	②	③	④	⑤
06	①	②	③	④	⑤
07	①	②	③	④	⑤
08	①	②	③	④	⑤
09	①	②	③	④	⑤
10	①	②	③	④	⑤
11	①	②	③	④	⑤
12	①	②	③	④	⑤
13	①	②	③	④	⑤
14	①	②	③	④	⑤
15	①	②	③	④	⑤
16	①	②	③	④	⑤
17	①	②	③	④	⑤
18	①	②	③	④	⑤
19	①	②	③	④	⑤
20	①	②	③	④	⑤
21	①	②	③	④	⑤
22	①	②	③	④	⑤
23	①	②	③	④	⑤
24	①	②	③	④	⑤
25	①	②	③	④	⑤
○: 개 △: 개 X: 개

_____ 모의고사 ____ 회

01	①	②	③	④	⑤
02	①	②	③	④	⑤
03	①	②	③	④	⑤
04	①	②	③	④	⑤
05	①	②	③	④	⑤
06	①	②	③	④	⑤
07	①	②	③	④	⑤
08	①	②	③	④	⑤
09	①	②	③	④	⑤
10	①	②	③	④	⑤
11	①	②	③	④	⑤
12	①	②	③	④	⑤
13	①	②	③	④	⑤
14	①	②	③	④	⑤
15	①	②	③	④	⑤
16	①	②	③	④	⑤
17	①	②	③	④	⑤
18	①	②	③	④	⑤
19	①	②	③	④	⑤
20	①	②	③	④	⑤
21	①	②	③	④	⑤
22	①	②	③	④	⑤
23	①	②	③	④	⑤
24	①	②	③	④	⑤
25	①	②	③	④	⑤
○: 개 △: 개 X: 개

_____ 모의고사 _____ 회

01	①	②	③	④	⑤
02	①	②	③	④	⑤
03	①	②	③	④	⑤
04	①	②	③	④	⑤
05	①	②	③	④	⑤
06	①	②	③	④	⑤
07	①	②	③	④	⑤
08	①	②	③	④	⑤
09	①	②	③	④	⑤
10	①	②	③	④	⑤
11	①	②	③	④	⑤
12	①	②	③	④	⑤
13	①	②	③	④	⑤
14	①	②	③	④	⑤
15	①	②	③	④	⑤
16	①	②	③	④	⑤
17	①	②	③	④	⑤
18	①	②	③	④	⑤
19	①	②	③	④	⑤
20	①	②	③	④	⑤
21	①	②	③	④	⑤
22	①	②	③	④	⑤
23	①	②	③	④	⑤
24	①	②	③	④	⑤
25	①	②	③	④	⑤

○: ___개   △: ___개   X: ___개

_____ 모의고사 _____ 회

01	①	②	③	④	⑤
02	①	②	③	④	⑤
03	①	②	③	④	⑤
04	①	②	③	④	⑤
05	①	②	③	④	⑤
06	①	②	③	④	⑤
07	①	②	③	④	⑤
08	①	②	③	④	⑤
09	①	②	③	④	⑤
10	①	②	③	④	⑤
11	①	②	③	④	⑤
12	①	②	③	④	⑤
13	①	②	③	④	⑤
14	①	②	③	④	⑤
15	①	②	③	④	⑤
16	①	②	③	④	⑤
17	①	②	③	④	⑤
18	①	②	③	④	⑤
19	①	②	③	④	⑤
20	①	②	③	④	⑤
21	①	②	③	④	⑤
22	①	②	③	④	⑤
23	①	②	③	④	⑤
24	①	②	③	④	⑤
25	①	②	③	④	⑤

○: ___개   △: ___개   X: ___개

_____ 모의고사 _____ 회

01	①	②	③	④	⑤
02	①	②	③	④	⑤
03	①	②	③	④	⑤
04	①	②	③	④	⑤
05	①	②	③	④	⑤
06	①	②	③	④	⑤
07	①	②	③	④	⑤
08	①	②	③	④	⑤
09	①	②	③	④	⑤
10	①	②	③	④	⑤
11	①	②	③	④	⑤
12	①	②	③	④	⑤
13	①	②	③	④	⑤
14	①	②	③	④	⑤
15	①	②	③	④	⑤
16	①	②	③	④	⑤
17	①	②	③	④	⑤
18	①	②	③	④	⑤
19	①	②	③	④	⑤
20	①	②	③	④	⑤
21	①	②	③	④	⑤
22	①	②	③	④	⑤
23	①	②	③	④	⑤
24	①	②	③	④	⑤
25	①	②	③	④	⑤

○: ___개   △: ___개   X: ___개

_____ 모의고사 _____ 회

01	①	②	③	④	⑤
02	①	②	③	④	⑤
03	①	②	③	④	⑤
04	①	②	③	④	⑤
05	①	②	③	④	⑤
06	①	②	③	④	⑤
07	①	②	③	④	⑤
08	①	②	③	④	⑤
09	①	②	③	④	⑤
10	①	②	③	④	⑤
11	①	②	③	④	⑤
12	①	②	③	④	⑤
13	①	②	③	④	⑤
14	①	②	③	④	⑤
15	①	②	③	④	⑤
16	①	②	③	④	⑤
17	①	②	③	④	⑤
18	①	②	③	④	⑤
19	①	②	③	④	⑤
20	①	②	③	④	⑤
21	①	②	③	④	⑤
22	①	②	③	④	⑤
23	①	②	③	④	⑤
24	①	②	③	④	⑤
25	①	②	③	④	⑤

○: ___개   △: ___개   X: ___개

_____ 모의고사 _____ 회

01	①	②	③	④	⑤
02	①	②	③	④	⑤
03	①	②	③	④	⑤
04	①	②	③	④	⑤
05	①	②	③	④	⑤
06	①	②	③	④	⑤
07	①	②	③	④	⑤
08	①	②	③	④	⑤
09	①	②	③	④	⑤
10	①	②	③	④	⑤
11	①	②	③	④	⑤
12	①	②	③	④	⑤
13	①	②	③	④	⑤
14	①	②	③	④	⑤
15	①	②	③	④	⑤
16	①	②	③	④	⑤
17	①	②	③	④	⑤
18	①	②	③	④	⑤
19	①	②	③	④	⑤
20	①	②	③	④	⑤
21	①	②	③	④	⑤
22	①	②	③	④	⑤
23	①	②	③	④	⑤
24	①	②	③	④	⑤
25	①	②	③	④	⑤

○: ___개   △: ___개   X: ___개

_____ 모의고사 _____ 회

01	①	②	③	④	⑤
02	①	②	③	④	⑤
03	①	②	③	④	⑤
04	①	②	③	④	⑤
05	①	②	③	④	⑤
06	①	②	③	④	⑤
07	①	②	③	④	⑤
08	①	②	③	④	⑤
09	①	②	③	④	⑤
10	①	②	③	④	⑤
11	①	②	③	④	⑤
12	①	②	③	④	⑤
13	①	②	③	④	⑤
14	①	②	③	④	⑤
15	①	②	③	④	⑤
16	①	②	③	④	⑤
17	①	②	③	④	⑤
18	①	②	③	④	⑤
19	①	②	③	④	⑤
20	①	②	③	④	⑤
21	①	②	③	④	⑤
22	①	②	③	④	⑤
23	①	②	③	④	⑤
24	①	②	③	④	⑤
25	①	②	③	④	⑤

○: ___개   △: ___개   X: ___개

회독용 답안지

_____ 모의고사 _____ 회

01	①	②	③	④	⑤
02	①	②	③	④	⑤
03	①	②	③	④	⑤
04	①	②	③	④	⑤
05	①	②	③	④	⑤
06	①	②	③	④	⑤
07	①	②	③	④	⑤
08	①	②	③	④	⑤
09	①	②	③	④	⑤
10	①	②	③	④	⑤
11	①	②	③	④	⑤
12	①	②	③	④	⑤
13	①	②	③	④	⑤
14	①	②	③	④	⑤
15	①	②	③	④	⑤
16	①	②	③	④	⑤
17	①	②	③	④	⑤
18	①	②	③	④	⑤
19	①	②	③	④	⑤
20	①	②	③	④	⑤
21	①	②	③	④	⑤
22	①	②	③	④	⑤
23	①	②	③	④	⑤
24	①	②	③	④	⑤
25	①	②	③	④	⑤

○: 개　△: 개　X: 개

_____ 모의고사 _____ 회

01	①	②	③	④	⑤
02	①	②	③	④	⑤
03	①	②	③	④	⑤
04	①	②	③	④	⑤
05	①	②	③	④	⑤
06	①	②	③	④	⑤
07	①	②	③	④	⑤
08	①	②	③	④	⑤
09	①	②	③	④	⑤
10	①	②	③	④	⑤
11	①	②	③	④	⑤
12	①	②	③	④	⑤
13	①	②	③	④	⑤
14	①	②	③	④	⑤
15	①	②	③	④	⑤
16	①	②	③	④	⑤
17	①	②	③	④	⑤
18	①	②	③	④	⑤
19	①	②	③	④	⑤
20	①	②	③	④	⑤
21	①	②	③	④	⑤
22	①	②	③	④	⑤
23	①	②	③	④	⑤
24	①	②	③	④	⑤
25	①	②	③	④	⑤

○: 개　△: 개　X: 개

_____ 모의고사 _____ 회

01	①	②	③	④	⑤
02	①	②	③	④	⑤
03	①	②	③	④	⑤
04	①	②	③	④	⑤
05	①	②	③	④	⑤
06	①	②	③	④	⑤
07	①	②	③	④	⑤
08	①	②	③	④	⑤
09	①	②	③	④	⑤
10	①	②	③	④	⑤
11	①	②	③	④	⑤
12	①	②	③	④	⑤
13	①	②	③	④	⑤
14	①	②	③	④	⑤
15	①	②	③	④	⑤
16	①	②	③	④	⑤
17	①	②	③	④	⑤
18	①	②	③	④	⑤
19	①	②	③	④	⑤
20	①	②	③	④	⑤
21	①	②	③	④	⑤
22	①	②	③	④	⑤
23	①	②	③	④	⑤
24	①	②	③	④	⑤
25	①	②	③	④	⑤

○: 개　△: 개　X: 개

_____ 모의고사 _____ 회

01	①	②	③	④	⑤
02	①	②	③	④	⑤
03	①	②	③	④	⑤
04	①	②	③	④	⑤
05	①	②	③	④	⑤
06	①	②	③	④	⑤
07	①	②	③	④	⑤
08	①	②	③	④	⑤
09	①	②	③	④	⑤
10	①	②	③	④	⑤
11	①	②	③	④	⑤
12	①	②	③	④	⑤
13	①	②	③	④	⑤
14	①	②	③	④	⑤
15	①	②	③	④	⑤
16	①	②	③	④	⑤
17	①	②	③	④	⑤
18	①	②	③	④	⑤
19	①	②	③	④	⑤
20	①	②	③	④	⑤
21	①	②	③	④	⑤
22	①	②	③	④	⑤
23	①	②	③	④	⑤
24	①	②	③	④	⑤
25	①	②	③	④	⑤

○: 개　△: 개　X: 개

_____ 모의고사 _____ 회

01	①	②	③	④	⑤
02	①	②	③	④	⑤
03	①	②	③	④	⑤
04	①	②	③	④	⑤
05	①	②	③	④	⑤
06	①	②	③	④	⑤
07	①	②	③	④	⑤
08	①	②	③	④	⑤
09	①	②	③	④	⑤
10	①	②	③	④	⑤
11	①	②	③	④	⑤
12	①	②	③	④	⑤
13	①	②	③	④	⑤
14	①	②	③	④	⑤
15	①	②	③	④	⑤
16	①	②	③	④	⑤
17	①	②	③	④	⑤
18	①	②	③	④	⑤
19	①	②	③	④	⑤
20	①	②	③	④	⑤
21	①	②	③	④	⑤
22	①	②	③	④	⑤
23	①	②	③	④	⑤
24	①	②	③	④	⑤
25	①	②	③	④	⑤

○: 개　△: 개　X: 개

_____ 모의고사 _____ 회

01	①	②	③	④	⑤
02	①	②	③	④	⑤
03	①	②	③	④	⑤
04	①	②	③	④	⑤
05	①	②	③	④	⑤
06	①	②	③	④	⑤
07	①	②	③	④	⑤
08	①	②	③	④	⑤
09	①	②	③	④	⑤
10	①	②	③	④	⑤
11	①	②	③	④	⑤
12	①	②	③	④	⑤
13	①	②	③	④	⑤
14	①	②	③	④	⑤
15	①	②	③	④	⑤
16	①	②	③	④	⑤
17	①	②	③	④	⑤
18	①	②	③	④	⑤
19	①	②	③	④	⑤
20	①	②	③	④	⑤
21	①	②	③	④	⑤
22	①	②	③	④	⑤
23	①	②	③	④	⑤
24	①	②	③	④	⑤
25	①	②	③	④	⑤

○: 개　△: 개　X: 개

1. 회독 차수에 따라 본 답안지에 문제 풀이를 진행해주세요.
2. 채점 시 ○, △, X로 구분하여 채점해주세요.
   ○: 정확하게 맞음, △: 찍었는데 맞음, X: 틀림

_____ 모의고사 _____ 회

	①	②	③	④	⑤
01	①	②	③	④	⑤
02	①	②	③	④	⑤
03	①	②	③	④	⑤
04	①	②	③	④	⑤
05	①	②	③	④	⑤
06	①	②	③	④	⑤
07	①	②	③	④	⑤
08	①	②	③	④	⑤
09	①	②	③	④	⑤
10	①	②	③	④	⑤
11	①	②	③	④	⑤
12	①	②	③	④	⑤
13	①	②	③	④	⑤
14	①	②	③	④	⑤
15	①	②	③	④	⑤
16	①	②	③	④	⑤
17	①	②	③	④	⑤
18	①	②	③	④	⑤
19	①	②	③	④	⑤
20	①	②	③	④	⑤
21	①	②	③	④	⑤
22	①	②	③	④	⑤
23	①	②	③	④	⑤
24	①	②	③	④	⑤
25	①	②	③	④	⑤

○: 개 △: 개 X: 개

_____ 모의고사 _____ 회

	①	②	③	④	⑤
01	①	②	③	④	⑤
02	①	②	③	④	⑤
03	①	②	③	④	⑤
04	①	②	③	④	⑤
05	①	②	③	④	⑤
06	①	②	③	④	⑤
07	①	②	③	④	⑤
08	①	②	③	④	⑤
09	①	②	③	④	⑤
10	①	②	③	④	⑤
11	①	②	③	④	⑤
12	①	②	③	④	⑤
13	①	②	③	④	⑤
14	①	②	③	④	⑤
15	①	②	③	④	⑤
16	①	②	③	④	⑤
17	①	②	③	④	⑤
18	①	②	③	④	⑤
19	①	②	③	④	⑤
20	①	②	③	④	⑤
21	①	②	③	④	⑤
22	①	②	③	④	⑤
23	①	②	③	④	⑤
24	①	②	③	④	⑤
25	①	②	③	④	⑤

○: 개 △: 개 X: 개

_____ 모의고사 _____ 회

	①	②	③	④	⑤
01	①	②	③	④	⑤
02	①	②	③	④	⑤
03	①	②	③	④	⑤
04	①	②	③	④	⑤
05	①	②	③	④	⑤
06	①	②	③	④	⑤
07	①	②	③	④	⑤
08	①	②	③	④	⑤
09	①	②	③	④	⑤
10	①	②	③	④	⑤
11	①	②	③	④	⑤
12	①	②	③	④	⑤
13	①	②	③	④	⑤
14	①	②	③	④	⑤
15	①	②	③	④	⑤
16	①	②	③	④	⑤
17	①	②	③	④	⑤
18	①	②	③	④	⑤
19	①	②	③	④	⑤
20	①	②	③	④	⑤
21	①	②	③	④	⑤
22	①	②	③	④	⑤
23	①	②	③	④	⑤
24	①	②	③	④	⑤
25	①	②	③	④	⑤

○: 개 △: 개 X: 개

_____ 모의고사 _____ 회

	①	②	③	④	⑤
01	①	②	③	④	⑤
02	①	②	③	④	⑤
03	①	②	③	④	⑤
04	①	②	③	④	⑤
05	①	②	③	④	⑤
06	①	②	③	④	⑤
07	①	②	③	④	⑤
08	①	②	③	④	⑤
09	①	②	③	④	⑤
10	①	②	③	④	⑤
11	①	②	③	④	⑤
12	①	②	③	④	⑤
13	①	②	③	④	⑤
14	①	②	③	④	⑤
15	①	②	③	④	⑤
16	①	②	③	④	⑤
17	①	②	③	④	⑤
18	①	②	③	④	⑤
19	①	②	③	④	⑤
20	①	②	③	④	⑤
21	①	②	③	④	⑤
22	①	②	③	④	⑤
23	①	②	③	④	⑤
24	①	②	③	④	⑤
25	①	②	③	④	⑤

○: 개 △: 개 X: 개

_____ 모의고사 _____ 회

	①	②	③	④	⑤
01	①	②	③	④	⑤
02	①	②	③	④	⑤
03	①	②	③	④	⑤
04	①	②	③	④	⑤
05	①	②	③	④	⑤
06	①	②	③	④	⑤
07	①	②	③	④	⑤
08	①	②	③	④	⑤
09	①	②	③	④	⑤
10	①	②	③	④	⑤
11	①	②	③	④	⑤
12	①	②	③	④	⑤
13	①	②	③	④	⑤
14	①	②	③	④	⑤
15	①	②	③	④	⑤
16	①	②	③	④	⑤
17	①	②	③	④	⑤
18	①	②	③	④	⑤
19	①	②	③	④	⑤
20	①	②	③	④	⑤
21	①	②	③	④	⑤
22	①	②	③	④	⑤
23	①	②	③	④	⑤
24	①	②	③	④	⑤
25	①	②	③	④	⑤

○: 개 △: 개 X: 개

_____ 모의고사 _____ 회

	①	②	③	④	⑤
01	①	②	③	④	⑤
02	①	②	③	④	⑤
03	①	②	③	④	⑤
04	①	②	③	④	⑤
05	①	②	③	④	⑤
06	①	②	③	④	⑤
07	①	②	③	④	⑤
08	①	②	③	④	⑤
09	①	②	③	④	⑤
10	①	②	③	④	⑤
11	①	②	③	④	⑤
12	①	②	③	④	⑤
13	①	②	③	④	⑤
14	①	②	③	④	⑤
15	①	②	③	④	⑤
16	①	②	③	④	⑤
17	①	②	③	④	⑤
18	①	②	③	④	⑤
19	①	②	③	④	⑤
20	①	②	③	④	⑤
21	①	②	③	④	⑤
22	①	②	③	④	⑤
23	①	②	③	④	⑤
24	①	②	③	④	⑤
25	①	②	③	④	⑤

○: 개 △: 개 X: 개

2022 최신개정판

해커스
단/기/합/격

7급 PSAT
기출+적중
모 의 고 사 상황판단

개정 2판 1쇄 발행 2022년 4월 4일

지은이	해커스 PSAT연구소
펴낸곳	해커스패스
펴낸이	해커스공무원 출판팀

주소	서울특별시 강남구 강남대로 428 해커스공무원
고객센터	1588-4055
교재 관련 문의	gosi@hackerspass.com
	해커스공무원 사이트(gosi.Hackers.com) 교재 Q&A 게시판
	카카오톡 플러스 친구 [해커스공무원강남역], [해커스공무원노량진]
학원 강의 및 동영상강의	gosi.Hackers.com

ISBN	979-11-6880-153-0 (13320)
Serial Number	02-01-01

최단기 합격 공무원학원 1위,
해커스공무원 gosi.Hackers.com

해커스공무원

- 해커스공무원 학원 및 인강(교재 내 인강 할인쿠폰 수록)
- 공무원 특강, 1:1 맞춤 컨설팅, 합격수기 등 공무원 시험 합격을 위한 다양한 무료 콘텐츠

헤럴드미디어 2018 대학생 선호 브랜드 대상 '대학생이 선정한 최단기 합격 공무원학원' 부문 1위

해커스
단/기/합/격

7급 PSAT
기출+적중
모의고사 상황판단

2022 최신개정판

약점 보완 해설집

해커스공무원

해커스
단/기/합/격

7급PSAT
기출+적중
모의고사

상황판단

약점 보완 해설집

제1회 기출 엄선 모의고사

정답

p.32

01	③	법·규정의 적용	06	②	계산·비교	11	④	논리퍼즐	16	①	법·규정의 적용	21	②	논리퍼즐
02	①	법·규정의 적용	07	②	규칙 적용	12	⑤	계산·비교	17	①	법·규정의 적용	22	③	논리퍼즐
03	④	법·규정의 적용	08	②	논리퍼즐	13	③	계산·비교	18	③	법·규정의 적용	23	⑤	법·규정의 적용
04	⑤	계산·비교	09	③	계산·비교	14	②	계산·비교	19	④	규칙 적용	24	⑤	법·규정의 적용
05	①	계산·비교	10	②	논리퍼즐	15	⑤	법·규정의 적용	20	④	규칙 적용	25	④	규칙 적용

취약 유형 분석표

유형별로 맞힌 문제 개수와 정답률, 틀린 문제 번호와 풀지 못한 문제 번호를 적고 나서 취약한 유형이 무엇인지 파악해 보세요.

유형	맞힌 개수	정답률	틀린 문제 번호	풀지 못한 문제 번호
세부 정보 파악	/0	%		
법·규정의 적용	/9	%		
계산·비교	/7	%		
규칙 적용	/4	%		
논리퍼즐	/5	%		
TOTAL	/25	%		

해설

01 법·규정의 적용 [난이도 하] 　　　정답 ③

정답 체크

법조문(연구실적평가) 제5항에서 연구실적평가위원회의 표결은 재적위원 과반수의 찬성으로 의결한다고 했고, 동조 제3항에서 연구실적평가위원회는 위원장을 포함한 5명의 위원으로 구성된다고 했으므로 연구실적평가위원회에 4명의 위원이 출석한 경우와 5명의 위원이 출석한 경우 의결정족수는 모두 3명으로 같음을 알 수 있다.

오답 체크

① 법조문(연구실적평가) 제3항에서 연구실적평가위원회는 위원장을 포함한 5명의 위원으로 구성하며, 위원장과 2명의 위원은 소속기관 내부 연구관 중에서, 위원 2명은 대학교수나 외부 연구기관·단체의 연구관 중에서 위촉함을 알 수 있다. 이때 각주에서 대학교수와 연구관은 겸직할 수 없다고 했으므로 대학교수는 최대 2명이 위원으로 위촉될 수 있다.

② 법조문(연구실적평가) 제3항에서 연구실적평가위원회 위원장은 소속기관 내부 연구관 중에서 위촉한다고 했고, 각주에서 대학교수와 연구관은 겸직할 수 없다고 했으므로 소속기관 내부 연구관이 아닌 대학교수가 연구실적평가위원회 위원장을 맡을 수 없음을 알 수 있다.

④ 법조문(연구실적평가) 제3항에서 연구실적평가위원회는 위원회를 구성할 때마다 임용권자가 임명하거나 위촉해야 함을 알 수 있다.

⑤ 법조문(연구실적평가) 제1항에서 근무 경력이 2년 이상인 연구사 중 석사 이상의 학위를 가진 사람과 연구실적 심사평가를 3번 이상 통과한 연구사는 연구실적 결과물 제출에서 제외한다고 했으므로 석사학위 이상을 소지하지 않은 모든 연구사가 연구직으로 임용된 이후 5년이 지나면 연구실적 결과물 제출을 면제받는 것은 아님을 알 수 있다.

02 법·규정의 적용 [난이도 하] 　　　정답 ①

정답 체크

세 번째 법조문 제2항에서 농식품투자조합이 해산하면 업무진행조합원이 청산인이 되며, 다만 조합의 규약으로 정하는 바에 따라 업무집행조합원 외의 자를 청산인으로 선임할 수 있다고 했으므로 농식품투자조합이 해산한 경우 조합의 규약에 다른 규정이 없는 한 업무집행조합원이 청산인이 됨을 알 수 있다.

오답 체크

② 첫 번째 법조문 제2항에서 업무집행조합원 중 1인은 중소기업창업투자회사, 투자관리전문기관 중 하나에 해당하는 자여야 한다고 했으므로 투자관리전문기관은 농식품투자조합의 업무집해조합원이 될 수 있음을 알 수 있다. 그러나 투자관리전문기관이 유한책임조합원이 될 수 있는지는 알 수 없다.

③ 두 번째 법조문 제3호에서 업무집행조합원이 농식품투자조합의 업무를 진행할 때 농식품투자조합의 재산으로 지급보증 또는 담보를 제공하는 행위를 하여서는 안 됨을 알 수 있다.

④ 세 번째 법조문 제3항에서 농식품투자조합의 해산 당시의 출자금액을 초과하는 채무가 있으면 업무집행조합원이 그 채무를 변제해야 한다고 했으므로 유한책임조합원 전원이 연대하여 채무를 변제하여야 하는 것은 아님을 알 수 있다.

⑤ 세 번째 법조문 제1항 제3호에서 농식품투자조합의 자산이 출자금 총액보다 적어 업무를 계속 수행하기 어려운 경우, 조합원 총수의 과반수와 조합원 총지분 과반수의 동의를 받아 농식품투자조합을 해산함을 알 수 있다.

03 법·규정의 적용 [난이도 중] 　　　정답 ④

정답 체크

ㄱ. 첫 번째 법조문 제2항에서 행정기관의 장은 '건의민원'을 접수한 경우 10일 이내에 처리하여야 하고, 두 번째 법조문 제3항에서 민원의 처리기간을 6일 이상으로 정한 경우에는 '일' 단위로 계산하고 첫날을 산입함을 알 수 있다. 이때 세 번째 각주에서 광복절(8월 15일, 화요일)과 일요일은 공휴일이라고 했고, 8.7(월)부터 8.21(월)까지 토요일, 일요일, 광복절, 총 5일을 제외하면 A부처는 15-5=10일 이내에 '건의민원'을 처리했으므로 민원을 정해진 기간 이내에 처리했음을 알 수 있다.

ㄷ. 첫 번째 법조문 제4항에서 행정기관의 장은 '기타민원'을 접수한 경우에 즉시 처리하여야 하고, 두 번째 법조문 제1항에서 민원의 처리기간을 '즉시'로 정한 경우에는 3근무시간 이내에 처리하여야 함을 알 수 있다. 이때 각주에 따르면 업무시간은 09:00~18:00, 3근무시간은 업무 내 3시간이고, C부처의 민원 처리기간은 8.16(수) 17:00~18:00, 8.17(목) 09:00~10:00로 2근무시간이므로 민원을 정해진 기간 이내에 처리했음을 알 수 있다.

ㄹ. 첫 번째 법조문 제1항의 제2호에서 제도·절차 등에 관해 설명이나 해석을 요구하는 질의민원은 4일 이내에 처리하여야 함을 알 수 있다. 또한 두 번째 법조문 제2항에서 민원의 처리기간을 5일 이하로 정한 경우에는 민원의 접수시각부터 '시간' 단위로 계산하고, 1일은 8시간의 근무시간을 기준으로 함을 알 수 있다. 따라서 D부처가 8.17(목) 11시에 제도에 대한 설명을 요구하는 질의민원을 접수하고, 8.22(화) 14시에 처리한 것은 토요일과 일요일, 점심시간을 제외하고 8.17(목) 6시간+8.18(금) 8시간+8.21(월) 8시간+8.22(화) 2시간＝총 3일 만에 처리한 것이므로 민원을 정해진 기간 이내에 처리했음을 알 수 있다.

오답 체크

ㄴ. 첫 번째 법조문 제3항에서 행정기관의 장은 '고충민원'을 접수한 경우에 7일 이내에 처리하여야 하나 고충민원의 처리를 위해 14일의 범위에서 실지조사를 할 수 있고, 이 경우 실지조사 기간은 처리기간에 산입하지 않음을 알 수 있다. 이때 두 번째 법조문 제3항에서 민원의 처리기간을 6일 이상으로 정한 경우에는 '일' 단위로 계산하고 첫날을 산입하며, 동조 제4항에서 공휴일과 토요일은 민원의 서리기간과 실지조사 기간에 산입하지 않는다고 했으므로 B부처가 10일 간의 실지조사 기간을 제외하고 8.14(월) 13시에 접수된 고충민원을 9.7(월)에 처리하는 데 소요된 기간은 8일이다. 따라서 민원을 정해진 기간 이내에 처리하지 못했음을 알 수 있다.

04 계산·비교 난이도 중　　　　정답 ⑤

정답 체크

A~D의 내진성능평가지수와 내진보강공사지수의 값을 구하고, 각 기관별 내진성능평가점수와 내진보강공사점수를 합산한 점수를 정리하면 다음과 같다.

구분	A	B	C	D
내진성능 평가지수	(82/100)×100 =82	(72/80)×100 =90	(72/90)×100 =80	(83/100)×100 =83
내진보강 공사지수	(91/100)×100 =91	(76/80)×100 =95	(81/90)×100 =90	(96/100)×100 =96
점수 합	3+3=6점	5+3=8점	1+1=2점	3+5=8점

최종순위를 결정할 때 내진성능평가점수와 내진보강공사점수의 합이 큰 기관에 높은 순위를 부여한다고 했고, 합산 점수가 동점인 경우에는 내진보강대상건수가 많은 기관을 높은 순위로 한다고 했으므로 내진보강대상건수가 100건인 D가 최상위기관이 되고, C가 최하위기관이 됨을 알 수 있다.

따라서 평가대상기관 중 최종순위 최상위기관은 D, 최하위기관은 C이다.

> ⏱ **빠른 문제 풀이 Tip**
>
> 평가대상기관별 비교를 통하여 상대적 크기를 파악한다. A와 D는 내진보강대상건수가 100으로 동일하므로 내진성능평가실적건수와 내진보강공사실적건수로 비교할 수 있다. 이때 각각의 실적건수가 D>A로 지수 값은 D>A이다. 이에 따라 A는 최상위기관이 될 수 없고, D는 최하위기관이 될 수 없으므로 ①, ③, ④가 소거된다.

05 계산·비교 난이도 중　　　　정답 ①

정답 체크

1차 투표와 2차 투표에서 모두 A안에 투표한 주민이 20명, 2차 투표에서만 A안에 투표한 주민이 5명이므로 2차 투표에서 A안에 투표한 주민은 총 25명이다. 1차와 2차 투표 모두 투표율은 100%였고, 주민 100명을 대상으로 투표를 실시했으므로 2차 투표 인원도 총 100명임을 알 수 있다. 이에 따라 2차 투표에서 B안에 투표한 주민은 100-35-25=40명이다.

한편 1차 투표와 2차 투표에서 모두 B안에 투표한 주민 수가 최소가 되려면 1차에서 A안 또는 C안에 투표하고 2차에서 B안에 투표한 주민 수와 1차에서 B안에 투표하고 2차에서 A안 또는 C안에 투표하는 주민 수가 최대가 되어야 한다. 이때 1차 투표에서 A안에 투표한 30명 중 2차 투표에서도 A안에 투표한 주민은 20명이므로 나머지 10명은 2차 투표에서 B안 또는 C안에 투표했다. 이에 따라 1차 투표에서 A안에 투표하고 2차 투표에서 B안 또는 C안에 투표한 주민 10명이 모두 2차 투표에서 B안에 투표했다고 가정하고, 2차 투표에서만 A안에 투표한 주민 5명 역시 모두 1차 투표에서 B안에 투표하고 2차 투표에서 A안에 투표했다고 가정한다. 이를 표로 정리하면 다음과 같다.

2차 투표 ＼ 1차 투표	A안	B안	C안	합
A안	20	5	0	25
B안	10	–	–	40
C안	0	–	–	35
합	30	50	20	100

1차 투표에서 B안에 투표하고 2차 투표에서 C안에 투표한 인원이 최대가 되면 1차 투표와 2차 투표에서 모두 B안에 투표한 인원이 최소가 되므로 2차 투표에서 C안에 투표한 35명이 모두 1차 투표에서 B안에 투표하고 2차 투표에서 C안에 투표했다고 가정하면 1차 투표에서 C안에 투표한 주민 20명은 모두 2차 투표에서 B안에 투표한 것이 된다.

2차 투표 ＼ 1차 투표	A안	B안	C안	합
A안	20	5	0	25
B안	10	10	20	40
C안	0	35	0	35
합	30	50	20	100

따라서 1차 투표와 2차 투표 모두 B안에 투표한 주민 수의 최솟값은 10이다.

06 계산·비교 난이도 중　　　　정답 ②

정답 체크

<상황>에 따라 A안, B안, C안의 월 소요 예산 규모를 식으로 나타내면 다음과 같다.
- A안: 1,500×0.2×2,000,000×0.25
- B안: (600×100,000)+(500×200,000)+(100×300,000)
- C안: [{600+(500×2)}×0.3×300,000]+(100×0.3×1,000,000)

이때 정수비를 활용하면 무자녀 가구 : 한 자녀 가구 : 두 자녀 가구 : 세 자녀 이상 가구=3:6:5:1로 나타낼 수 있고, 소득의 단위는 십만이 공통이므로 이를 제외하고 계산식을 간단히 정리하면 다음과 같다.
- A안: 15×0.2×20×0.25=15
- B안: (6×1)+(5×2)+(1×3)=19
- C안: {(6+10)×0.3×3}+(1×0.3×10)=17.4

따라서 <대안>의 월 소요 예산 규모를 비교하면 A < C < B이다.

07 규칙 적용 난이도 중　　　　정답 ②

정답 체크

제시된 규칙에 따라 17시 50분부터 20시까지 횡단보도 앞에 도착한 인원의 도착한 시각을 기준으로 보행신호 점등 횟수를 정리하면 다음과 같다.
- 도착 시각 18:25:00
  보행신호 점등 시간은 18:26:30~18:27:00이다. 이에 따라 1회 보행신호 점등하고, 1명이 횡단보도를 건넌다.
- 도착 시각 18:27:00
  보행신호 점등 시간은 차량통행 보장 시간 이후인 18:30:30~18:31:00이다. 이에 따라 1회 보행신호 점등하고, 도착 시각이 18 : 30 : 00인 2명도 함께 횡단보도를 건너므로 총 3+2=5명이 횡단보도를 건넌다.
- 도착 시각 18:31:00
  보행신호 점등 시간은 차량통행 보장 시간 이후인 18:34:30~18:35:00이다. 이에 따라 1회 보행신호 점등하고, 5명이 횡단보도를 건넌다.
- 도착 시각 18:43:00
  보행신호 점등 시간은 18:44:30~18:45:00이다. 이에 따라 1회 보행신호 점등하고, 도착 시각이 18:44:00인 3명도 함께 횡단보도를 건너므로 총 1+3=4명이 횡단보도를 건넌다.

・도착 시각 18:59:00

　보행신호 점등 시간은 19:00:30~19:01:00이다. 이에 따라 1회 보행신호 점등하고, 4명이 횡단보도를 건넌다.

・도착 시각 19:01:00

　보행신호 점등 시간은 차량통행 보장 시간 이후인 19:04:30~19:05:00이다. 이에 따라 1회 보행신호 점등하고, 2명이 횡단보도를 건넌다.

・도착 시각 19:48:00

　보행신호 점등 시간은 19:49:30~19:50:00이다. 이에 따라 1회 보행신호 점등하고, 도착 시각이 19:49:00인 2명도 함께 횡단보도를 건너므로 총 4+2=6명이 횡단보도를 건넌다.

따라서 18시에서 20시 사이에 보행신호가 점등된 횟수는 1+1+1+1+1+1=7회이다.

08 논리퍼즐 　난이도 중 　　　정답 ②

정답 체크

제시된 글에서 콩을 나눌 때 사용할 수 있는 도구는 2개의 평형접시가 달린 양팔저울 1개, 5g짜리 돌멩이 1개, 35g짜리 돌멩이 1개가 있다고 했고, 양팔저울의 평형접시 2개가 평형을 이룰 때 1회의 측정이 이루어진 것으로 본다고 했으므로 양팔저울을 이용하여 전체 무게를 1/2로 나누거나 돌멩이를 이용하여 5g, 35g, 5+35=40g을 측정할 수 있다. 이때 총 1,760g의 콩을 400g으로 나눠야 하고, 양팔저울로 최소 측정을 한다고 했으므로 무게를 가장 크게 나눌 수 있는 양팔저울을 먼저 활용한다. 양팔저울로 1회 측정하여 1,760/2=880g으로 콩을 나눌 수 있고, 다시 양팔저울로 1회 측정하여 880/2=440g으로 콩을 나눌 수 있다. 이후 양팔저울의 1개의 평형접시에 2개의 돌멩이를 모두 올려 40g을 맞춘 후 440g의 콩에서 40g이 제외되도록 1회 측정을 하면 콩을 440-40=400g으로 나눌 수 있다.

따라서 甲과 乙이 콩을 나누기 위한 최소 측정 횟수는 1+1+1=3회이다.

⏱ 빠른 문제 풀이 Tip

제시된 글에서 측정 가능한 방법을 모두 파악한 후, 최소 측정 횟수를 고려한다. 이때 최소 측정을 하기 위해서 무게를 가장 크게 나눌 수 있는 방법을 먼저 이용한 후, 나누고자 하는 정확한 무게를 측정한다.

09 계산·비교 　난이도 중 　　　정답 ③

정답 체크

甲이 X의 시각을 정오로 맞춘 직후 일정한 빠르기로 걸어 乙의 집에 당일 도착했을 때 乙의 집 시계 Y는 10시 30분을 가리키고 있었다고 했고, Y는 정확한 시각보다 10분 느리게 설정되어 있다고 했으므로 정확한 시각은 10시 40분이다. 甲은 乙과 1시간 동안 이야기를 나눈 후 집으로 출발했다고 했으므로 甲이 집으로 출발한 정확한 시각은 11시 40분이다. 또한 甲이 집에 도착했을 때, X는 14시 정각을 가리키고 있었다고 했으므로 甲이 乙의 집으로 간 후 다시 집까지 이동하는데 소요된 시간은 2-1=1시간이다. 이때 甲이 집으로 돌아올 때는 갈 때와 같은 길을 2배의 빠르기로 걸었다고 했으므로 甲이 乙의 집으로 가는데 소요된 시간과 甲이 집으로 돌아올 때 소요된 시간은 2:1이다. 이에 따라 甲이 집으로 돌아올 때 소요된 시간은 60×1/3=20분이다. 따라서 甲이 귀가했을 때의 정확한 시각은 11시 40분에서 20분 지난 12시 00분이다.

10 논리퍼즐 　난이도 상 　　　정답 ②

정답 체크

甲, 乙, 丙 중 2명은 모두 진실만을 말했고 나머지 1명은 거짓만을 말했다고 했고, 乙은 丙보다 10개 적게 조립했고 1분당 2개 적게 조립했다고 말했으나 丙은 乙보다 10개 적게 조립했다고 말했다. 이에 따라 乙과 丙의 말은 서로 모순되므로 乙 또는 丙 중 1명이 거짓만을 말했음을 알 수 있다. 이때 乙이 거짓만을 말했을 경우 甲과 丙은 진실만을 말했어야 하나 甲은 乙보다 1분당 3개 더 조립했는데, 乙과 조립한 상자 개수는 같다고 말했고, 丙은 甲보다 1분당 1개 더 조립했고 조립한 시간은 乙과 같은데 乙보다 10개 적게 조립했다고 말했으므로 서로 모순된다. 이에 따라 甲과 乙은 진실만을 말했고, 丙은 거짓만을 말했음을 알 수 있다.

甲과 乙은 진실만을 말했으므로 甲과 乙의 말로 '1분당 조립한 상자 개수', '조립한 상자 개수', '조립한 시간'을 고려한다. 甲의 1분당 조립한 상자 개수를 x, 조립한 시간을 y라고 가정하여 甲, 乙, 丙의 조립한 상자 개수를 정리하면 다음과 같다.

・甲: xy 　　　… ⓐ
・乙: $(x-3)(y+40)$ 　　　… ⓑ
・丙: $(x-1)(y+10)$ 　　　… ⓒ

甲이 乙과 조립한 상자 개수는 같다고 했으므로 ⓐ=ⓑ이고, 이를 정리하면

$xy=(x-3)(y+40) \rightarrow 40x-3y-120=0$ 　　　… ⓓ

乙이 丙보다 10개 적게 조립했다고 했고, 甲이 乙과 조립한 상자 개수는 같다고 했으므로 ⓐ+10=ⓒ이고, 이를 정리하면

$xy+10=(x-1)(y+10) \rightarrow 10x-y-20=0$ 　　　… ⓔ이다. 이때 ⓓ와 ⓔ를 연립하여 정리하면 $x=6$, $y=40$이다. 따라서 甲이 조립한 상자의 개수는 6×40=240개이다.

11 논리퍼즐 　난이도 상 　　　정답 ④

정답 체크

<규칙>에 따르면 A와 B는 1~9까지의 숫자가 적힌 공 중 하나를 번갈아 뽑고, 뽑은 숫자 공은 다시 넣지 않으며 직전에 뽑은 공의 숫자와만 더하여 그 일의 자리 수를 득점한다. 이때 발문에서 묻는 것은 A와 B의 점수 합계의 최댓값과 최솟값이므로 순서에 상관없이 공을 뽑을 때마다 최댓값은 최대한 9점에 가까운 점수를 득점하고, 최솟값은 최대한 0점에 가까운 점수를 득점하는 경우를 찾아야 한다.

・최댓값

　서로 더했을 때 일의 자리 수가 9가 되는 숫자는 1과 8, 2와 7, 3과 6, 4와 5이고, 9를 더했을 때 일의 자리 수가 가장 큰 경우는 8과 더했을 때이다. 또한 서로 더했을 때 일의 자리 수가 8이 되는 숫자는 1과 7, 2와 6, 3과 5이므로 이에 따라 1~9까지의 숫자를 직전에 뽑은 공의 숫자와 더했을 때 일의 자리 수가 9, 8, 7이 되도록 배열하면 다음과 같은 경우가 가능하다.

뽑은 숫자	9	8	1	7	2	6	3	5	4
점수	-	7	9	8	9	8	9	8	9

이에 따라 점수 합계의 최댓값은 7+9+8+9+8+9+8+9=67점이다.

해커스 단기합격 7급 PSAT 기출+적중 모의고사 상황판단

- 최솟값

  서로 더했을 때 일의 자리 수가 0이 되는 숫자는 1과 9, 2와 8, 3과 7, 4와 6이고, 5를 더했을 때 일의 자리 수가 가장 작은 경우는 6과 더했을 때이다. 또한 서로 더했을 때 일의 자리 수가 1이 되는 숫자는 2와 9, 3과 8, 4와 7이므로 이에 따라 1~9까지의 숫자를 직전에 뽑은 공의 숫자와 더했을 때 일의 자리 수가 0 또는 1이 되도록 배열하면 다음과 같은 경우가 가능하다.

뽑은 숫자	5	6	4	7	3	8	2	9	1
점수	-	1	0	1	0	1	0	1	0

  이에 따라 점수 합계의 최솟값은 1+0+1+0+1+0+1+0=4점이다.

따라서 A와 B가 한 번의 게임에서 얻은 점수 합계의 최댓값은 67, 최솟값은 4이다.

⏱ 빠른 문제 풀이 Tip

1~9까지의 숫자를 두 개씩 더했을 때 나올 수 있는 일의 자리 수는 0~9이므로 점수 합계의 최댓값은 각 점수가 9에 가깝게, 최솟값은 각 점수가 0에 가깝게 나오는 경우를 찾는다.

12 계산·비교 난이도 중   정답 ⑤

정답 체크

<이동수단별 비용계산식>과 <해외출장 일정>에 따라 이동수단별 경제성 평가등급을 정리하면 다음과 같다.

이동수단	비용계산식	평가등급
렌터카	(50+10)×3=$180	중
택시	1×200=$200	하
대중교통	40×4=$160	상

이에 따라 <이동수단별 평가표>의 평가점수를 정리한다. 이때 이동수단별 최종점수가 모두 5점 이상이므로 5점을 제외하고 정리하면 다음과 같다.

이동수단	경제성	용이성	안전성	최종점수
렌터카	2	3	2	2
택시	1	2	4	2
대중교통	3	1	4	3

따라서 A팀이 최종적으로 선택하게 될 이동수단은 최종점수가 가장 높은 대중교통이고, 비용은 $160이다.

13 계산·비교 난이도 중   정답 ③

정답 체크

- 현재 시각은 15시 50분이고, 미세먼지 양은 90이다. 학생 각각은 10분마다 미세먼지 5를 증가시키고, 공기청정기는 10분마다 미세먼지 15를 감소시키므로 학생 두 명이 들어오는 16시에 미세먼지 양은 90-15=75이다.
- 16시 정각에 학생 두 명이 들어와 16시 40분에 후 학생 세 명이 들어오기 전까지 40분 동안은 10분마다 학생 두 명이 미세먼지를 각각 5씩 증가시키고, 공기청정기가 15씩 감소시킨다. 따라서 10분마다 미세먼지가 5씩 감소하므로 16시 40분에 미세먼지 양은 75-(5×4)=55이다.

- 16시 40분에 학생 세 명이 들어와 18시에 학생들이 모두 교실에서 나갈 때까지 80분 동안은 10분마다 학생 다섯 명이 미세먼지를 각각 5씩 증가시키고, 공기청정기가 15씩 감소시킨다. 따라서 10분마다 미세먼지가 10씩 증가하므로 18시 정각에 미세먼지 양은 55+(10×8)=135이다.
- 18시 정각부터 미세먼지 양이 30이 될 때까지 (135-30)/15=7번의 10분이 지나고, 공기청정기는 미세먼지 양이 30이 되는 순간 자동으로 꺼지므로 18시 정각에서 70분이 지난 19시 10분에 미세먼지 양이 30이 되어 공기청정기가 자동으로 꺼진다.

따라서 공기청정기가 자동으로 꺼지는 시각은 19시 10분이다.

14 계산·비교 난이도 중   정답 ②

정답 체크

<반 편성 기준>에 따라 A~F의 영역별 점수를 정리하면 다음과 같다.

학생	쓰기	읽기	듣기	말하기	4개 영역 총점	듣기와 말하기 점수의 합
A	10	10	6	3	29	9
B	7	8	7	8	30	15
C	5	4	4	3	16	7
D	5	4	4	6	19	10
E	8	7	6	5	26	11
F	?	6	5	?	11+?+?	5+?

ㄷ. 채점 결과 F의 말하기 점수가 6점 이상이라면 F의 4개 영역 총점은 17점 이상이고, 듣기+말하기 점수는 11점 이상이다. 이때 기준1에 따른 하위 3명 중 2명은 C와 D이고, 기준2에 따른 하위 3명 중 2명은 C와 D이므로 C와 D는 반드시 기초반에 편성된다. 따라서 기준에 상관없이 C와 D는 같은 반에 편성된다.

오답 체크

ㄱ. 채점 결과 F의 말하기 점수가 1점이고 반 편성을 기준2로 한다면, F의 듣기와 말하기 점수의 합은 5+1=6점이다. 이때 기준2에 따라 상위 3명인 B, D, E는 심화반으로 편성되므로 B와 D는 같은 반이 될 수 있다.

ㄴ. 채점 결과 F의 말하기 점수가 5점이고 반 편성을 기준2로 한다면, F의 듣기와 말하기 점수의 합은 5+5=10점이다. 이때 기준2에 따라 상위 2명인 B와 E는 심화반으로 편성되고, D와 F는 10점으로 동점이므로 2명 중 1명만 심화반으로 편성된다. 동점자가 생길 경우 듣기 점수가 더 높은 학생을 상위 등수로 간주한다고 했으므로 F가 D보다 상위 등수로 간주된다. 따라서 기준 2에 따라 심화반은 B, E, F로 구성되므로 F는 심화반에 편성될 수 있다.

15 법·규정의 적용 난이도 중   정답 ⑤

정답 체크

세 번째 법조문 제2항에서 법원은 소송승계인에게 미루어 둔 비용의 납입을 명할 수 있다고 했으므로 丙이 甲의 소송승계인이 된 경우 법원은 소송구조에 따라 납입유예한 재판비용을 丙에게 납입하도록 명할 수 있다.

오답 체크

① 두 번째 법조문에서 법원은 재판비용의 납입유예, 변호사 보수의 지급유예, 소송비용의 담보면제에 대한 소송구조를 할 수 있다고 했으므로 甲의 소송구조 신청에 따라 법원이 소송구조를 하는 경우 甲의 재판비용의 납입을 유예할 수 있으나 면제할 수는 없다.

② 마지막 법조문에서 소송구조를 받은 사람이 소송비용을 납입할 자금능력이 있다는 것이 판명되거나 자금능력이 있게 된 때에는 법원이 직권으로 언제든지 구조를 취소하고 납입을 미루어 둔 소송비용을 지급하도록 명할 수 있다고 했으므로 甲이 소송구조를 받아 소송을 진행하던 중 증여를 받아 자금능력이 있게 된다면 법원은 직권으로 소송구조를 취소할 수 있다.

③ 세 번째 법조문 제1항에서 소송구조는 이를 받은 사람에게만 효력이 미친다고 했으므로 甲의 신청에 의해 법원이 소송구조를 한 경우 乙에게는 그 효력이 미치지 않으며, 이에 따라 乙은 법원으로부터 변호사 보수의 지급유예를 받을 수 없다.

④ 첫 번째 법조문 제1항에서 법원은 패소할 것이 분명한 경우에는 소송구조를 하지 않는다고 했으므로 甲이 소송비용을 지출할 자금능력이 부족함을 소명하여 법원에 소송구조를 신청하더라도 甲이 패소할 것이 분명하다면 법원은 소송구조를 하지 않는다.

⏱ **빠른 문제 풀이 Tip**

법조문에 '소송구조'라는 생소한 용어가 제시되었으므로 첫 번째 법조문과 각주를 통해 소송구조의 의미를 명확히 파악한 후 <상황>과 선택지를 확인한다.

16 법·규정의 적용 난이도 중 정답 ①

정답 체크

제시된 글의 '과실상계'와 '손익상계'를 정리하면 다음과 같다.

· 과실상계: 손해배상책임의 여부 또는 손해배상액을 정할 때에 피해자에게 과실이 있으면 그 과실의 정도를 반드시 참작하는 것
· 손익상계: 손해배상 청구권자가 손해를 본 것과 같은 원인에 의하여 이익도 보았을 때, 손해에서 그 이익을 공제하는 것(단, 손해배상의 책임 원인과 무관한 이익은 공제되지 않음)
· 과실상계를 할 사유와 손익상계를 할 사유가 모두 있으면 과실상계를 먼저 한 후에 손익상계를 함

<상황>에 따르면 손익상계와 과실상계를 하기 전 甲의 사망에 의한 손해액은 6억 원이고, 甲의 과실이 A%, 손익상계 하는 금액은 유족보상금 3억 원이다. 이때 甲이 개인적으로 가입했던 보험계약에 의해 수령한 생명보험금 6천만 원은 손해배상의 책임 원인과 무관한 이익이므로 공제되지 않는다. 과실상계를 할 사유와 손익상계를 할 사유가 모두 있으면 과실상계를 먼저 한 후에 손익상계를 한다고 했고, 법원은 국가가 甲의 상속인 乙에게 배상할 손해배상금을 1억 8천만 원으로 정했다고 했으므로 甲의 과실은 $6-(6 \times A/100)-3=1.8 \rightarrow A=20$으로 20%이다. 따라서 甲의 과실은 20%, 국가의 과실은 100-20=80%이다.

17 법·규정의 적용 난이도 상 정답 ①

정답 체크

ㄹ. 마지막 법조문(등록의 취소) 제1항 제2호에서 정당은 의회의원 총선거에 참여하여 의석을 얻지 못하고 유효투표총수의 100분의 2 이상을 득표하지 못하면 정당 등록을 취소한다고 했고, 정당 丁은 한 명의 후보도 당선시키지 못하였으나 1,000만 표 중 25만 표를 얻음으로써 유효투표총수의 100분의 2 이상인 2.5%를 획득했으므로 정당 등록이 유지됨을 알 수 있다.

오답 체크

ㄱ. 첫 번째 법조문(성립) 제2항 제1호와 제2호에서 정당은 5개 이상의 시·도당을 가져야 하며 시·도당은 각 1,000명 이상의 당원을 가져야 한다고 했으나 정치인 甲은 5개 시·도에서 4,000명의 당원을 모집했으므로 규정에 미달하여 정당으로 성립될 수 없음을 알 수 있다.

ㄴ. 세 번째 법조문(창당준비위원회의 활동범위) 제1항과 제2항에서 중앙당창당준비위원회는 중앙선거관리위원회에의 결성신고일부터 6월 이내에 한하여 창당활동을 할 수 있고, 이 기간 이내에 중앙당의 창당등록신청을 하지 않으면 기간만료일의 다음날에 그 창당준비위원회가 소멸된 것으로 봄을 알 수 있다. 따라서 정치인 乙이 결성신고일에서 6개월이 지난 시기인 2010년 9월 15일 이후에 창당등록신청을 했다면 정당이 성립되지 않음을 알 수 있다.

ㄷ. 마지막 법조문(등록의 취소) 제1항 제1호에서 요건의 흠결이 선거일 전 3월 이내에 생긴 때에는 선거 후 3월까지 정당 등록의 취소를 유예한다고 했으므로 정당 丙이 총선거를 2개월 앞둔 시점에서 2개 도의 당원수가 줄어든 경우 선거관리위원회는 선거 1개월 후가 아닌 선거일 후 3개월까지는 정당 등록의 취소를 유예할 수 있다. 또한 정당 丙은 2개 도의 당원수가 줄어들었으나 여전히 각각의 도에 1,000명의 당원수가 있으므로 정당 丙의 등록은 취소되지 않음을 알 수 있다.

18 법·규정의 적용 난이도 하 정답 ③

정답 체크

법조문 제5항에서 위원장 및 위원의 임기는 2년으로 하되, 1차례만 연임할 수 있으나 임기가 만료된 위원은 그 후임자가 임명되거나 위촉될 때까지 해당 직무를 수행한다고 했으므로 심사위원회의 위원이 4년을 초과하여 직무를 수행하는 경우가 있음을 알 수 있다.

오답 체크

① 법조문 제3항에서 심사위원회의 위원장 및 위원은 대통령이 임명하거나 위촉한다고 했으므로 심사위원회의 위원장은 위원 중에서 호선하는 것이 아님을 알 수 있다.

② 법조문 제3항에서 심사위원회의 위원장 및 위원은 대통령이 임명하거나 위촉한다고 했고, 이 경우 위원 중 3명은 국회가 추천하는 자를 각각 임명하거나 위촉한다고 했으므로 심사위원회의 위원 중 3명은 국회가 위촉하는 것이 아님을 알 수 있다.

④ 법조문 제6항에서 주식의 직무관련성은 주식 관련 정보에 관한 직접적·간접적인 접근 가능성, 영향력 행사 가능성 등을 기준으로 판단해야 한다고 했으므로 주식 관련 정보에 관한 간접적인 접근 가능성은 주식의 직무관련성을 판단하는 기준이 될 수 있음을 알 수 있다.

⑤ 법조문 제4항에서 심사위원회의 위원은 다음 각 호의 어느 하나에 해당하는 자격을 갖추어야 한다고 했고, 제4항 제3호에 따라 금융 관련 분야에 5년 이상 근무했을 경우 심사위원회의 위원으로 자격을 갖춘 것임을 알 수 있다. 따라서 금융 관련 분야에 5년 이상 근무했을 경우 대학에서 부교수 이상의 직에 5년 이상 근무하지 않더라도 심사위원회의 위원이 될 수 있음을 알 수 있다.

19 규칙 적용 <난이도 중> 정답 ④

정답 체크

<메뉴 결정 기준>에 따라 기준별로 정해지는 메뉴를 정리하면 다음과 같다.

· 기준1: 1순위는 수는 양고기가 2개, 바닷가재가 3개, 나머지 메뉴가 모두 0개이므로 1순위 수가 가장 많은 바닷가재로 메뉴가 정해진다.
· 기준2: 5순위 수는 탕수육이 0개, 양고기가 1개, 바닷가재가 2개, 방어회가 1개, 삼겹살이 1개이므로 5순위 수가 가장 적은 탕수육으로 메뉴가 정해진다.
· 기준3: 1순위에 5점, 2순위에 4점, 3순위에 3점, 4순위에 2점, 5순위에 1점을 부여하면 점수는 탕수육이 15점, 양고기가 18점, 바닷가재가 17점, 방어회가 10점, 삼겹살이 15점이다. 이에 따라 점수가 가장 높은 양고기로 메뉴가 정해진다.
· 기준4: 기준3에 따른 합산 점수의 상위 2개 메뉴는 양고기와 바닷가재이고, 1순위 수는 양고기가 2개, 바닷가재가 3개이다. 이에 따라 바닷가재로 메뉴가 정해진다.
· 기준5: 5순위 수는 바닷가재가 2개로 가장 많으므로 이를 제외하고, 남은 메뉴 중 양고기의 1순위 수가 가장 많다. 이에 따라 양고기로 메뉴가 정해진다.

ㄱ. 기준1과 기준4에 따른 메뉴는 모두 바닷가재이므로 어느 것에 따르더라도 같은 메뉴가 정해진다.
ㄴ. 기준2에 따르면 5순위 수가 가장 적은 탕수육으로 메뉴가 정해진다.
ㄹ. 기준5에 따르면 양고기로 메뉴가 정해지고, <상황>에서 戊는 양고기가 메뉴로 정해지면 회식에 불참한다고 했으므로 戊는 회식에 참석하지 않는다.

오답 체크

ㄷ. 기준3에 따르면 양고기로 메뉴가 정해지고, <상황>에서 戊는 양고기가 메뉴로 정해지면 회식에 불참한다고 했으므로 모든 팀원이 회식에 참석하는 것은 아니다.

20 규칙 적용 <난이도 하> 정답 ④

정답 체크

AD카드에 담긴 정보에 따라 갑돌이의 AD카드를 정리하면 다음과 같다.

<올림픽 AD카드>
· 탑승권한: 미디어 셔틀버스
· 시설입장권한: 국제 방송센터, 컬링센터, 올림픽 패밀리 호텔
· 특수구역 접근권한: 프레스 구역, VIP 구역

<패럴림픽 AD 카드>
· 탑승권한: VIP용 지정차량, 선수단 셔틀버스
· 시설입장권한: 모든 시설
· 특수구역 접근권한: 선수준비 구역, VIP 구역

따라서 갑돌이는 올림픽 기간 동안 선수준비 구역에는 접근권한이 없으므로 올림픽 기간 동안 컬링센터 내부에 있는 선수준비 구역에 들어갈 수 없다.

오답 체크

① 갑돌이는 패럴림픽 기간 동안 모든 시설에 입장권한이 있으므로 패럴림픽 기간 동안 알파인 경기장에 들어갈 수 있다.
② 갑돌이는 패럴림픽 기간 동안 VIP용 지정차량 탑승권한이 있으므로 패럴림픽 기간 동안 VIP용 지정차량에 탑승할 수 있다.
③ 갑돌이는 올림픽 기간 동안 올림픽 패밀리 호텔에 입장권한이 있으므로 올림픽 기간 동안 올림픽 패밀리 호텔에 들어갈 수 있다.
⑤ 갑돌이는 올림픽 기간 동안 미디어 셔틀버스 탑승권한 및 국제 방송센터 입장권한이 있으므로 올림픽 기간 동안 미디어 셔틀버스를 타고 이동한 후 국제 방송센터에 들어갈 수 있다.

21 논리퍼즐 <난이도 중> 정답 ②

정답 체크

첫 번째 <상황>에 따르면 각 후보자는 3가지씩의 직무역량을 갖추고 있고, 두 번째 <상황>에 따르면 丙을 제외한 甲, 乙, 丁은 자원관리역량을 갖추고 있다. 또한 네 번째 <상황>에서 甲은 심리상담업무를 수행할 수 있다고 했으므로 의사소통역량과 대인관계역량을 갖추고 있고, 乙과 丙은 진학지도업무를 수행할 수 있다고 했으므로 문제해결역량과 정보수집역량을 갖추고 있다.

구분	甲	乙	丙	丁
의사소통 역량	O			
대인관계 역량	O			
문제해결 역량		O	O	
정보수집 역량		O	O	
자원관리 역량	O	O	X	O

또한 세 번째 <상황>에서 丁이 진학지도업무를 제외한 모든 업무를 수행하려면 의사소통역량만 추가로 갖추면 된다고 했고, 심리상담업무, 위기청소년지원업무, 지역안전망구축업무를 위해서 필요한 역량은 의사소통역량, 대인관계역량, 문제해결역량, 자원관리역량이므로 丁은 대인관계역량, 문제해결역량, 자원관리역량을 갖추고 있다.

구분	甲	乙	丙	丁
의사소통 역량	O			X
대인관계 역량	O			O
문제해결 역량		O	O	O
정보수집 역량		O	O	
자원관리 역량	O	O	X	O

다섯 번째 <상황>에서 대인관계역량을 갖춘 채용후보자는 2명이라고 했으므로 乙, 丙은 대인관계역량을 갖추고 있지 않다. 모든 채용후보자가 3가지의 직무역량을 갖추고 있다는 것을 고려하여 나머지 내용을 표로 정리하면 다음과 같다.

구분	甲	乙	丙	丁
의사소통 역량	O	X	O	X
대인관계 역량	O	X	X	O
문제해결 역량	X	O	O	O
정보수집 역량	X	O	O	X
자원관리 역량	O	O	X	O

각각의 후보자가 맡을 수 있는 업무는 甲이 심리상담업무, 지역안전망구축업무, 乙이 진학지도업무, 丙이 위기청소년지원업무, 진학지도업무, 丁이 지역안전망구축업무이다.

따라서 채용되는 2명은 서로 다른 두 가지 업무가 가능한 후보자 甲, 丙이다.

오답 체크

① 甲과 乙이 채용되면 위기청소년지원업무를 수행할 수 없다.

③ 乙과 丙이 채용되면 심리상담업무와 지역안전망구축업무를 수행할 수 없다.

④ 乙과 丁이 채용되면 심리상담업무와 위기청소년지원업무를 수행할 수 없다.

⑤ 丙과 丁이 채용되면 심리상담업무를 수행할 수 없다.

⏱ 빠른 문제 풀이 Tip

<상황>에서 고정 조건을 찾아 이를 먼저 정리한 후 문제를 풀이한다. 두 번째 <상황>과 네 번째 <상황>에서 甲~丁이 갖추고 있는 역량을 언급하고 있으므로 이를 먼저 파악하여 역량을 정리한다.

22 논리퍼즐 난이도 중 정답 ③

정답 체크

제시된 글에서 A, B, C가 전구를 끄는 규칙을 정리하면 다음과 같다.
· A: 3의 배수인 전구가 켜진 상태면 끄고, 꺼진 상태면 그대로 둔다.
· B: 2의 배수인 전구가 켜진 상태면 끄고, 꺼진 상태면 켠다.
· C: 3번 전구를 기준으로 왼쪽과 오른쪽 중 켜진 전구의 개수가 많은 쪽을 전부 끄고, 켜진 전구의 개수가 같다면 켜진 전구를 모두 끈다.

이에 따라 전구가 켜진 상태를 O, 꺼진 상태를 X로 표시하여 각 선택지의 경우를 순서대로 정리하면 다음과 같다.

<경우 1> A-B-C

A가 3을 끈 후 B가 2를 끄고 4와 6을 켠다면, 켜져 있는 전구의 번호는 1, 4, 6이고, C는 4와 6만 끌 수 있으므로 전구를 모두 끌 수 없다.

전구 번호	1	2	3	4	5	6
상태	O	O	O	X	X	X
A	O	O	X	X	X	X
B	O	X	X	O	X	O
C	O	X	X	X	X	X

<경우 2> A-C-B

A가 3을 끈다면 C는 1과 2를 모두 끌 수 있다. 이때 B는 2, 4, 6을 켜야 하므로 전구를 모두 끌 수 없다.

전구 번호	1	2	3	4	5	6
상태	O	O	O	X	X	X
A	O	O	X	X	X	X
C	X	X	X	X	X	X
B	X	O	X	O	X	O

<경우 3> B-A-C

B가 2를 끄고 4와 6을 켠 후 A가 3과 6을 끈다면, 남은 전구의 번호는 1과 4가 남는다. 이때 C가 3을 기준으로 왼쪽과 오른쪽으로 하나씩 켜져 있는 전구를 끌 수 있으므로 전구를 모두 끌 수 있다.

전구 번호	1	2	3	4	5	6
상태	O	O	O	X	X	X
B	O	X	O	O	X	O
A	O	X	X	O	X	X
C	X	X	X	X	X	X

<경우 4> B-C-A

B가 2를 끄고 4와 6을 켠 후 C가 4와 6을 끈다면, A는 3만 끌 수 있으므로 전구를 모두 끌 수 없다.

전구 번호	1	2	3	4	5	6
상태	O	O	O	X	X	X
B	O	X	O	O	X	O
C	O	X	O	X	X	X
A	O	X	X	X	X	X

<경우 5> C-B-A

C가 1과 2를 끈 후 B가 2, 4, 6을 켠다면, A는 3과 6만 끌 수 있으므로 전구를 모두 끌 수 없다.

전구 번호	1	2	3	4	5	6
상태	O	O	O	X	X	X
C	X	X	O	X	X	X
B	X	O	O	O	X	O
A	X	O	X	O	X	O

따라서 마지막 사람이 방에서 나왔을 때, 방의 전구는 모두 꺼져 있었으므로 방에 출입한 사람의 순서는 B-A-C이다.

23 법·규정의 적용 난이도 하 정답 ⑤

정답 체크

두 번째 단락에서 만 19세가 되는 해의 1월 1일부터는 술 구입을 허용한다고 했고, 세 번째 단락에서 만 18세 이상이면 운전면허 취득이 가능하고, 투표권은 만 19세 이상에게 부여된다고 했으므로 甲국의 연령규범에 따르면 만 19세인 사람은 운전면허 취득, 술 구매, 투표가 가능함을 알 수 있다.

오답 체크

① 첫 번째 단락에서 연령규범은 특정 연령의 사람이 어떤 일을 할 수 있거나 해야 한다는 사회적 기대와 믿음이라고 했으므로 연령규범은 특정 나이에 어떤 일을 할 수 있는지에 대한 개인적 믿음이 아닌 사회적 믿음임을 알 수 있다.

② 두 번째 단락에서 '연 나이'는 청소년법 등에서 공식적으로 사용하는 나이 계산법으로 현재 연도에서 태어난 연도를 뺀 값이 나이가 된다고 했고, '만 나이'는 태어난 날을 기준으로 0살부터 시작하여 1년이 지나면 한 살을 더 먹는 것으로 계산한다고 했으므로 '만 나이'는 태어난 날을 기준으로 1년이 지나지 않았을 경우 '연 나이'와 차이가 남을 알 수 있다. 따라서 같은 연도 내에서는 만 나이와 연 나이가 항상 같은 것은 아님을 알 수 있다.

③ 마지막 단락에서 甲국의 어떤 법에서도 몇 세부터 노인이라고 규정하는 연령기준이 일관되게 제시되지 않고 있다고 했으므로 甲국 법률에서 제시되는 노인 연령기준은 동일하지 않음을 알 수 있다.

④ 첫 번째 단락에서 졸업, 취업, 결혼 등에 대한 기대 연령은 사회경제적 여건에 따라 달라지는 것이라고 했으므로 결혼에 대한 기대연령은 생물학적 요인의 영향을 크게 받기 때문에 사회여건 변화가 영향을 미치기 어려운 것은 아님을 알 수 있다.

24 법·규정의 적용 [난이도 중]　　　　정답 ⑤

[정답 체크]

제시된 글에 따라 선택지에 제시된 항목의 연령기준을 정리하면 다음과 같다.

구분	연령기준
국회의원 피선거권	만 20세 이상
대통령 피선거권	만 35세 이상
노인복지관과 노인교실 이용, 주택연금 가입이나 노인주택 입주자격	만 60세부터
노후연금 수급	만 62세부터
기초연금 수급, 장기요양보험 혜택	만 65세 이상

5월생인 甲국 국민이 '연 나이' 62세가 된 날은 1월 1일이고, 태어난 날을 기준으로 1년이 되지 않은 날이므로 '만 나이'는 61세이다. 따라서 '만 나이' 61세인 甲국 국민이 이미 누리고 있거나 누릴 수 있게 되는 것은 노인교실 이용, 대통령 피선거권, 주택연금 가입이다.

[오답 체크]

① 장기요양보험 혜택은 만 65세 이상 누릴 수 있다.

② 노후연금 수급은 만 62세부터, 기초연금 수급은 만 65세 이상이 누릴 수 있다.

③ 기초연금 수급은 만 65세 이상이 누릴 수 있다.

④ 노후연금 수급은 만 62세부터 누릴 수 있다.

⏱ 빠른 문제 풀이 Tip

5월생인 甲국 국민이 '연 나이' 62세가 된 날에 '만 나이'는 61세이므로 제시된 글에서 '만 나이' 61세가 누릴 수 없는 것을 먼저 고려한다. 이에 따라 '기초연금 수급', '장기요양보험 혜택', '노후연금 수급'이 있는 선택지를 소거하면 정답이 ⑤임을 알 수 있다.

---

25 규칙 적용 [난이도 상]　　　　정답 ④

[정답 체크]

선택지에 여행 시기가 모두 3박 4일로 구성되었으므로 이를 기준으로 가능한 시기를 판단하며, 먼저 선박을 탈 수 없는 날을 체크한다. 네 번째 조건에서 최대 파고가 3m 이상인 날은 모든 노선의 선박이 운항되지 않는다고 했으므로 18일(화), 21일(금), 24일(월), 28일(금), 29일(토)에는 선박을 탈 수 없다. 또한 다섯 번째 조건에서 매주 금요일에 술을 마시는데 술을 마신 다음날은 선박을 탈 수 없다고 했으므로 22일(토)에도 선박을 탈 수 없다. 한편 호박엿 만들기 체험은 월요일과 금요일 오후에 진행하고, 독도를 돌아보는 선박은 화요일과 목요일에 출발하므로 이를 표로 정리하면 다음과 같다.

일	월	화	수	목	금	토
16	17 호박엿	18 (선박X) 독도	19	20 독도	21 (선박X) 호박엿	22 (선박X)
23	24 (선박X) 호박엿	25 독도	26	27 독도	28 (선박X) 호박엿	29 (선박X)

두 번째 조건에서 '포항 → 울릉도' 선박은 매일 오전 10시에 출발하여 편도 3시간이 소요된다고 했고, 세 번째 조건에서 '울릉도 → 독도 → 울릉도' 선박은 화요일과 목요일 오전 8시에 출발하여 당일 오전 11시에 돌아온다고 했으므로 포항에서 울릉도에 도착한 날 독도를 돌아보는 여행은 할 수 없다. 또한 호박엿 만들기 체험은 선박을 타지 않아도 가능하나 오후 6시에 할 수 있고, '울릉도 → 포항' 선박은 매일 오후 3시에 출발하므로 호박엿 만들기 체험을 한 날 '울릉도 → 포항' 선박은 탈 수 없다.

따라서 마지막 날에 선박을 이용할 수 있으면서, 독도를 돌아보는 여행과 호박엿 만들기 체험이 반드시 포함되는 일정으로 가능한 것은 23일(일)~26일(수)이다.

[오답 체크]

① 18일(화)에 최대 파고가 3.2m로 모든 노선의 선박이 운항되지 않으므로 여행 기간 중 독도를 돌아볼 수 없다.

② 22일(토)에 전날 마신 술로 멀미가 심해 선박을 탈 수 없으므로 '울릉도 → 포항' 선박을 탈 수 없다.

③ 20일(목)에 '포항 → 울릉도' 선박이 울릉도에 오후 1시에 도착하고, 독도를 돌아보는 선박은 20일(목)에 울릉도에서 오전 8시에 출발하므로 여행 기간 중 독도를 돌아볼 수 없다.

⑤ 29일(금)에 호박엿 만들기 체험은 오후 6시에만 할 수 있고, '울릉도 → 포항' 선박은 울릉도에서 오후 3시에 출발하므로 여행 기간 중 호박엿 만들기 체험을 하지 못하거나 '울릉도 → 포항' 선박을 탈 수 없다.

정답

p.46

01	④	법·규정의 적용	06	⑤	계산·비교	11	②	계산·비교	16	③	법·규정의 적용	21	①	규칙 적용
02	③	법·규정의 적용	07	③	계산·비교	12	①	논리퍼즐	17	①	법·규정의 적용	22	③	논리퍼즐
03	⑤	법·규정의 적용	08	④	규칙 적용	13	②	규칙 적용	18	②	법·규정의 적용	23	③	세부 정보 파악
04	④	세부 정보 파악	09	①	논리퍼즐	14	①	논리퍼즐	19	④	계산·비교	24	④	세부 정보 파악
05	⑤	법·규정의 적용	10	⑤	계산·비교	15	②	법·규정의 적용	20	⑤	계산·비교	25	③	규칙 적용

취약 유형 분석표

유형별로 맞힌 문제 개수와 정답률, 틀린 문제 번호와 풀지 못한 문제 번호를 적고 나서 취약한 유형이 무엇인지 파악해 보세요.

유형	맞힌 개수	정답률	틀린 문제 번호	풀지 못한 문제 번호
세부 정보 파악	/3	%		
법·규정의 적용	/8	%		
계산·비교	/6	%		
규칙 적용	/4	%		
논리퍼즐	/4	%		
TOTAL	/25	%		

01 법·규정의 적용   난이도 중   정답 ④

정답 체크

두 번째 법조문 제1항에서 농림축산식품부장관은 농산물(쌀과 보리는 제외한다. 이하 이 조에서 같다)의 수급조절과 가격안정을 위하여 필요하다고 인정할 때에는 농산물가격안정기금으로 농산물을 비축할 수 있다고 했고, 동조 제2항에서 제1항에 따른 비축용 농산물은 생산자 또는 생산자단체로부터 수매할 수 있다고 했으므로 농림축산식품부장관은 개별 생산자로부터 비축용 농산물을 수매할 수 있음을 알 수 있다.

오답 체크

① 첫 번째 법조문 제1항에서 농림축산식품부장관은 채소류 등 저장성이 없는 농산물의 가격안정을 위하여 필요하다고 인정할 때에는 생산자 또는 생산자단체로부터 농산물가격안정기금으로 해당 농산물을 수매할 수 있다고 했고, 동조 제2항에서 제1항에 따라 수매한 농산물은 판매 또는 수출하거나 사회복지단체에 기증하는 등 필요한 처분을 할 수 있음을 알 수 있다. 또한 동조 제3항에서 농림축산식품부장관은 제1항과 제2항에 따른 수매 및 처분에 관한 업무를 한국농수산식품유통공사에 위탁할 수 있다고 했으므로 한국농수산식품유통공사는 가격안정을 위해 수매한 저장성이 없는 농산물을 외국에 수출할 수 있음을 알 수 있다.

② 첫 번째 법조문 제1항에서 가격안정을 위하여 특히 필요하다고 인정할 때에는 도매시장에서 해당 농산물을 수매할 수 있다고 했고, 동조 제3항에서 농림축산식품부장관은 제1항에 따른 수매 및 처분에 관한 업무를 농림협중앙회에 위탁할 수 있다고 했으므로 채소류의 가격안정을 위해서 특히 필요하다고 인정되어 수매할 경우, 농림협중앙회는 소매시장이 아닌 도매시장에서 수매해야 함을 알 수 있다.

③ 두 번째 법조문 제1항에서 농림축산식품부장관은 농산물(쌀과 보리는 제외한다. 이하 이 조에서 같다)의 수급조절과 가격안정을 위하여 필요하다고 인정할 때에는 농산물가격안정기금으로 농산물의 출하를 약정하는 생산자에게 그 대금의 일부를 미리 지급하여 출하를 조절할 수 있다고 했고, 동조 제3항에서 농림축산식품부장관은 제1항에 따른 사업을 농림협중앙회에 위탁할 수 있다고 했으므로 농림협중앙회는 보리의 수급조절을 위하여 보리 생산자에게 대금의 일부를 미리 지급하여 출하를 조절할 수 없음을 알 수 있다.

⑤ 두 번째 법조문 제4항에서 농림축산식품부장관은 국제가격의 급격한 변동에 대비하여야 할 필요가 있다고 인정할 때에는 선물거래를 할 수 있음을 알 수 있다.

02 법·규정의 적용   난이도 하   정답 ③

정답 체크

첫 번째 법조문 제1항에서 주택 등에서 월령 2개월 이상인 개를 기르는 경우, 그 소유자는 시장·군수·구청장에게 이를 등록해야 한다고 했고, 동조 제2항에서 소유자는 제1항의 개를 기르는 곳에서 벗어나게 하는 경우에는 소유자의 성명, 소유자의 전화번호, 등록번호를 표시한 인식표를 그 개에게 부착해야 함을 알 수 있다. 이때 甲은 월령 1개월인 맹견 A의 소유자로 시장·군수·구청장에게 이를 등록하지 않아도 되고, 이에 따라 甲은 맹견 A를 기르는 곳에서 벗어나게 하는 경우에는 소유자의 성명, 소유자의 전화번호, 등록번호를 표시한 인식표를 그 개에게 부착하지 않아도 됨을 알 수 있다. 따라서 甲이 A와 함께 타 지역으로 여행을 가는 경우, A에게 甲의 성명과 전화번호를 표시한 인식표를 부착하지 않아도 됨을 알 수 있다.

오답 체크

① 두 번째 법조문 제1항 제2호에서 월령이 3개월 이상인 맹견을 동반하고 외출할 때에는 목줄과 입마개를 하거나 맹견의 탈출을 방지할 수 있는 적정한 이동장치를 할 것을 준수해야 한다고 했으나 甲은 월령 1개월인 맹견 A을 기르고 있으므로 甲이 A를 동반하고 외출하는 경우 A에게 목줄과 입마개를 해야 하는 것은 아님을 알 수 있다.

② 두 번째 법조문 제3항에서 맹견의 소유자는 맹견의 안전한 사육 및 관리에 관하여 정기적으로 교육을 받아야 한다고 했고, 甲은 월령 1개월인 맹견 A의 소유자이므로 맹견의 안전한 사육 및 관리에 관하여 정기적으로 교육을 받아야 함을 알 수 있다.

④ 두 번째 법조문 제2항에서 시장·군수·구청장은 맹견이 사람에게 신체적 피해를 주는 경우, 소유자의 동의 없이 맹견에 대하여 격리조치 등 필요한 조치를 취할 수 있다고 했으므로 B가 제3자에게 신체적 피해를 주는 경우, 구청장은 乙의 동의 없이 B를 격리조치 할 수 있음을 알 수 있다.

⑤ 세 번째 법조문 제2항에서 제□□조 제1항을 위반하여 사람의 신체를 상해에 이르게 한 자는 2년 이하의 징역 또는 2천만 원 이하의 벌금에 처한다고 했으므로 乙이 B에게 목줄을 하지 않아 제3자의 신체를 상해에 이르게 한 경우, 乙을 3년의 징역에 처하지 않음을 알 수 있다.

⏱ 빠른 문제 풀이 Tip

선택지를 대략적으로 살펴보았을 때, '목줄과 입마개', '교육', '인식표', '격리조치', '동의', '상해' 등이 주요 핵심어이므로 제시된 법조문에서 해당 단어가 포함된 내용을 우선적으로 확인한다.

03 법·규정의 적용   난이도 하   정답 ⑤

정답 체크

제시된 글에서 차순위매수신고의 요건을 정리하면 다음과 같다.
· 최저가매각가격의 10분의 1을 보증금으로 납부하여 입찰에 참가함
· 최고가매수신고인이 대금을 기일까지 납부하지 않음
· 차순위매수신고액이 최고가매수액에서 보증금을 뺀 금액을 넘음

법원은 A주택의 최저가매각가격을 2억 원으로 정했으므로 입찰에 참가하기 위해 납부해야 하는 보증금은 2억 원의 10분의 1인 2천만 원임을 알 수 있다. 甲은 매수가격을 2억 5천만 원으로 신고하여 최고가매수신고인이 되었다고 했으므로 최고가매수액에서 보증금을 뺀 금액은 2억 5천만 −2천만=2억 3천만 원이다.

따라서 乙은 차순위매수신고를 하기 위해서 2억 3천만 원이 넘는 금액으로 매수신고를 해야 하므로 ㉠에 들어갈 금액은 2억 3천만 원이다.

04 세부 정보 파악   난이도 중   정답 ④

정답 체크

ㄱ. 첫 번째 단락에서 조선시대 궁녀가 받는 보수는 의전, 선반, 삭료 세 가지인데, 그 중 의전은 봄, 가을에 궁녀에게 포화를 내려주는 것이고, 삭료는 매달 곡식과 반찬거리 등을 현물로 지급하는 것임을 알 수 있다. 따라서 조선시대 궁녀에게는 현물과 포화가 지급되었음을 알 수 있다.

ㄷ. 세 번째 단락에서 온방자는 매달 쌀 6두와 북어 1태였고 반방자는 온방자의 절반인 쌀 3두와 북어 10미였다고 했으므로 북어 1태는 20미였음을 알 수 있다. 또한 두 번째 단락에서 반공상은 쌀 5두 5승, 콩 3두 3승, 북어 1태 5미였다고 했으므로 반공상과 온방자를 삭료로 받

는 궁녀가 매달 받는 북어는 1태 5미+1태=2태 5미=(2×20)+5=45미
였음을 알 수 있다

ㄹ. 두 번째 단락에서 삭료의 항목은 공상과 방자로 나뉘어져 있었고, 공
상은 모든 궁녀에게 직급과 근무연수에 따라 온공상, 반공상, 반반공
상 세 가지로 차등 지급되었음을 알 수 있다. 또한 세 번째 단락에서 방
자는 모두에게 지급된 것이 아니라 직급이나 직무에 따라 일부에게만
지급된 일종의 직급수당 또는 직무수당이라고 했으므로 매달 궁녀가
받을 수 있는 가장 적은 삭료는 쌀 4두, 콩 1두 5승, 북어 13미인 반반
공상만 지급받는 것이었음을 알 수 있다.

오답 체크

ㄴ. 두 번째 단락에서 삭료로 지급되는 현물 중 쌀의 양은 온공상이 7두 5
승, 반공상이 5두 5승, 반반공상이 4두였으므로 삭료로 지급되는 현
물의 양은 온공상이 반공상의 2배도 아니고, 반공상이 반반공상의 2
배도 아니었음을 알 수 있다.

> ⏱ **빠른 문제 풀이 Tip**
> 제시된 지문에서 '온공상', '반공상', '반반공상', '온방자', '반방
> 자' 등 여러 용어가 분류되어 제시되어 있으므로 각 용어 의미 및 관계를 파악한
> 후 문제를 풀이한다.

05 법·규정의 적용 난이도 상 정답 ⑤

정답 체크

첫 번째 단락에서 피상속인(사망자)과의 관계에 따라 피상속인의 직계
비속(1순위), 피상속인의 직계존속(2순위), 피상속인의 형제자매(3순위),
피상속인의 4촌 이내 방계혈족(4순위) 순으로 상속인이 되고, 후순위 상
속인은 선순위 상속인이 없는 경우에 상속재산을 상속할 수 있다고 했으
므로 피상속인에게 3촌인 방계혈족만 있는 경우, 그 방계혈족은 상속인이
될 수 있음을 알 수 있다. 이때 세 번째 단락에서 유류분 권리자는 피상속
인의 직계비속, 배우자, 직계존속 및 형제자매라고 했으므로 피상속인에
게 3촌인 방계혈족만 있는 경우, 그 방계혈족은 유류분 권리자는 될 수 없
음을 알 수 있다.

오답 체크

① 세 번째 단락에서 유류분이란 법률상 상속인에게 귀속되는 것이 보장
되는 상속재산에 대한 일정비율을 의미한다고 했고, 네 번째 단락에서
유류분 권리자는 피상속인의 직계비속이라고 했으므로 피상속인이 유
언에 의해 재산을 모두 사회단체에 기부한 경우, 그의 자녀는 유류분
권리자가 될 수 있음을 알 수 있다.

② 네 번째 단락에서 유류분은 피상속인의 배우자 또는 직계비속의 경우
그 법정상속분의 2분의 1이라고 했고, 두 번째 단락에서 배우자의 법정
상속분은 직계비속과 공동으로 상속하는 때에는 직계비속 상속분의 5
할을 가산한다고 했으므로 피상속인의 자녀에게는 법정상속분 2분의
1의 유류분이 인정되나 유류분 산정액은 피상속인의 배우자의 그것과
같지 않음을 알 수 있다.

③ 첫 번째 단락에서 피상속인(사망자)과의 관계에 따라 피상속인의 직계
비속(1순위), 피상속인의 직계존속(2순위), 피상속인의 형제자매(3순
위), 피상속인의 4촌 이내 방계혈족(4순위) 순으로 상속인이 되고, 후
순위 상속인은 선순위 상속인이 없는 경우에 상속재산을 상속할 수 있
다고 했으므로 피상속인의 부모인 직계존속(2순위)은 피상속인의 자
녀인 직계비속(1순위)과 공동으로 상속재산을 상속할 수 없음을 알 수
있다.

④ 마지막 단락에서 유류분반환청구권의 행사는 반드시 소에 의한 방법
으로 하여야 할 필요는 없다고 했고, 유류분반환청구권은 상속이 개시
된 때부터 10년이 경과하면 시효에 의하여 소멸한다고 했으므로 상속
이 개시한 때부터 10년이 경과하였다면, 유류분반환청구권은 시효에
의하여 소멸하여 행사할 수 없음을 알 수 있다.

06 계산·비교 난이도 중 정답 ⑤

정답 체크

제시된 <휴양림 요금규정>과 <조건>에 따라 甲, 乙, 丙 일행이 각각 지불
한 총요금을 정리하면 다음과 같다.

· 甲 일행: 甲 일행 중 자녀 3명이 모두 만 19세 미만으로 '다자녀 가
정'이고, 甲 일행은 7월 중에 숙박시설로 휴양림을 이용했으므로 휴
양림 입장료는 면제되어 0원이다. 甲 일행은 성수기인 7월 중 5인
용 숙박시설 1실로 3박 4일간 머물렀다고 했으므로 숙박시설 요금은
85,000×3=255,000원이다. 이에 따라 甲 일행의 총요금은 255,000
원이다.

· 乙 일행: 乙 일행은 동절기인 12월 중에 야영시설로 휴양림을 이용했
으므로 휴양림 입장료는 면제되어 0원이다. 乙 일행은 비수기인 12월
중 캐빈 1동으로 6박 7일간 머물렀고, 비수기에 한해 '장애인'이 있을
경우 야영시설 요금의 50%를 할인한다고 했으므로 야영시설 요금
은 30,000×6×0.5=90,000원이다. 이에 따라 乙 일행의 총요금은
90,000원이다.

· 丙 일행: 丙 일행은 10월 중에 9박 10일 동안 야영시설로 휴양림을
이용하여 휴양림 입장료는 별도이므로 휴양림 입장료는 1,000
×4×10=40,000원이다. 丙 일행은 비수기인 10월 중 황토데크
1개로 9박 10일 동안 머물렀다고 했으므로 야영시설 요금은
10,000×9=90,000원이다. 이에 따라 丙 일행의 총요금은 40,000
+90,000=130,000원이다.

따라서 甲, 乙, 丙 일행이 각각 지불한 총요금 중 가장 큰 금액은 甲 일행,
가장 작은 금액은 乙 일행으로 그 차이는 255,000-90,000=165,000
원이다.

> ⏱ **빠른 문제 풀이 Tip**
> 제시된 <휴양림 요금규정>에서 '입장료 면제', '비고' '각주' 등을 먼저 살
> 펴본 후, 계산을 최소화한다.

07 계산·비교 난이도 하 정답 ③

정답 체크

제시된 <표>의 음식을 다음과 같이 기호화한다.
짜장면: a, 탕수육: b, 짬뽕: c, 볶음밥: d, 깐풍기: e
<상황>에 따르면 각 테이블에서 음식을 주문 내역별로 1그릇씩 주문했
으므로 모든 테이블의 주문 내역과 총액은 2a+2b+2c+2d+2e=90,000
원이고, a+b+c+d+e=45,000원이다. 이때 테이블 4와 5의 주문 내역의
합은 b+c+d+e=39,000원이므로 a는 45,000-39,000=6,000원이다.
따라서 짜장면 1그릇의 가격은 6,000원이다.

08 규칙 적용 [난이도 하] 　　　　　정답 ④

정답 체크
C방법은 일반인을 대상으로 한 측정방법 중 가장 좋은 방법이라고 했으므로 종합병원에서 신입사원 심전도를 측정하는 방법으로 적절하다.

오답 체크
① B방법은 수영이나 달리기와 같은 종류의 동작을 측정하기 어렵다고 했으므로 올림픽 출전을 앞둔 수영 선수의 운동능력을 측정하는 방법으로 적절하지 않다.
② A방법은 신뢰성 있는 심전도 결과를 얻기 어렵다고 했으므로 심장질환이 있는 중년여성의 심전도를 측정하는 방법으로 적절하지 않다.
③ B방법은 수영이나 달리기와 같은 종류의 동작을 측정하기 어렵다고 했으므로 초등학교 단거리 육상 선수의 운동능력을 측정하는 방법으로 적절하지 않다.
⑤ D방법은 측정대상자가 정적인 운동을 주로 하는 경우에 운동능력을 정확하게 측정할 수 있다고 했으나 이종 격투기는 정적인 운동이 아니라 동적인 운동이므로 경기를 앞둔 이종 격투기 선수의 운동능력을 측정하는 방법으로 적절하지 않다.

09 논리퍼즐 [난이도 하] 　　　　　정답 ①

정답 체크
ㄱ. '사과와 배 상자'에서 과일 하나를 꺼내어 확인한 결과 사과라면, '사과와 배 상자'에는 사과와 배가 들어 있을 수 없으므로 사과만 들어 있다. 이에 따라 '사과 상자'에는 배만 들어 있고 '배 상자'에는 사과와 배가 들어 있다.

오답 체크
ㄴ. '배 상자'에서 과일 하나를 꺼내어 확인한 결과 배라면, '배 상자'에는 배만 들어 있을 수 없으므로 사과와 배가 들어 있다. 이에 따라 '사과 상자'에는 배만 들어 있고, '사과와 배 상자'에는 사과만 들어 있다.
ㄷ. '사과 상자'에서 과일 하나를 꺼내어 확인한 결과 배라면, '사과 상자'에는 배만 들어 있거나 사과와 배가 들어 있을 수 있다. 이에 따라 '배 상자'에 사과만 들어 있는지 알 수 없다.

⏱ 빠른 문제 풀이 Tip
'배 상자'에서 과일을 확인한 결과 사과가 있거나 '사과 상자'에서 과일을 확인한 결과 배가 있는 경우 특정 과일만 있거나 사과와 배 모두 있을 수 있음을 유의한다.

10 계산·비교 [난이도 중] 　　　　　정답 ⑤

정답 체크
첫 번째 조건에서 주어진 예산은 월 3천만 원이라고 했으므로 월 광고비용이 30,000천 원을 초과하는 KTX는 제외하고 광고효과를 계산한다.

$$광고효과 = \frac{총\ 광고\ 횟수 \times 회당\ 광고노출자\ 수}{광고비용}$$

이고, 한 달은 30일이므로 광고수단별로 월별 광고효과를 계산한다. 이때 광고비용의 단위는 천만이 공통이므로 이를 제외하고 계산식을 간단히 정리하면 다음과 같다.

· TV: (3×100)/3=100
· 버스: (1×30×10)/2=150
· 지하철: (60×30×0.2)/2.5=144
· 포털사이트: (50×30×0.5)/3=250

따라서 A사무관이 선택할 4월의 광고수단은 포털사이트이다.

⏱ 빠른 문제 풀이 Tip
회당 광고노출자 수와 광고비용에서 공통인 단위 만 명, 천 원을 생략하여 계산을 간소화한 후 문제를 풀이한다.

11 계산·비교 [난이도 중] 　　　　　정답 ②

정답 체크
그림에서 동그라미 안의 숫자는 각 도별 소주 생산량, 해당 동그라미로 향하는 화살표 옆 숫자는 다른 도에서 해당 도로 이동한 소주의 양, 해당 동그라미에서 밖으로 향하는 화살표 옆 숫자는 해당 도에서 다른 도로 이동한 소주의 양이므로 각 도의 소주 소비량과 LOFI$_{자도소주}$를 식으로 다시 정리하면 다음과 같다.
· 각 도의 소주 소비량=소주 생산량+해당 도로 이동한 소주의 양의 합－다른 도로 이동한 소주의 양의 합
· LOFI$_{자도소주}$=$\dfrac{소주\ 생산량-다른\ 도로\ 이동한\ 소주의\ 양의\ 합}{소주\ 생산량}\times100$
ㄴ. LOFI가 75% 이상이면 해당 지역은 독립적인 시장으로 본다고 했으므로 A도와 B도가 하나의 도일 때 LOFI를 계산한다. A+B도의 소주 생산량은 300+100=400이고 A+B도에서 밖으로 향하는 소주의 양의 합은 5+30=35이므로 A+B도의 LOFI$_{자도소주}$는 {(400-35)/400}×100≒91.3%이다. 따라서 LOFI가 75% 이상이므로 독립적인 시장으로 볼 수 있다.

오답 체크
ㄱ. A도의 소주 생산량은 300이고, 다른 도에서 A도로 이동한 소주의 양의 합은 15+20=35, A도에서 다른 도로 이동한 소주의 양의 합은 40+5+30=75이므로 A도의 소주 소비량은 300+35-75=260이다. 따라서 A도에서는 소주의 생산량이 소비량보다 더 많다.
ㄷ. LOFI가 75% 이상이면 해당 지역은 독립적인 시장으로 본다고 했으므로 C도의 LOFI를 계산한다. C도는 100의 소주를 생산하고, C도에서 다른 도로 이동한 소주의 양의 합은 10+15=25이다. 따라서 C도의 LOFI$_{자도소주}$는 {(100-25)/100}×100=75% 이상이므로 독립적인 시장으로 볼 수 있다.

12 논리퍼즐 [난이도 중] 　　　　　정답 ①

정답 체크
학생들의 진술 중 하나는 참이고, 하나는 거짓이라고 했으므로 지영의 진술을 기준으로 가능한 경우를 나누어 모순이 발생하는지 확인한다.
· 'C=삼각형'이 참이고, 'D=사각형'이 거짓인 경우
미석의 진술에서 C가 원이라는 진술은 거짓이고, D가 오각형이라는 진술은 참이 된다. D가 오각형이라면 종형의 진술에서 B가 오각형이라는 진술이 거짓이므로 E가 사각형이라는 진술은 참이다. E가 사각형이라면 길원의 진술에서 A가 육각형이라는 진술은 거짓이다. 그러나 이에 따르면 수연의 진술에서 A가 육각형이라는 진술과 B가 삼각형이라는 진술은 모두 거짓이 되어 모순이 발생하므로 C는 삼각형이 아님을 알 수 있다. 따라서 D는 사각형이다.

- 'C=삼각형'이 거짓이고, 'D=사각형'이 참인 경우
  D가 사각형이므로 족현의 진술에서 E가 사각형이라는 진술은 거짓이고, B가 오각형이라는 진술이 참이 된다. B가 오각형이라면 미석의 진술에서 D가 오각형이라는 진술은 거짓이고 C가 원이라는 진술이 참이며, 수연의 진술에서 B가 삼각형이라는 진술이 거짓이고 A가 육각형이라는 진술이 참이다. 이에 따라 A가 육각형, B가 오각형, C가 원, D가 사각형, E가 삼각형임을 알 수 있다.
  따라서 도형의 모양으로 옳게 짝지은 것은 A=육각형, D=사각형이다.

> ⏱ **빠른 문제 풀이 Tip**
> 두 진술 중 하나의 진술만 참인 경우 임의로 하나의 진술을 참이라고 가정하고 그에 따른 결과가 무엇인지 찾는다. 이때 하나의 진술에 모순이 발생하면 다른 하나의 진술이 참임을 유의한다.

13 규칙 적용 난이도 중   정답 ②

정답 체크

3개의 조명시설에서 주택 A~E에 도달하는 빛의 조도를 계산하여 정리하면 다음과 같다.

구분	조명시설(36)	조명시설(24)	조명시설(48)	합
A	36/2=18	24/8=3	48/12=4	25
B	36/2=18	24/4=6	48/8=6	30
C	36/4=9	24/2=12	48/6=8	29
D	36/8=4.5	24/2=12	48/2=24	40.5
E	36/12=3	24/6=4	48/2=24	31

주택에서 예측된 빛의 조도가 30을 초과할 때 관리대상주택으로 지정한다고 했으므로 관리대상주택의 수는 D와 E 총 2채이다.

> ⏱ **빠른 문제 풀이 Tip**
> 조도를 계산하는 방법과 각 조명시설의 위치를 파악한 후 이를 적용하여 주택에 도달하는 빛의 조도를 계산한다. 이때 하나의 주택에는 여러 조명시설에서 방출되는 빛이 모두 도달할 수 있음에 유의한다.

14 논리퍼즐 난이도 상   정답 ①

정답 체크

제시된 조건에 따라 빨간색 수건 1개와 파란색 수건 1개를 함께 세탁하면 보라색 수건 2개가 가능하나 노란색 수건은 노란색 수건, 주황색 수건 또는 초록색 수건이 가능하여 빨간색 수건 또는 파란색 수건은 가능하지 않다. 또한 흰색 수건으로는 빨간색 수건 1개 또는 파란색 수건 1개 중 1개의 수건이 가능하다. 이에 따라 보라색 2개의 수건을 조합할 경우, 빨간색 수건 1개 또는 파란색 수건 1개 중 1개의 수건을 조합할 수 없고 노란색 수건이 남으므로 수호가 세탁을 통해 가질 수 없는 수건의 색조합은 빨간색 1개, 파란색 1개, 보라색 2개, 검은색 1개이다.

오답 체크

② 노란색 수건 1개와 흰색 수건 1개를 함께 세탁하면 노란색 수건 2개가 가능하고, 빨간색 수건 1개와 노란색 수건 1개를 함께 세탁하면 빨간색 수건 1개와 주황색 수건 1개가 가능하다. 이후 빨간색 수건 1개와 검은색 수건 1개를 함께 세탁하면 검은색 수건 2개가 가능하다. 이에 따라 주황색 1개, 파란색 1개, 노란색 1개, 검은색 2개는 수호가 세탁을 통해 가질 수 있는 색조합이다.

③ 빨간색 수건 1개와 노란색 수건 1개를 함께 세탁하면 빨간색 수건 1개와 주황색 수건 1개가 가능하고, 파란색 수건 1개와 흰색 수건 1개를 함께 세탁하면 파란색 수건 2개가 가능하다. 이에 따라 빨간색 1개, 주황색 1개, 파란색 2개, 검은색 1개는 수호가 세탁을 통해 가질 수 있는 색조합이다.

④ 파란색 수건 1개와 노란색 수건 1개를 함께 세탁하면 파란색 수건 1개와 초록색 수건 1개가 가능하고, 빨간색 수건 1개와 파란색 수건 1개를 함께 세탁하면 보라색 수건 2개가 가능하다. 이후 보라색 수건 1개와 흰색 수건 1개를 함께 세탁하면 보라색 수건 2개가 가능하다. 이에 따라 보라색 3개, 초록색 1개, 검은색 1개는 수호가 세탁을 통해 가질 수 있는 색조합이다.

⑤ 파란색 수건 1개와 노란색 수건 1개를 함께 세탁하면 파란색 수건 1개와 초록색 수건 1개가 가능하고, 파란색 수건 1개와 검은색 수건 1개를 함께 세탁하면 검은색 수건 2개가 가능하다. 이후 빨간색 수건 1개와 흰색 수건 1개를 함께 세탁하면 빨간색 수건 2개가 가능하다. 이에 따라 빨간색 2개, 초록색 1개, 검은색 2개는 수호가 세탁을 통해 가질 수 있는 색조합이다.

15 법·규정의 적용 난이도 하   정답 ②

정답 체크

세 번째 법조문 제2항에서 화장을 하려는 자는 화장시설을 관할하는 시장 등에게 신고하여야 한다고 했으므로 甲을 C시 소재 화장시설에서 화장하려는 경우, 그 시설을 관할하는 C시의 장에게 신고해야 한다.

오답 체크

① 두 번째 법조문 제1항에서 사망한 때부터 24시간이 지난 후가 아니면 매장 또는 화장을 하지 못한다고 했고, 甲은 2019년 7월 10일 아침 7시에 사망했으므로 甲을 2019년 7월 10일에 매장할 수 없다.

③ 마지막 법조문 제2항에서 가족묘지, 종중·문중묘지를 설치·관리하려는 자는 해당 묘지 소재지를 관할하는 시장 등의 허가를 받아야 한다고 했으므로 甲의 자녀가 가족묘지를 설치·관리하려는 경우, 그 소재지의 관할 시장 등에게 신고를 해야 하는 것이 아니라 허가를 받아야 한다.

④ 세 번째 법조문 제3항 제2호에서 매장한 시신 또는 유골을 자연장하는 경우에는 시신 또는 유골의 현존지를 관할하는 시장 등에게 신고하여야 한다고 했으므로 甲의 유골의 골분을 자연장한 경우, 자연장 소재지의 관할 시장 등에게 허가를 받는 것이 아니라 신고를 해야 한다.

⑤ 세 번째 법조문 제3항 제1호에서 매장한 시신 또는 유골을 다른 분묘로 옮기거나 화장하는 경우에는 시신 또는 유골의 현존지와 개장지를 관할하는 시장에게 각각 신고하여야 한다고 했으므로 B시 소재 공설묘지에 있는 乙의 유골을 甲과 함께 D시 소재 공설묘지에 합장하려는 경우, B시와 D시의 장에게 허가를 받는 것이 아니라 신고를 해야 한다.

16 법·규정의 적용 난이도 중   정답 ③

정답 체크

제시된 내용을 정리하면 다음과 같다.

· 손해배상액의 예정: 장래의 채무불이행 시 지급해야 할 손해배상액을 사전에 정하는 약정을 말함
· 발생한 손해가 손해배상액을 예정한 사유인 경우: 채권자는 실손해액과 상관없이 예정된 배상액을 청구할 수 있으나, 실손해액이 예정액을 초과하더라도 초과액을 배상받을 수는 없음

· 발생한 손해가 손해배상액을 예정한 사유가 아닌 경우: 손해배상액 예정의 효력이 미치지 않으며, 이 경우 별도로 손해의 발생사실과 손해액을 증명하면 배상받을 수 있음

<사례>에 제시된 손해는 '공사기간의 30일 지연'과 '불량자재 사용으로 인한 1,000만 원의 손해' 두 가지이다. 공사기간 지연의 경우 손해배상액을 예정한 사유이므로 지연기간 1일당 공사대금의 0.1%를 산정하여 받게 된다. 불량자재 사용으로 인한 손해는 손해배상액을 예정한 사유가 아니므로 별도의 손해의 발생사실과 손해액을 증명해야 받을 수 있고, <사례>에 따르면 각각 손해발생사실과 손해액을 증명했으므로 두 가지 모두 손해배상을 청구할 수 있다.

따라서 최대 손해배상액은 '공사기간 30일 지연' 손해배상액 100,000,000×0.001×30=300만 원과 '불량자재 사용' 손해배상액 1,000만 원의 합인 300+1,000=1,300만 원이다.

17 법·규정의 적용 [난이도 중] 정답 ①

정답 체크

ㄱ. 첫 번째 단락에서 주민투표법에서는 주민투표를 실시할 수 있는 권한을 지방자치단체장에게만 부여하고 있음을 알 수 있다.

ㄷ. 두 번째 단락에서 주민발의는 지방자치단체장에게 청구하도록 되어 있다고 했으므로 주민이 지방의회에 대해 직접 청구할 수는 없음을 알 수 있다.

오답 체크

ㄴ. 두 번째 단락에서 주민발의 청구에 필요한 주민의 수는 지방자치단체의 조례로 정하되 인구가 50만 명 이상인 대도시에서는 19세 이상 주민 총수의 100분의 1 이상 70분의 1 이하의 범위 내에서 정한다고 했으므로 인구가 70만 명인 甲시에서 주민발의 청구를 위해서는 19세 이상 주민 총수의 100분의 1 이상 70분의 1 이하의 범위에서 서명을 받아야 함을 알 수 있다.

ㄹ. 세 번째 단락에서 기초자치단체장에 대해서는 19세 이상 주민의 100분의 15 이상의 서명을 받아야 주민소환 실시를 청구할 수 있다고 했으므로 기초자치단체인 乙시의 丙시장에 대한 주민소환 실시의 청구를 위해서는 19세 이상 주민의 100분의 15 이상의 서명을 받아야 함을 알 수 있다.

⏱ 빠른 문제 풀이 Tip

<보기>를 대략적으로 살펴보았을 때, '주민투표제도', '주민발의제도', '주민소환제도' 등이 주요 핵심어이므로 제시된 지문에서 해당 단어가 포함된 문장을 우선적으로 확인한다.

18 법·규정의 적용 [난이도 상] 정답 ②

정답 체크

두 번째 단락에서 결의취소의 소는 해당 회사를 피고로 해야 하며, 회사가 피고가 된 소송에서는 회사의 대표이사가 회사를 대표하여 소송을 수행한다고 했으므로 丙이 A회사를 피고로 하여 결의취소의 소를 제기하면, A회사의 대표이사인 乙이 A회사를 대표하여 소송을 수행함을 알 수 있다.

오답 체크

① 첫 번째 단락에서 결의취소의 소를 제기한 주주·이사·감사는 변론이 종결될 때까지 그 자격을 유지하여야 하며, 변론종결 전에 원고인 주주가 주식을 전부 양도하거나 이사·감사가 임기만료나 해임·사임·사망 등으로 그 지위를 상실한 경우, 소는 부적법한 것으로 각하됨을 알 수 있다. 따라서 대표이사에서 해임되어 지위를 상실한 甲이 A회사를 피고로 하여 결의취소의 소를 제기하면 소는 부적법한 것으로 각하되고, 결의를 취소하는 것이 정당한지에 관한 법원의 판단 없이 소송이 종료됨을 알 수 있다.

③ 두 번째 단락에서 결의취소의 소는 해당 회사를 피고로 해야 하며, 회사 아닌 사람을 공동피고로 한 경우 그 사람에 대한 소는 부적법한 것으로 각하되고, 회사에 대한 소송만 진행된다고 했으므로 丁이 A회사와 乙을 공동피고로 하여 결의취소의 소를 제기하면, 乙에 대한 소는 부적법한 것으로 각하되지만, A회사에 대한 소는 진행됨을 알 수 있다.

④ 두 번째 단락에서 회사가 피고가 된 소송에서는 회사의 대표이사가 회사를 대표하여 소송을 수행한다고 했고, 이사가 결의취소의 소를 제기한 때에는 이사와 대표이사의 공모를 막기 위해서 감사가 회사를 대표하여 소송을 수행함을 알 수 있다. 따라서 戊가 A회사를 피고로 하여 결의취소의 소를 제기하면, 甲이 아닌 감사 己가 A회사를 대표하여 소송을 수행함을 알 수 있다.

⑤ 첫 번째 단락에서 변론종결 전에 이사·감사가 임기만료나 해임·사임·사망 등으로 그 지위를 상실한 경우 소는 부적법한 것으로 각하됨을 알 수 있으나, 己가 A회사를 피고로 하여 제기한 결의취소의 소의 변론이 종결된 후에 己의 임기가 만료된 경우 그 소가 부적법 각하되는지는 알 수 없다.

19 계산·비교 [난이도 중] 정답 ④

정답 체크

甲은 유자차 작은 잔을 마실 예정이며, 오늘의 차인 유자차의 금액은 균일가 3,000원이라고 했으므로 <차림표>에 따라 甲이 구매할 음료의 금액을 정리하면 다음과 같다.

구분	음료	금액
甲	유자차 작은 잔	3,000원
A	녹차 큰 잔	2,800원
B	노른자가 추가된 쌍화차 작은 잔	3,800원
C	식혜 작은 잔	3,500원
D	수정과 큰 잔	4,200원

회원특전에서 10,000원 이상 결제 시 회원카드를 제시하면 총 결제금액에서 1,000원이 할인되고, 적립금이 2,000점 이상인 경우 타 할인 혜택 적용 후 최종금액의 5%까지 100원 단위로 현금처럼 사용 가능함을 알 수 있다. 이에 따라 최종금액은 3,000+2,800+3,800+3,500+4,200−1,000=16,300인, 최종금액의 5%는 16,300×0.05=815원이고 적립금은 100원 단위로 사용 가능하므로 총 800원을 사용할 수 있다.

따라서 甲이 최종적으로 지불해야 할 금액은 16,300−800=15,500원이다.

20 계산·비교 [난이도 상]　　　　　정답 ⑤

<벌점 산정 방식>에 제시된 조건을 정리하면 다음과 같다.
· 일반 오류 1건당 오류 점수 10점 부여, 중대 오류 1건당 오류 점수 20점 부여
· 전월 우수사원으로 선정된 경우 80점 차감
· 벌점 부과 대상은 월별 최종 오류 점수가 400점 이상인 동시에 월별 오류 발생 비율이 30% 이상인 직원
· 최종 오류 점수 1점당 벌점 10점 부과

이에 따라 甲~戊의 오류 점수와 벌점을 정리하면 다음과 같다.

직원	오류 건수(건)		오류 발생 비율	전월 우수 사원 선정 여부	최종 오류 점수	벌점
	일반 오류	중대 오류				
甲	5	20	{(5+20)/100}×100=25%	미선정	(5×10)+(20×20)=450	미부과
乙	10	20	{(10+20)/100}×100=30%	미선정	(10×10)+(20×20)=500	5,000
丙	15	15	{(15+15)/100}×100=30%	선정	(15×10)+(15×20)-80=370	미부과

따라서 두 번째로 높은 벌점을 받게 되는 사람은 戊이다.

21 규칙 적용 [난이도 중]　　　　　정답 ①

마지막 규칙에 따라 1월부터 12월까지 쓰레기를 매립하는 셀의 순서를 정리하면 다음과 같다.

구분	숫자 1	숫자 2	숫자 3	숫자4
1행	1월	5월	9월	-
2행	2월	6월	10월	-
3행	3월	7월	11월	-
4행	4월	8월	12월	-

이에 따르면 8월에 쓰레기를 매립할 셀은 4행의 숫자 2가 쓰인 셀이다. 4행에는 두 개의 셀에 3과 4가 지정되었으므로 ㉠과 ㉡이 1 또는 2이다. 이때 가운데 두 개의 셀은 하나의 구획으로 구성되어 (4*)라고 표시되어 있는데, 이는 네 번째 규칙에서 구획을 구성하는 셀에 지정된 숫자를 모두 곱한 값이라고 했으므로 ㉡이 1임을 알 수 있다. 또한 두 번째 규칙에서 각 행에는 1, 2, 3, 4 중 서로 다른 숫자 1개가 지정된다고 했고, 4행에는 1, 3, 4가 지정되었으므로 ㉠은 2임을 알 수 있다.
따라서 8월에 쓰레기를 매립할 셀은 ㉠이다.

⏱ 빠른 문제 풀이 Tip

8월에 쓰레기를 매립할 셀은 4행의 숫자 2가 쓰인 셀이고, ㉠에 해당하는 셀은 숫자 4가 쓰인 셀과 하나의 구획으로 구성되어 (8*)이라고 표시되어 있으므로 ㉠은 2이다.

22 논리퍼즐 [난이도 상]　　　　　정답 ③

甲이 가진 전자식 체중계는 소수점 이하 첫째 자리에서 반올림하여 kg 단위의 자연수로 무게를 표시한다고 했고 甲이 체중계에 올라갔더니 66이 표시되었다고 했으므로 甲의 체중으로 가능한 무게는 65.5kg 이상 66.4kg 이하이다. 이때 선택지에 제시된 무게로 체중계의 표시가 가능한지 확인한다.
<경우 1> A물건 1개의 무게가 200g인 경우
甲이 A물건을 5개 들고 체중계에 올라갔을 때 가능한 무게는 66.5kg 이상 67.4kg 이하이다. 이에 따라 67이 표시되므로 가능하지 않다.
<경우 2> A물건 1개의 무게가 300g인 경우
甲이 A물건을 2개 들고 체중계에 올라갔을 때 가능한 무게는 66.1kg 이상 67.0kg 이하이다. 이때 66이 표시되기 위해서 甲의 체중으로 가능한 무게는 65.5kg 이상 65.8kg 이하이다.
甲이 A물건을 3개 들고 체중계에 올라갔을 때 가능한 무게는 66.4kg 이상 66.7kg 이하이다. 이때 67이 표시되기 위해서 甲의 체중으로 가능한 무게는 65.6kg 이상 65.8kg 이하이다.
甲이 A물건을 4개 들고 체중계에 올라갔을 때 가능한 무게는 66.8kg 이상 67.0kg 이하이다. 이때 67이 표시되므로 甲의 체중으로 가능한 무게는 65.6kg 이상 65.8kg 이하이다.
甲이 A물건을 5개 들고 체중계에 올라갔을 때 가능한 무게는 67.1kg 이상 67.3kg 이하이다. 이에 따라 67이 표시되므로 가능하지 않다.
<경우 3> A물건 1개의 무게가 400g인 경우
甲이 A물건을 2개 들고 체중계에 올라갔을 때 가능한 무게는 66.3kg 이상 67.2kg 이하이다. 이때 66이 표시되기 위해서 甲의 체중으로 가능한 무게는 65.5kg 이상 65.6kg 이하이다.
甲이 A물건을 3개 들고 체중계에 올라갔을 때 가능한 무게는 66.7kg 이상 66.8kg 이하이다. 이때 67이 표시되므로 甲의 체중으로 가능한 무게는 65.5kg 이상 65.6kg 이하이다.
甲이 A물건을 4개 들고 체중계에 올라갔을 때 가능한 무게는 67.1kg 이상 67.2kg 이하이다. 이때 67이 표시되므로 甲의 체중으로 가능한 무게는 65.5kg 이상 65.6kg 이하이다.
甲이 A물건을 5개 들고 체중계에 올라갔을 때 가능한 무게는 67.5kg 이상 67.6kg 이하이다. 이때 68이 표시되므로 甲의 체중으로 가능한 무게는 65.5kg 이상 65.6kg 이하이다.
<경우 4> A물건 1개의 무게가 500g인 경우
A물건 1개의 무게가 500g인 경우 甲이 A물건을 2개 들고 체중계에 올라갔을 때 가능한 무게는 66.5kg 이상 67.4kg 이하이다. 이에 따라 67이 표시되므로 가능하지 않다.
<경우 5> A물건 1개의 무게가 600g인 경우
A물건 1개의 무게가 600g인 경우 甲이 A물건을 2개 들고 체중계에 올라갔을 때 가능한 무게는 66.7kg 이상 67.6kg 이하이다. 이에 따라 67 또는 68이 표시되므로 가능하지 않다.
따라서 A물건 1개의 무게로 가능한 것은 400g이다.

⏱ 빠른 문제 풀이 Tip

A물건 1개의 무게로 가능한 것을 고려할 때, A물건 1개가 가벼울 경우 최대 무게를 측정하는 조건을 먼저 고려하고, A물건 1개가 무거울 경우 최소 무게를 측정하는 조건을 먼저 고려한다. 예를 들어 A물건 1개의 무게가 600g인 경우, 甲이 A물건을 2개 들고 체중계에 올라갔을 때 A물건의 무게만 1.2kg이므로 체중계에 66이 표시될 수 없음을 알 수 있다.

23 세부 정보 파악 난이도 중 정답 ③

정답 체크

네 번째 단락에서 난저장성 종자에 속하는 수종은 참나무류, 칠엽수류 등의 몇몇 온대수종과 모든 열대수종이라고 했고, 마지막 단락에서 보호저장법은 참나무류, 칠엽수류 등 수분이 많은 종자가 부패되지 않도록 저장하는 방법이라고 했으므로 일부 난저장성 종자는 보호저장법으로 저장하는 것이 적절함을 알 수 있다.

오답 체크

① 네 번째 단락에서 난저장성 종자에 속하는 수종은 참나무류, 칠엽수류 등의 몇몇 온대수종과 모든 열대수종이라고 했고, 다섯 번째 단락에서 난저장성 종자는 −3℃ 이하에 저장해서는 안 된다고 했으므로 저온저장법으로 저장할 때 열대수종은 −3℃ 이하로 보관하는 것이 좋지 않음을 알 수 있다.

② 세 번째 단락에서 유전자 보존을 위해서는 장기저장을 하는데, 이에 가장 적합한 함수율은 4~6%라고 했고, 첫 번째 단락에서 채종하여 1년 이내 저장하는 것은 단기저장, 2~5년은 중기저장, 그 이상은 장기저장이라고 했으므로 유전자 보존을 위해서는 6년 이상 장기저장을 해야 함을 알 수 있다.

④ 세 번째 단락에서 참나무류 등과 같이 수분이 많은 종자들은 함수율을 약 30% 이상으로 유지시켜 주어야 함을 알 수 있다.

⑤ 세 번째 단락에서 온도와 수분은 종자의 저장기간과 역의 상관관계를 갖는다고 했으므로 종자보관장소의 온도를 높이면 종자의 저장기간은 줄어들 것임을 알 수 있다.

24 세부 정보 파악 난이도 하 정답 ④

정답 체크

두 번째 단락에 따라 함수율(%)=$\frac{원종자\ 무게-건조\ 종자\ 무게}{원종자\ 무게}$×100임을 적용하여 구한다. 두 번째 단락에서 일반적으로 종자저장에 가장 적합한 함수율은 5~10%라고 했고, 원종자의 무게가 10g이라고 했으므로 함수율 5%는 5=$\frac{10-건조\ 종자\ 무게}{10}$×100이고, 이에 따라 건조 종자의 무게는 9.5g이다. 또한 함수율 10%는 10=$\frac{10-건조\ 종자\ 무게}{10}$×100이고, 이에 따라 건조 종자의 무게는 9.0g이다. 따라서 일반적으로 종자저장에 가장 적합한 함수율을 가진 원종자의 무게가 10g이면 건조 종자의 무게는 9g~9.5g이다.

25 규칙 적용 난이도 중 정답 ③

정답 체크

M0902140이라는 표기에서 09는 2009년을 뜻하고, 021은 2009년의 21번째 날인 1월 21일 제조된 것을 뜻한다. 이때 아이크림의 제조일로부터 사용가능기한은 3년으로 2012년 1월 21일까지이다. 이때 두 가지 사용가능기한 중 어느 한 기한이 만료되면 사용가능기한이 지난 것으로 본다고 했으므로 2012년 2월 1일 현재 사용가능기한이 지났음을 알 수 있다. 따라서 사용가능기한이 지난 화장품은 M0902140이라고 쓰여 있고 개봉된 날짜를 알 수 없는 아이크림이다.

오답 체크

① M1103530이라는 표기에서 11은 2011년을 뜻하고, 035는 2011년의 35번째 날인 2월 4일 제조된 것을 뜻한다. 이때 립스틱의 제조일로부터 사용가능기한은 5년으로 2016년 2월 4일까지이고, 해당 립스틱을 제조일에 개봉했더라도 개봉일로부터 사용가능기한은 1년으로 2012년 2월 4일까지이다. 이에 따라 2012년 2월 1일 현재 두 가지 사용가능기한이 모두 만료되지 않았으므로 M1103530이라고 쓰여 있고 개봉된 립스틱은 사용가능기한이 지나지 않았다.

② M0903530이라는 표기에서 09는 2009년을 뜻하고, 035는 2009년의 35번째 날인 2월 4일 제조된 것을 뜻한다. 이때 클렌저의 제조일로부터 사용가능기한은 3년으로 2012년 2월 4일까지이다. 이에 따라 2012년 2월 1일 현재 사용가능기한이 만료되지 않았으므로 M0903530이라고 쓰여 있고 개봉되지 않은 클렌저는 사용가능기한이 지나지 않았다.

④ M0904030이라는 표기에서 09는 2009년을 뜻하고, 040은 2009년의 40번째 날인 2월 9일 제조된 것을 뜻한다. 이때 로션의 제조일로부터 사용가능기한은 3년으로 2012년 2월 9일까지이고, 2011년 100번째 되는 날인 2011년 4월 30일에 개봉했을 경우 개봉일로부터 사용가능기한은 1년으로 2012년 4월 30일까지이다. 이에 따라 2012년 2월 1일 현재 두 가지 사용가능기한이 모두 만료되지 않았으므로 M0904030이라고 쓰여 있고 2011년 100번째 되는 날 개봉된 로션은 사용가능기한이 지나지 않았다.

⑤ M0930750이라는 표기에서 09는 2009년을 뜻하고, 307은 2009년의 307번째 날인 2009년 11월 3일 제조된 것을 뜻한다. 이때 스킨의 제조일로부터 사용가능기한은 3년으로 2012년 11월 3일까지이고, 2011년 325번째 되는 날인 2011년 11월 21일에 개봉했을 경우 개봉일로부터 사용가능기한은 6개월로 약 2012년 5월 21일까지이다. 이에 따라 2012년 2월 1일 현재 두 가지 사용가능기한이 모두 만료되지 않았으므로 M0930750이라고 쓰여 있고 2011년의 325번째 되는 날 개봉된 스킨은 사용가능기한이 지나지 않았다.

⏱ 빠른 문제 풀이 Tip

<화장품의 사용가능기한>과 <화장품의 제조번호 표기방식>에 따라 제조일이 가장 오래된 제품부터 사용가능기한을 먼저 고려한다. 또한 100번째 되는 날, 307번째 되는 날, 325번째 되는 날 등의 날짜는 대략적으로 '월'로 파악한 후 2012년 2월 1일 현재와 비교한다.

정답

p.60

01	②	법·규정의 적용	06	④	계산·비교	11	④	계산·비교	16	②	법·규정의 적용	21	⑤	논리퍼즐
02	④	법·규정의 적용	07	②	논리퍼즐	12	④	규칙 적용	17	③	법·규정의 적용	22	①	계산·비교
03	①	법·규정의 적용	08	④	계산·비교	13	⑤	계산·비교	18	④	규칙 적용	23	③	논리퍼즐
04	①	법·규정의 적용	09	⑤	계산·비교	14	②	논리퍼즐	19	①	규칙 적용	24	⑤	세부 정보 파악
05	③	계산·비교	10	②	규칙 적용	15	①	법·규정의 적용	20	③	계산·비교	25	③	세부 정보 파악

취약 유형 분석표

유형별로 맞힌 문제 개수와 정답률, 틀린 문제 번호와 풀지 못한 문제 번호를 적고 나서 취약한 유형이 무엇인지 파악해 보세요.

유형	맞힌 개수	정답률	틀린 문제 번호	풀지 못한 문제 번호
세부 정보 파악	/2	%		
법·규정의 적용	/7	%		
계산·비교	/8	%		
규칙 적용	/4	%		
논리퍼즐	/4	%		
TOTAL	/25	%		

해설

01 법·규정의 적용 `난이도 중` 정답 ②

정답 체크

첫 번째 법조문 제4항에서 지방경찰청장은 청원경찰 배치가 필요한 경우 관할 구역에 소재하는 기관의 장 등에게 청원경찰을 배치할 것을 요청할 수 있고, 동조 제2항에서 청원경찰을 배치받으려는 기관의 장 등은 관할 지방경찰청장에게 청원경찰 배치를 신청하여야 함을 알 수 있다. 따라서 청원경찰은 관할 지방경찰청장의 요청뿐만 아니라 배치받으려는 기관의 장 등의 신청에 의해서도 배치될 수 있음을 알 수 있다.

오답 체크

① 두 번째 법조문 제1항에서 청원경찰은 관할 경찰서장의 감독을 받아 그 경비구역만의 경비를 목적으로 필요한 범위에서 경찰관 직무집행법에 따른 경찰관의 직무를 수행하고, 세 번째 법조문 제1항에서 청원경찰은 청원주가 임용하되, 임용을 할 때에는 미리 관할 지방경찰청장의 승인을 받아야 함을 알 수 있다. 따라서 청원경찰의 직무감독의 권한은 관할 경찰서장에게 있으나 임용승인의 권한은 지방경찰청장에게 있음을 알 수 있다.

③ 세 번째 법조문 제2항에서 「국가공무원법」의 결격사유에 해당하는 사람은 청원경찰로 임용될 수 없고, 동조 제3항에서 청원경찰의 임용자격·임용방법·교육 및 보수는 대통령령으로 정함을 알 수 있다. 따라서 청원경찰의 임용자격 및 임용방법은 대통령령에 따르며, 청원경찰의 결격사유는 「국가공무원법」으로 정함을 알 수 있다.

④ 두 번째 법조문 제1항에서 청원경찰은 청원경찰의 배치결정을 받은 자와 배치된 기관·시설·사업장의 구역을 관할하는 경찰서장의 감독을 받아 필요한 범위에서 경찰관 직무집행법에 따른 경찰관의 직무를 수행하나, 동조 제2항에서 수사활동 등 사법경찰관리의 직무를 수행해서는 안 됨을 알 수 있다. 따라서 청원경찰은 배치된 사업장의 경비를 목적으로 필요한 범위에서 수사활동 등 사법경찰관리의 직무를 수행할 수 없음을 알 수 있다.

⑤ 마지막 법조문에서 청원주가 청원경찰이 휴대할 무기를 대여받으려는 경우에는 관할 경찰서장을 거쳐 지방경찰청장에게 무기대여를 신청하여야 함을 알 수 있으나 청원경찰이 직무수행에 필요한 경우 직접 관할 지방경찰청장에게 무기대여를 신청해야 하는지는 알 수 없다.

02 법·규정의 적용 `난이도 중` 정답 ④

정답 체크

두 번째 법조문(카드사용의 일시정지 또는 해지) 제1항 제2호에서 카드사용 대금을 3회 연속하여 연체한 경우에 카드사가 해지를 통보할 수 있다고 했으므로 카드사가 회원 E에게 2회의 카드사용 대금 연체 사실을 통보한 경우에는 신용카드사용이 일시정지 또는 해지될 수 없다.

오답 체크

① 두 번째 법조문(카드사용의 일시정지 또는 해지) 제3항에서 본인회원은 가족회원의 동의 없이 가족회원의 카드사용의 일시정지 또는 해지를 통보할 수 있다고 했으므로 본인회원인 A가 가족회원인 딸 B의 동의 없이 B의 카드사용 해지를 카드사에 통보한 경우에는 신용카드사용이 해지될 수 있다.

② 두 번째 법조문(카드사용의 일시정지 또는 해지) 제2항에서 회원은 카드사에 언제든지 카드사용의 일시정지를 통보할 수 있다고 했으므로 가족회원인 C가 자신의 카드사용의 일시정지를 카드사에 통보한 경우에는 신용카드사용이 일시정지 될 수 있다.

③ 세 번째 법조문(카드사의 의무 등) 제1항과 제2항에서 회원이 1년 이상 카드를 사용하지 않은 경우 카드사는 전화, 서면 등으로 회원의 계약 해지의사를 확인하고 회원이 해지의사를 밝히면 계약이 해지된다고 했으므로 카드사가 회원 D에게 전화로 계약 해지의사를 묻고 D가 해지의사를 밝힌 경우에는 신용카드사용이 해지될 수 있다.

⑤ 두 번째 법조문(카드사용의 일시정지 또는 해지) 제1항 제1호와 제4항에서 입회신청서의 기재사항을 허위로 작성한 경우 회원에게 그 사유와 그로 인한 카드사용의 일시정지를 통보할 수 있고, 통보한 때에 효력이 발생한다고 했으므로 입회신청서를 허위로 기재한 회원 F에게 카드사가 그 사실과 카드사용의 일시정지를 통보한 경우에는 신용카드사용이 일시정지 될 수 있다.

빠른 문제 풀이 Tip

<약관>의 규정에 근거하여 '신용카드사용이 일시정지 또는 해지될 수 없는 경우'를 찾는 문제이므로 제시된 규정에서 카드사용의 일시정지 또는 해지와 관련된 조항을 찾아 이를 중심으로 내용을 파악한다.

03 법·규정의 적용 `난이도 중` 정답 ①

정답 체크

ㄹ. 세 번째 단락에서 재판중지는 전쟁이나 그 밖의 사유로 당사자가 법원에 출석할 수 없는 경우 법원의 재판에 의해 절차진행이 정지되는 것을 의미하고, 법원의 취소재판에 의하여 중지가 해소된 후 절차가 진행됨을 알 수 있다. 따라서 乙이 지진으로 A법원에 출석할 수 없는 경우, A법원의 재판에 의해 절차진행이 중지되며 이후 A법원의 취소재판에 의해 중지는 해소되고 절차가 진행됨을 알 수 있다.

오답 체크

ㄱ. 두 번째 단락에서 사망한 당사자에게 이미 변호사가 소송대리인으로 선임되어 있을 때는 변호사가 소송을 대리하는 데 지장이 없어 절차는 중단되지 않는다고 했으므로 변호사 丙을 소송대리인으로 선임한 甲이 소송진행 중 사망하였더라도 절차진행은 중단되지 않음을 알 수 있다.

ㄴ. 두 번째 단락에서 소송대리인인 변호사의 사망은 중단사유가 아니라고 했으므로 甲의 변호사인 丙이 소송진행 중 사망하였더라도 절차진행은 중단되지 않음을 알 수 있다.

ㄷ. 세 번째 단락에서 당연중지는 천재지변이나 그 밖의 사고로 법원이 직무수행을 할 수 없게 된 경우에 법원의 재판 없이 당연히 절차진행이 정지되고, 법원의 직무수행불능 상태가 소멸함과 동시에 중지도 해소되고 절차가 진행된다고 했으므로 소송진행 중 A법원의 건물이 화재로 전소되어 직무수행이 불가능해졌다면, 절차진행은 중단이 아니라 중지되며 이후 A법원의 속행명령이 아니라 직무수행불능 상태가 소멸함과 동시에 절차가 진행됨을 알 수 있다.

빠른 문제 풀이 Tip

제시된 지문에서 '중단'과 '중지'에 대한 의미를 설명하고 있으므로 해당 용어의 특징을 파악한 후, 제시된 <상황>에 부합하는 <보기>를 판단한다.

04 법·규정의 적용 난이도 하 정답 ①

정답 체크

<상황>에 법조문을 적용하여 정리하면 다음과 같다.

· 두 번째 법조문(편입학 등) 제1호에서 학사학위과정을 운영하는 대학은 전문학사학위를 취득한 자를 편입학 전형을 통해 선발할 수 있고, 두 번째와 세 번째 <상황>에서 甲은 B전문대학의 최소 취득학점인 63학점으로 전문학사학위를 취득했음을 알 수 있다. 이때 첫 번째 법조문 제1항 제1호에서 국내외의 다른 전문학사학위과정 또는 학사학위과정에서 학점을 취득한 경우는 해당 대학에서 학점을 취득한 것으로 인정할 수 있다고 했고, 동조 제2항 제1호에 따라 취득한 학점의 전부가 인정되므로 甲이 취득한 63학점은 A대학에서 모두 인정된다.

· 첫 번째 법조문 제1항 제3호에서 『병역법』에 따른 입영 또는 복무로 인하여 휴학 중인 사람이 원격수업을 수강하여 학점을 취득한 경우는 해당 대학에서 학점을 취득한 것으로 인정할 수 있다고 했고, 동조 제2항 제3호에 따라 연 12학점 이내가 인정되므로 甲이 B전문대학 졸업 후 A대학 3학년에 편입하고 군복무로 인한 휴학 기간에 원격수업을 수강하여 취득한 6학점은 A대학에서 모두 인정된다.

· 첫 번째 법조문 제1항 제1호에서 다른 전문학사학위과정 또는 학사학위과정에서 학점을 취득한 경우는 해당 대학에서 학점을 취득한 것으로 인정할 수 있다고 했고, 동조 제2항 제1호에 따라 취득한 학점의 전부가 인정되므로 甲이 1년 동안 미국의 C대학에 교환학생으로 파견되어 취득한 12학점은 A대학에서 모두 인정된다.

따라서 甲의 취득학점은 63+6+30+12=111학점이고, A대학을 졸업하기 위해 추가로 필요한 최소 취득학점은 120-111=9학점이다.

05 계산·비교 난이도 하 정답 ③

정답 체크

미란이는 현재 거주하고 있는 A주택의 소유자이며, 소득인정액이 중위소득 40%에 해당하므로 지원율은 80%임을 알 수 있다. 또한 A주택의 노후도 평가 결과 지붕의 수선이 필요한 주택보수비용 지원 대상에 선정되었고, 이는 보수항목이 지붕 혹은 기둥인 '대보수'에 해당하므로 주택당 보수비용 지원한도액은 950만 원임을 알 수 있다.

따라서 미란이가 지원받을 수 있는 주택보수비용의 최대 액수는 950×0.8=760만 원이다.

06 계산·비교 난이도 중 정답 ④

정답 체크

<지원 기준>에 따라 <지원 신청 현황>에서 제외되는 신청자를 정리하면 다음과 같다.

· 두 번째 기준에서 국가 및 지방자치단체 소유 건물은 지원 대상에서 제외한다고 했으므로 丙이 제외된다.

· 세 번째 기준에서 전월 전력사용량이 450kWh 이상인 건물은 태양열 설비 지원 대상에서 제외한다고 했으므로 乙이 제외된다.

· 네 번째 기준에서 용량(성능)이 <지원 기준>의 범위를 벗어나는 신청은 지원 대상에서 제외한다고 했으므로 戊가 제외된다.

이때 <지원 신청 현황>에서 제외되지 않은 신청자는 甲과 丁이고, 甲의 <지원 신청 현황>이 태양광, 8kW, 공동주택으로 kW당 80만 원의 지원을 받으므로 甲은 8×80=640만 원의 지원을 받는다. 한편 丁의 <지원 신청 현황>이 지열, 15kW, 수직밀폐형으로 10kW 초과의 적용을 받아 kW당 50만 원의 지원을 받으므로 丁은 15×50=750만 원의 지원을 받는다.

따라서 가장 많은 지원금을 받는 신청자는 丁이다.

🕐 빠른 문제 풀이 Tip

<지원 기준>에서 지원 대상에서 제외하는 조건이 제시되어 있으므로 이를 먼저 확인한 후 계산을 최소화한다.

07 논리퍼즐 난이도 중 정답 ②

정답 체크

<조건>에 따르면 곶감은 꿀단지, 아궁이, 소쿠리 중 한 곳에만 있으므로 곶감의 위치를 기준으로 착한 호랑이와 나쁜 호랑이를 정리하면 다음과 같다.

<경우 1> 곶감이 꿀단지에 있을 경우

戊의 말은 참이 되므로 착한 호랑이, 甲과 乙의 말은 거짓이 되므로 나쁜 호랑이가 된다. 이에 따라 丙의 말은 참이 되므로 착한 호랑이가 되고, 丁은 나쁜 호랑이가 된다.

곶감의 위치	착한 호랑이	나쁜 호랑이
꿀단지	丙, 戊	甲, 乙, 丁

<경우 2> 곶감이 소쿠리에 있을 경우

甲과 戊의 말은 거짓이 되므로 나쁜 호랑이가 되고, 이에 따라 丙의 말은 참이 되므로 착한 호랑이가 된다. 이때 乙과 丁의 말은 참과 거짓을 알 수 없으므로 乙이 착한 호랑이, 丁이 나쁜 호랑이 또는 乙이 나쁜 호랑이, 丁이 착한 호랑이가 가능하다.

곶감의 위치	착한 호랑이	나쁜 호랑이
소쿠리	丙, (乙 or 丁)	甲, (乙 or 丁), 戊

<경우 3> 곶감이 아궁이에 있을 경우

甲의 말은 참이 되므로 착한 호랑이, 乙과 戊의 말은 거짓이 되므로 나쁜 호랑이가 된다. 이에 따라 丙의 말은 거짓이 되므로 나쁜 호랑이가 되고, 丁은 착한 호랑이가 된다.

곶감의 위치	착한 호랑이	나쁜 호랑이
아궁이	甲, 丁	乙, 丙, 戊

따라서 곶감의 위치와 착한 호랑이, 나쁜 호랑이의 조합으로 가능한 것은 곶감의 위치가 소쿠리, 착한 호랑이가 丁, 나쁜 호랑이가 乙인 조합이다.

오답 체크

① 곶감의 위치가 꿀단지인 경우, 丙은 착한 호랑이이므로 조합으로 가능하지 않다.

③ 곶감의 위치가 소쿠리인 경우, 丙은 착한 호랑이이므로 조합으로 가능하지 않다.

④ 곶감의 위치가 아궁이인 경우, 丙은 나쁜 호랑이이므로 조합으로 가능하지 않다.

⑤ 곶감의 위치가 아궁이인 경우, 丁은 착한 호랑이이므로 조합으로 가능하지 않다.

🕐 빠른 문제 풀이 Tip

경우의 수를 파악할 수 있는 곶감의 위치, 착한 호랑이 등의 기분을 먼저 정한 후, 문제를 푼다. 또한 甲, 乙, 戊의 정보가 서로 모순되므로 이를 먼저 고려한 후, 丙, 丁의 정보를 파악한다. 예를 들어 甲의 정보가 참일 경우, 乙과 戊는 거짓이 된다.

08 계산·비교 | 난이도 하 | 정답 ④

정답 체크

<사무용품 배분방법>에 따라 甲기관의 직원 수를 x라고 하면

$x + \frac{1}{2}x + \frac{1}{4}x + \frac{1}{8}x = 1,050$

→ $15x = 8,400$

→ $x = 560$

따라서 甲기관의 직원 수는 560명이다.

09 계산·비교 | 난이도 중 | 정답 ⑤

정답 체크

제시된 글에 따라 오늘날 도량은 1승(升)=1두(斗), 1부(釜)=4구(區), 1구(區)=4승(升), 1부(釜)=1두(豆) 6승(升)이라고 했으므로 1부(釜)=4구(區)=16승(升)=1두(豆) 6승(升)이다. 이에 따라 1두(豆)=10승(升)이고, 1종(鍾)은 16두(豆)가 되며 오늘날 1석(石)은 1종(鍾)에 비해 1두(豆)가 적다고 했으므로 1석(石)=15두(豆)이다. 따라서 오늘날을 기준으로 1석(石)은 15×10=150승(升)이다.

⏱ **빠른 문제 풀이 Tip**

오늘날을 기준으로 도량을 파악하므로 옛날 도량이 아닌 오늘날 도량을 먼저 파악한다.

10 규칙 적용 | 난이도 하 | 정답 ②

정답 체크

'비행기'는 한 구간 내의 '도, 레, 미' 음만 사용한다. 이때 왼손으로 '비행기'를 연주할 경우 손가락 번호는 '1, 2, 3', 오른손으로 '비행기'를 연주할 경우 손가락 번호는 '3, 4, 5'이므로 서로 다른 번호의 손가락을 사용한다.

오답 체크

① '비행기'는 한 구간 내의 '도, 레, 미' 음만 사용한다. 이때 사용하는 손가락 종류는 왼손으로 '비행기'를 연주할 경우 '새끼, 약지, 중지', 오른손으로 '비행기'를 연주할 경우 '중지, 약지, 새끼'이므로 같은 종류의 손가락을 사용한다.

③ '학교종'은 한 구간 내의 '도, 레, 미, 솔, 라' 음만 사용하고, 왼손과 오른손의 검지는 각각 '파', '시' 음을 연주하므로 '학교종'을 연주할 때는 검지 손가락을 사용하지 않는다.

④ '비행기'는 한 구간 내의 '도, 레, 미' 음만 사용하고, 왼손과 오른손 각각 '도, 레, 미'를 연주할 수 있으므로 '비행기'는 한 손만으로도 연주할 수 있다.

⑤ '학교종'은 한 구간 내의 '도, 레, 미, 솔, 라' 음만 사용하므로 왼손만으로 '학교종'을 연주할 경우 '라'를 연주할 수 없고, 오른손만으로 연주할 경우 '솔'을 연주할 수 없다. 따라서 '학교종'은 한 손만으로 연주할 수 없다.

11 계산·비교 | 난이도 상 | 정답 ④

정답 체크

ㄱ. 밀도(g/cm³)=$\frac{질량(g)}{부피(cm^3)}$ 임을 적용하여 구한다. 대장장이가 왕관을 금으로만 만들었다면 밀도는 20g/cm³, 질량은 1,000g이므로 부피는 1,000/20=50cm³이다.

ㄴ. 넘친 물의 부피가 80cm³이고 왕관이 금과 은으로만 만들어졌고, 금의 질량을 x, 은의 질량을 y라고 하면 질량은 $x+y$=1,000이고, 부피는 $80 = \frac{x}{20} + \frac{y}{10}$ 이다. 이에 따라 이를 연립하여 정리하면 x=400, y=600이고, 금의 부피는 400/20=20cm³, 은의 부피는 600/10=60cm³이다. 따라서 왕관에 포함된 은의 부피는 왕관에 포함된 금 부피의 60/20=3배이다.

ㄹ. 부피(cm³)=$\frac{질량(g)}{밀도(g/cm^3)}$ 에서 질량은 1,000g으로 동일하므로 밀도가 작을수록 부피는 커진다. 이때 왕관이 밀도 9g/cm³인 구리로만 만들어졌다면 부피는 1,000/9≒111.1cm³이다. 따라서 넘친 물의 부피가 120cm³보다 크다면 왕관은 밀도 8g/cm³로 가장 작은 철을 포함하고 있다.

오답 체크

ㄷ. 넘친 물의 부피가 80cm³이고 왕관이 금과 구리로만 만들어졌고 금의 질량을 x, 구리의 질량을 y라고 하면 질량은 $x+y$=1,000이고, 부피는 $80 = \frac{x}{20} + \frac{y}{9}$ 이다. 이를 연립하여 정리하면 x≒509, y≒491이고, 금의 부피는 509/20≒25.45cm³, 구리의 부피는 491/9≒54.55cm³이다. 따라서 왕관에 포함된 구리의 부피는 왕관에 포함된 금 부피의 54.55/25.45≒2.1배로 3배 미만이다.

⏱ **빠른 문제 풀이 Tip**

두 가지 이상의 금속으로 왕관을 만들 경우, 가중평균을 활용하여 두 금속 간 부피의 비를 구할 수 있다. 예를 들어, 보기 ㄴ의 경우 왕관의 밀도는 1,000/80=12.5이고, 금의 밀도는 20, 은의 밀도는 10이므로 금의 부피와 은의 부피의 비는 (12.5-10):(20-12.5)=2.5:7.5=1:3임을 알 수 있다.

ㄷ. 보기 ㄴ과 비교하여 넘친 물의 부피가 80으로 동일하나 구리의 밀도가 은의 밀도보다 낮으므로 금의 부피는 증가한다. 따라서 왕관에 포함된 구리의 부피는 왕관에 포함된 금 부피의 3배 미만임을 알 수 있다.

12 규칙 적용 | 난이도 하 | 정답 ④

정답 체크

<숫자→암호문 변환 절차>와 <암호표>에 따라 <완성된 암호문>을 정리하면 다음과 같다.

·첫 번째 숫자: 암호표의 나열된 알파벳이 HCOXDV이므로 '2'이다.
·두 번째 숫자: 암호표의 나열된 알파벳이 ESXVBJ이므로 '8'이다.
·세 번째 숫자: 암호표의 나열된 알파벳이 WEIPYK이므로 '9'이다.
·네 번째 숫자: 암호표의 나열된 알파벳이 HCJUUI이므로 '0'이다.
·다섯 번째 숫자: 암호표의 나열된 알파벳이 THPQBI이므로 '1'이다.
따라서 <완성된 암호문>이 의미하는 비밀번호는 '28901'이다.

해커스 단기합격 7급 PSAT 기출+적중 모의고사 상황판단

13 계산·비교 [난이도 중] 정답 ⑤

정답 체크

교환학생 A~E의 평가 결과가 4회까지 제시되었으므로 4회까지의 총점 및 부여받은 총 카드 수를 정리하면 다음과 같다.

구분	1회	2회	3회	4회	총점	총 카드 수
A	90	90	90	90	360	8장
B	80	80	70	70	300	2장
C	90	70	90	70	320	4장
D	70	70	70	70	280	0장
E	80	80	90	80	330	5장

E가 5회차 평가에서 70점을 얻을 경우, 카드를 받지 못하지만 총점은 330+70=400점이다. 이때 총점이 400점 미만인 지망자는 본인의 카드를 추첨함에 넣지 못한다고 했으나 E는 400점 이상이므로 추첨 대상에 포함될 수 있다.

오답 체크

① A가 5회차 평가에서 80점을 얻을 경우, 부여받는 카드 수는 총 9장이고, 총점이 400점 이상이므로 카드를 추첨함에 넣을 수 있다. 이때 E가 5회차 평가에서 100점을 얻을 경우, E가 부여받는 카드 수는 총 10장이고, 역시 총점이 400점 이상이므로 카드를 추첨함에 넣을 수 있다. 따라서 E가 A보다 추천될 확률이 더 높다.

② B가 5회차 평가에서 90점을 얻을 경우, B의 총점은 300+90=390점이다. 이때 총점이 400점 미만인 지망자는 본인의 카드를 추첨함에 넣지 못한다고 했으므로 B는 추천될 확률이 없다.

③ C가 5회차 평가에서 70점을 얻을 경우, C의 총점은 320+70=390점이다. 이때 총점이 400점 미만인 지망자는 본인의 카드를 추첨함에 넣지 못한다고 했으므로 C는 추천될 확률이 없다.

④ D가 5회차 평가에서 100점을 받고, 다른 지망자가 모두 80점을 받을 경우, D의 총점은 280+100=380점이다. 이때 총점이 400점 미만인 지망자는 본인의 카드를 추첨함에 넣지 못한다고 했으므로 D는 추천될 확률이 없다.

14 논리퍼즐 [난이도 중] 정답 ②

정답 체크

ⓟ가 1회 이동해서 위치할 수 있는 곳과 2회 이동해서 위치할 수 있는 곳을 각각 ①과 ②로 표시하면 다음과 같다.

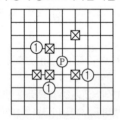 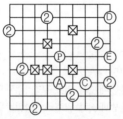

이때 B는 가장 위쪽 ②와 같은 위치이므로 ⓟ는 2회 이동해서 B에 위치할 수 있음을 알 수 있다. 또한 ⓟ가 E의 왼쪽 상단 ②에서 위쪽으로 1회 이동하면 총 3회 이동으로 D에 위치할 수 있다.

따라서 ⓟ가 3회 이하로 이동해서 위치할 수 있는 곳은 B와 D이다.

⏱ 빠른 문제 풀이 Tip

2회 이동해서 위치할 수 있는 곳까지 표시해두면 3회 이하로 이동해서 위치할 수 있는 곳을 쉽게 파악할 수 있다.

15 법·규정의 적용 [난이도 하] 정답 ①

정답 체크

<시설기준>의 임의시설 두 번째 기준에서 식당·목욕시설·매점 등 편의시설은 무도학원업과 무도장업을 제외하고 설치할 수 있다고 했으므로 무도장을 운영할 때 목욕시설과 매점을 설치하는 경우 시설기준에 위반됨을 알 수 있다.

오답 체크

② <시설기준>의 필수시설 두 번째 기준에서 수용인원에 적합한 탈의실과 급수시설을 갖추어야 한다고 했으므로 수영장을 운영할 때에는 수용인원에 적합한 탈의실과 급수시설을 모두 갖추어야 함을 알 수 있다. 또한 세면실은 수영장업을 제외한 신고 체육시설업과 자동차 경주장업에 탈의실을 대신하여 설치할 수 있다고 했으므로 탈의실을 갖추어야 하는 수영장업은 세면실을 설치하지 않아도 됨을 알 수 있다.

③ 법조문 제1항 제2호에서 체력단련장업은 신고 체육시설업임을 알 수 있다. 또한 <시설기준>의 임의시설 세 번째 기준에서 등록 체육시설업의 경우 해당 체육시설을 이용하는 데 지장이 없는 범위에서 다른 종류의 체육시설을 설치할 수 있다고 했으나 신고 체육시설업의 경우에는 그렇지 않다고 했으므로 체력단련장을 운영할 때는 이용하는 데 지장이 없는 범위라고 하더라도 가상체험 체육시설을 설치할 수 없음을 알 수 있다.

④ 법조문 제1항 제2호에서 골프연습장업은 신고 체육시설업임을 알 수 있다. 또한 <시설기준>의 필수시설 첫 번째 기준에서 수용인원에 적합한 주차장 및 화장실을 갖추어야 하나, 이는 등록 체육시설업만 해당한다고 했으므로 골프연습장을 운영할 때 다른 시설물과 공동으로 사용하는 주차장이 없더라도 수용인원에 적합한 주차장을 반드시 갖추어야 하는 것은 아님을 알 수 있다.

⑤ <시설기준>의 필수시설 세 번째 기준에서 부상자 및 환자의 구호를 위한 응급실 및 구급약품을 갖추어야 하며, 수영장업을 제외한 신고 체육시설업과 골프장업에는 응급시설을 갖추지 않을 수 있다고 했으므로 수영장을 운영할 때는 구급약품을 충분히 갖추었더라도 응급실을 갖추지 않으면 시설기준에 위반됨을 알 수 있다.

⏱ 빠른 문제 풀이 Tip

선택지에 제시된 체육시설업이 '등록 체육시설업'인지 '신고 체육시설업'인지 확인하고, 이후 선택지의 내용을 <시설기준>의 내용과 비교한다.

16 법·규정의 적용 [난이도 하] 정답 ②

정답 체크

두 번째 단락에서 「지방공무원법」에서는 정무직 공무원을 고도의 정책결정 업무를 담당하거나 이러한 업무를 보조하는 공무원으로서 법령 또는 조례에서 정무직으로 지정하는 공무원으로 규정하고 있다고 했으므로 조례로 정무직 공무원을 지정하는 것이 가능함을 알 수 있다.

오답 체크

① 첫 번째 단락에서 정무직 공무원에는 감사원장이 있다고 했고, 세 번째 단락에서 「국가공무원법」상 정무직 공무원은 국가공무원의 총정원에 포함되지 않는다고 했으므로 감사원장은 국가공무원 총정원에 포함되지 않음을 알 수 있다.

③ 첫 번째 단락에서 「국가공무원법」은 정무직 공무원을 선거로 취임하는 공무원, 고도의 정책결정 업무를 담당하거나 이러한 업무를 보조하는 공무원으로서 법률이나 대통령령에서 정무직으로 지정하는 공무원으로 규정하고 있다고 했으므로 「국가공무원법」상 정무직 공무원의 임명에는 모두 국회의 동의가 필요한 것은 아님을 알 수 있다.

④ 첫 번째 단락에서 정무직 공무원에는 대통령비서실 수석비서관이 있다고 했고, 세 번째 단락에서 정무직 공무원은 재산등록의무가 있으며 병역사항 신고의무도 있다고 했으므로 대통령비서실 수석비서관은 재산등록의무와 병역사항 신고의무가 있음을 알 수 있다.

⑤ 마지막 단락에서 행정기관 소속 정무직 공무원으로는 정부부처의 차관급 이상 공무원이 있다고 했고, 행정기관 소속 정무직 공무원은 정책을 개발할 뿐만 아니라 정책집행의 법적 책임도 지며, 행정기관 소속 정무직 공무원은 좁은 의미의 공무원을 지칭하는 정부관료집단에 포함되지 않는 것이 보통이라고 했으므로 정부부처의 차관은 정부관료집단의 일원으로 포함되지 않는 것이 보통이며, 정책집행의 법적 책임을 짐을 알 수 있다.

17 법·규정의 적용 난이도 상 정답 ③

정답 체크

ㄴ. 첫 번째 질문의 두 번째 답변에서 비영리법인은 증여세 납세의무를 부담한다고 했으므로 乙이 비영리법인 丙에게 재산을 기부한 경우, 丙은 증여세를 납부할 의무가 있음을 알 수 있다.

ㄷ. 첫 번째 질문의 세 번째 답변에서 수증자가 국외거주자이면 증여받은 국외 예금도 증여세 부과대상임을 알 수 있다. 丁이 자신의 국외 예금을 해외에 거주하고 있는 아들에게 증여한 경우, 원칙적으로 증여세 납부의무는 수증자인 丁의 아들이 부담한다. 그러나 두 번째 질문의 첫 번째 답변에서 수증자가 국외거주자인 경우, 증여자는 연대납세의무를 부담한다고 했으므로 증여자인 丁도 연대납세의무를 지게 됨을 알 수 있다.

오답 체크

ㄱ. 첫 번째 질문의 첫 번째 답변에서 증여세는 원칙적으로 수증자가 부담한다고 했으므로 甲이 국내거주자 장남에게 빌딩을 증여한 경우, 甲은 원칙적으로 증여세를 납부할 의무가 없음을 알 수 있다.

ㄹ. 두 번째 질문의 두 번째 답변에서 수증자가 증여세를 납부할 능력이 없다고 인정되는 경우로서 체납처분을 하여도 조세채권의 확보가 곤란한 경우에는 증여자가 연대납세의무를 부담한다고 했으므로 戊로부터 10억 원을 증여받은 국내거주자 己가 현재 파산상태로 인해 체납처분을 하여도 조세채권의 확보가 곤란한 경우, 戊와 己는 연대납세의무를 져야 함을 알 수 있다.

18 규칙 적용 난이도 하 정답 ④

정답 체크

제시된 글에 따라 사업비 지출이 가능한 조건을 정리하면 다음과 같다.
· 사용목적이 '사업 운영'인 경우
· 품목당 단가가 10만 원 이하로 사용목적이 '서비스 제공'인 경우
· 사용연한이 1년 이내인 경우
이에 따라 <필요 물품 목록>에서 지출 가능한 품목을 살펴보면 다음과 같다.

품목	단가(원)	사용목적	사용연한	지출 가능 여부
인형탈	120,000	사업 운영	2년	O (사용목적이 사업 운영)
프로그램 대여	300,000	보고서 작성	6개월	O (사용연한이 1년 이내)
의자	110,000	서비스 제공	5년	X (사용목적이 서비스 제공이나 10만 원 초과)
컴퓨터	950,000	서비스 제공	3년	X (사용목적이 서비스 제공이나 10만 원 초과)
클리어파일	500	상담일지 보관	2년	X
블라인드	99,000	서비스 제공	5년	O (사용목적이 서비스 제공이며 10만 원 이하)

따라서 ○○부 아동방과후교육 사업에서 허용되는 사업비 지출품목은 인형탈, 프로그램 대여, 블라인드이다.

⏱ 빠른 문제 풀이 Tip

제시된 조건에 따라 사업비 지출이 가능한 품목을 찾은 후, 선택지를 소거하며 문제를 풀이한다. 예를 들어 '인형탈'은 사업비 지출이 가능한 품목이므로 선택지 ①, ②, ③이 소거된다.

19 규칙 적용 난이도 중 정답 ①

정답 체크

규칙에 따라 甲이 대여하는 10편의 대여 일수를 정리하면 다음과 같다.
· 1편: 1박 2일
· 2, 3편: 2박 3일
· 4, 5, 6편: 5박 6일
· 7, 8, 9, 10편: 6박 7일
이때 일요일은 반납과 대여가 불가능하고, 이 경우에 한하여 일요일은 대여 일수에 포함되지 않는다. 이를 토대로 甲이 책을 대여하기 시작한 9월 17일(토)부터 대여 일정을 정리하면 다음과 같다.

일	월	화	수	목	금	토
						17 1편 대여
18	19 1편 반납 2~3편 대여	20	21 2~3편 반납 4~6편 대여	22	23	24
25	26 4~6편 반납 7~10편 대여	27	28	29	30	1
2	3 7~10편 반납	4	5	6	7	8

따라서 甲이 마지막 편을 도서관에 반납할 요일은 월요일이다.

20 계산·비교 난이도 중　　　　　정답 ③

정답 체크

ㄱ. 甲의 문제인식 평가항목의 라의 점수인 ⓐ는 30점, 24점, 18점, 12점, 6점이 가능하고, ⓐ가 30점인 경우 최고점수로 제외 가능하고, 24점, 18점, 12점, 6점인 경우 최저점수로 제외 가능하다. 이에 따라 甲의 문제인식 평가항목의 최종점수는 (30+30)/2=30점 또는 (30+24)/2=27점이다. 이때 乙과 丙의 문제인식 평가항목의 최종점수는 乙이 (24+12)/2=18점, 丙이 (24+18)/2=21점이다. 따라서 ⓐ값에 관계없이 문제인식 평가항목의 최종점수는 甲이 제일 높다.

ㄴ. ⓑ=ⓒ>16이라면, ⓑ와 ⓒ는 40점, 32점, 24점이 가능하다. ⓑ와 ⓒ가 40점인 경우 乙과 丙의 성장전략 평가항목의 최종점수는 乙이 (32+32)/2=32점, 丙이 (40+24)/2=32점, ⓑ와 ⓒ가 32점인 경우 乙과 丙의 성장전략 평가항목의 최종점수는 乙이 (32+32)/2=32점, 丙이 (32+24)/2=28점, ⓑ와 ⓒ가 24점인 경우 乙과 丙의 성장전략 평가항목의 최종점수는 乙이 (32+24)/2=28점, 丙이 (24+24)/2=24점이다. 따라서 ⓑ=ⓒ>16이라면, 성장전략 평가항목의 최종점수는 乙이 丙보다 낮지 않다.

오답 체크

ㄷ. ⓐ=18, ⓑ=24, ⓒ=24일 때, 甲, 乙, 丙의 평가항목별 최종점수의 합계는 甲이 {(30+24)/2}+{(24+18)/2}+{(32+24)/2}=76점, 乙이 {(24+12)/2}+{(24+18)/2}+{(32+24)/2}=67점, 丙이 {(24+18)/2}+{(24+12)/2}+{(24+24)/2}=63점이다. 따라서 포상을 받게 되는 부서는 甲과 乙이다.

> ⏱ **빠른 문제 풀이 Tip**
> 평가항목별 최종점수를 구하는 계산식에서 분모인 '평가위원 수-2'는 甲, 乙, 丙 모두 동일하므로 이를 제외하고 수치의 값을 비교하여 계산을 최소화한다.

21 논리퍼즐 난이도 상　　　　　정답 ⑤

정답 체크

하이디는 특정 시간 특정 구역의 양의 수만을 기록하므로 하이디의 기록 시간을 기준으로 페터의 기록표를 확인하여 각각의 구역별 양의 수를 파악한다.

\<시간 09:10\>
09:08에 B구역에서 A구역으로 양 3마리가 넘어가 A구역 양의 수는 17마리이고, 다른 구역의 양의 수는 알 수 없다.

\<시간 09:22\>
09:15에 B구역에서 D구역으로 양 2마리가 넘어가 D구역 양의 수는 21마리이고, 09:18에 C구역에서 A구역으로 양 5마리가 넘어가 A구역 양의 수는 17+5=22마리이다.

\<시간 09:30\>
B구역 양의 수는 8마리이다.

\<시간 09:45\>
09:32에 D구역에서 C구역으로 양 1마리가 넘어가 D구역 양의 수는 21-1=20마리이고, C구역 양의 수는 11마리이다. 이때 각각의 구역별 양의 수는 A구역이 22마리, B구역이 8마리, C구역이 11마리, D구역이 20마리이므로 하이디와 페터가 키우는 양의 수는 총 22+8+11+20=61마리이다.

\<시간 09:58\>
09:48에 A구역에서 C구역으로 양 4마리가 넘어가 A구역 양의 수는 22-4=18마리, C구역 양의 수는 11+4=15마리이고, 09:50에 D구역에서 B구역으로 양 1마리가 넘어가 B구역 양의 수는 8+1=9마리, D구역 양의 수는 20-1=19마리이다. 또한 09:52에 C구역에서 D구역으로 양 3마리가 넘어가 C구역 양의 수는 15-3=12마리, D구역 양의 수는 19+3=22마리이다.

\<시간 10:04\>
A구역 양의 수는 18마리이다. 이때 다른 구역에서 양의 이동이 없으므로 B구역 양의 수는 9마리, C구역 양의 수는 12마리, D구역 양의 수는 22마리이다.

\<시간 10:10\>
10:05에 C구역에서 B구역으로 양 2마리가 넘어가 B구역 양의 수는 9+2=11마리, C구역 양의 수는 12-2=10마리이다.

\<시간 10:15\>
양의 이동이 없었으므로 구역별 양의 수는 A구역이 18마리, B구역이 11마리, C구역 양의 수는 10마리, D구역 양의 수는 22마리이다. 따라서 하이디와 페터가 키우는 양의 총 마리수는 61마리이고, ㄴ, ㄹ이 옳게 기록되어 있다.

22 계산·비교 난이도 상　　　　　정답 ①

정답 체크

현재 날짜 2120년 9월 7일을 기준으로 甲, 乙, 丙의 태어난 날짜, 냉동캡슐에 들어간 날짜, 해동된 날짜를 정리하면 다음과 같다. 이때 각주에 따라 나이는 만으로 계산하므로 태어난 다음 해부터 1세로 간주한다.

구분	태어난 날짜	냉동캡슐에 들어간 날짜	해동된 날짜
甲	2086년	태어난 날짜로부터 19년 뒤 → 2105년	현재로부터 7년 전 → 2113년 9월 7일
乙	2075년	태어난 날짜로부터 26년 뒤 → 2101년	현재로부터 1년 5개월 전 → 2119년 4월 7일
丙	2083년 5월 17일	태어난 날짜로부터 20년 10개월 뒤 → 2104년 3월 17일	현재로부터 일주일 전 → 2120년 8월 31일

이를 토대로 甲, 乙, 丙의 냉동되어 있던 기간과 나이를 정리하면 다음과 같다.

구분	냉동기간	나이
甲	2105년 ~ 2113년 9월 7일 → 약 8년	19년+7년=26세
乙	2101년 ~ 2119년 4월 7일 → 약 18년	26년+1년 5개월=27세 5개월
丙	2104년 3월 7일 ~2120년 8월 31일 → 약 16년 5개월	20년 10개월+일주일 = 약 20세 10개월

ㄱ. 甲, 乙, 丙이 냉동되어 있던 기간은 각각 8년, 약 18년, 약 16년 5개월로 모두 다르다.

ㄴ. 대화를 나눈 시점에서 甲은 26세이고, 병은 약 20세 10개월이므로 甲이 丙보다 나이가 많다.

ㄷ. 가장 이른 연도에 냉동캡슐에 들어간 사람은 2101년에 들어간 乙이다.

⏱ **빠른 문제 풀이 Tip**

각 <대화>에 시간을 나타내는 정보가 태어난 시점, 냉동캡슐에 들어간 시점, 깨어난 시점, 해동된 시점 등 여러 가지 제시되고 있으므로 하나의 기준으로 통일해서 甲, 乙, 丙의 냉동기간을 정리한다.

23 논리퍼즐 〔난이도 상〕　　　　정답 ③

〔정답 체크〕

두 번째, 네 번째, 다섯 번째 조건에 따라 클라리넷-플루트-오보에 또는 오보에-플루트-클라리넷이 놓일 수 있고, 여섯 번째, 일곱 번째 조건에 따라 호른-바순-오보에 또는 바순-오보에가 놓일 수 있다. 이때 여덟 번째 조건에 따라 바순은 1번 자리에 놓일 수 없으므로 1번 자리부터 바순-오보에-플루트-클라리넷-호른 순으로 악기가 놓일 수 없다. 따라서 오보에는 2번 자리에 놓일 수 없다.

〔오답 체크〕

① 플루트가 3번 자리에 놓일 경우 1번 자리부터 호른-클라리넷-플루트-오보에-바순 순으로 악기가 놓일 수 있다.

② 클라리넷이 5번 자리에 놓일 경우 1번 자리부터 호른-바순-오보에-플루트-클라리넷 순으로 악기가 놓일 수 있다.

④ 바순이 3번 자리에 놓일 경우 오보에-플루트-클라리넷이 다른 자리에 놓일 수 없으므로 바순은 3번 자리에 놓일 수 없다.

⑤ 호른이 2번 자리에 놓일 경우 1번 자리에 바순이 놓일 수 없으므로 오보에-플루트-클라리넷이 다른 자리에 놓일 수 없다. 따라서 호른은 2번 자리에 놓일 수 없다.

⏱ **빠른 문제 풀이 Tip**

제시된 조건을 연결하여 악기의 배치를 묶음으로 정리한 후, 가능한 경우의 수를 파악한다.

24 세부 정보 파악 〔난이도 중〕　　　　정답 ⑤

〔정답 체크〕

두 번째 단락에 따르면 학습을 거치지 않은 인공신경망은 무작위로 설정한 다수의 가중치를 갖고 있으나 올바른 결과를 도출하기 위해 가중치를 조절하는 학습과정을 거침으로써 정확도가 향상된다. 또한 세 번째 단락과 네 번째 단락에 따르면 지도학습과 강화학습을 반복하며 최적의 가중치를 찾게 된다. 따라서 최초에는 동일한 인공신경망이라고 해도 강화학습의 유무에 따라 인공신경망의 가중치는 달라질 수 있음을 알 수 있다.

〔오답 체크〕

① 두 번째 단락에서 오답에 따른 학습을 반복할수록 인공신경망의 정확도는 향상됨을 알 수 있다.

② 세 번째 단락에서 알파고는 가중치 최적화를 위해 기보 16만 건에서 추출된 약 3,000만 건의 착점을 학습했다고 했으므로 기보 한 건당 약 3,000/16=187.5건의 착점을 학습했음을 알 수 있다.

③ 세 번째와 네 번째 단락에 따르면 알파고의 인공신경망은 기보 16만 건에서 추출된 약 3,000만 건의 착점을 학습하고, 이러한 지도학습이 끝나면 강화학습을 통해 가중치를 조금씩 바꿔보면서 최적의 가중치를 찾는다. 따라서 알파고는 지도학습뿐 아니라 강화학습을 통해 정확한 형세판단 능력의 평가 함수를 찾아갔음을 알 수 있다.

④ 마지막 단락에서 형세를 판단하는 정확한 평가 함수를 프로그래머가 알아야 할 필요는 없음을 알 수 있다.

⏱ **빠른 문제 풀이 Tip**

선택지를 대략적으로 살펴보았을 때, '정확도', '착점', '형세판단 능력', '지도학습', '평가 함수', '강화학습' 등이 주요 핵심어이므로 이를 중심으로 지문의 내용을 파악한다.

25 세부 정보 파악 〔난이도 하〕　　　　정답 ③

〔정답 체크〕

네 번째 단락에 따르면 강화학습은 모든 조건이 동일한 상태에서 가중치를 조금씩 바꿔보며 주로 이긴 인공신경망의 가중치를 선택하는 것으로 모든 가중치에 대해 이와 같은 과정을 반복하여 최적의 가중치를 찾는 방식이다. 이에 따라 <상황>의 가중치 A, B를 살펴보면 다음과 같다.

· 가중치 A 0.4, B 0.3인 인공신경망이 가중치 A 0.3, B 0.3인 인공신경망에게 주로 이겼으므로 가중치 A 0.4, B 0.3인 인공신경망을 선택한다.

· 가중치 A 0.5, B 0.3인 인공신경망이 가중치 A 0.3, B 0.3인 인공신경망에게 주로 이겼으므로 가중치 A 0.5, B 0.3인 인공신경망을 선택한다.

· 가중치 A 0.4, B 0.4인 인공신경망이 가중치 A 0.4, B 0.3인 인공신경망에게 주로 졌으므로 가중치 A 0.4, B 0.3인 인공신경망을 선택한다.

· 가중치 A 0.5, B 0.3인 인공신경망이 가중치 A 0.4, B 0.3인 인공신경망에게 주로 졌으므로 가중치 A 0.4, B 0.3인 인공신경망을 선택한다.

· 가중치 A 0.4, B 0.3인 인공신경망이 가중치 A 0.4, B 0.2인 인공신경망에게 주로 이겼으므로 가중치 A 0.4, B 0.3인 인공신경망을 선택한다.

따라서 최종적으로 선택할 알파고의 가중치 A와 B는 가중치 A가 0.4, B가 0.3이다.

해커스 단기합격 7급 PSAT 기출+적중 모의고사 상황판단

정답

p.74

01	③	법·규정의 적용	06	③	규칙 적용	11	①	논리퍼즐	16	④	법·규정의 적용	21	⑤	논리퍼즐
02	⑤	법·규정의 적용	07	③	계산·비교	12	⑤	규칙 적용	17	④	법·규정의 적용	22	③	계산·비교
03	④	법·규정의 적용	08	⑤	계산·비교	13	③	계산·비교	18	②	세부 정보 파악	23	④	법·규정의 적용
04	④	세부 정보 파악	09	⑤	규칙 적용	14	①	논리퍼즐	19	①	계산·비교	24	②	법·규정의 적용
05	②	계산·비교	10	②	논리퍼즐	15	③	법·규정의 적용	20	①	규칙 적용	25	②	규칙 적용

취약 유형 분석표

유형별로 맞힌 문제 개수와 정답률, 틀린 문제 번호와 풀지 못한 문제 번호를 적고 나서 취약한 유형이 무엇인지 파악해 보세요.

유형	맞힌 개수	정답률	틀린 문제 번호	풀지 못한 문제 번호
세부 정보 파악	/2	%		
법·규정의 적용	/8	%		
계산·비교	/6	%		
규칙 적용	/5	%		
논리퍼즐	/4	%		
TOTAL	/25	%		

해설

01 법·규정의 적용   난이도 중   정답 ③

정답 체크

ㄴ. 두 번째 법조문(타당성조사의 대상사업과 실시) 제1항에서 예비타당성조사 대상사업에 해당하지 않는 사업으로서, 국가 예산의 지원을 받아 지자체·공기업·준정부기관·기타 공공기관 또는 민간이 시행하는 사업 중 완성에 2년 이상이 소요되는 사업을 타당성조사 대상사업으로 한다고 했으므로 민간이 시행하는 사업도 타당성조사 대상사업이 될 수 있음을 알 수 있다.

ㄷ. 두 번째 법조문(타당성조사의 대상사업과 실시) 제1항 제2호와 제2항 제1호에서 완성에 2년 이상이 소요되면서 총사업비가 200억 원 이상인 건설사업 중 사업추진 과정에서 총사업비가 예비타당성조사의 대상 규모로 증가한 사업을 타당성조사 대상사업으로 함을 알 수 있다. 또한 지자체가 시행하는 건설사업으로서 사업완성에 2년 이상 소요되며 전액 국가의 재정지원을 받고, 총사업비 460억 원 규모의 사업추진 과정에서 총사업비가 10% 증가한 경우는 총사업비가 460×1.1=506억 원이다. 따라서 예비타당성조사 대상사업의 총사업비 규모를 충족시키므로 타당성조사를 실시하여야 함을 알 수 있다.

오답 체크

ㄱ. 첫 번째 법조문(예비타당성조사 대상사업)에서 신규 사업 중 총사업비가 500억 원 이상이면서 국가의 재정지원 규모가 300억 원 이상인 건설사업, 정보화사업, 국가연구개발사업에 대해 예비타당성조사를 실시함을 알 수 있다. 따라서 국가의 재정지원 비율이 50%인 총사업비 550억 원 규모의 신규 건설사업은 국가의 재정지원 규모가 550×0.5=275억 원으로 300억 원 미만이므로 예비타당성조사 대상이 되지 않음을 알 수 있다.

ㄹ. 두 번째 법조문(타당성조사의 대상사업과 실시) 제1항 제2호에서 사업물량 또는 토지 등의 규모 증가로 인하여 총사업비가 100분의 20 이상 증가한 사업은 타당성조사를 실시하여야 함을 알 수 있다. 이때 총사업비가 200억 원 이상인 건설사업 중 일정요건을 갖춘 경우 타당성조사 대상사업이 될 수 있으므로 총사업비가 500억 원 미만인 사업도 예비타당성 조사 및 타당성조사 대상사업이 될 수 있음을 알 수 있다.

02 법·규정의 적용   난이도 상   성납 ⑤

정답 체크

두 번째 법조문 제2호 나목 법인의 분할·합병에 의한 경우의 특허권 이전등록료는 매건 1만 4천 원이므로 F주식회사가 G주식회사를 합병하면서 획득한 G주식회사 소유의 특허권 4건에 대한 이전등록료는 매건 14,000×4=56,000원으로 수수료 총액이 가장 많다.

오답 체크

① 첫 번째 법조문 제2호 가목에서 상속에 의한 경우의 출원인변경신고료는 매건 6천 5백 원이므로 특허출원 5건을 신청한 A가 사망한 후, A의 단독 상속인 B가 출원인을 변경하고자 할 때의 출원인변경신고료는 매건 6,500×5=32,500원이다.

② 두 번째 법조문 제3호에서 등록사항을 말소하는 경우의 등록료는 매건 5천 원이므로 C가 자기 소유의 특허권 9건을 말소하는 경우의 등록료는 매건 5,000×9=45,000원이다.

③ 첫 번째 법조문 제1호 나목에서 출원서를 전자문서로 제출하는 경우의 특허출원료는 매건 3만 8천 원이므로 D가 특허출원 1건에 대한 40면 분량의 특허출원서를 전자문서로 제출하는 경우의 특허출원료는 매건 38,000×1=38,000원이다.

④ 두 번째 법조문 제1호 나목에서 특허권의 통상실시권에 대한 보존등록료는 매건 4만 3천 원이므로 E소유의 특허권 1건의 통상실시권에 대한 보존등록료는 매건 43,000×1=43,000원이다.

⏱ 빠른 문제 풀이 Tip

법조문에 제시된 특허출원 관련 수수료는 각 항목마다 금액이 다르므로 선택지에 제시된 수수료가 법조문에서 어느 항목에 해당하는지 매칭한 후 수수료의 총액을 계산한다.

03 법·규정의 적용   난이도 상   정답 ④

정답 체크

ㄱ. (라)에서 乙은 사업비를 위탁받은 교육훈련 이외의 다른 용도로 사용하여서는 안 된다고 했으므로 계약 기간에 해당하는 9월 10일에 교육훈련과 관련없는 甲의 등산대회에 사업비에서 100만 원을 협찬한 것은 계약 위반행위이다.

ㄴ. (나)에서 甲은 乙에게 사업비의 50%에 해당하는 금액을 반기(6개월)별로 지급하며, 乙이 청구한 날로부터 14일 이내에 지급하여야 한다고 했으므로 乙이 1월 25일에 상반기 사업비 지급을 청구하였다면 甲은 乙에게 2월 8일까지 3,500만 원을 지급해야 함을 알 수 있다. 따라서 甲이 2월 10일에 지급한 것은 계약 위반행위이다.

ㄹ. (마)에서 乙은 매 분기(3개월) 종료 후 10일 이내에 관련 증빙서류를 구비하여 甲에게 훈련참여자의 취업실적에 따른 성과인센티브의 지급을 청구할 수 있고, (바)에서 甲은 (마)에 따른 관련 증빙서류를 확인한 후 인정된 취업실적에 대한 성과인센티브를 취업자 1인당 10만 원씩 지급해야 함을 알 수 있다. 따라서 乙이 10월 9일에 관련 증빙서류를 구비하여 성과인센티브의 지급을 청구하였으나, 甲이 증빙서류의 확인을 거부하고 지급하지 않은 것은 계약 위반행위이다.

오답 체크

ㄷ. (다)에서 乙은 하반기 사업비 청구시 상반기 사업추진실적과 상반기 사업비 사용내역을 함께 제출하여야 하며, 甲은 이를 확인한 후 지급함을 알 수 있다. 따라서 乙이 8월 8일에 하반기 사업비 지급을 청구하면서 상반기 사업추진실적 및 사업비 사용내역을 제출한 것은 계약 위반행위가 아니다.

04 세부 정보 파악 난이도 하 정답 ④

정답 체크

ㄱ. 두 번째 단락에서 甲국에서는 보통, 중급, 고급으로 분류되는 세 가지 등급의 휘발유가 판매되고 있고, 등급을 구분하는 최소 옥탄가의 기준은 각각 87, 89, 93임을 알 수 있다. 이때 甲국의 A시에서 판매되는 휘발유는 다른 지역의 휘발유보다 등급을 구분하는 최소 옥탄가의 기준이 등급별로 2씩 낮다고 했으므로 A시에서 고급 휘발유로 판매되는 휘발유의 옥탄가는 93-2=91 이상임을 알 수 있다.

ㄴ. 첫 번째 단락에서 실린더 내의 과도한 열이나 압력, 혹은 질 낮은 연료의 사용 등으로 인해 노킹 현상이 발생할 수 있음을 알 수 있다.

ㄷ. 첫 번째 단락에서 노킹 현상은 공기·휘발유 혼합물이 점화되기도 전에 연소되는 현상이라고 했으므로 노킹 현상이 일어나지 않는다면, 일반적인 내연기관 내부의 실린더 속에서 공기·휘발유 혼합물은 점화가된 후에 연소됨을 알 수 있다.

오답 체크

ㄹ. 첫 번째 단락에서 일반적인 내연기관에서는 휘발유와 공기가 엔진 내부의 실린더 속에서 압축된 후 점화 장치에 의하여 점화되어 연소된다고 했고, 이 때의 연소는 휘발유의 주성분인 탄화수소가 공기 중의 산소와 반응하여 이산화탄소와 물을 생성하는 것이라고 했으므로 내연기관 내에서의 연소는 이산화탄소가 아니라 탄화수소와 산소가 반응하여 물을 생성하는 것임을 알 수 있다.

> ⏱ 빠른 문제 풀이 Tip
> <보기>에서 '내연기관', '노킹 현상', '옥탄가' 등이 제시되어 있으므로 지문에서 해당 단어가 포함된 문장을 정확히 확인한다.

05 계산·비교 난이도 중 정답 ②

정답 체크

A사는 {(고객만족도 효과의 현재가치) - (비용의 현재가치)}의 값이 큰 방식을 설립방식으로 선택한다고 했고, (가)방식과 (나)방식의 {(고객만족도 효과의 현재가치) - (비용의 현재가치)}의 값은 (가)방식이 5-3=2억 원, (나)방식이 4.5-2-1-0.5=1억 원이므로 (가)방식이 선택됨을 알 수 있다. 또한 A사는 {(유동인구)×(20~30대 비율)/(교통혼잡성)} 값이 큰 곳을 설립위치로 선정하며, 이중 20~30대 비율이 50% 이하인 지역은 제외한다고 했으므로 乙을 제외하고 값을 구한다. {(유동인구)×(20~30대 비율)/(교통혼잡성)} 값은 甲이 (80×75)/3=2,000, 丙이 (75×60)/2=2,250이므로 설립위치는 丙이 선정됨을 알 수 있다.

따라서 A사가 서비스센터를 설립하는 방식은 (가)방식, 설립하는 위치는 丙이다.

> ⏱ 빠른 문제 풀이 Tip
> <설립위치 선정 기준>에 따라 A사가 서비스센터를 설립하는 위치를 선정할 때, {(유동인구)×(20~30대 비율)/(교통혼잡성)} 값이 큰 곳을 선정한다고 했으므로 상대적 계산을 활용한다. 乙을 제외한 甲과 丙의 계산식은 각각 (80×75)/3, (75×60)/2이고, 75가 공통이므로 이를 제외하고 계산하면 빠르게 값을 비교할 수 있다.

06 규칙 적용 난이도 하 정답 ③

정답 체크

기관별로 교류를 승인하는 조건을 정리하면 다음과 같다.
· ○○기관: 신청자간 현직급임용년월 차이 3년 미만 ∩ 연령 차이 7세 미만
· □□기관: 신청자간 최초임용년월 차이 5년 미만 ∩ 연령 차이 3세 미만
· △△기관: 최초임용년월 차이 2년 미만 ∩ 연령 차이 5세 미만
이에 따라 甲과 인사교류 신청자 A~E의 최초임용년월, 현직급임용년월, 연령 차이를 정리하면 다음과 같다.

구분	A	B	C	D	E
현 소속기관	□□	□□	□□	△△	△△
甲과의 최초임용년월 차이	8개월	5년 9개월	3개월	1년 8개월	2년 1개월
甲과의 현직급임용년월 차이	3년 8개월	1년 6개월	3개월	1년 8개월	2년 1개월
甲과의 연령 차이	2세	5세	0세	1세	3세

· A는 甲과의 연령 차이가 3세 미만이나, 현직급임용년월 차이가 3년 이상으로 ○○기관의 교류 승인 조건을 충족하지 못하므로 甲과 A는 인사교류를 할 수 없다.
· B는 甲과의 연령 차이가 3세 이상이고, 최초임용년월 차이가 5년 이상으로 □□기관의 교류 승인 조건을 충족하지 못하므로 甲과 B는 인사교류를 할 수 없다.
· C는 甲과의 연령 차이가 3세 미만이고, 최초임용년월 차이와 현직급임용년월 차이 모두 3년 미만이므로 甲과 C는 인사교류를 할 수 있다.
· D는 甲과의 연령 차이가 5세 미만이고, 최초임용년월 차이와 현직급임용년월 차이 모두 2년 미만이므로 甲과 D는 인사교류를 할 수 있다.
· E는 甲과의 연령 차이가 5세 미만이나, 최초임용년월 차이가 2년 이상으로 △△기관의 교류 승인 조건을 충족하지 못하므로 甲과 E는 인사교류를 할 수 없다.
따라서 甲과 인사교류를 할 수 있는 사람은 C, D이다.

> ⏱ 빠른 문제 풀이 Tip
> 甲과 인사교류를 할 수 없는 사람을 파악한 후 선택지를 소거하며 문제를 풀이한다. 甲과 A와 B는 인사교류를 할 수 없으므로 ①, ②, ④가 소거된다. 이후 甲과 E가 인사교류를 할 수 있는지를 파악한다.

07 계산·비교 난이도 상 정답 ③

정답 체크

캐롤 음원이용료는 하루에 2만 원이므로 한 해 캐롤 음원이용료가 최대 금액이 되려면 캐롤을 트는 일수가 최대여야 한다. 이때 캐롤은 11월 네 번째 목요일 이후 돌아오는 첫 월요일부터 12월 25일까지 휴점일을 제외하고 매일 틀어 놓으므로 11월 네 번째 목요일이 가장 빠른 날을 찾아야 하는데, 11월 1일이 목요일이어야 네 번째 목요일이 22일로 가장 빠르다. 이에 따라 캐롤은 11월 26일 월요일부터 12월 25일 화요일까지 틀게 되고, 이중 11월의 네 번째 수요일인 11월 28일이 휴점이므로 캐롤을 트는 일수는 11월에 4일, 12월에 25일, 총 29일이다. 따라서 한 해 캐롤 음원이용료로 지불해야 하는 최대 금액은 29×2=58만 원이다.

08 계산·비교 난이도 상 정답 ⑤

정답 체크

회의 시각은 런던 기준으로 11월 1일 오전 9시였으므로 시간이 9시간 빠른 서울 기준으로는 11월 1일 18시이다. 또한 甲은 런던을 기준으로 오늘 22시에 맡은 업무를 마칠 수 있다고 했으므로 甲의 업무 소요 시간은 22-9=13시간, 乙은 시애틀을 기준으로 오늘 22시부터 업무를 시작하면 다음날 15시에 맡은 업무를 마칠 수 있다고 했으므로 乙의 업무 소요 시간은 (24-22)+15=17시간, 丙은 서울을 기준으로 다음날 15시부터 업무를 시작하면 모레 10시에 맡은 업무를 마칠 수 있다고 했으므로 丙의 업무 소요 시간은 (24-15)+10=19시간이다. 이에 따라 프로젝트 최종 마무리까지 총 13+17+19=49시간이 소요됨을 알 수 있다.

따라서 프로젝트 최종 마무리는 서울 기준으로 11월 1일 18시에서 49시간 후이므로 11월 3일 19시, 즉 11월 3일 오후 7시이다.

⏱ **빠른 문제 풀이 Tip**

최종 시각의 기준이 서울이므로 서울의 현재 시각이 몇 시인지를 먼저 파악한 후, 각 업무에 소요되는 시간을 구한다.

09 규칙 적용 난이도 하 정답 ⑤

정답 체크

· 점수를 획득한 팀이 서브권을 가지며, 서브권이 상대팀으로 넘어가기 전까지 팀 내에서 같은 선수가 연속해서 서브권을 갖는다고 했고, <경기상황>에 따르면 A가 서브하여 甲팀이 1점 득점한 상황이므로 이어지는 경기에서도 甲팀의 A가 서브를 한다.

· 서브하는 팀은 자신의 팀 점수가 짝수인 경우 우측에서 서브한다고 했고, <경기상황>에 따르면 3:3인 상황에서 甲팀이 1득점을 하여 4점이 되었으므로 甲팀의 A가 우측, B가 좌측에 위치한다.

· 서브하는 선수로부터 코트의 대각선 위치에 선 선수가 서브를 받고, 서브를 받는 팀은 팀 내에서 선수끼리 코트 위치를 바꾸지 않는다고 했으므로 乙팀은 <경기상황>과 동일하게 C가 좌측, D가 우측에 위치하며 A의 대각선에 있는 D가 서브를 받는다.

따라서 <경기상황>에 이어질 서브 방향 및 선수 위치는 ⑤이다.

10 논리퍼즐 난이도 중 정답 ②

정답 체크

두 번째 조건에 따르면 30대 회사원은 丙이고, 네 번째 조건에 따르면 40대 회사원은 乙이다. 첫 번째 조건에 따르면 50대 주부는 주식을 투자했고, 세 번째 조건에 따르면 甲은 주식과 옵션에는 투자하지 않았으므로 甲은 60대 사업가이고, 이에 따라 丁은 50대 주부이다. 또한 첫 번째 조건에 따라 丁은 주식에 투자했고, 세 번째 조건과 다섯 번째 조건에 따라 甲은 선물에 투자했음을 알 수 있다. 네 번째 조건에 따라 乙은 옵션에 투자하지 않았으므로 남은 금융상품 중 채권에 투자했고, 이에 따라 丙이 옵션에 투자했음을 알 수 있다.

구분	甲	乙	丙	丁
	60대 사업가	40대 회사원	30대 회사원	50대 주부
주식	X	X	X	O
채권	X	O	X	X
선물	O	X	X	X
옵션	X	X	O	X

따라서 선물 투자자는 60대 사업가인 甲이다.

오답 체크

① 채권 투자자는 乙이다.

③ 투자액이 가장 큰 사람은 丁이다.

④ 30대 회사원 丙은 옵션에 투자하였다.

⑤ 가장 높은 수익률을 올린 사람은 옵션 투자자인 丙이다.

⏱ **빠른 문제 풀이 Tip**

제시된 조건에서 고정 조건을 먼저 파악한 후, 다른 조건과의 관계를 확인한다. 두 번째 조건과 네 번째 조건에서 丙과 乙의 나이가 제시되어 있으므로 이를 기준으로 甲과 丁의 나이를 고려한다.

11 논리퍼즐 난이도 중 정답 ①

정답 체크

제시된 진술에 따라 甲~戊가 먹은 사탕을 표로 정리하면 다음과 같다.

구분	甲	乙	丙	丁	戊
사과 사탕(2개)		O	X		
포도 사탕(2개)	X	X			
딸기 사탕(2개)		X			

다섯 명 중 한 명이 사과 사탕 1개와 딸기 사탕 1개를 함께 먹고, 다른 네 명은 남은 사탕을 1개씩 먹었다고 했으므로 남은 사과 사탕 1개를 먹는 사람은 반드시 딸기 사탕 1개를 함께 먹었을 것이다. 이때 丁은 사탕을 한 종류만 먹었다고 했으므로 丁은 사과 사탕을 먹은 사람이 아니다. 이에 따라 사과 사탕 1개와 딸기 사탕 1개를 먹은 사람은 甲 또는 戊임을 알 수 있다. 이때 만약 戊가 사과 사탕 1개와 딸기 사탕 1개를 먹었거나 딸기 사탕 1개만 먹었다면 甲이 반드시 딸기 사탕을 먹게 되므로 戊가 딸기 사탕을 먹은 사람 두 명을 다 알지 못한다는 진술은 거짓이 된다. 이에 따라 사과 사탕 1개와 딸기 사탕 1개를 함께 먹은 사람은 甲이고, 戊는 사과 사탕과 딸기 사탕을 먹지 않았으므로 포도 사탕을 먹었음을 알 수 있다. 한편 丙과 丁은 각각 포도 사탕 1개 또는 딸기 사탕 1개를 먹었으나 확실히 알 수 없으므로 가능한 경우는 다음과 같다.

구분	甲	乙	丙	丁	戊
사과 사탕(2개)	O	O	X	X	X
포도 사탕(2개)	X	X	–	–	O
딸기 사탕(2개)	O	X	–	–	X

따라서 사과 사탕 1개와 딸기 사탕 1개를 함께 먹은 사람은 甲, 戊가 먹은 사탕은 포도 사탕 1개이다.

12 규칙 적용 [난이도 중]　정답 ⑤

선발 조건 중 네 번째 조건에서 근무 평정이 70점 이상인 직원만을 선발한다고 했으므로 근무 평정 점수가 65점인 A는 인사 파견을 갈 수 없다. 또한 여섯 번째 조건에서 직전 인사 파견 기간이 종료된 이후 2년 이상 경과하지 않은 직원을 선발할 수 없다고 했으므로 직전 인사 파견 시작 시점이 2014년 7월인 C도 인사 파견을 갈 수 없다. 이때 세 번째 조건에 따라 과학기술과 직원인 F는 인사 파견에 반드시 선발되므로 선발 유무를 정리하면 다음과 같다.

직원	직위	근무 부서	근무 평정	어학 능력	직전 인사 파견 시작 시점	선발 유무
A	과장	과학기술과	65	중	2013년 1월	X
B	과장	자치행정과	75	하	2014년 1월	
C	팀장	과학기술과	90	중	2014년 7월	X
D	팀장	문화정책과	70	상	2013년 7월	
E	팀장	문화정책과	75	중	2014년 1월	
F	–	과학기술과	75	중	2014년 1월	O
G	–	자치행정과	80	하	2013년 7월	

선발 조건 중 첫 번째 조건에 따라 B가 선발된다면 G가 함께 선발되어 B, F, G가 선발되어야 하나 다섯 번째 조건에 따라 어학 능력이 '상'인 직원이 없으므로 B는 인사 파견을 갈 수 없다. 또한 두 번째 조건에 따라 D와 E는 함께 인사 파견에 선발될 수 없다.

따라서 인사 파견에서 선발될 직원은 D, F, G이다.

> ⏱ 빠른 문제 풀이 Tip
> 선택지에 제시된 직원의 조합을 직접 선발 조건에 대입하여 인사 파견이 가능한지 판단하고, 불가능한 선택지를 소거한다. ①은 A의 근무 평정이 70점 미만이므로 소거된다.

13 계산·비교 [난이도 중]　정답 ③

제시된 <상황>에서 두 개 이상의 법안을 지지하는 국회의원은 없다고 했으므로 국회의원은 각 1개의 법안을 지지한다. 이때 갑 법안을 지지하는 국회의원의 수를 x라고 하면, 을 법안을 지지하는 국회의원의 수는 $\frac{x}{3}$, 병 법안을 지지하는 국회의원의 수는 $\frac{x}{8}$이다. 이때 총 국회의원의 수는 290명 미만이라고 했으므로 $x+\frac{x}{3}+\frac{x}{8}<290 \rightarrow x<199$이다. 이때 갑 법안을 지지하는 국회의원의 수는 을 법안을 지지하는 국회의원 수와 병 법안을 지지하는 국회의원의 수보다 각각 3배, 8배 많으므로 갑 법안을 지지하는 국회의원의 수는 24배수이다. 따라서 갑 법안을 지지하는 국회의원수의 최댓값은 24×8=192이다.

> ⏱ 빠른 문제 풀이 Tip
> 국회의원의 수를 구하는 것이므로 각 법안을 지지하는 국회의원의 수는 자연수임을 유의한다. 이때 갑 법안을 지지하는 국회의원의 수는 24배수이므로 선택지 ②, ④, ⑤가 소거된다.

14 논리퍼즐 [난이도 중]　정답 ①

제시된 <상황>에서 우승자는 사회학 전공생이라고 했으므로 조건에 따라 사회학 전공생을 살펴본다. 세 번째 조건과 다섯 번째 조건에 따라 제주도가 고향인 참가자는 갑, 정, 무이고, 을과 병은 경제학 전공생 또는 통계학 전공생이다. 이에 따라 갑, 정, 무의 전공은 정치학, 사회학, 경영학이고, 두 번째 조건과 네 번째 조건에 따라 정치학 전공생과 경영학 전공생은 각각 강아지, 고양이를 기르므로 원숭이를 기르는 갑이 사회학 전공생이다. 이를 정리하면 다음과 같다.

구분	전공	애완동물	고향
갑	사회학	원숭이	제주도
을	경제학 또는 통계학	강아지 또는 없음	울릉도
병	경제학 또는 통계학	강아지 또는 없음	울릉도
정	정치학 또는 경영학	강아지 또는 고양이	제주도
무	정치학 또는 경영학	강아지 또는 고양이	제주도

따라서 대회에서 우승한 사람은 갑이다.

15 법·규정의 적용 [난이도 중]　정답 ③

제시된 글에 따르면 선이자는 돈을 빌려 주면서 먼저 공제하는 이자이고, <법조문> 제3항에 따르면 약정금액은 당초 빌려주기로 한 금액이다. 이에 따라 甲과 乙의 소비대차 내용을 정리하면 다음과 같다.

· 약정금액: 2,000만 원
· 선이자: 800만 원
· 채무자가 실제 수령한 금액: 1,200만 원

<법조문> 제3항에서 약정금액에서 선이자를 사전 공제한 경우, 공제액이 '채무자가 실제 수령한 금액'을 기준으로 제1항에서 정한 최고이자율에 따른 금액을 초과하면 초과부분은 약정금액의 일부를 변제한 것으로 본다고 했고, 甲은 약정금액 2,000만 원에서 선이자 800만 원을 사전 공제했으므로 乙이 실제 수령한 금액을 기준으로 제1항의 최고이자율에 따른 금액이 800만 원을 초과하는지 확인한다. <법조문> 제1항에서 정한 최고이자율은 연 30%이므로 乙이 수령한 금액을 기준으로 계산한 금액은 1,200×0.3=360만 원이다. 이 금액보다 선이자 공제액이 800-360=440만 원 초과하므로 이 초과부분은 약정금액의 일부를 변제한 것으로 본다. 따라서 乙이 갚기로 한 날짜에 甲에게 변제해야 할 금액은 2,000-440=1,560만 원이다.

16 법·규정의 적용 [난이도 중]　정답 ④

마지막 법조문(인감증명서와의 관계) 제1호에서 부동산거래에서 인감증명서 제출과 함께 관련 서면에 인감을 날인하여야 할 때에는 본인서명사실확인서를 제출하고 관련 서면에 서명을 한 경우, 인감증명서를 제출하고 관련 서면에 인감을 날인한 것으로 본다고 했으므로 토지매매시 인감증명서를 제출하고 관련 서면에 인감을 날인하여야 하는 경우, 본인서명사실확인서를 제출하고 관련 서면에 서명하는 것으로 대신할 수 있음을 알 수 있다.

오답 체크

① 세 번째 법조문(전자본인서명확인서 발급시스템 이용의 승인) 제1항에서 민원인은 전자본인서명확인서 발급시스템을 이용하려는 경우에는 미리 시장·군수 또는 자치구의 구청장의 승인을 받아야 한다고 했고, 동조 제2항에서 제1항에 따라 승인을 받으려는 민원인은 승인권자를 직접 방문하여 이용 승인을 신청하여야 한다고 했으므로 전자본인서명확인서 발급시스템을 이용하기 위해서는 동장이 아닌 자치구의 구청장을 방문하여 이용 승인을 신청하여야 함을 알 수 있다.

② 두 번째 법조문(본인서명사실확인서의 발급 신청) 제1항 제3호에서 본인서명사실확인서를 발급받으려는 사람 중 「재외동포의 출입국과 법적 지위에 관한 법률」에 따라 국내거소신고를 한 재외국민은 시장·군수·구청장이나 읍장·면장·동장을 직접 방문하여 발급을 신청하여야 함을 알 수 있다.

③ 세 번째 법조문(전자본인서명확인서 발급시스템 이용의 승인) 제3항에서 미성년자인 민원인이 이용 승인을 신청하려는 경우에는 법정대리인과 함께 승인권자를 직접 방문하여 법정대리인의 동의를 받아 신청하여야 한다고 했으므로 본인서명사실확인서를 발급받은 것과 무관하게 법정대리인의 동의를 받아야 함을 알 수 있다.

⑤ 첫 번째 법조문(사무의 관장)에서 시장(특별시장·광역시장은 제외한다. 이하 같다)·군수 및 자치구의 구청장은 이 법에 따른 본인서명사실확인서 및 전자본인서명확인서의 발급·관리 등에 관한 사무를 관장한다고 했으므로 해당 사무를 특별시장은 관장하지 않음을 알 수 있다.

17 법·규정의 적용 난이도 중 정답 ④

정답 체크

첫 번째 법조문(예비이전후보지의 선정) 제1항에서 종전부지 지방자치단체의 장은 군 공항을 이전하고자 하는 경우 국방부장관에게 이전을 건의할 수 있다고 했으므로 종전부지 지방자치단체의 장은 주민투표를 거치지 않더라도 국방부장관에게 군 공항 이전을 건의할 수 있음을 알 수 있다.

오답 체크

① 세 번째 법조문(군 공항 이전부지 선정위원회) 제2항 제4호에서 선정위원회의 당연직위원은 종전부지 및 이전주변지역을 관할하는 특별시장·광역시장 또는 도지사가 포함되고, 동조 제3항 제1호에서 선정위원회는 이전부지 선정을 심의함을 알 수 있다. 따라서 종전부지를 관할하는 광역시장은 이전부지 선정 심의에 참여함을 알 수 있다.

② 첫 번째 법조문(예비이전후보지의 선정) 제2항에서 국방부장관은 군 공항을 이전하고자 하는 경우 군사작전 및 군 공항 입지의 적합성 등을 고려하여 군 공항 예비이전후보지를 선정할 수 있음을 알 수 있다.

③ 세 번째 법조문(군 공항 이전부지 선정위원회) 제3항 제2호에서 선정위원회는 종전부지 활용방안 및 종전부지 매각을 통한 이전주변지역 지원방안을 심의한다고 했으므로 선정위원회는 군 공항이 이전되고 난 후에 종전부지를 어떻게 활용할 것인지에 대한 사항도 심의함을 알 수 있다.

⑤ 두 번째 법조문(이전후보지의 선정)에서 국방부장관은 한 곳 이상의 예비이전후보지 중에서 군 공항 이전후보지를 선정함에 있어서 군 공항 이전부지 선정위원회의 심의를 거쳐야 한다고 했으므로 예비이전후보지가 한 곳이라고 하더라도 선정위원회의 심의를 거쳐야 이전후보지로 선정될 수 있음을 알 수 있다.

18 세부 정보 파악 난이도 하 정답 ②

정답 체크

세 번째 단락에서 국고보조금의 세 번째 특징으로 국고보조금이 투입되는 사업에 대해서는 상급기관의 행정적·재정적 감독을 받게 되어 예산운용의 측면에서 지방자치단체의 자율성이 약화될 수 있음을 알 수 있다.

오답 체크

① 두 번째 단락에서 국고보조금은 국가가 국가의 정책상 필요한 사업뿐만 아니라 지방자치단체가 필요한 사업을 지원하기 위해 지급하는 재원이라고 했고, 세 번째 단락에서 국고보조금은 특정 용도 외의 사용이 금지되어 있다고 했으므로 지방자치단체가 필요로 하는 사업에 용도를 지정하여 국가가 지급하는 것은 지방교부세가 아니라 국고보조금임을 알 수 있다.

③ 세 번째 단락에서 국고보조금은 특정 용도 외의 사용이 금지되어 있다는 점에서 용도에 제한을 두지 않는 지방교부세와 다르다고 했으므로 지방자치단체의 R&D 사업에 지급된 국고보조금의 경우, 해당 R&D 사업 외의 용도로는 사용될 수 없음을 알 수 있다.

④ 세 번째 단락에서 재정력이 취약한 지방자치단체는 지방비 부담으로 인해 상대적으로 국고보조사업 신청에 소극적임을 알 수 있다.

⑤ 첫 번째 단락에서 지방자치단체의 재정활동을 지원하고 지역간 재정 불균형을 해소하기 위해 지방교부세와 국고보조금을 교부하고 있다고 했으므로 국고보조금도 재정 불균형을 해소하는 기능이 있음을 알 수 있다.

19 계산·비교 난이도 중 정답 ①

정답 체크

부문별 업무역량 값 중 재능에 대한 값은 기획력이 $90 \times 4 = 360$, 창의력이 $100 \times 4 = 400$, 추진력이 $110 \times 4 = 440$, 통합력이 $60 \times 4 = 240$이다. 甲은 통합력의 업무역량 값을 다른 어떤 부문의 값보다 크게 만들고자 한다고 했으므로 통합력의 업무역량 값은 추진력에 노력 0을 투입할 경우인 440보다 높아야 한다. 이에 따라 통합력의 업무역량 값은 441점 이상이어야 하므로 투입해야 하는 노력의 최솟값은 $(441-240)/3 = 67$점이다. 이때 남은 노력인 $100-67=33$을 기획력과 창의력에 투입하여 통합력의 업무역량 값인 441보다 낮은 경우가 있는지 확인한다. 남은 노력 값 $33 \times 3 = 99$는 기획력, 창의력의 재능 값과 통합력 업무역량 값의 차인 $(441-360)+(441-400)=122$보다 적으므로 통합력 업무역량을 가장 크게 만들 수 있다. 따라서 甲이 통합력에 투입해야 하는 노력의 최솟값은 67이다.

20 규칙 적용 난이도 하 정답 ①

정답 체크

ㄱ. 18세 이하 자녀 3명만 있는 가정의 경우, 지급받는 월 수당액은 A안이 $15 \times 2 + 30 = 60$만 원, B안이 $20 \times 2 + 22 = 62$만 원이다. 따라서 지급받는 월 수당액은 A안보다 B안을 적용할 때 더 많다.

ㄷ. C안의 수당을 50% 증액한 경우 중학생 자녀 2명만 있는 가정이 지급받는 월 수당액은 C안이 $8 \times 2 \times 1.5 = 24$만 원, A안이 $15 \times 2 = 30$만 원이다. 따라서 A안보다 C안을 적용할 때 더 적은 월 수당을 지급받는다.

ㄴ. A안에서 18세 이하의 자녀가 있는 가정에 수당을 매월 지급하되, 자녀가 둘 이상인 경우에 한한다고 했으므로 A안을 적용할 때 자녀가 18세 이하 1명만 있는 가정은 수당을 지급받지 않는다.

ㄹ. C안을 적용할 때 한 자녀에 대해 지급되는 월 수당액은 3세 미만일 때는 자녀 1명 당 10만 원, 3세부터 초등학교를 졸업할 때까지는 첫째와 둘째는 각각 8만 원, 셋째부터는 10만 원씩을 지급하므로 월 수당액은 그 자녀가 성장하면서 지속적으로 증가하는 것은 아니다.

21 논리퍼즐 [난이도 상] 정답 ⑤

정답 체크

제시된 조건을 정리하면 다음과 같다.
· 조건 1: A와 F 중 A에게 먼저 전화를 걸어야 하며, C와 D 중 D에게 먼저 전화를 걸어야 함
· 조건 2: A와 B 중 A에게 먼저 전화를 걸어야 하며, D와 F 중 D에게 먼저 전화를 걸어야 함
· 조건 3: A와 F는 연이어 전화를 걸 수 없고, D와 C는 연이어 전화를 걸 수 없음
· 조건 4: A와 B는 연이어 전화를 걸 수 없고, D와 F는 연이어 전화를 걸 수 없음
· 조건 5: A와 D는 연이어 전화를 걸 수 없음

A는 B와 F보다 먼저 전화를 걸어야 하고, D는 C와 F보다 먼저 전화를 걸어야 한다. 이때 E는 같은 소속, 같은 분야가 없으므로 A 또는 D보다 먼저 전화를 걸거나 A 또는 D와 연이어 전화를 걸 수 있다. 이에 따라 甲이 첫 번째로 전화를 걸 대상으로 A, D, E가 가능하므로 이를 기준으로 경우의 수를 정리하면 다음과 같다.

<경우 1> 甲이 첫 번째로 A에게 전화를 걸 경우

첫 번째로 A에게 전화를 걸 경우 B와 F에게 연이어 전화를 걸 수 없고, C 또는 E에게 전화를 걸 수 있다. 이때 C는 D보다 먼저 전화를 걸 수 없고 A와 D는 연이어 전화를 걸 수 없으므로 두 번째로 E에게 전화를 걸어야 한다.

<경우 2> 甲이 첫 번째로 D에게 전화를 걸 경우

첫 번째로 D에게 전화를 걸 경우 C와 F에게 연이어 전화를 걸 수 없고, B 또는 E에게 전화를 걸 수 있다. 이때 B는 A보다 먼저 전화를 걸 수 없고 A와 D는 연이어 전화를 걸 수 없으므로 두 번째로 E에게 전화를 걸어야 한다.

<경우 3> 甲이 첫 번째로 E에게 전화를 걸 경우

첫 번째로 E에게 전화를 걸 경우 두 번째로 A 또는 D에게 전화를 걸 수 있다. 이때 A 또는 D에게 두 번째로 전화를 걸 경우 A와 D는 연이어 전화를 걸 수 없으므로 세 번째로 전화를 걸 수 있는 대상이 없다. 이에 따라 첫 번째로 E에게 전화를 걸 수 없다.

따라서 甲이 두 번째로 전화를 걸 대상은 E이다.

22 계산·비교 [난이도 중] 정답 ③

정답 체크

ㄱ. 13:00에 감정도가 초기화되므로 ㉠, ㉡을 제외한 13:00 이후의 甲과 乙의 감정도를 민원 접수 시각 순으로 나타내면 다음과 같다.

민원 접수 시각	甲	乙
13:20	–	–20
14:10	–20	–
14:20	–	–20
15:10	㉠	–
16:10	–	–20
16:50	–	㉡
17:00	+10	–
17:40	–	+10

이때 09:00, 13:00, 18:00를 제외한 매시 정각에 甲과 乙의 감정도가 5씩 상승한다고 했고, 13:00부터 18:00 사이에는 4번의 정각이 있으므로 甲과 乙 모두 감정도가 5×4=20씩 상승한다. 이에 따라 18:00에 ㉠, ㉡을 제외한 감정도는 甲이 100-20+10+20=110, 乙이 100-20-20-20+10+20=70이고, ㉠이 Y민원, ㉡이 X민원이라 하더라도 甲의 감정도가 乙의 감정도보다 높다. 따라서 ㉠, ㉡에 상관없이 18:00에 甲의 감정도는 乙의 감정도보다 높다.

ㄷ. 9:00부터 12:30 사이에는 3번의 정각이 있고, 甲은 Y민원 2번, 乙은 X민원 1번을 접수했으므로 12:30에 감정도는 甲이 100-20-20+15=75, 乙이 100+10+15=125이다.

오답 체크

ㄴ. ㉡이 Y민원이라면 乙의 감정도는 ㉡을 제외한 감정도 70에서 20 하락하므로 70-20=50이다. 이때 감정도가 50 미만인 직원에게 1일의 월차를 부여한다고 했으므로 감정도가 50 이상인 乙은 월차를 부여받지 않는다.

23 법·규정의 적용 [난이도 중] 정답 ④

정답 체크

ㄱ. 두 번째 법조문에서 교도소장은 일반경비처우급 수형자로서 교정성적, 나이, 인성 등을 고려하여 다른 수형자의 모범이 된다고 인정되는 경우에는 봉사원으로 선정하여 교도관의 사무처리 업무를 보조하게 할 수 있음을 알 수 있다.

ㄴ. 다섯 번째 법조문에서 소장은 개방처우급·완화경비처우급 수형자에 대하여 교도소 밖에서 이루어지는 사회봉사, 종교행사 참석을 허가할 수 있고, 처우상 특히 필요한 경우에는 일반경비처우급 수형자에게도 이를 허가할 수 있음을 알 수 있다.

ㄹ. 네 번째 법조문 제4항에서 소장은 교화를 위하여 특히 필요한 경우에는 일반경비처우급 수형자에 대하여 가족 만남의 날 행사 참여 또는 가족 만남의 집 이용을 허가할 수 있음을 알 수 있다.

오답 체크

ㄷ. 세 번째 법조문 제1항에서 소장은 개방처우급·완화경비처우급 수형자에게 자치생활을 허가할 수 있다고 했고, 동조 제2항에서 소장은 자치생활 수형자들이 교육실, 강당 등 적당한 장소에서 월 1회 이상 토론회를 할 수 있도록 하여야 한다고 했으므로 일반경비처우급 수형자에게 부여할 수 있는 처우가 아님을 알 수 있다.

정답 체크

여섯 번째 법조문과 마지막 법조문에 따라 소장이 할 수 있는 조치와 각 조치에 해당하는 대상자의 요건을 정리하면 다음과 같다.

구분	조치의 내용	대상자의 요건
조치 1	교도소 내에 설치된 개방시설에 수용하여 사회적응에 필요한 교육, 취업지원 등 적정한 처우를 할 수 있다.	개방처우급 또는 완화경비처우급 수형자 중 형기가 3년 이상, 범죄 횟수가 2회 이하, 형기 종료 예정일까지 기간이 3개월 이상 1년 6개월 이하인 경우
조치 2	지역사회에 설치된 개방시설에 수용하여 사회적응에 필요한 교육, 취업지원 등 적정한 처우를 할 수 있다.	조치 1의 대상자의 요건을 충족하면서 형기 종료 예정일까지 기간이 9개월 미만인 경우
조치 3	교도소 밖의 공공기관 또는 기업체 등에서 운영하는 직업훈련을 받게 할 수 있다.	개방처우급 또는 완화경비처우급 수형자로서 직업능력 향상을 위하여 특히 필요한 경우

ㄱ. 甲은 조치 1에 해당하는 대상자의 요건을 충족하므로 소장의 조치 1은 적법하다.

ㄹ. 丁은 조치 3에 해당하는 대상자의 요건을 충족하므로 소장의 조치 3은 적법하다.

오답 체크

ㄴ. 乙의 형기 종료 예정일까지의 기간이 9개월을 초과하므로 조치 2에 해당하는 대상자의 요건을 충족하지 않는다. 따라서 소장의 조치 2는 적법하지 않다.

ㄷ. 丙은 일반경비처우급 수형자이며, 범죄 횟수가 2회 초과, 형기 종료 예정일까지 기간이 3개월 미만이므로 조치 1에 해당하는 대상자의 요건을 충족하지 않으며 이에 따라 조치 2에 해당하는 대상자의 요건을 충족하지 않는다. 따라서 소장의 조치 2는 적법하지 않다.

🕐 **빠른 문제 풀이 Tip**

여섯 번째 법조문과 마지막 법조문에 따라 소장의 조치가 가능한 대상자의 요건이 여러 개 제시되어 있으므로 이를 정리하여 충족하는 요건 또는 충족하지 않는 요건이 무엇인지 빠르게 파악한다.

ㄴ. 乙은 남은 형기가 10개월이므로 형기 종료 예정일까지 기간이 9개월 미만이 아님을 알 수 있다.

ㄷ. 丙은 과거범죄 횟수가 3회이므로 범죄 횟수가 2회 이하가 아님을 알 수 있다.

ㄹ. 丁은 조치 3에 해당하므로 개방처우급 또는 완화경비처우급 수형자로서 직업능력 향상을 위하여 특히 필요한 경우인지만 파악한다.

정답 체크

ㄱ. 2018년 3월 10일 현재 각 팀은 1경기 또는 2경기가 남았고, 甲팀은 50승 9패로 다른 팀보다 승수가 2개 이상 많으므로 남은 경기에 상관없이 2018 시즌 1등이 된다. 이때 1라운드에서 1등은 마지막 순위로 선수를 선발한다고 했고 2라운드에서는 1라운드 선발 순위의 역순으로 선수를 선발한다고 했으므로 甲팀은 2라운드에서 가장 먼저 선수를 선발한다.

ㄷ. 丙팀이 2등으로 2018 시즌을 종료할 경우, 甲팀이 1등, 乙팀과 丁팀이 3등 또는 4등이 된다. 1라운드에서 3, 4등은 추첨을 통해 1순위 또는 2순위로 선수를 선발한다고 했고, 乙팀과 丁팀은 희망 선수 선호도가 다르므로 乙팀은 H선수, 丁팀은 A선수를 선발한다. 이때 1라운드에서 2등은 3순위, 1등은 4순위로 선수를 선발한다고 했으므로 丙팀은 C선수, 甲팀은 D선수를 선발한다. 2라운드에서는 1라운드 선발 순위의 역순으로 선수를 선발한다고 했으므로 甲팀이 1순위, 丙팀이 2순위로 선수를 선발한다. 이에 따라 甲팀이 E선수, 丙팀이 F선수를 선발한다. 따라서 丙팀이 2등으로 2018 시즌을 종료할 경우, C선수와 F선수를 선발한다.

오답 체크

ㄴ. 乙팀이 2등으로 2018 시즌을 종료할 경우, 甲팀이 1등, 丙팀과 丁팀이 3등 또는 4등이 된다. 1라운드에서 3, 4등은 추첨을 통해 1순위 또는 2순위로 선수를 선발한다고 했고, 丙팀과 丁팀은 희망 선수 선호도가 다르므로 丙팀은 H선수, 丁팀은 A선수를 선발한다. 이때 2등은 3순위로 선수를 선발한다고 했으므로 乙팀은 H선수가 아닌 G선수를 선발한다.

ㄹ. 丁팀은 남은 경기가 2경기이고, 2경기를 모두 이기더라도 10승 50패로 2018 시즌을 4등으로 종료한다. 이때 1라운드에서 2018 시즌 3, 4등은 신인선수 선발 권한 1, 2순위를 부여하는 무작위 추첨에 반드시 참여해야 한다고 했으므로 丁팀은 추첨에 참가해야 한다. 따라서 丁팀은 남은 경기의 결과에 상관없이 1라운드 1순위 선발 권한을 확보하기 위한 추첨에 참여한다.

정답

p.88

01	①	법·규정의 적용	06	⑤	논리퍼즐	11	④	논리퍼즐	16	①	법·규정의 적용	21	①	계산·비교
02	②	법·규정의 적용	07	⑤	계산·비교	12	④	논리퍼즐	17	②	법·규정의 적용	22	③	규칙 적용
03	⑤	법·규정의 적용	08	③	계산·비교	13	⑤	계산·비교	18	④	법·규정의 적용	23	⑤	논리퍼즐
04	②	법·규정의 적용	09	⑤	규칙 적용	14	③	규칙 적용	19	③	계산·비교	24	①	세부 정보 파악
05	④	계산·비교	10	②	계산·비교	15	①	법·규정의 적용	20	④	논리퍼즐	25	③	세부 정보 파악

취약 유형 분석표

유형별로 맞힌 문제 개수와 정답률, 틀린 문제 번호와 풀지 못한 문제 번호를 적고 나서 취약한 유형이 무엇인지 파악해 보세요.

유형	맞힌 개수	정답률	틀린 문제 번호	풀지 못한 문제 번호
세부 정보 파악	/2	%		
법·규정의 적용	/8	%		
계산·비교	/7	%		
규칙 적용	/3	%		
논리퍼즐	/5	%		
TOTAL	/25	%		

해설

01 법·규정의 적용 난이도 하 정답 ①

정답 체크

ㄱ. 세 번째 법조문 제1항에서 누구든지 공표된 저작물을 저작권자의 허락 없이 청각장애인을 위하여 한국수어로 변환할 수 있으며 이러한 한국수어를 복제·배포·공연 또는 공중송신할 수 있다고 했으므로 학교도서관이 공표된 소설을 청각장애인을 위하여 한국수어로 변환하고 이 한국수어를 복제·공중송신하는 행위는 저작권자의 허락없이 허용되는 행위이다.

오답 체크

ㄴ. 세 번째 법조문 제2항에서 청각장애인을 위한 한국어수어통역센터는 영리를 목적으로 하지 아니하고 청각장애인의 이용에 제공하기 위하여, 공표된 저작물에 포함된 음성을 저작권자의 허락없이 자막 등 청각장애인이 인지할 수 있는 방식으로 변환할 수 있다고 했으므로 한국어수어통역센터가 영리를 목적으로 음성을 자막으로 변환하여 배포하는 행위는 저작권자의 허락없이 허용되지 않는 행위이다.

ㄷ. 두 번째 법조문 제2항에서 시각장애인을 위한 점자도서관은 영리를 목적으로 하지 아니하고 시각장애인의 이용에 제공하기 위하여, 공표된 어문저작물을 저작권자의 허락없이 녹음하여 복제하거나 디지털음성정보 기록방식으로 복제·배포 또는 전송할 수 있다고 했으나 각주에 따르면 어문저작물은 문자로 이루어진 저작물이므로 피아니스트의 연주 음악은 어문저작물이 아님을 알 수 있다. 따라서 점자도서관이 영리를 목적으로 하지 아니하고 시각장애인의 이용에 제공하기 위하여, 공표된 피아니스트의 연주 음악을 녹음하여 복제·전송하는 행위는 저작권자의 허락없이 허용되지 않는 행위이다.

02 법·규정의 적용 난이도 상 정답 ②

정답 체크

현행법상 상속인 우선 순위를 정리하면 다음과 같다.
- 1순위: 사산되지 않은 경우의 태아를 포함한 직계비속
- 2순위: 직계존속
- 배우자: 직계비속과 직계존속이 있는 경우 직계비속, 직계존속과 함께 공동상속인이 되고, 직계비속과 직계존속이 없는 경우 단독상속인이 됨. 이때 상속분은 배우자가 직계비속이나 직계존속보다 50%를 더 상속받게 됨

한편, 상속법 개정안의 내용은 다음과 같다.
- 상속분의 절반은 배우자에게 우선 배분함
- 나머지 절반은 현행 규정대로 배분함

태아 E가 사산되지 않았다는 가정하에 甲의 상속분을 정리하면 다음과 같다.

- 현행법: 배우자 B, 아들 C, 딸 D, 태아 E가 순서대로 1.5:1:1:1의 비율로 상속하므로 순서대로 상속재산 9억 원 중 3억 원, 2억 원, 2억 원, 2억 원을 상속받음
- 개정법: 9억 원 가운데 배우자가 50%인 4.5억 원을 우선 배분 받고 나머지 4.5억 원을 배우자 B, 아들 C, 딸 D, 태아 E가 순서대로 1.5:1:1:1의 비율로 상속하므로 순서대로 남은 상속재산 4.5억 원 중 1.5억 원, 1억 원, 1억 원, 1억 원을 상속받음. 따라서 배우자 B는 총 4.5+1.5=6억 원을 상속받음

반면 태아 E가 사산되었다는 가정하에 상속분을 정리하면 다음과 같다.
- 현행법: 배우자 B, 아들 C, 딸 D가 순서대로 1.5:1:1의 비율로 상속하므로 순서대로 상속재산 9억 원 중 $\frac{27}{7}$억 원, $\frac{18}{7}$억 원, $\frac{18}{7}$억 원을 상속받음
- 개정법: 9억 원 가운데 배우자가 50%인 4.5억 원을 우선 배분 받고 나머지 4.5억 원을 배우자 B, 아들 C, 딸 D가 순서대로 1.5:1:1의 비율로 상속하므로 나머지 상속재산 4.5억 원 중 $\frac{13.5}{7}$억 원, $\frac{9}{7}$억 원, $\frac{9}{7}$억 원을 상속받음. 따라서 배우자 B는 총 4.5+$\frac{13.5}{7}$억 원을 상속받음

따라서 개정안에 의하면 태아 E가 출생한 경우 직계비속이 3명이 되어 배우자 B는 배분액 4.5억 원과 상속액 1.5억 원을 합해 총 4.5+1.5=6억 원을 상속받게 됨을 알 수 있다.

오답 체크

① 현행법에 의하면 E가 출생한 경우 직계비속이 3명이 되어 B의 상속분은 $\frac{3}{9}=\frac{1}{3}$이므로 30%가 넘는 상속분을 갖게 된다.

③ 현행법에 의하면 E가 사산된 경우 E는 상속인이 되지 못하므로 직계비속은 2명이 되고, B는 $\frac{27}{7}≒3.9$억 원을 상속받게 된다.

④ 개정안에 의하면 E가 사산된 경우 상속재산의 50%를 배우자에게 먼저 배분한다고 했으므로 B는 4.5억 원 이상인 4.5+$\frac{13.5}{7}≒6.4$억 원을 상속받게 된다.

⑤ E가 출생한 경우 B는 현행법에 의하면 3억 원, 개정안에 의하면 6억 원을 상속받게 되고, E가 사산된 경우 현행법에 의하면 $\frac{27}{7}≒3.9$억 원, 개정안에 의하면 $\frac{45}{7}≒6.4$억 원을 상속받으므로 개정안에 의할 때 E의 사산여부에 관계 없이 B가 상속받게 되는 금액은 현행법에 의할 때보다 50%가 넘는 비율로 증가한다.

⏱ 빠른 문제 풀이 Tip

지문에 직계존속, 직계비속의 유무에 따른 배분 비율이 제시되었으므로 이를 정확하게 파악한 후, 각 선택지에 적용해야 하는 것이 개정안인지 현행법인지 구분하여 상속분을 계산한다.

03 법·규정의 적용 난이도 중 정답 ⑤

정답 체크

첫 번째 법조문 제2항 제2호에서 4명의 위원은 해당 지방의회 의원 2명, 해당 지방자치단체 소속 행정국장, 기획관리실장으로 한다고 했고, 동조 제3항 제2호에서 부위원장은 제2항 제2호의 4명 중에서 선임한다고 했으므로 甲지방자치단체 소속 행정국장인 I는 부위원장으로 선임될 수 있음을 알 수 있다.

① 첫 번째 법조문 제2항 제1호에서 5명의 위원은 법관, 교육자, 시민단체에서 추천한 자로 하고 이 경우 제2호의 요건에 해당하는 자는 제외된다고 했고, 동조 제2항 제2호에서 4명의 위원 중 2명은 해당 지방의회 의원으로 한다고 했으므로 시민연대 회원인 B가 사망하여 새로운 위원을 위촉하는 경우 甲지방의회 의원을 위촉할 수 없음을 알 수 있다.

② 두 번째 법조문 제2항에서 지방자치단체의회 의원 및 소속 공무원 중에서 위촉된 위원의 임기는 지방의회 의원인 경우에는 그 임기 내로 하고, 소속 공무원인 경우에는 그 직위에 재직 중인 기간으로 한다고 했으므로 甲지방자치단체 소속 기획관리실장으로 소속 공무원인 C가 오늘자로 명예퇴직한 경우 위원직을 유지할 수 없음을 알 수 있다.

③ 첫 번째 법조문 제2항 제1호에서 5명의 위원은 법관, 교육자, 시민단체에서 추천한 자로 한다고 했고, 두 번째 법조문 제3항에서 전조 제2항 제1호에 따른 위원 중 결원이 생겼을 경우 그 자리에 새로 위촉된 위원의 임기는 전임자의 남은 기간으로 한다고 했으므로 대학교 교수인 E가 오늘자로 사임한 경우 당일 그 자리에 위촉된 위원의 임기는 위촉된 날로부터 2년이 아닌 E의 남은 기간임을 알 수 있다.

④ 두 번째 법조문 제1항에서 위원의 임기는 2년으로 하되, 한 차례만 연임할 수 있다고 했고, 모든 위원은 최초 위촉 이후 계속 위원으로 활동하고 있다고 했으므로 2014. 9. 1.에 최초 위촉된 F는 한 차례 연임을 했음을 알 수 있다. 따라서 F는 임기가 만료되면 연임할 수 없음을 알 수 있다.

04 법·규정의 적용 <난이도 상>　　　　정답 ②

제시된 글에서 [다수의견], [별개의견], [반대의견]의 내용을 정리하면 다음과 같다.

구분	국가 또는 공공단체	공무원 개인	
		고의 또는 중과실	경과실
[다수의견]	국가배상책임 O	손해배상책임 O	손해배상책임 X
[별개의견]	국가배상책임 O	손해배상책임 O	손해배상책임 O
[반대의견]	국가배상책임 O	손해배상책임 X	손해배상책임 X

공무원의 경과실로 인한 직무상 불법행위로 국민에게 손해가 발생한 경우, [다수의견], [별개의견], [반대의견] 모두 국가배상책임임을 인정하므로 [다수의견], [별개의견], [반대의견]의 입장은 모두 일치한다.

① 공무원의 경과실로 인한 직무상 불법행위로 국민에게 손해가 발생한 경우, [다수의견]은 공무원 개인은 피해자에게 손해배상책임을 부담하지 않는다는 입장이나, [별개의견]은 국가 또는 공공단체의 책임은 물론, 공무원 개인의 피해자에 대한 손해배상책임도 면제되지 않는다는 입장이므로 서로 일치된 입장이 아니다.

③ 공무원이 직무상 불법행위로 국민에게 손해배상책임을 지는 데 있어서, [다수의견]은 중과실일 때는 손해배상책임을 지고 경과실일 때는 손해배상책임을 지지 않아 경과실과 중과실을 구분하나, [반대의견]은 모두 손해배상책임을 지지 않으므로 공무원의 과실이 경과실일 때와 중과실일 때를 구분하지 않는다.

④ 공무원의 중과실로 인한 직무상 불법행위로 국민에게 손해가 발생한 경우, [반대의견]은 피해자에 대해서는 공무원의 책임이 면제되지만 국가 또는 공공단체에 대한 공무원의 책임은 면제되지 않는다는 입장이다.

⑤ 공무원의 고의 또는 중과실로 인한 직무상 불법행위로 국민에게 손해가 발생한 경우, [다수의견]과 [별개의견]은 공무원 개인이 피해자에게 배상책임을 진다는 입장이지만, [반대의견]은 배상책임을 지지 않는다는 입장이므로 [다수의견], [별개의견], [반대의견]의 입장이 모두 일치하는 것은 아니다.

05 계산·비교 <난이도 하>　　　　정답 ④

<지원계획>에서 지원을 받기 위해서는 한 모임당 6명 이상 9명 미만으로 구성되어야 한다고 했으므로 구성원 수가 6명 미만 9명 이상인 A와 E를 제외한다. 이후 <연구모임 현황 및 평가결과>에 따라 B~D의 기본지원금 및 추가지원금, 협업 장려를 위한 지원금 내역을 정리하면 다음과 같다.

모임	기본지원금	추가지원금	협업 장려 지원금	합계
B	1,500천 원	100×6 =600천 원	-	2,100천 원
C	1,500천 원	120×8 =960천 원	(1,500+960)×0.3 =738천 원	3,198천 원
D	2,000천 원	100×7 =700천 원	-	2,700천 원

따라서 두 번째로 많은 총지원금을 받는 모임은 D이다.

⏱ 빠른 문제 풀이 Tip

직접 구체적인 합계를 계산하지 않고 수치를 비교하여 순서를 가늠한다. B와 D는 협업 장려 지원금을 받지 않고, 기본지원금과 추가지원금 모두 D가 B보다 많으므로 총지원금은 D가 B보다 더 많다. 또한 C와 D의 기본지원금과 추가지원금의 합의 차이는 2,700−2,460=240천 원이고, C의 협업 장려 지원금은 기본지원금에 대해서만 계산해도 1,500×0.3=450천 원으로 기본지원금과 추가지원금 합의 차이보다 많으므로 총 지원금은 C가 D보다 더 많음을 알 수 있다. 따라서 C, D, B 순으로 총 지원금을 많이 받음을 빠르게 파악할 수 있다.

06 논리퍼즐 <난이도 하>　　　　정답 ⑤

제시된 대화 내용을 정리하면 다음과 같다.
· ○○부처의 주무관은 모두 20명
· 성과등급이 세 단계나 변한 주무관은 1명
· 성과등급이 변하지 않은 주무관은 1명
· 성과등급이 한 단계 변한 주무관 수는 두 단계 변한 주무관 수의 2배

성과등급이 한 단계 또는 두 단계 변한 주무관은 20−2=18명이다. 이때 성과등급이 한 단계 변한 주무관 수는 두 단계 변한 주무관 수의 2배라고 했으므로 성과등급이 한 단계 변한 주무관 수:두 단계 변한 주무관 수는 2:1이다. 따라서 우리 부처에서 성과등급이 한 단계 변한 주무관의 수는 18×2/3=12명이므로 ㉠은 12이다.

07 계산·비교 난이도 중 정답 ⑤

정답 체크

ㄷ. 첫 번째 <규칙>에 따르면 기권표가 전체의 3분의 1 이상이면 안건은 부결되고, 두 번째 <규칙>에 따르면 기권표를 제외한 표 중 찬성표가 50%를 초과하면 안건이 가결된다. 따라서 재적의원 210명 중 141명이 찬성한다면 나머지 210-141=69표가 모두 기권표이더라도 안건은 가결된다.

ㄹ. 첫 번째 <규칙>에 따르면 기권표가 전체의 3분의 1 이상이면 안건이 부결되므로 안건이 가결될 수 있는 최대 기권표는 69표이다. 또한 두 번째 <규칙>에 따르면 기권표를 제외한 표 중에서 찬성표가 50%를 초과해야 안건이 가결되므로 안건이 가결될 수 있는 최소 찬성표는 기권표를 제외한 210-69=141표 중 50%를 초과하는 71표이다.

오답 체크

ㄱ. 첫 번째 <규칙>에 따르면 기권표가 전체의 3분의 1 이상이면 안건은 부결된다. 따라서 재적의원 210명 중 전체의 3분의 1 이상은 70명이므로 70명이 기권하면 71명이 찬성하더라도 안건은 부결된다.

ㄴ. 두 번째 <규칙>에 따르면 기권표를 제외한 표 중에서 찬성표가 50%를 초과해야 안건이 가결된다. 만약 104명이 반대하고 기권표가 0표라면, 210-104=106명은 찬성한 것이 된다. 따라서 기권표가 0표일 때는 찬성이 50%를 초과하므로 안건은 가결된다.

⏱ 빠른 문제 풀이 Tip

안건이 가결 또는 부결되는 규칙을 이해한 후, 재적의원 210명 중 안건이 부결되는 기권표는 몇 표인지 파악한다.

08 계산·비교 난이도 중 정답 ③

정답 체크

제1차시험에서 선발예정인원의 150%를 합격자로 결정한다고 했고, 검찰사무직의 선발예정인원은 30명이므로 제1차시험에서는 30×1.5=45명이 합격자로 결정됨을 알 수 있다. 또한 검찰사무직의 성별 최소 채용목표인원은 시험실시 단계별 합격예정인원의 20%이므로 검찰사무직 제1차시험에서의 성별 최소 채용목표인원은 45×0.2=9명이다. 이때 합격자 중 어느 한 성의 합격자가 목표인원에 미달하는 경우 목표미달인원만큼 당초 합격예정인원을 초과하여 추가합격 처리함을 알 수 있다. 이에 따라 <상황>에서 제1차시험에서 남성이 39명이 합격했다면, 여성은 6명이 합격했으므로 성별 최소 채용목표인원 9명이 되기 위해서는 여성 3명이 추가합격자로 결정되어야 함을 알 수 있다.

따라서 제1차시험에서의 최대합격자 수는 45+3=48명이므로 <상황>의 (㉠)에 해당되는 수는 48이다.

09 규칙 적용 난이도 중 정답 ⑤

정답 체크

<대화>의 내용을 정리하면 다음과 같다.

· 발급연도: 2017년 11월 20일 발급 후 2년 1개월이 지남+접수일로부터 3주 후에 발급 → 2020년
· 신청유형: 유효기간 만료일부터 30일이 지남+본사와 공장 이전 → 재발급, 주소 변경
· 분야: 토목
· 지역구분: 본사-대전, 공장-베트남

이에 따라 <품질인증서번호 부여 규칙>을 적용하여 품질인증서번호를 부여하면 다음과 같다.

㉠ 발급연도의 3, 4번째 숫자를 기재한다고 했으므로 20을 기재한다.
㉡ 2개 이상의 신청유형에 해당되는 경우 해당 코드를 모두 기재하되, 숫자가 큰 코드를 먼저 기재한다고 했으므로 재발급(공장주소변경), 재발급(기간만료 후)의 코드인 6C3B를 기재한다.
㉢ 토목분야로 발급받는다고 했으므로 토목분야의 코드인 CD를 기재한다.
㉣ 지역구분 코드는 발급연도를 기준으로 공장소재지에 따른다고 했으므로 공장소재지인 베트남의 코드인 FA를 기재한다.

따라서 乙이 발급받은 품질인증서번호는 206C4BCDFA이다.

⏱ 빠른 문제 풀이 Tip

<대화>와 <품질인증서번호 부여 규칙>에 따라 ㉠, ㉡, ㉢, ㉣에 해당하지 않는 선택지를 소거한다. ㉠이 20이므로 ①, ②, ③을 소거하고, ㉡이 6C4B이므로 ④를 소거하면 문제 풀이 시간을 단축할 수 있다.

10 계산·비교 난이도 중 정답 ②

정답 체크

60명의 여행객이 자동차를 빌려서 모두 한 번에 이동하여야 한다고 했고, 운전자 없이 자동차만 빌려 여행객이 직접 운전을 하여야 한다고 했으므로 운전을 해야 하는 여행객의 최소 인원은 3인승, 7인승, 17인승 중 17인승 자동차를 최대로 빌렸을 경우이다. 이에 따라 17인승 자동차를 빌리는 대수를 기준으로 경우의 수를 정리하면 다음과 같다.

<경우 1> 17인승 자동차를 1대 빌리는 경우
17인승 자동차를 1대 빌리는 경우, 남은 여행객은 60-17=43명이고, 이때 운전을 해야 하는 여행객의 최소 인원이 되기 위해서는 7인승 자동차를 최대로 빌려야 한다. 이때 7인승 자동차를 6대 또는 5대를 빌리는 경우, 남은 여행객이 43-(7×6)=1명, 43-(7×5)=8명으로 3인승 자동차로 남은 여행객을 이동시킬 수 없다. 7인승 자동차는 4대를 빌리는 경우, 남은 여행객이 43-(7×4)=15명으로 3인승 자동차 5대를 빌리면 5×3=15명이므로 모든 여행객을 한 번에 이동할 수 있다. 이에 따라 운전을 해야 하는 여행객의 인원은 1+4+5=10명이다.

<경우 2> 17인승 자동차를 2대 빌리는 경우
17인승 자동차를 2대 빌리는 경우, 남은 여행객은 60-(17×2)=26명이고, 이때 운전을 해야 하는 여행객의 최소 인원이 되기 위해서는 7인승 자동차를 최대로 빌려야 한다. 이때 7인승 자동차를 3대를 빌리는 경우, 남은 여행객이 26-(7×3)=5명으로 3인승 자동차로 남은 여행객을 이동시킬 수 없다. 7인승 자동차는 2대를 빌리는 경우, 남은 여행객이 26-(7×2)=12명으로 3인승 자동차 4대를 빌리면 4×3=12명이므로 모든 여행객을 한 번에 이동할 수 있다. 이에 따라 운전을 해야 하는 여행객의 인원은 2+2+4=8명이다.

<경우 3> 17인승 자동차를 3대 빌리는 경우

17인승 자동차를 3대 빌리는 경우, 남은 여행객은 60-(17×3)=9명이고, 이때 운전을 해야 하는 여행객의 최소 인원이 되기 위해서는 7인승 자동차를 최대로 빌려야 한다. 이때 7인승 자동차를 1대를 빌리는 경우, 남은 여행객이 9-7=2명으로 3인승 자동차로 남은 여행객을 이동시킬 수 없고, 3종류의 자동차를 종류별로 한 대 이상씩 빌려야 한다고 했으므로 가능한 경우가 없다.

따라서 운전을 해야 하는 여행객의 최소 숫자는 17인승 자동차를 2대 빌리는 경우인 8이다.

> **⏱ 빠른 문제 풀이 Tip**
>
> 3인승, 7인승, 17인승의 3종류의 자동차를 종류별로 한 대 이상씩 빌려야 한다고 했으므로 이를 먼저 제외한 후 경우의 수를 파악한다. 3종류의 자동차를 종류별로 한 대씩 빌릴 경우 남은 여행객은 60-3-7-17=33명이다. 이때 17인승 자동차는 2대를 더 빌릴 수 없고, 1대를 더 빌릴 경우 남은 여행객 수는 33-17=16명이다. 또한 7인승 자동차는 2대를 더 빌릴 수 없으므로 1대를 더 빌릴 경우 남은 여행객의 수는 16-7=9명이, 이에 따라 3인승 자동차를 3대를 더 빌려야 한다. 따라서 여행객의 최소 숫자는 3+1+1+3=8임을 알 수 있다.

11 논리퍼즐 난이도 중   정답 ④

정답 체크

<조건>에 따라 제외되는 것을 정리하면 다음과 같다.

- 화령이는 <표>의 3종류(탄수화물, 단백질, 채소)를 모두 넣는다고 했으므로 탄수화물이 들어가지 않은 '돼지불고기, 상추 100g'과 채소가 들어가지 않은 '현미밥 300g, 두부구이'는 도시락에서 제외된다.
- 도시락의 재료비는 3,000원 이하라고 했으므로 재료비가 1,200+1,500+500=3,200원인 '현미밥 200g, 닭불고기'와 1,000+900+1,400=3,300원인 '고구마 2개, 우유 200ml, 토마토 2개'는 도시락에서 제외된다.

따라서 <표>의 탄수화물, 단백질, 채소를 모두 넣고, 재료비가 850+800+500=2,150원, 열량이 100+223+20+80+7.5+40=470.5kcal인 '통밀빵 100g, 돼지불고기'가 화령이가 만들 수 있는 도시락이다.

> **⏱ 빠른 문제 풀이 Tip**
>
> 열량의 경우 계산해야 할 항목이 많으므로 가장 마지막으로 확인하여 문제 풀이 시간을 단축한다.

12 논리퍼즐 난이도 중   정답 ④

정답 체크

낱말퍼즐 조각 2개를 맞바꾸는 카드 A, B, C의 방식을 정리하면 다음과 같다.

- 카드 A: 짝수가 적혀 있는 낱말퍼즐 조각끼리 맞바꿈
- 카드 B: 낱말퍼즐 조각에 적힌 숫자를 3으로 나눈 나머지가 같은 조각끼리 맞바꿈
- 카드 C: 낱말퍼즐 조각에 적힌 숫자를 더해서 소수가 되는 조각끼리 맞바꿈

ㄱ. '목민심서'라는 단어를 만들기 위해 '목', '민', '심', '서' 문자 중 두 개 이상이 포함된 행 또는 열을 찾는다. 낱말퍼즐 중 2행에 '목', '서'가 있으므로 이를 기준으로 '세'와 '유' 낱말퍼즐 조각을 '민'과 '심'으로 맞바꾼다. 카드 A에 따라 '6 세'와 '10 심'을 맞바꿀 수 있고, 카드 B에 따라 '7 유'와 '4 심' 또는 '7 유'와 '10 심'을 맞바꿀 수 있다. 따라서 카드 A, B를 뽑았다면 '목민심서'라는 단어를 만들 수 있다.

ㄷ. '명심보감'이라는 단어를 만들기 위해 '명', '심', '보', '감' 문자 중 두 개 이상이 포함된 행 또는 열을 찾는다. 낱말퍼즐 중 3열에 '명', '보'가 있으므로 이를 기준으로 '유'와 '병' 낱말퍼즐 조각을 '심'과 '감'으로 맞바꾼다. B에 따라 '7 유'와 '4 심' 또는 '7 유'와 '10 심'을 맞바꿀 수 있고, 카드 C에 따라 '15 병'과 '16 감'을 맞바꿀 수 있다. 따라서 카드 B, C를 뽑았다면 '명심보감'이라는 단어를 만들 수 있다.

오답 체크

ㄴ. '경세유표'라는 단어를 만들기 위해 '경', '세', '유', '표' 문자 중 두 개 이상이 포함된 행 또는 열을 찾는다. 낱말퍼즐 중 2행에 '세', '유'가 있으므로 이를 기준으로 '목'과 '서' 낱말퍼즐 조각을 '경'과 '표'로 맞바꾼다. 카드 A에 따라 '8 서'와 '2 표'는 맞바꿀 수 있으나 카드 C에 따라 '5 목'과 '1 경'은 맞바꿀 수 없다. 따라서 카드 A, C를 뽑았다면 '경세유표'라는 단어를 만들 수 없다.

> **⏱ 빠른 문제 풀이 Tip**
>
> <보기>에서 두 카드를 뽑아서 제시된 단어를 만들 수 있는지 묻고 있으므로 낱말퍼즐의 행과 열 중 제시된 단어에 해당하는 문자가 두 개 이상 포함된 부분이 어디인지 확인한다.

13 계산·비교 난이도 상   정답 ⑤

정답 체크

<혜택>에서 甲은 200만 원 이상 구매시 전품목 10% 할인이라고 했으므로 A를 반드시 구매해야 하고, 乙은 A를 구매한 고객에게는 C, D를 20% 할인한다고 했으므로 A를 구매하는 상점에 따라 혜택이 달라진다. 이에 따라 甲 또는 乙에서 A를 구매하는 경우에 따라 최소 총 구매액을 정리하면 다음과 같다.

<경우 1> 甲에서 A를 구매한 경우

甲에서 A를 구매한 경우 200만 원 이상을 구매하기 위해서는 B 또는 C를 구매해야 한다. 이때 B를 甲에서 구매할 경우 50×0.9=45만 원으로 丙에서 B를 구매하는 가격인 40만 원보다 비싸므로 B는 丙에서 구매하고 C를 甲에서 구매한다. 또한 D를 甲에서 구매할 경우 20×0.9=18만 원으로 乙과 丙에서 구매하는 가격보다 저렴하므로 D는 甲에서 구매하고, E는 가장 저렴한 乙에서 구매한다. 이에 따라 총 구매액은 (150×0.9)+40+(50×0.9)+18+10=248만 원이다.

<경우 2> 乙에서 A를 구매한 경우

乙에서 A를 구매한 경우 C, D를 20% 할인한다고 했으므로 乙에서 C, D의 판매가격은 C가 60×0.8=48만 원, D가 20×0.8=16만 원이고, B는 가장 저렴한 丙에서 구매한다. 이때 丙은 C, D를 모두 구매한 고객에게는 E를 5만 원에 판매한다고 했으므로 丙에서 C, D, E를 모두 구매할 경우 50+25+5=80만 원이고, 乙에서 C, D, E를 모두 구매할 경우 48+16+10=74만 원이다. 이에 따라 C, D, E 모두 丙보다 더 저렴한 乙에서 구매하므로 총 구매액은 130+40+48+16+10=244만 원이다.

서연이는 <혜택>을 이용하여 총 구매액을 최소화하고자 하므로 乙에서 A, C, D, E를 구매하고, 丙에서 B를 구매한다. 따라서 서연이가 구매할 가전제품과 구매할 상점을 옳게 연결한 것은 E-乙이다.

오답 체크

① A는 乙에서 구매한다.

② B는 丙에서 구매한다.

③ C는 乙에서 구매한다.

④ D는 乙에서 구매한다.

🕐 빠른 문제 풀이 Tip

모든 <혜택>을 적용해본 후, 혜택이 중복되는 부분을 서로 비교하여 총 구매액이 최소가 되는지 파악한다. 甲~丙의 <혜택>을 모두 적용해보면 다음과 같다.

구분	A	B	C	D	E
甲	150(135)	50(45)	50(45)	20(18)	20(18)
乙	130	45	60(48)	20(16)	10
丙	140	40	50	25	15(5)

이때 甲과 乙의 A, C, D 구매액은 甲이 135+45+18=198만 원, 乙이 130+48+16=194만 원으로 乙이 더 저렴하다. 또한 乙과 丙의 C, D, E 구매액은 乙이 48+16+10=74만 원, 丙이 50+25+5=80만 원으로 乙이 더 저렴하다. 이에 따라 乙에서 A, C, D, E를, 丙에서 B를 구매할 때 총 구매액이 최소임을 알 수 있다.

---

14 규칙 적용 난이도 중 정답 ③

정답 체크

ㄴ. 기준Ⅱ는 각 대안의 최소 기대이익 중 가장 큰 값을 갖는 대안을 선택하는 것이므로 A사업의 상황별 대안의 최대 기대이익과 최소 기대이익을 나타내면 다음과 같다.

구분	상황S_1	상황S_2	상황S_3	최대 기대이익	최소 기대이익
대안A_1	50	16	-9	50	-9
대안A_2	30	19	5	30	5
대안A_3	20	15	10	20	10

따라서 기준Ⅱ로 대안을 선택한다면 대안A_3을 선택하게 된다.

ㄹ. 기준Ⅲ은 최대 후회가 가장 작은 대안을 선택하는 것이므로 A사업의 상황별 최대 기대이익에서 각 대안의 기대이익을 차감하여 후회를 나타내면 다음과 같다.

구분	상황S_1	상황S_2	상황S_3	최대 후회
대안A_1	50-50=0	19-16=3	10-(-9)=19	19
대안A_2	50-30=20	19-19=0	10-5=5	20
대안A_3	50-20=30	19-15=4	10-10=0	30

따라서 기준Ⅲ으로 대안을 선택한다면 대안A_1을 선택하게 된다.

오답 체크

ㄱ. 기준Ⅰ은 최대 기대이익이 가장 큰 값을 갖는 대안을 선택하는 것이므로 기준Ⅰ로 대안을 선택한다면 대안A_1을 선택하게 된다.

ㄷ. 후회는 상황별 최대 기대이익에서 각 대안의 기대이익을 차감하여 구하고, 상황S_2에서 최대 기대이익은 19이므로 대안A_2의 후회는 19-19=0이다.

---

15 법·규정의 적용 난이도 중 정답 ①

정답 체크

ㄱ. 헌법의 첫 번째 법조문 제1항에서 지방자치단체는 주민의 복리에 관한 사무를 처리하고 재산을 관리하며, 법령의 범위 안에서 자치에 관한 규정을 제정할 수 있다고 했고, 지방자치법의 첫 번째 법조문에서 지방자치단체는 법령의 범위 안에서 그 사무에 관하여 조례를 제정할 수 있다고 했으므로 주민의 복리에 관한 조례는 법령의 범위 안에서 지방자치단체에 따라 상이할 수 있음을 알 수 있다.

ㄴ. 헌법의 첫 번째 법조문 제2항에서 지방자치단체의 종류는 법률로 정한다고 했으므로 헌법을 개정하지 않더라도 법률의 개정으로 지방자치단체의 종류를 변경할 수 있음을 알 수 있다.

오답 체크

ㄷ. 지방자치법의 첫 번째 법조문에서 지방자치단체는 법령의 범위 안에서 그 사무에 관하여 조례를 제정할 수 있다고 했으나 헌법의 두 번째 법조문 제2항에서 지방의회의 조직·권한·의원선거와 지방자치단체장의 선임방법 기타 지방자치단체의 조직과 운영에 관한 사항은 법률로 정한다고 했으므로 지방의회에서 공석이 된 지방자치단체장의 선임방법을 조례로 정하는 것은 법률을 위반하는 것임을 알 수 있다. 따라서 지방의회는 공석이 된 지방자치단체장의 선임방법을 조례로 정할 수 없음을 알 수 있다.

ㄹ. 지방자치법의 두 번째 법조문에서 지방자치단체장은 법령이나 조례가 위임한 범위에서 그 권한에 속하는 사무에 관하여 규칙을 제정할 수 있다고 했으나 헌법의 두 번째 법조문 제2항에서 지방의회의 조직·권한·의원선거와 지방자치단체장의 선임방법 기타 지방자치단체의 조직과 운영에 관한 사항은 법률로 정한다고 했으므로 지방자치단체장이 지방의회의 조직을 임의로 정하는 것은 법률을 위반하는 것임을 알 수 있다. 따라서 지방자치단체장은 지방의회의 조직을 임의로 정할 수 없음을 알 수 있다.

---

16 법·규정의 적용 난이도 하 정답 ①

정답 체크

네 번째 법조문 제1항에서 물품관리관은 물품을 출납하게 하려면 물품출납공무원에게 출납하여야 할 물품의 분류를 명백히 하여 그 출납을 명히여야 한다고 했고, 동조 제2항에서 물품출납공무원은 제1항에 따른 명령이 없으면 물품을 출납할 수 없다고 했으므로 물품출납공무원은 물품관리관의 명령이 없으면 자신의 재량으로 물품을 출납할 수 없음을 알 수 있다.

오답 체크

② 첫 번째 법조문 제1항에서 각 중앙관서의 장은 그 소관 물품관리에 관한 사무를 소속 공무원에게 위임할 수 있고, 필요하면 다른 중앙관서의 소속 공무원에게 위임할 수 있음을 알 수 있다.

③ 세 번째 법조문에서 물품관리관이 국가의 시설에 보관하는 것이 물품의 사용이나 처분에 부적당하다고 인정하거나 그 밖에 특별한 사유가 있으면 국가 외의 자의 시설에 보관할 수 있다고 했으므로 계약담당공무원이 아닌 물품관리관이 물품을 국가의 시설에 보관하는 것이 그 사용이나 처분에 부적당하다고 인정하는 경우, 그 물품을 국가 외의 자의 시설에 보관할 수 있음을 알 수 있다.

④ 두 번째 법조문 제1항에서 물품관리관은 물품수급관리계획에 정하여진 물품에 대하여는 그 계획의 범위에서, 그 밖의 물품에 대하여는 필요할 때마다 계약담당공무원에게 물품의 취득에 관한 필요한 조치를 할 것을 청구하여야 한다고 했으므로 물품관리관은 물품출납공무원이 아닌 계약담당공무원에게 물품의 취득에 관한 필요한 조치를 할 것을 청구해야 함을 알 수 있다.

⑤ 마지막 법조문 제2항에서 물품관리관은 수선이나 개조가 필요한 물품이 있다고 인정하면 계약담당공무원이나 그 밖의 관계 공무원에게 그 수선이나 개조를 위한 필요한 조치를 할 것을 청구하여야 한다고 했으므로 물품출납공무원이 아닌 물품관리관이 보관 중인 물품 중 수선이 필요한 물품이 있다고 인정하는 경우, 계약담당공무원에게 수선에 필요한 조치를 할 것을 청구해야 함을 알 수 있다.

17 법·규정의 적용　난이도 중　　　　정답 ②

정답 체크

ㄱ. 법조문(공공기관의 구분) 제1항에서 직원 정원이 50인 이상인 공공기관은 공기업 또는 준정부기관으로 지정한다고 했고, 제2항에서 자체수입액이 총수입액의 2분의 1이상인 기관은 공기업으로 지정한다고 했으므로 직원 정원이 80명이고, 자체수입비율이 85%로 총수입액의 2분의 1 이상인 기관 A는 공기업임을 알 수 있다. 또한 제3항 제1호에서 시장형 공기업은 자산규모가 2조 원 이상이고, 총 수입액 중 자체수입액이 100분의 85 이상인 공기업이라고 했으므로 자산규모가 3조 원이고 자체수입비율이 85%인 기관 A는 시장형 공기업이다.

ㄹ. 법조문(공공기관의 구분) 제1항에서 직원 정원이 50인 이상인 공공기관은 공기업 또는 준정부기관으로 지정한다고 했으므로 직원 정원이 55명인 기관 D는 공기업 또는 준정부기관임을 알 수 있다. 또한 제2항에서 자체수입액이 총수입액의 2분의 1 이상인 기관은 공기업으로, 그 외에는 준정부기관으로 지정한다고 했으므로 자체수입비율이 40%로 2분의 1 미만인 기관 D는 준정부기관이다.

오답 체크

ㄴ. 법조문(공공기관의 구분) 제1항에서 직원 정원이 50인 이상인 공공기관은 공기업 또는 준정부기관으로, 그 외에는 기타공공기관으로 지정한다고 했으므로 정원이 40명인 기관 B는 준시장형 공기업이 아니라 기타공공기관이다.

ㄷ. 법조문(공공기관의 구분) 제1항에서 직원 정원이 50인 이상인 공공기관은 공기업 또는 준정부기관으로 지정한다고 했으므로 직원 정원이 60명인 기관 C는 공기업 또는 준정부기관이다. 이때 제2항에서 자체수입액이 총수입액의 2분의 1 이상인 기관은 공기업으로, 그 외에는 준정부기관으로 지정한다고 했으므로 직원 정원이 60명이고, 자체수입액비율이 40%인 기관 C는 기타공공기관이 아니라 준정부기관이다.

18 법·규정의 적용　난이도 상　　　　정답 ④

정답 체크

甲과 乙에게 과태료가 부과되는 경우를 신고의무를 게을리 한 경우와 거짓으로 신고를 한 경우로 구분하여 정리하면 다음과 같다.

· 甲이 신고의무를 게을리 한 경우
　A국은 부동산 매매계약을 체결한 경우, 매도인이 그 실제 거래가격을 거래계약 체결일부터 60일 이내에 관할관청에 신고하도록 신고의무를 법으로 정하고 있고, 甲은 X토지를 2018. 1. 15.에 5억 원에 매도하였으나 2018. 4. 2.에 신고하였다고 했으므로 신고기간 만료일 이후 1개월 이내에 신고했음을 알 수 있다. 이때 법조문(과태료 부과기준) 제1항 제1호 나목에서 신고기간 만료일의 다음 날부터 기산하여 신고를 하지 않은 기간이 1개월 이하이고, 실제 거래 가격이 3억 원 이상인 경우는 100만 원의 과태료를 부과한다고 했으므로 甲은 과태료 100만 원을 부과받는다.

· 甲이 거짓으로 신고를 한 경우
　甲은 X토지를 실제 거래가격인 5억 원에 매도하였으나 거래가격을 3억 원으로 신고하였다가 적발되었다. 또한 X토지의 실제 거래가격과 신고가격의 차액인 5-3=2억 원은 실제 거래가격의 20%인 5×0.2=1억 원 이상이다. 법조문(과태료 부과기준) 제2항 제1호 나목에서 실제 거래가격과 신고가격의 차액이 실제 거래가격의 20% 이상이고 실제 거래가격이 5억 원 이하인 경우에는 취득세의 3배로 과태료를 부과한다고 했고, <상황>에서 매수인의 취득세는 실제 거래가격의 100분의 1이라고 했으므로 甲은 5억×(1/100)×3=1,500만 원의 과태료를 부과받는다.

· 甲이 부과받는 과태료의 병과
　법조문(과태료 부과기준) 제3항에서 제1항과 제2항에 해당하는 위반행위를 동시에 한 경우 해당 과태료는 병과한다고 했으므로 甲은 총 과태료를 100+1,500=1,600만 원을 부과받는다.

· 乙이 신고의무를 게을리 하였는지 여부
　乙은 공사 중인 Y아파트를 취득할 권리인 입주권을 2018. 2. 1. 丁에게 매도하였고, 2018. 2. 5. 신고하였다고 했으므로 乙은 신고의무를 위반하지 않아 법조문(과태료 부과기준) 제1항에 의한 과태료를 부과받지 않는다.

· 乙이 거짓으로 신고를 한 경우
　乙은 공사 중인 Y아파트를 취득할 권리인 입주권을 丁에게 2억 원에 매도하였으나, 거래가격을 1억 원으로 신고하였다가 적발되었다. 이때 실제 거래가격과 신고가격의 차액인 2-1=1억 원은 실제 거래가격의 20%인 2억×0.2=4,000만 원 이상이고, 법조문(과태료 부과기준) 제2항 제2호 나목에서 실제 거래가격과 신고가격의 차액이 실제 거래가격의 20% 이상인 경우에는 실제 거래가격의 100분의 4의 과태료를 부과한다고 했으므로 乙은 2억×(4/100)=0.8억 원, 즉 800만 원의 과태료를 부과받는다.

따라서 甲과 乙에게 부과되는 과태료의 총합은 1,600+800=2,400만 원이다.

19 계산·비교 _{난이도} 중   정답 ③

정답 체크

제시된 글을 정리하면 다음과 같다.

· 작업반 A는 X를 시간당 2개, Y를 시간당 3개 생산 가능함
· 작업반 B는 X를 시간당 1개, Y를 시간당 3개 생산 가능함
· 4월 1일과 4월 2일 모두 X 24개, Y 18개를 주문받음
· 4월 1일에는 같은 시간대에 동일한 종류의 제품만을 생산해야 함
· 4월 2일에는 같은 시간대에 동일한 종류의 제품을 생산하지 않아도 됨

4월 1일에는 같은 시간대에 동일한 종류의 제품만을 생산하므로 작업반 A와 작업반 B가 X를 생산하는데 소요되는 작업 시간은 24/(2+1)=8시간, Y를 생산하는데 소요되는 작업 시간은 18/(3+3)=3시간이다. 이에 따라 4월 1일에 작업 시간은 총 8+3=11시간이다. 4월 2일에는 같은 시간대에 동일한 종류의 제품을 생산하지 않아도 되므로 작업 시간을 최소로 하기 위해서는 시간당 X 생산량이 높은 작업반 A가 X를 생산하는 동안 작업반 B가 Y를 생산해야 한다. 작업반 B가 Y를 생산하는데 소요되는 작업 시간은 18/3=6시간이고, 이때 작업반 A가 X를 2×6=12개 생산하여 X를 24-12=12개 더 생산해야 한다. 이에 따라 작업반 A와 작업반 B가 남은 X를 생산하는데 소요되는 작업 시간은 12/(2+1)=4시간이므로 4월 2일에 작업 시간은 총 6+4=10시간이다.

따라서 ○○공장에서 4월 1일과 4월 2일에 작업한 최소 시간의 합은 11+10=21시간이다.

20 논리퍼즐 _{난이도} 상   정답 ④

정답 체크

공식은 두 자리수이고, 공식에 따라 가장 높은 값을 점수로 매긴다고 했으므로 사용 가능한 막대 개수를 통해 최댓값-최솟값을 만든다. 이때 두 자리 수 중 최솟값은 막대 8개가 사용되는 10이므로 이를 활용하여 가능한 높은 값을 정리하면 다음과 같다.

ㄱ. 8개의 막대로 최솟값 10을 만들면 남은 막대 10개로 만들 수 있는 최댓값은 97이다. 따라서 공식에 따른 값은 97-10=87점이다.

ㄴ. 8개의 막대로 최솟값 10을 만들면 남은 막대 11개로 만들 수 있는 최댓값은 95이다. 따라서 공식에 따른 값은 95-10=85점이다.

ㄷ. 8개의 막대로 최솟값 10을 만들면 남은 막대 12개로 만들 수 있는 최댓값은 96이다. 따라서 공식에 따른 값은 96-10=86점이다.

ㄹ. 8개의 막대로 최솟값 10을 만들면 남은 막대 13개로 만들 수 있는 최댓값은 98이다. 따라서 공식에 따른 값은 98-10=88점이다.

따라서 가장 높은 점수를 받게 되는 경우부터 순서대로 나열하면 ㄹ>ㄱ>ㄷ>ㄴ이다.

21 계산·비교 _{난이도} 중   정답 ①

정답 체크

<평가 기준>에서 각 평가항목별 지수의 값이 낮은 순으로 5, 4, 3, 2, 1점을 각각의 관광지에 부여한다고 했으므로 각 관광지의 평가항목별 점수를 부여하고, 각 평가항목의 가중치를 소수점 둘째 자리까지 정리하면 다음과 같다.

평가항목 (가중치) 관광지명	방문객 혼잡도 지수(0.15)	교통 트래픽량 지수(0.35)	소셜 관심도 지수(0.30)	코로나 확진자 지수(0.20)
엔젤 아일랜드	4	4	4	5
하이드로시티	3	1	2	1
마블 가든	1	3	5	2
머쉬룸 힐	5	5	1	4
샌도폴리스	2	2	3	3

관광지 비대면 지수의 총점은 4가지 평가항목에서 부여받은 각각의 점수에 가중치를 곱한 점수를 모두 더하여 산출한다고 했으므로 각 관광지 비대면 지수의 총점은 엔젤 아일랜드가 (4×0.15)+(4×0.35)+(4×0.30)+(5×0.20)=4.2점, 하이드로시티가 (3×0.15)+(1×0.35)+(2×0.30)+(1×0.20)=1.6점, 마블 가든이 (1×0.15)+(3×0.35)+(5×0.30)+(2×0.20)=3.1점이고, 머쉬룸 힐이 (5×0.15)+(5×0.35)+(1×0.30)+(4×0.20)=3.6점, 샌도폴리스가 (2×0.15)+(2×0.35)+(3×0.30)+(3×0.20)=2.5점이다. 따라서 관광지 비대면 지수의 총점이 가장 높은 관광지는 엔젤 아일랜드이다.

⏱ 빠른 문제 풀이 Tip

각 관광지의 평가항목별 점수를 부여한 후, 각 관광지의 부여 점수를 서로 비교하여 계산을 최소화 한다. 예를 들어 엔젤 아일랜드의 부여 점수는 하이드로시티와 샌도폴리스보다 각각 높으므로 하이드로시티와 샌도폴리스의 총점을 계산하지 않아도 엔젤 아일랜드의 총점이 더 높음을 알 수 있다. 또한 마블 가든은 소셜 관심도 지수에서 엔젤 아일랜드보다 1×0.30=0.3점 높으나 다른 지수에서 0.3점 이상 낮으므로 엔젤 아일랜드의 총점이 마블 가든의 총점보다 더 높음을 알 수 있다.

22 규칙 적용 　난이도 ⑥ 　　　　　 정답 ③

정답 체크

<암호1>, <암호2>에 따라 ㄱ, ㄴ, ㄷ, ㄹ, ㅁ, ㅂ의 숫자를 고려한다. <암호1>의 일의 자릿수는 ㄷ+ㄷ+ㄷ=1이므로 ㄷ은 '7'이다. 이에 따라 <암호1>에서 '2'가 십의 자릿수로 올림 되고, <암호2>에서 ㅂ+7=2이다. <암호2>에서 ㅂ+7=2이므로 ㅂ은 '5'이다. 이에 따라 <암호2>에서 '1'이 십의 자릿수로 올림 되고, <암호1>에서 덧셈의 결과값은 '581'이다. ㄷ이 '7', ㅂ이 '5'이고, <암호2>에서 백의 자릿수의 합은 5+7=12이므로 ㄹ은 '1'이다. 또한 <암호2>에서 덧셈의 결과값은 '1,332'로 ㅁ+ㅁ+1=13이어야 하므로 ㅁ은 '6'이고, <암호1>에서 ㄱ+1=5이다. 이때 ㄱ은 '3'이 될 수 없으므로 ㄴ+ㄴ+2=8이다. 이에 따라 ㄱ은 '4', ㄴ은 '3'이다. ㄱ은 '4', ㄴ은 '3', ㄷ은 '7', ㄹ은 '1', ㅁ은 '6', ㅂ은 '5'이므로 <암호해독키>에 해당하는 문자를 정리하면 다음과 같다.

자음	해당하는 문자
ㄱ	D 또는 N
ㄴ	C 또는 M
ㄷ	G 또는 Q 또는 X
ㄹ	A 또는 K
ㅁ	F 또는 P 또는 Y
ㅂ	E 또는 O 또는 Z

이때 조력자는 ㄱㄴㄷㄹㅁㅂ에 해당하는 문자를 가진 사람이라고 했으므로 조력자의 이름으로 적절한 것은 'DMGAYZ'이다.

⏱ 빠른 문제 풀이 Tip

<암호1>, <암호2>에 따라 숫자가 파악된 자음부터 해당하는 문자를 고려하여 선택지를 소거한다. ㄷ은 '7'이므로 해당하는 문자는 G 또는 Q 또는 X이고, 조력자의 이름 중 세 번째 자리에 해당하는 문자이므로 G 또는 Q 또는 X가 포함되지 않은 ①, ②, ④가 소거된다. 또한 ㅂ은 '5'이므로 해당하는 문자는 E 또는 O 또는 Z이고, 조력자의 이름 중 여섯 번째 자리에 해당하는 문자이므로 E 또는 O 또는 Z가 포함되지 않은 ⑤가 소거되어 정답이 ③임을 알 수 있다.

23 논리퍼즐 　난이도 ⑥ 　　　　　 정답 ⑤

정답 체크

<자기소개>에 따라 甲~戊의 나이, 성별, 직업을 정리하면 다음과 같다.

구분	나이	성별	직업
甲	32세		의사 or 간호사
乙		남성	TV드라마감독 or 라디오 작가
丙	20대	남성	
丁		여성	TV드라마감독 or 라디오 작가
戊	26세		요리사

乙과 丁이 방송업계에 일하고 있고, 戊가 요리사이므로 丙의 직업은 의사 또는 간호사이다. 또한 의사와 간호사의 성별이 같다고 했으므로 의료 관련 일을 하는 甲은 남성이고, 남성 3명과 여성 2명이 있다고 했으므로 戊는 여성이다. 이때 戊가 막내이므로 26세, 丙은 20대이므로 28세이고, 남성과 여성의 평균 나이는 같다고 했으므로 전체 평균 나이인 30세에 따라 乙은 30세, 丁은 34세이다. 또한 라디오작가가 요리사와 매칭되고, 한 사람당 한 명의 이성과 매칭이 가능하므로 戊는 乙과 매칭된다. 이에 따라 乙의 직업은 라디오작가, 丁의 직업은 TV드라마감독임을 알 수 있다.

구분	나이	성별	직업
甲	32세	남성	의사 or 간호사
乙	30세	남성	라디오 작가
丙	28세	남성	의사 or 간호사
丁	34세	여성	TV드라마감독
戊	26세	여성	요리사

따라서 丁은 의료계에서 일하는 두 사람 중 나이가 적은 丙보다 34-28=6살 많다.

오답 체크

① TV드라마감독인 丁은 乙보다 34-30=4살 많다.

② 의사와 간호사 나이의 평균은 (32+28)/2=30세이다.

③ 요리사인 戊와 라디오작가인 乙의 나이 차이는 30-26=4살 차이이다.

④ 甲의 나이는 방송업계에서 일하는 사람들 나이의 평균인 (30+34)/2=32세와 같다.

24 세부 정보 파악 　난이도 ⑥ 　　　　　 정답 ①

정답 체크

ㄱ. 세 번째 단락에서 도지권을 가진 소작농은 그 도지를 영구히 경작할 수 있었고, 지주의 승낙이 없어도 임의로 도지권을 타인에게 매매, 양도, 임대, 저당, 상속할 수 있었다고 했으므로 지주의 사전 승낙이 없이 도지권을 매입한 소작농이 있었을 수 있음을 알 수 있다.

ㄴ. 두 번째 단락에서 논밭을 경작하기 전에 도조를 미리 지급하고 경작하는 경우의 도지를 선도지라고 하였다고 했고, 같은 단락에서 매년 농작물을 수확하기 직전에 지주가 간평인을 보내어 수확량을 조사하고 그 해의 도조를 결정하는 방식이 있었다고 했으므로 지주가 간평인을 보내어 도조를 결정하였다면, 해당 도지는 선도지가 아니었을 것임을 알 수 있다.

오답 체크

ㄷ. 마지막 단락에서 일제의 토지조사사업으로 부분적 소유권으로서의 소작농의 도지권은 부인되었고 대신 소작기간 20년 이상 50년 이하의 소작권이 인정되었다고 했으므로 도지권을 가진 소작농들은 일제의 토지조사사업으로 소작을 할 수 없게 된 것은 아님을 알 수 있다.

ㄹ. 네 번째 단락에서 도지권을 가진 소작농이 도조를 납부하지 않는 상황에는 지주가 소작농의 동의를 얻은 뒤 도지권을 팔 수 있었다고 했으나 세 번째 단락에서 도지권을 가진 소작농은 그 도지를 영구히 경작할 수 있었고, 지주의 승낙이 없어도 임의로 도지권을 타인에게 매매, 양도, 임대, 저당, 상속할 수 있었다고 했으므로 도지권을 가진 소작농이 도지권을 매매하려면, 그 소작농은 지주의 동의를 얻지 않아도 됨을 알 수 있다.

정답 체크

제시된 글과 <상황>에 따라 ㉠~㉣을 정리하면 다음과 같다.

- ㉠: A의 수확량은 매년 쌀 20말이고 쌀 1말의 가치는 5냥이므로 매년 수확량은 20×5=100냥이다. 이때 乙은 매년 수확량의 1/4을 甲에게 도조로 납부한다고 했으므로 ㉠은 100×1/4=25이다.
- ㉡: 乙은 매년 ㉡냥을 받아 도조 납부 후 25냥을 남길 생각으로 丙에게 A를 빌려주었다고 했으므로 ㉡은 ㉡−25=25로 50이다.
- ㉢: 도지권의 매매 가격은 지주의 소유권 가격의 1/2이었으며, 도지의 전체 가격은 소작농의 도지권 가격과 지주의 소유권 가격의 합이었다고 했으므로 소작농의 도지권 가격과 지주의 소유권 가격은 1:2이다. 이때 A의 전체 가격은 900냥이므로 A에 대한 도지권의 가격은 900×1/3=300냥이다. 이에 따라 ㉢은 300이다.
- ㉣: 도지권을 가진 소작농이 도조를 납부하지 않는 상황에서 도지권을 팔 경우 지주는 연체된 도조를 빼고 나머지는 소작농에게 반환하여야 하였다고 했고, 乙은 약값에 허덕여 작년과 올해분의 도조를 甲에게 납부하지 못했다고 했으므로 甲은 도지권의 가격에서 2회 연체된 도조인 25×2=50냥을 뺀 금액을 乙에게 반환한다. 이에 따라 ㉣은 300−50=250이다.

따라서 ㉠~㉣에 들어갈 수의 합은 25+50+300+250=625이다.

PART 2 적중 예상 모의고사

제1회 적중 예상 모의고사

정답

p.104

01	⑤	법·규정의 적용	06	⑤	규칙 적용	11	⑤	논리퍼즐	16	③	법·규정의 적용	21	③	계산·비교
02	④	법·규정의 적용	07	②	계산·비교	12	①	계산·비교	17	③	법·규정의 적용	22	②	규칙 적용
03	④	법·규정의 적용	08	①	논리퍼즐	13	②	계산·비교	18	④	법·규정의 적용	23	②	세부 정보 파악
04	①	법·규정의 적용	09	④	계산·비교	14	③	논리퍼즐	19	⑤	논리퍼즐	24	①	세부 정보 파악
05	①	계산·비교	10	②	규칙 적용	15	③	법·규정의 적용	20	⑤	논리퍼즐	25	①	규칙 적용

취약 유형 분석표

유형별로 맞힌 문제 개수와 정답률, 틀린 문제 번호와 풀지 못한 문제 번호를 적고 나서 취약한 유형이 무엇인지 파악해 보세요.

유형	맞힌 개수	정답률	틀린 문제 번호	풀지 못한 문제 번호
세부 정보 파악	/2	%		
법·규정의 적용	/8	%		
계산·비교	/6	%		
규칙 적용	/4	%		
논리퍼즐	/5	%		
TOTAL	/25	%		

해설

01 법·규정의 적용 [난이도 하] 정답 ⑤

정답 체크

법조문 제1항에서 16세 미만인 미성년자의 골수를 적출하려는 경우에는 본인을 포함하여 그 부모 또는 법정대리인의 동의를 함께 받아야 함을 알 수 있다.

오답 체크

① 법조문 제3항 제2호에서 본인이 뇌사 또는 사망하기 전에 장기 등의 적출에 동의하거나 반대한 사실이 확인되지 않은 경우 가족 또는 유족이 동의하면 적출할 수 있다고 했으므로 뇌사자가 뇌사하기 전에 장기 등의 적출에 동의한 경우가 아니더라도 장기 등을 적출할 수 있음을 알 수 있다.

② 법조문 제1항에서 살아있는 사람의 장기 등을 적출하려는 경우 미성년자는 본인을 포함하여 그 부모의 동의를 함께 받아야 하나, 미성년자가 아닌 사람은 부모의 동의를 받지 않더라도 본인이 동의한 경우에는 적출할 수 있음을 알 수 있다.

③ 법조문 제4항에서 장기 등의 적출에 동의한 사람은 장기 등을 적출하기 위한 수술이 시작되기 전까지는 언제든지 장기 등의 적출에 관한 동의의 의사표시를 철회할 수 있음을 알 수 있다.

④ 법조문 제3항 제2호에서 본인이 뇌사 또는 사망하기 전에 장기 등의 적출에 동의하거나 반대한 사실이 확인되지 않은 자가 16세 미만의 미성년자인 경우에는 그 부모가 장기 등의 적출에 동의한 경우에 한정하여 장기 등을 적출할 수 있음을 알 수 있다.

02 법·규정의 적용 [난이도 하] 정답 ④

정답 체크

ㄱ. 두 번째 법조문(영업허가 등의 제한) 제2호에서 영업허가가 취소된 후 1년이 지나지 아니한 자가 취소된 영업과 같은 종류의 영업을 하려는 경우에는 영업허가를 할 수 없다고 했고, 甲은 2020년 1월 1일에 영업허가가 취소되었으므로 1년이 지나지 않은 2020년 8월 1일에는 이전에 운영하던 영업소와 같은 종류의 영업허가를 받을 수 없다.

ㄴ. 두 번째 법조문(영업허가 등의 제한) 제4호에서 영업정지 처분을 받은 후 폐업신고를 하고 영업정지 기간이 지나기 전에 그 영업소에서 같은 종류의 영업을 하려는 경우에는 영업허가를 할 수 없다고 했고, 乙은 영업정지 기간이 지나기 전에 그 영업소에서 같은 종류의 영업을 하고자 하는 것이므로 대표자를 바꾼다고 하더라도 영업허가를 받을 수 없다.

ㄹ. 두 번째 법조문(영업허가 등의 제한) 제3호에서 파산선고를 받고 복권되지 아니한 자가 영업허가를 받고자 하는 경우 영업허가를 할 수 없다고 했고, 丁은 2년 전에 파산 선고를 받고 아직 복권되지 않은 상태이므로 영업허가를 받을 수 없다.

오답 체크

ㄷ. 두 번째 법조문(영업허가 등의 제한) 제1호에서 영업허가가 취소된 후 6개월이 지나기 전에 그 영업소에서 같은 종류의 영업을 하려는 경우에는 영업허가를 할 수 없으나 영업시설의 전부를 철거하여 영업허가가 취소된 경우에는 그렇지 않다고 했고, 丙의 경우 영업시설의 전부를 철거하여 영업허가가 취소된 것이므로 영업허가가 취소된 지 6개월이 지나지 않았더라도 영업허가를 받을 수 있다.

03 법·규정의 적용 [난이도 중] 정답 ④

정답 체크

첫 번째 법조문(선박오염물질기록부의 관리) 제1항 제2호 나목에서 선저폐수가 생기지 아니하는 선박은 기름기록부를 작성하지 않아도 된다고 했고, C호는 선저폐수가 발생하지 않으므로 丁의 사무실에 기름기록부가 비치되어 있지 않더라도 丁은 과태료를 부과받지 않음을 알 수 있다.

오답 체크

① 첫 번째 법조문(선박오염물질기록부의 관리) 제1항에서 피예인선인 경우에는 선박오염물질기록부를 선박의 소유자의 사무실에 비치하여야 한다고 했으므로 A호가 피예인선인 경우에는 선박오염물질기록부를 선장실이 아니라 선박의 소유자인 甲의 사무실에 비치해야 함을 알 수 있다.

② 첫 번째 법조문(선박오염물질기록부의 관리) 제1항 제2호에서 유조선의 경우에는 기름기록부에 기름의 사용량과 처리량 외에 운반량을 추가로 기록하여야 한다고 했으므로 최종기재를 한 지 3년이 지나지 않은 A호의 기름기록부에 기름의 사용량과 처리량만 기재되어 있다면 甲 또는 乙이 작성한 기름기록부는 규정을 위반한 것임을 알 수 있다.

③ 첫 번째 법조문(선박오염물질기록부의 관리) 제1항 제2호와 동호 가목에서 경하배수톤수 200톤 미만의 군함은 기름기록부를 작성하지 않아도 된다고 했고, 군함 B정은 경하배수톤수가 170톤이므로 丙이 반드시 선장실에 기름기록부를 비치하여야 하는 것은 아님을 알 수 있다.

⑤ 첫 번째 법조문(선박오염물질기록부의 관리) 제1항 제1호에서 총톤수 400톤 이상의 선박이거나 최대승선인원이 15명 이상인 선박은 발생하는 폐기물의 총량·처리량 등을 기록하여야 한다고 했고, 두 번째 법조문(벌칙)에서 선박오염물질기록부의 관리 규정에 따른 오염물질기록부를 비치하지 아니한 자에게는 100만 원 이하의 과태료를 부과한다고 했으므로 총톤수가 2,000톤이고, 최대승선인원이 100명인 C호가 예인되지 않는 상황에서 C호 내에 폐기물기록부를 비치하지 않으면 戊는 과태료를 부과받게 됨을 알 수 있다.

04 법·규정의 적용 [난이도 중] 정답 ①

정답 체크

두 번째 단락에 따르면 청년통장 프로그램은 부양의무자의 소득인정액이 기준중위소득의 80% 이하여야 하고, 가구원 수에 신청자 본인은 제외되므로 본인을 제외한 가구원이 3인인 甲의 경우 부양의무자의 소득인정액이 3,008,026원 이하여야 청년통장 프로그램을 신청할 수 있다. 따라서 甲은 다른 조건을 충족하더라도 부양의무자의 소득인정액이 360만 원으로 3인 가구 부양의무자의 소득인정액을 초과하므로 청년통장 프로그램을 신청할 수 없다.

오답 체크

② 세 번째 단락에서 신청자 본인이 생계·의료·주거·교육급여 수급자인 경우에 청년통장 프로그램을 신청할 수 없다고 했으나 신청자 본인이 실업급여 수급자인 것은 청년통장 프로그램 신청 제한 사유가 아니므로 실업급여 수급자인 乙은 다른 조건이 충족되면 청년통장 프로그램을 신청할 수 있다.

③ 세 번째 단락에서 신청자 본인의 부채가 5천만 원 이상인 경우 청년통장 프로그램을 신청할 수 없다고 했으나 부채가 학자금, 전세자금 대출

인 경우는 해당하지 않는다고 했으므로 채무가 5천만 원 이상이라 하더라도 전세자금 대출인 경우에는 청년통장 프로그램을 신청할 수 있다. 따라서 전세자금 대출로 총 1억 원의 채무를 지고 있는 丙은 다른 조건이 충족되면 청년통장 프로그램을 신청할 수 있다.

④ 세 번째 단락에서 신청자 본인이 A시 청년수당 사업에 참여하고 있는 경우 청년통장 프로그램을 신청할 수 없다고 했으나 과거에 청년수당 사업에 참여한 적이 있다는 것이 청년통장 프로그램 신청 제한 사유인 것은 아니므로 과거에 A시 청년수당 사업에 참여한 적이 있더라도 丁은 다른 조건이 충족되면 청년통장 프로그램을 신청할 수 있다.

⑤ 세 번째 단락에서 신청자의 가구원이 A시 혹은 중앙정부부처가 진행하는 유사 자산형성사업에 참여하고 있는 경우에 청년통장 프로그램을 신청할 수 없다고 했으나 가구원이 타 지방자치단체의 유사 자산형성사업에 참여하고 있다는 것은 청년통장 프로그램 신청 제한 사유가 아니므로 戊의 가구원인 己가 B시에서 진행하는 유사 자산형성사업에 참여하고 있더라도 戊는 다른 조건이 충족되면 청년통장 프로그램을 신청할 수 있다.

05 계산·비교 [난이도 중]　　　정답 ①

[정답 체크]

제시된 조건과 <생산작업표>에 따라 甲기업이 A부품을 생산하는 데 소요되는 최소 일수를 구하면 다음과 같다.

· 가, 나: 2개 이상의 생산작업을 동시에 진행할 수 있고, '가'와 '나'는 필수 선행작업이 없으므로 첫 번째 순서로 '가'와 '나'는 동시에 생산작업이 진행된다.

· 다: 필수 선행작업인 '가'를 완료한 후 수행할 수 있으므로 '다'를 완료하면 소요되는 일수는 10+12=22일이다.

· 라, 마: 필수 선행작업인 '가'와 '나'를 완료한 후 수행할 수 있으므로 '라'와 '마'를 완료하면 소요되는 일수는 '라' 작업이 12+5=17일, '마' 작업이 12+11=23일이다.

· 바: 필수 선행작업인 '다'와 '라'를 완료한 후 수행할 수 있으므로 '바'를 완료하면 소요되는 일수는 22+8=30일이다.

· 사: 필수 선행작업인 '라'를 완료한 후 수행할 수 있으므로 '사'를 완료하면 소요되는 일수는 17+9=26일이다.

· 아: 필수 선행작업인 '마'를 완료한 후 수행할 수 있으므로 '아'를 완료하면 소요되는 일수는 23+6=29일이다.

· 자: 필수 선행작업인 '바', '사', '아'를 완료한 후 수행할 수 있으므로 '자'를 완료하면 소요되는 일수는 30+3=33일이다.

따라서 甲기업이 A제품을 생산하는 데 소요되는 최소 일수는 33일이다.

06 규칙 적용 [난이도 하]　　　정답 ⑤

[정답 체크]

· A: 장르가 '공상과학'이므로 효용이 20,000원 증가하고, '멀티 플레이' 기능을 지원하므로 전체 효용은 (30,000+20,000)×2=100,000원이다. 이때 게임의 가격은 74,000원이므로 효용에서 게임의 가격을 뺀 값은 100,000-74,000=26,000원이다.

· B: 장르가 '레이싱'이고, '레이싱 휠' 기능을 지원하므로 甲은 B를 구매하지 않는다.

· C: 장르가 '공상과학', '캐주얼'이므로 효용이 20,000원 증가하고, 10,000원이 감소하여 전체 효용은 30,000+20,000-10,000=40,000원이다. 이때 게임의 가격은 13,000원이므로 효용에서 게임의 가격을 뺀 값은 40,000-13,000=27,000원이다.

· D: 甲의 효용에 영향을 미치는 장르나 기능이 없으므로 전체 효용은 30,000원이다. 이때 게임의 가격은 7,000원이므로 효용에서 게임의 가격을 뺀 값은 30,000-7,000=23,000원이다.

· E: 장르가 '캐주얼', '액션'이므로 효용이 10,000원 증가하고, '멀티 플레이' 기능을 지원하므로 전체 효용은 (30,000-10,000+20,000)×2 =80,000원이다. 이때 게임의 가격은 51,000원이므로 효용에서 게임의 가격을 뺀 값은 80,000-51,000=29,000원이다.

따라서 甲이 구매할 게임은 E이다.

07 계산·비교 [난이도 중]　　　정답 ②

[정답 체크]

전력은 전류와 전압을 곱한 값이라고 했으므로 냉방소비전력은 냉방운전전류×220임을 알 수 있다. 또한 <예제>에서 냉방소비전력은 에어컨을 1시간 동안 가동했을 때의 전력량이라고 했고, 월간냉방소비전력은 하루 7시간씩 30일 동안 가동했을 때의 전력량이라고 했으므로 월간냉방소비전력은 냉방소비전력×7×30=388.5kWh/월임을 알 수 있다. 이때 1kW는 1,000W이므로 냉방소비전력은 388,500/(7×30)=1,850Wh이고, 이에 따라 냉방운전전류는 1,850/220≒8.4A이다.

따라서 <예제>의 (가)에 들어갈 수는 8.4이다.

08 논리퍼즐 [난이도 중]　　　정답 ①

[정답 체크]

ㄱ. 10명의 참가자가 다른 모든 참가자들과 한 차례씩 경기를 진행하므로 진행되는 경기 수는 총 45경기이다. 경기에서 비긴 경우 각 참가자들이 각각 1점씩 획득하므로 대회에서 진행된 모든 경기가 비겼다면 참가자들의 승점 총합은 45×2=90점이다.

[오답 체크]

ㄴ. 가위바위보 대회에서 진행되는 총 경기 수는 45경기이므로 각 참가자들이 얻은 승점의 총합은 최솟값이 모든 경기가 비긴 경우인 45×2=90점이고, 최댓값이 모든 경기에서 승부가 난 경우인 45×3=135점이다. 이때 승부가 난 경기 수를 x, 비긴 경기 수를 y라고 하면, $x+y$=45, 가위바위보 대회에서 각 참가자들이 얻은 승점의 총합이 100점인 경우는 $3x+2y$=100이고, 이에 따라 x=10, y=35이다. 따라서 각 참가자들이 얻은 승점의 총합이 100점이라면 승부가 난 경기 수가 10경기, 비긴 경기 수가 35경기이다.

ㄷ. 가위바위보 대회에서 진행되는 총 경기 수는 45경기이고, 모든 경기에서 비긴 참가자가 있을 때 가위바위보 대회에서 각 참가자들이 얻은 승점의 총합이 최대인 경우는 비긴 경기의 수가 9경기, 승부가 난 경기 수가 36경기인 경우이다. 따라서 모든 경기에서 비긴 참가자가 있다면, 가위바위보 대회에서 각 참가자들이 얻은 승점의 총합은 최대 (9×2)+(36×3)=126점이다.

⏱ 빠른 문제 풀이 Tip

ㄴ. 가위바위보 대회에서 각 참가자들이 얻은 승점의 총합이 100점일 때, 비긴 경기의 수가 10경기인지 묻고 있으므로 비긴 경기 수를 10경기로 했을 때 각 참가자들이 얻은 승점의 총합이 100점인지 확인한다. 비긴 경기의 수가 10경기일 경우 승부가 난 경기 수는 35경기이고, 각 참가자들이 얻은 승점의 총합은 (10×2)+(35×3)=125점으로 100점을 초과하므로 비긴 경기의 수는 10경기가 아님을 알 수 있다.

09 계산·비교 난이도 ❸ 정답 ④

정답 체크

<○○장학회 장학생 선발 기준>에 따라 한국사 영역에서 80점 미만의 성적을 받은 乙과 戊는 장학금 수여 대상에서 제외되고, 영어 영역에서 90점 이상의 성적을 받은 丁은 10점이 가점되고, 국어 영역에서 80점 이하의 성적을 받은 甲과 丙은 5점이 감점된다. 이때 <장학금 신청자 성적표>에서 甲, 丙, 丁의 점수 중 공통적으로 95점, 80점을 제외할 수 있으므로 이를 제외하고 총점을 정리하면 다음과 같다.

구분	甲	丙	丁
국어 영역	75	~~80~~	~~95~~
수학 영역	~~95~~	~~95~~	~~80~~
영어 영역	~~80~~	85	95
한국사 영역	90	100	80
가점	0	0	10
감점	-5	-5	0
총점	75+90-5=160	85+100-5=180	95+80+10=185

따라서 ○○장학회 장학생으로 선발되는 학생은 丁이다.

10 규칙 적용 난이도 ❸ 정답 ②

정답 체크

불침번은 한 번에 3시간씩 선다고 했으므로 제시된 규칙에 따라 첫째 날부터 다섯째 날까지 불침번을 선 사람을 정리하면 다음과 같다.

· 첫째 날(들판)
  오후 11시~오전 2시: 甲
  오전 2시~오전 5시: 乙
· 둘째 날(들판)
  오후 11시~오전 2시: 丙
  오전 2시~오전 5시: 丁
· 셋째 날(숲)
  오후 9시~자정: 戊, 甲
  자정~오전 3시: 乙, 丙
  오전 3시~오전 6시: 丁, 戊
· 넷째 날(늪)
  오후 7시~오후 10시: 甲, 乙
  오후 10시~오전 1시: 丙, 丁
  오전 1시~오전 4시: 戊, 甲
  오전 4시~오전 7시: 乙, 丙
· 다섯째 날(늪)
  오후 7시~오후 10시: 丁, 戊
  오후 10시~오전 1시: 甲, 乙
  오전 1시~오전 4시: 丙, 丁
  오전 4시~오전 7시: 戊, 甲

따라서 들판에서 숙박하는 여섯째 날 오후 11시에 불침번을 서기 시작하는 사람은 乙이다.

⏱ 빠른 문제 풀이 Tip

첫째 날과 둘째 날 이틀 동안 불침번에 필요한 인원은 4명, 셋째 날 하루 동안 불침번에 필요한 인원은 6명, 셋째 날과 다섯째 날 이틀 동안 불침번에 필요한 인원은 16명이다. 첫째 날부터 다섯째 날까지 총 4+6+16=26명의 불침번 인원이 필요하고, 甲~戊 5명이 순서대로 불침번을 서므로 다섯째 날 마지막 불침번은 甲이다. 따라서 여섯째 날 오후 11시에 불침번을 서기 시작하는 사람은 乙임을 알 수 있다.

11 논리퍼즐 난이도 ❸ 정답 ⑤

정답 체크

· 세 번째 계산 결과에서 5+5를 계산한 결과가 14였으므로 5를 누르면 7이 입력된다.
· 5를 누르면 7이 입력된다는 점을 첫 번째 계산 결과에 적용한다. 50을 누르면 70이 입력되고, 50+60을 계산한 결과가 150이었으므로 60을 눌렀을 때 80이 입력되었음을 알 수 있다. 따라서 6을 누르면 8이 입력된다.
· 5를 누르면 7, 6을 누르면 8이 입력된다는 점을 두 번째 계산 결과에 적용한다. 65를 누르면 87이 입력되고, 87-87을 계산한 결과가 8이었으므로 87을 눌렀을 때 95가 입력되었음을 알 수 있다. 따라서 8을 누르면 9, 7을 누르면 5가 입력된다.
· 5를 누르면 7, 6을 누르면 8, 7을 누르면 5, 8을 누르면 9가 입력되므로 9를 누르면 6이 입력된다.

따라서 '579+876'을 누르면 756+958이 입력되므로 나오는 값은 1,714이다.

12 계산·비교 난이도 ❹ 정답 ①

정답 체크

E의 1분기 신규 계약 체결 건수를 x라고 하면 여섯 번째 조건에 따라 B의 1분기 신규 계약 체결 건수는 $3x$이고, 세 번째 조건에 따라 A의 1분기 신규 계약 체결 건수는 $4x$, 네 번째 조건에 따라 C의 1분기 신규 계약 체결 건수는 $\frac{9}{4}x$이다. 또한 다섯 번째 조건에 따라 D의 1분기 신규 계약 체결 건수는 $\frac{9}{8}x$임을 알 수 있다. 첫 번째 조건에 따르면 분기별 영업 실적은 A~E의 해당 분기 신규 계약 체결 건수를 모두 합한 값이고, 이는 $4x+3x+\frac{9}{4}x+\frac{9}{8}x+x=\frac{91}{8}x$이다. 이때 두 번째 조건에 따르면 x로 가능한 범위는 $80<4x<100 \rightarrow 20<x<25$이고, 건수는 자연수이므로 x는 21, 22, 23, 24가 가능하다. 이에 따라 A~E의 1분기 신규 계약 체결 건수를 모두 합한 $\frac{91}{8}x$ 역시 자연수이다. 따라서 이를 만족시키는 값은 8의 배수인 24뿐이므로 甲 회사 영업팀의 1분기 영업 실적은 $\frac{91}{8}×24=273$이다.

13 계산·비교 _{난이도 중}　　정답 ②

정답 체크

<○○대출 상품>에 따라 <보기>의 대출금리와 금리우대를 정리하면 다음과 같다.

· 甲과 乙의 부부합산 소득은 연 5천만 원이고, 10년 만기의 ○○대출로 아파트를 구매하였다고 했으므로 만기별 금리는 2.85%임을 알 수 있다. 이때 甲과 乙은 결혼예정자면서 장애인 가구이므로 각각 0.2%p의 금리우대를 적용받을 수 있으나 가구별 금리우대 간 중복적용이 불가하다고 했으므로 하나만 적용되어 0.2%p의 금리우대를 적용받음을 알 수 있다.

· 丙과 丁의 부부합산 소득은 연 6천5백만 원이지만 10년 만기의 ○○대출로 생애 최초 주택을 구입하였다고 했으므로 7천만 원 한도 내에서 대출이 가능하고, 10년 만기를 기준으로 만기별 금리는 2.85%임을 알 수 있다. 이때 생애 최초 주택구입자는 0.2%p 금리우대를 적용받고, 2019년 12월 31일 이후 자녀 수가 증가한 경우 2자녀 가구는 0.5%의 금리우대를 적용받으므로 0.2+0.5=0.7%p의 금리우대를 적용받음을 알 수 있다.

· 戊와 己의 부부합산 소득은 연 4천만 원이고, 30년 만기의 ○○대출로 주택을 구입하였다고 했으므로 만기별 금리는 2.75%임을 알 수 있다. 이때 대출기간 중 2018년 9월 28일부터 2019년 12월 30일까지 자녀 수가 증가했으므로 1자녀 가구의 금리우대인 0.2%p를 적용받음을 알 수 있다.

각 부부가 적용받은 금리우대 중 결혼예정자 또는 장애인 가구, 생애 최초 주택구입, 대출기간 중 자녀 수 1명 증가의 금리우대 비율은 0.2%로 모두 동일하므로 이를 제외한 각 대출금리를 구하면 다음과 같다.

부부	대출금리
甲과 乙	2.85%p
丙과 丁	2.85−0.5=2.35%p
戊와 己	2.75%p

따라서 대출금리가 높은 순서로 나열한 것은 ㄱ-ㄷ-ㄴ이다.

> ⏱ 빠른 문제 풀이 Tip
>
> ㄱ, ㄴ, ㄷ의 만기별 금리는 각각 2.85%, 2.85%, 2.75%로 ㄱ과 ㄴ이 가장 높지만, 금리우대는 각각 0.2%p, 0.7%p, 0.3%p로 ㄴ이 가장 많이 적용받으므로 구체적인 수치를 계산하지 않더라도 ㄴ의 최종 대출금리가 가장 작음을 알 수 있다.

14 논리퍼즐 _{난이도 하}　　정답 ③

정답 체크

· 세 번째 정보에서 甲과 乙이 분실한 소지품은 핸드폰 또는 이어폰이 아니라고 했으므로 甲과 乙의 분실품은 백팩 또는 서류가방임을 알 수 있다.

· 네 번째 정보에서 백팩은 최소한 D역에서부터 분실된 상태였다고 했으므로 백팩을 분실한 사람은 최소한 D역부터는 탑승하고 있었음을 알 수 있다. 이때 지하철이 D역을 지나기 전에 이미 탑승하고 있던 사람은 E역에서 탑승한 甲과 丙이므로 세 번째와 네 번째 정보에 따라 甲의 분실물이 백팩이고, 이에 따라 乙의 분실물은 서류가방임을 알 수 있다.

· 다섯 번째 정보에서 이어폰은 A역에서 하차한 사람의 분실물이라고 했으므로 이어폰을 분실한 사람은 丙 또는 丁임을 알 수 있다. 이때 핸드폰을 분실한 사람은 C역 이전에 지하철에 탑승했으므로 E역에서부터 탑승하고 있던 丙의 분실물이 핸드폰이고, 이에 따라 丁의 분실물이 이어폰임을 알 수 있다.

따라서 백팩을 분실한 사람은 甲, 이어폰을 분실한 사람은 丁, 핸드폰을 분실한 사람은 丙, 서류가방을 분실한 사람은 乙이다.

15 법·규정의 적용 _{난이도 상}　　정답 ③

정답 체크

· 甲은 1월 1일부터 7월 1일 현재까지 공무원의 신분을 보유하고 봉급이 지급되는 사람으로 7월 정근수당의 지급대상기간인 해당 연도 1월 1일부터 6월 30일까지의 기간 중 1개월 이상 봉급이 지급된 공무원이므로 정근수당 지급대상이다.

· 甲은 비위사실이 적발되어 2월 18일부터 60일간 직위해제 되는 조치를 받았다고 했고, 실제 근무한 기간을 계산할 때 15일 이상은 1개월로 계산하고 15일 미만은 계산하지 않는다고 했으므로 甲은 1, 2, 5, 6월을 실제 근무한 기간으로 인정할 수 있다. 따라서 정근수당은 <정근수당 지급기준표>에 따라 '실제 근무한 기간(개월)/6(개월)'을 곱한 금액을 지급한다고 했으므로 甲의 정근수당은 (5,088,900/2)×(4/6)=1,696,300원이다.

· 정근수당 가산금은 <정근수당 가산금 지급기준표>에 따라 매월 보수 지급일에 지급한다고 했고, 甲의 근무연수는 23년이므로 甲의 정근수당 가산금은 월지급액인 100,000원에 10,000원을 가산한 110,000+10,000=110,000원이다.

따라서 甲이 7월에 수령할 정근수당액은 정근수당과 정근수당 가산금을 더한 1,696,300+110,000=1,806,300원이다.

16 법·규정의 적용 _{난이도 중}　　정답 ③

정답 체크

두 번째 법조문(위촉) 제2항에서 명예시장·군수는 이북5도 등의 시·군 출신이거나 연고가 있는 사람으로서 학식과 덕망을 겸비하고 통일 과업에 열성이 있는 사람 중에서 추천을 받아 위촉한다고 했으므로 6.25전쟁 당시 부산으로 피난 온 평안남도 평양시 출신 甲이 평양시에 연고가 있고, 학식과 덕망을 겸비하고 통일 과업에 열성이 있다면 甲은 평양시의 명예시장으로 위촉될 수 있음을 알 수 있다.

오답 체크

① 두 번째 법조문(위촉) 제1항에서 명예시장·군수는 이북5도와 미수복 시·군에 대하여 1945년 8월 15일 현재의 시·군단위로 위촉한다고 했으므로 1945년 8월 15일 현재 함경남도에 속해 있던 원산시의 명예시장은 함경남도 원산시를 단위로 위촉한다. 또한 동조 제2항에서 명예시장은 이북5도 도지사의 추천을 받아 위촉한다고 했으므로 원산시의 명예시장은 함경남도지사가 추천함을 알 수 있다.

② 두 번째 법조문(위촉) 제3항에서 미수복 시·군의 경우 이북5도위원회 위원장은 명예시장·군수가 궐위된 때에는 지체 없이 그 후임자를 행정안전부장관에게 추천하여야 한다고 했으나 전임자의 잔여임기가 6개월 미만인 경우에는 후임자를 추천하지 않을 수 있다고 했으므로 미수복 시·군인 경기도 개풍군의 명예군수가 임기를 5개월 남기고 사의를 표명한 경우, 이북5도위원회 위원장이 후임자를 행정안전부장관에게 반드시 추천하여야 하는 것은 아님을 알 수 있다.

④ 세 번째 법조문(임기) 제1항에서 명예시장·군수의 임기는 3년으로 1차에 한하여 연임할 수 있다고 했으나 지역적 특수사정 등으로 2차 이상 연임이 불가피할 때에는 그러하지 아니하다고 했으므로 삭주군에 지역적 특수사정이 존재할 경우 삭주군 명예군수의 임기는 6년 이상이 될 수 있다. 따라서 2014년 1월 1일에 삭주군 명예군수로 위촉된 乙은 6년이 지난 2019년 12월 31일 이후에도 명예군수로 재직할 수 있음을 알 수 있다.

⑤ 마지막 법조문(명예동장 등) 제2항에서 명예동장·이장은 둘 이상의 동과 리를 통합하여 위촉할 수 있다고 했으나 명예읍장·면장을 둘 이상의 읍과 면을 통합하여 한 사람으로 위촉할 수 있는지는 알 수 없다.

17 법·규정의 적용   난이도 중   정답 ③

정답 체크

ㄴ. 첫 번째 법조문 제2항에서 모든 국민은 형사상 자기에게 불리한 진술을 강요당하지 아니하고, 동조 제5항에서 정식재판에 있어서 피고인의 자백이 그에게 불리한 유일한 증거일 때에는 이를 유죄의 증거로 삼거나 이를 이유로 처벌할 수 없음을 알 수 있다. 따라서 정식재판에서 피고인이 강요에 의한 자백을 하였고 그 자백이 피고인에게 불리한 유일한 증거일 경우, 이를 유죄의 증거로 삼을 수 없다.

ㄷ. 첫 번째 법조문 제4항에서 누구든지 체포 또는 구속을 당한 때에는 적부의 심사를 법원에 청구할 권리를 가지며, 마지막 법조문에서 체포 또는 구속된 피의자 또는 배우자는 관할법원에 체포 또는 구속의 적부심사를 청구할 수 있음을 알 수 있다. 따라서 절도 혐의로 체포된 피의자의 배우자가 체포 사실이 부당하다고 생각한 경우, 법원에 구속적부심사를 요청할 수 있다.

오답 체크

ㄱ. 첫 번째 법조문 제3항에서 누구든지 체포 또는 구속의 이유와 변호인의 조력을 받을 권리가 있음을 고지받지 아니하고는 체포 또는 구속을 당하지 않으며, 체포 또는 구속을 당한 자의 가족에게는 그 이유와 일시·장소가 지체없이 통지되어야 함을 알 수 있다. 따라서 경찰은 피의자를 체포·구속할 때 피의자 본인뿐만 아니라 피의자의 가족에게도 체포·구속의 이유를 알려야 한다.

ㄹ. 세 번째 법조문에서 형사피의자 또는 형사피고인으로서 구금되었던 자가 무죄판결을 받은 때에는 법률이 정하는 바에 의하여 국가에 정당한 보상을 청구할 수 있다고 했으나, 피고인이 검찰이 구형한 형량보다 가벼운 형량을 판결 받았을 경우에도 피고인이 국가를 상대로 자신이 구금되었을 당시 발생한 손해의 보상청구를 할 수 있는지는 알 수 없다.

18 법·규정의 적용   난이도 중   정답 ④

정답 체크

세 번째 단락에 따르면 문화재를 발견하거나 습득할 때 경비를 지출한 경우에는 이를 보상금 중에서 우선 지급하고, 그 차액을 발견자나 습득자, 문화재가 발견된 토지나 건조물의 등의 소유자에게 균등하게 분할하여 지급한다. 따라서 총 보상금이 300만 원이라면 丁이 매장문화재를 발견 및 습득하는 데 지출한 50만 원을 보상금 중에서 먼저 丁에게 지급하고, 그 차액인 250만 원을 丁과 戊에게 균등하게 분할하여 지급하게 되므로 丁이 받게 되는 보상금은 총 50+125=175만 원이다.

오답 체크

① 첫 번째 단락에 따르면 매장문화재 발견 신고는 매장문화재가 발견된 장소를 관할하는 자치구의 구청장에게도 할 수 있으며 해당 기관에 신고가 접수된 날에 문화재청장에게 신고한 것으로 본다. 그러나 A도 B시 C구는 특별시나 광역시 같은 자치구가 아니라 B시 소속의 행정구에 속하므로 A도 B시 C구에서 매장문화재를 발견했다면 B시장에게 발견 신고를 하여야 문화재청장에게 발견 신고를 한 것으로 본다.

② 두 번째 단락에서 매장문화재를 발견한 후 현상을 변경한 자는 징역 또는 벌금에 처하고 해당 문화재를 몰수한다고 했으므로 해당 문화재를 수리함으로써 현상을 변경한 乙은 해당 문화재를 몰수당한다.

③ 세 번째 단락에서 정당한 소유자가 없는 매장문화재가 발견·신고된 후 그 정당한 소유자가 없다면, 국가에서 직접 보존할 필요가 있는 문화재인 경우 국가에 귀속한다고 했으므로 발견·신고된 매장문화재의 정당한 소유자가 없더라도 丙이 반드시 그 문화재의 정당한 소유자가 되는 것은 아니다.

⑤ 세 번째 단락에서 문화재를 국가에 귀속하는 경우 그 발견자, 습득자 및 문화재가 발견된 토지나 건조물 등의 소유자에게 보상금을 지급한다고 했으므로 보상금의 지급은 발견·신고된 매장문화재가 국가에 귀속되는 경우에 이루어짐을 알 수 있다. 그러나 정당한 소유권이 庚에게 있는 매장문화재를 己가 발견하고 신고하더라도 해당 매장문화재가 국가에 귀속되는지 알 수 없으므로 己에게 보상금이 지급되는지 알 수 없다.

19 논리퍼즐   난이도 중   정답 ⑤

정답 체크

두 번째 조건에 따라 甲과 丁 중 한 사람이 운전석에 앉으므로 甲 또는 丁이 운전석에 앉는 경우를 나눠 자동차 좌석을 확인한다.

<경우 1> 甲이 운전석에 앉는 경우

다섯 번째 조건에서 丁은 차멀미를 심하게 하기 때문에 반드시 운전석 혹은 조수석에 앉아야 한다고 했으나 甲이 운전석에 앉는 경우 세 번째 조건에 따라 乙이 조수석에 앉는다. 따라서 甲이 운전석에 앉는 경우 丁은 운전석 또는 조수석에 앉을 수 없으므로 조건에 부합하지 않는다.

<경우 2> 丁이 운전석에 앉는 경우

丁이 운전석에 앉는 경우 네 번째 조건에 따라 甲은 조수석 뒷자리에 앉는다. 이때 세 번째 조건에 따라 乙은 운전석 뒷자리에 앉고 이에 따라 丙은 조수석에 앉는다.

따라서 운전석에는 丁, 조수석에는 丙, 운전석 뒷자리에는 乙, 조수석 뒷자리에는 甲이 앉는다.

20 논리퍼즐 [난이도 상]   정답 ⑤

정답 체크

1행에서 상자 속의 금화 개수의 합이 8개라고 했으므로 1행에 가능한 금화 개수의 조합은 (3, 3, 2), (3, 2, 3), (2, 3, 3)이다. 이를 기준으로 금화의 개수를 파악했을 때 가능한 경우는 다음과 같다.

<경우 1> 1행에 (3, 3, 2)가 배열된 경우

3개	3개	2개
1개	1개	2개
2개	1개	3개

2행에는 금화가 (2, 1, 1) 또는 (1, 1, 2)가 배열될 수 있다. 그러나 2행에 (2, 1, 1)이 배열될 경우 3열의 합이 7이 될 수 없다. 따라서 2행은 (1, 1, 2), 3행은 (2, 1, 3)이다.

<경우 2> 1행에 (3, 2, 3)이 배열된 경우

3개	2개	3개
2개	1개	1개
1개	2개	3개

2행에는 (2, 1, 1) 또는 (1, 1, 2)가 배열될 수 있다. 그러나 2행에 (1, 1, 2)가 배열될 경우 3행은 상자 속 금화 개수의 합에 따라 (2, 2, 2)가 되어야 하나 금화 2개가 들어있는 상자는 3개뿐이므로 2행에는 (1, 1, 2)가 배열될 수 없다. 따라서 2행은 (2, 1, 1), 3행은 (1, 2, 3)이다.

<경우 3> 1행에 (2, 3, 3)이 배열된 경우

2개	3개	3개		2개	3개	3개
2개	1개	1개	또는	1개	1개	2개
2개	1개	3개		3개	1개	2개

2행에는 (2, 1, 1) 또는 (1, 1, 2)가 배열될 수 있다. 이때 2행에 (2, 1, 1) 또는 (1, 1, 2)가 배열될 경우 3행은 (2, 1, 3) 또는 (3, 1, 2)이다.

따라서 ⓐ~ⓔ 상자 안에 들어 있는 금화의 개수로 가능하지 않은 것은 ⓔ-1개이다.

21 계산·비교 [난이도 중]   정답 ③

정답 체크

3월은 총 31일, 4월은 총 30일, 5월은 총 31일이므로 세 달 간 총 일수는 31+30+31=92일이다. 이때 甲은 월요일부터 토요일까지 하루에 한 잔씩 1,800원짜리 아이스 아메리카노를 마신다고 했고, 3월 2일 월요일에 아이스 아메리카노를 구매하여 첫 쿠폰 도장을 받았다고 했으므로 3월부터 5월까지의 일요일의 수를 모두 구하면 다음과 같다.

3월	1일, 8일, 15일, 22일, 29일	5일
4월	5일, 12일, 19일, 26일	4일
5월	3일, 10일, 17일, 24일, 31일	5일

3월부터 5월까지 일요일의 수는 총 5+4+5=14일이므로 甲이 아이스 아메리카노를 마시는 날은 92-14=78일이고, 78일 동안 아이스 아메리카노를 하루에 한 잔씩 마셨으므로 쿠폰 도장을 10번 찍은 횟수는 총 7번이다. 이에 따라 甲은 3~5월 동안 ○○카페에서 금액을 지불하고 아이스 아메리카노를 마신 횟수는 총 78-7=71회이다.

따라서 甲이 3~5월 동안 ○○카페에서 지출한 금액의 총합은 1,800×71 =127,800원이다.

22 규칙 적용 [난이도 상]   정답 ②

정답 체크

두 번째 조건에서 A는 α 개체 한 마리와 β 개체 한 마리가 α 개체 두 마리, β 개체 두 마리를 낳으며, 탄생한 지 5년째 되는 순간 이외에는 번식을 하지 않는다고 했으므로 과학자들이 처음 甲 행성에 이주시킨 A의 번식이 이루어지는 것을 정리하면 다음과 같다. 이때 과학자들이 처음 이주시킨 A를 1세대라 하고, 이주하는 순간을 0년이라고 가정한다.

시간 세대 성	0년 α	0년 β	5년 α	5년 β	10년 α	10년 β	15년 α	15년 β	20년 α	20년 β	21년 α	21년 β
1세대	n	n	n	n	n	n	n	n	0	0	0	0
2세대	-	-	2n	2n	2n	2n	2n	2n	2n	2n	2n	2n
3세대	-	-	-	-	4n	4n	4n	4n	4n	4n	4n	4n
4세대	-	-	-	-	-	-	8n	8n	8n	8n	8n	8n
5세대	-	-	-	-	-	-	-	-	16n	16n	16n	16n

甲 행성에 A를 이주시킨 지 21년째가 되는 순간 α와 β는 각각 2n+4n+8n +16n=30n마리씩 총 60n마리 존재하게 된다. 네 번째 조건에서 21년째에 甲 행성에 존재하는 A가 총 360마리라고 했으므로 n=360/60=6이다. 따라서 과학자들이 甲 행성에 처음 이주시킨 A는 총 2×6=12마리이다.

23 세부 정보 파악 [난이도 중]   정답 ②

정답 체크

ㄱ. 세 번째 단락에서 2번과 3번 로터의 회전을 다른 로터의 회전보다 느리게 하면 드론이 좌측으로 기울면서 비행한다고 했으므로 좌측에 있는 로터가 천천히 회전하고 우측에 있는 로터가 빠르게 회전한다면 드론은 좌측으로 이동함을 알 수 있다.

ㄹ. 두 번째 단락에서 베르누이 원리에 따르면 기체의 속도와 압력은 반비례한다고 했고, 드론이 비행할 때 날개 위쪽에는 공기의 흐름이 빨라지고 날개를 누르는 압력이 낮아지는 반면, 날개 아래쪽에는 공기의 흐름이 느려지고 날개를 밀어 올리는 압력이 높아진다고 했으므로 드론 날개의 위쪽보다 아래쪽에 높은 압력이 발생하는 이유는 날개 아래쪽의 공기의 흐름이 날개의 위쪽보다 더 느리기 때문임을 알 수 있다.

오답 체크

ㄴ. 세 번째 단락에서 1번과 2번 로터의 회전을 다른 로터의 회전보다 느리게 하면 드론이 앞쪽으로 기울면서 전진한다고 했으므로 1번과 2번 로터가 빠르게 회전하고 3번과 4번 로터의 회전을 느리게 하면 드론이 전진하지 않음을 알 수 있다.

ㄷ. 두 번째 단락에서 드론이 균형을 유지한 채 비행할 수 있도록 각각의 로터는 서로 다른 방향으로 회전한다고 했고, 1번과 3번 로터는 반시계 방향으로 회전을 하고 2번과 4번 로터는 시계 방향으로 회전한다고 했으므로 우측 전방 로터인 1번과 좌측 후방 로터인 4번은 서로 다른 방향으로 회전함을 알 수 있다.

24 세부 정보 파악 _{난이도} 중   정답 ①

정답 체크

- 철수: 1번과 2번 로터의 회전속도를 높이고 3번과 4번 로터의 회전속도를 낮추면 드론이 뒤쪽으로 기울면서 후진하므로 철수는 드론의 비행 원리 중 피칭을 활용했음을 알 수 있다.
- 영희: 1번과 3번 로터의 회전속도를 높이고 2번과 4번 로터의 회전속도를 낮추면 드론이 우회전을 하므로 영희는 드론의 비행 원리 중 요잉을 활용했음을 알 수 있다.
- 훈이: 1번과 4번 로터의 회전속도를 낮추고 2번과 3번 로터의 회전속도를 높이면 드론이 우측으로 기울면서 비행하므로 훈이는 드론의 비행 원리 중 롤링을 활용했음을 알 수 있다.

따라서 철수, 영희, 훈이가 활용한 드론의 비행 원리는 각각 피칭, 요잉, 롤링이다.

25 규칙 적용 _{난이도} 상   정답 ①

정답 체크

모음이 6개이므로 규칙에 따라 만들어질 수 있는 음절을 6개 단위로 묶으면 각 묶음에서 같은 순서에 있는 음절에는 모두 같은 모음이 오게 된다. 또한 자음이 14개, 모음이 6개이고, 마지막 자음과 마지막 모음을 동시에 조합하는 순서는 자음 개수와 모음 개수의 최소공배수이므로 자음과 모음을 순서대로 조합하여 겹치지 않고 만들 수 있는 음절의 개수는 총 42개이다. 이와 같은 규칙에 따라 만들어질 수 있는 음절을 나열하면 다음과 같다.

ㅏ	ㅓ	ㅗ	ㅜ	ㅡ	ㅣ
가	너	도	루	므	비
사	어	조	추	크	티
파	허	고	누	드	리
마	버	소	우	즈	치
카	터	포	후	그	니
다	러	모	부	스	이
자	처	코	투	프	히

이에 따라 42번째 음절 직후에는 다시 '가'가 나오므로 42개를 주기로 같은 음절이 반복됨을 알 수 있다.

ㄱ. 같은 음절이 42개를 주기로 반복되므로 두 번째로 반복되는 '가'는 43번째에 나온다. 또한 모든 게임은 甲이 먼저 말하는 것으로 시작되므로 홀수 번째에 나오는 음절은 모두 甲이 말한다. 따라서 두 번째로 나오는 '가' 역시 甲이 말한다.

ㄴ. 같은 음절이 42개를 주기로 반복되므로 100번째 음절은 16번째에 말하는 음절과 같다. 따라서 16번째 음절은 '누'이므로 100번째 음절 역시 '누'이다.

오답 체크

ㄷ. '후'는 28번째에 말하게 되고, 짝수 번째에 나오는 음절은 모두 乙이 말하므로 '후'는 乙이 말하게 된다.

ㄹ. 모음이 8개이므로 규칙에 따라 만들어질 수 있는 음절을 나열하여 8개 단위로 묶으면 각 묶음에서 같은 순서에 있는 음절은 모두 같은 모음이 오게 된다. 또한 자음이 14개, 모음이 8개이므로 자음과 모음을 순서대로 조합하여 겹치지 않고 만들 수 있는 음절의 개수는 자음 개수와 모음 개수의 최소공배수인 56개이고, 첫 번째 '프'가 13번째 음절이므로 두 번째 '프'는 13+56=69번째 음절이다. 따라서 두 번째 '프'는 70번째보다 앞에서 말한다.

정답

p.118

01	⑤	법·규정의 적용	06	④	계산·비교	11	③	계산·비교	16	④	법·규정의 적용	21	①	규칙 적용
02	②	법·규정의 적용	07	②	규칙 적용	12	③	규칙 적용	17	④	법·규정의 적용	22	③	논리퍼즐
03	①	법·규정의 적용	08	②	계산·비교	13	②	계산·비교	18	④	세부 정보 파악	23	③	논리퍼즐
04	④	법·규정의 적용	09	⑤	계산·비교	14	①	논리퍼즐	19	③	계산·비교	24	⑤	법·규정의 적용
05	①	세부 정보 파악	10	④	논리퍼즐	15	⑤	법·규정의 적용	20	③	논리퍼즐	25	②	법·규정의 적용

취약 유형 분석표

유형별로 맞힌 문제 개수와 정답률, 틀린 문제 번호와 풀지 못한 문제 번호를 적고 나서 취약한 유형이 무엇인지 파악해 보세요.

유형	맞힌 개수	정답률	틀린 문제 번호	풀지 못한 문제 번호
세부 정보 파악	/2	%		
법·규정의 적용	/9	%		
계산·비교	/6	%		
규칙 적용	/3	%		
논리퍼즐	/5	%		
TOTAL	/25	%		

해설

01 법·규정의 적용 [난이도 중] 정답 ⑤

정답 체크

마지막 법조문(등록불명자 등의 사망) 제1항에서 사망자를 인식할 수 없는 때에는 국가경찰공무원은 검시조서를 작성·첨부하여 지체 없이 사망지의 시장에게 사망의 통보를 하여야 한다고 했고, 동조 제2항에서 제1항의 통보가 있은 후에 사망신고 의무자가 사망자의 신원을 인지한 때에는 그 날부터 10일 이내에 사망의 신고를 하여야 한다고 했으므로 국가경찰공무원이 시장에게 사망을 통보한 이후 사망신고 의무자가 해당 사망자의 신원을 인지한 경우, 국가경찰공무원이 아니라 사망신고 의무자가 사망의 신고를 해야 함을 알 수 있다.

오답 체크

① 네 번째 법조문(재난 등으로 인한 사망)에서 수해, 화재나 그 밖의 재난으로 인하여 사망한 사람이 있는 경우에는 이를 조사한 관공서는 관련 기관에 지체 없이 통보하여야 한다고 했고, 외국에서 사망한 때에는 재외국민 가족관계등록사무소의 가족관계등록관에게 통보하여야 한다고 했으므로 사망자가 해외여행 중에 태풍으로 사망한 경우, 이를 조사한 관공서는 재외국민 가족관계등록사무소의 가족관계등록관에게 통보해야 함을 알 수 있다.

② 첫 번째 법조문(사망신고와 그 기재사항) 제2항에서 부득이한 사유로 신고서에 진단서나 검안서를 첨부할 수 없는 때에는 사망의 사실을 증명할 만한 서면을 첨부하여야 하며, 이 경우 신고서에 진단서 또는 검안서를 첨부할 수 없는 사유를 기재하여야 함을 알 수 있다.

③ 두 번째 법조문(사망신고 의무자) 제1항에서 사망의 신고는 동거하는 친족이 하여야 한다고 했으나 동조 제2항에서 친족·동거자 또는 사망장소의 동장도 사망의 신고를 할 수 있음을 알 수 있다.

④ 세 번째 법조문(사망신고의 장소)에서 기차 안에서 사망이 있었을 때에는 그 사체를 교통기관에서 내린 곳에서 사망의 신고를 할 수 있음을 알 수 있다.

02 법·규정의 적용 [난이도 중] 정답 ②

정답 체크

두 번째 법조문(국어심의회 위원의 임기 등) 제2항 제2호에서 국어·언어·국어교육 또는 한국어교육 분야 등의 관련 기관이나 단체의 장은 국어심의회 위원으로 임명되거나 위촉될 수 있다고 했고, 첫 번째 법조문(국어심의회) 제3항에서 위원장은 위원 중에서 호선한다고 했으므로 국어심의회 위원이 된 B는 국어심의회 위원장으로 호선될 수 있다.

오답 체크

① 세 번째 법조문(국어심의회의 간사 및 서기) 제2항에서 간사와 서기는 문화체육관광부 소속 공무원 중에서 문화체육관광부장관이 임명한다고 했으므로 언론사 기자 A는 국어심의회의 간사로 임명될 수 없다.

③ 두 번째 법조문(국어심의회 위원의 임기 등) 제2항 제3호에서 국어학·언어학·국어교육 또는 한국어교육 분야 등에서 박사학위를 취득한 후 같은 분야에서 3년 이상 연구하거나 실무 경험이 있는 사람이 국어심의회 위원으로 임명되거나 위촉될 수 있다고 했으므로 언어학 분야에서 연구원으로 2년간 근무한 C는 국어심의회 위원으로 임명될 수 없다.

④ 마지막 법조문(세종학당정책협의회의 구성) 제2항에서 협의회의 위원장은 문화체육관광부 제1차관이 된다고 했으므로 문화체육관광부 문화정책관 D는 세종학당정책협의회의 위원장으로 호선될 수 없다.

⑤ 마지막 법조문(세종학당정책협의회의 구성) 제2항 제2호에서 협의회의 위원은 한국어 교육 관련 단체의 임원·직원 중에서 위원장이 성별을 고려하여 위촉한 사람이 됨을 알 수 있다.

03 법·규정의 적용 [난이도 중] 정답 ①

정답 체크

ㄱ. 첫 번째 법조문(국가기록관리위원회) 제2항 제3호에서 국무총리가 기록물관리에 관한 학식과 경험이 풍부한 사람을 국가기록관리위원회의 위원으로 임명하거나 위촉할 수 있음을 알 수 있다. 또한 동조 제4항에서 제2항 제3호에 따른 위원의 임기는 3년으로 하며, 한 차례만 연임할 수 있다고 했으므로 국가기록관리위원회의 위원으로 기록물관리에 관한 학식과 경험이 풍부한 사람이 임명될 경우, 해당 위원의 임기는 최대 6년임을 알 수 있다.

ㄴ. 세 번째 법조문(전문위원회의 구성·운영) 제3항에서 전문위원회의 간사위원은 국가기록관리위원회의 위원 중에서 위원장이 임명한다고 했으므로 甲이 전문위원회에 소속된 간사위원일 경우, 甲은 국가기록관리위원회의 위원이어야 함을 알 수 있다.

오답 체크

ㄷ. 두 번째 법조문(국가기록관리위원회 운영) 제1항에서 위원회의 회의는 분기별로 개최한다고 했으므로 국가기록관리위원회의 회의를 1분기인 3월에 개최하고, 2분기인 5월에 개최할 수 있다. 따라서 국가기록관리위원회의 회의가 3월과 5월에 개최된 경우, 두 회의 중 하나가 반드시 임시회로 개최된 것은 아님을 알 수 있다.

ㄹ. 세 번째 법조문(전문위원회의 구성·운영) 제5항에서 전문위원회 회의는 위원장 또는 간사위원이 필요하다고 인정할 경우 개최됨을 알 수 있다.

04 법·규정의 적용 [난이도 상] 정답 ④

정답 체크

ㄱ. □□법 첫 번째 법조문(정의) 제1호 나목에 따라 甲은 상이등급 7급 판정을 받은 장애인에 해당한다. 이때 상이등급 7급 판정을 받은 甲이 1인 대표로 운영하는 A회사가 동조 제2호의 각 항목을 모두 갖추었는지 확인한다. 동조 제2호 가목에서 장애인기업이란 장애인이 소유하거나 경영하는 기업으로서 시행령으로 정하는 기준에 해당하는 기업이라고 했고, □□법 시행령 제1호에 따라 A회사는 장애인 甲이 회사의 대표권 있는 임원으로 등기되어 있는 회사에 해당하므로 가목의 요건을 충족한다. 또한 □□법 첫 번째 법조문 제2호 나목에 따라 A회사에 고용된 상시근로자 총수 중 장애인비율이 50%이므로 A회사는 나목의 요건을 충족한다. 따라서 A회사는 장애인기업으로 분류됨을 알 수 있다.

ㄷ. □□법 시행령(장애인기업의 정의 등) 제3호에서 "시행령으로 정하는 기준에 해당하는 기업"의 협동조합은 각 요건을 모두 갖추어야 한다고 했으므로 C협동조합이 이를 모두 갖추었는지 확인한다. 가목에 따

라 C협동조합은 상시근로자 전원이 조합원이고, 상시근로자의 총수 중 장애인 비율이 70%이므로 장애인인 조합원 수가 총 조합원 수의 과반수로 가목의 요건을 충족한다. 또한 나목에 따라 C협동조합은 장애인인 조합원의 출자좌수의 합이 총 출자좌수의 과반을 상회하므로 나목의 요건도 충족한다. 그러나 다목에서 협동조합의 이사장이 장애인인 조합원일 것이라고 했으나 C협동조합의 이사장은 비장애인이므로 다목의 요건은 충족하지 않는다. 따라서 C협동조합은 시행령이 정하는 기준에 해당하는 기업이 아니므로 장애인기업으로 분류되지 않음을 알 수 있다.

ㄹ. □□법 첫 번째 법조문(정의) 제1호 나목에 따라 丙은 상이등급 5급 판정을 받았으므로 장애인에 해당한다. 이때 丙이 사업자등록을 한 E회사가 동조 제2호의 각 항목을 모두 갖추었는지 확인한다. 동조 제2호 가목에서 장애인기업이란 장애인이 소유하거나 경영하는 기업으로서 시행령으로 정하는 기준에 해당하는 기업이라고 했고, □□법 시행령 제2호에 따라 장애인인 丙은 D회사의 사업자등록을 했으므로 가목의 요건을 충족한다. 또한 □□법 첫 번째 법조문 제2호 나목에 따라 D회사는 상시근로자 총수 중 장애인비율이 50%인 회사로 나목의 요건을 충족한다. 따라서 D회사는 장애인기업으로 분류됨을 알 수 있다.

오답 체크

ㄴ. □□법 첫 번째 법조문(정의) 제2호에서 장애인기업이란 각 목의 요건을 모두 갖춘 기업을 말한다고 했으므로 B회사가 이를 모두 갖추었는지를 확인한다. 동조 제2호 가목에서 장애인기업이란 장애인이 소유하거나 경영하는 기업으로서 시행령으로 정하는 기준에 해당하는 기업을 말한다고 했고, B회사는 □□법 시행령(장애인의 정의 등) 제1호에 따라 장애인인 乙이 회사가 발행한 총 주식의 과반을 소유하고 있으므로 가목의 요건을 갖추었음을 알 수 있다. 그러나 □□법 첫 번째 법조문(정의) 제2호 나목에서 장애인기업이란 해당 기업에 고용된 상시근로자 총수 중 장애인비율이 100분의 30 이상인 기업을 말한다고 했으므로 B회사에 고용된 장애인 근로자의 비율이 100분의 30 미만이라면 장애인기업으로 분류되지 않음을 알 수 있다.

05 세부 정보 파악 [난이도 중] 정답 ①

정답 체크

ㄴ. 첫 번째 단락에서 독자적 형식을 갖춘 신라의 금동관은 그 시기와 형태에 따라 시원형식 금동관, 표준형식 금동관, 퇴화형식 금동관으로 분류된다고 했고, 두 번째 단락에서 시원형식 금동관은 신라의 독자적 형식을 갖추기는 했으나 여전히 고구려 금동관의 장식적 특색을 반영하고 있다고 했으므로 독자적 형식을 갖춘 것으로 분류되는 신라의 금동관에서도 고구려의 특색이 발견될 수 있음을 알 수 있다.

오답 체크

ㄱ. 첫 번째 단락에서 5세기 초에 제작된 신라의 금동관은 고구려의 영향을 많이 받았지만, 5세기 중엽부터는 신라의 독자적 형식을 갖춘 금동관이 제작되었다고 했고, 두 번째 단락에서 시원형식 금동관은 5세기 중엽에 제작되었다고 했으므로 5세기 초에 제작된 신라 금동관은 시원형식 금동관으로 분류되지 않음을 알 수 있다.

ㄷ. 두 번째 단락에서 입식에 붙은 가지가 입식과 수직하게 붙어있더라도 입식이 위에서 아래로 갈수록 넓어진다면 시원형식 금동관으로 분류된다고 했으므로 가지가 입식에 수직하게 붙어있더라도 반드시 표준형식 금동관 또는 퇴화형식 금동관으로 분류되는 것은 아님을 알 수 있다.

ㄹ. 세 번째 단락에서 표준형식 금동관은 입식 1개에 가지가 3단 혹은 4단으로 붙어있는데, 3단이면 가지가 7개, 4단이면 가지가 9개가 된다고 했으므로 대륜에 가지가 4단인 입식 3개가 붙어있는 표준형식 금동관의 가지는 모두 3×9=27개임을 알 수 있다.

06 계산·비교 [난이도 하] 정답 ④

정답 체크

A팀이 최대로 얻을 수 있는 점수는 모든 경기를 우승할 때 얻는 점수이다. A팀의 경기 종목별 출전 인원 및 응원 인원과 모든 경기 종목에서 우승할 때 A팀이 얻을 수 있는 최대 획득 점수는 다음과 같다.

구분	출전 점수	출전 보너스 점수	추가 점수	응원 점수	응원 보너스 점수	합
단체 줄넘기	40×10 =400점	200점	40×5 =200점	(80×5)×2 =800점	100점	1,700점
줄다 리기	100×10 =1,000점	200점	100×5 =500점	(20×5)×2 =200점	100점	2,000점
피구	50×10 =500점	200점	50×5 =250점	(70×5)×2 =700점	100점	1,750점
장애물 달리기	70×10 =700점	200점	70×5 =350점	(50×5)×2 =500점	100점	1,850점

따라서 A팀이 최대로 얻을 수 있는 점수의 총합은 1,700+2,000+1,750+1,850=7,300점이다.

07 규칙 적용 [난이도 하] 정답 ②

정답 체크

시스템오류로 인해 잘못 표시된 <대학 시간표>를 올바르게 수정하면 다음과 같다.

교시(시간)	월	화	수	목	금
1교시 (09:00~10:15)	교양관 308호		교양관 308호		
2교시 (10:30~11:45)		공학관 402호		공학관 402호	
3교시 (12:00~13:15)	과학관 220호		과학관 220호		교양관 101호
4교시 (14:00~15:15)			인문관 108호		교양관 101호
5교시 (15:30~16:45)		미래관 308호	인문관 108호	미래관 308호	

화요일 11시 40분은 2교시이고, A의 핸드폰에 표시된 화요일 2교시 강의실을 올바르게 수정하면 공학관 402호이므로 요일과 시간대별로 A가 위치한 장소를 옳게 짝지은 것은 화요일 오전 11시 40분 – 공학관 402호이다.

오답 체크

① 월요일 10시 00분은 1교시에 해당하므로 A가 위치한 장소는 교양관 308호이다.

③ 수요일 오후 2시 30분은 4교시에 해당하므로 A가 위치한 장소는 인문관 108호이다.

④ 목요일 오후 1시 10분은 3교시에 해당하고, 목요일 3교시는 강의가 없는 시간이므로 A가 위치한 장소는 미래관 212호 독서실이다.

⑤ 금요일 오후 12시 10분은 3교시에 해당하므로 A가 위치한 장소는 교양관 101호이다.

08 계산·비교 　난이도 중　 정답 ②

정답 체크

제시된 글과 평가 결과에 따라 甲과 丁을 제외한 乙, 丙, 戊의 총 점수를 정리하면 다음과 같다.

참가자	좋아요 수	항목별 평가 점수					총 점수
		희귀성	학술적 가치	작품성	참신성	사실성	
甲	1,909(10)	9	8	㉠	8	8	–
乙	472(7)	9	8	6	8	9	7+8+8+9=32점
丙	1,350(9)	7	9	9	7	8	9+9+7+8=33점
丁	2,013(10)	9	8	7	6	㉡	–
戊	769(8)	9	8	6	7	8	8+8+7+8=31점

이때 甲의 작품성 점수인 ㉠은 9점 이상인 경우 최고점으로 제외되고, 8점 이하일 경우 최저점으로 제외되므로 甲의 총 점수는 ㉠이 9점 이상인 경우 10+9+8+8=35점, 8점 이하인 경우 10+8+8+8=34점이 가능하다. 丁의 사실성 점수인 ㉡은 9점 이상인 경우 최고점으로 제외되고, 6점 이하인 경우 최저점으로 제외된다. 이에 따라 丁의 총 점수는 ㉡이 9점 이상인 경우 10+9+8+7=34점, 8점인 경우 10+8+8+7=33점, 7점인 경우 10+8+7+7=32점, 6점 이하인 경우 10+8+7+6=31점이 가능하다.

ㄴ. 총 점수가 높은 순위에 따라 3위까지 수상한다고 했고, 丙의 총 점수는 33점이므로 乙과 戊보다 총 점수가 높다. 따라서 丙의 순위는 3위 이상이므로 ㉠과 ㉡에 상관없이 항상 수상한다.

ㄷ. 丁이 1위로 수상하기 위해서는 丁의 총 점수가 최대, 甲의 총 점수가 최소가 되어야 한다. 이에 따라 甲과 丁의 총 점수가 34점으로 동일한 경우가 가능하다. 이때 총 점수가 동일한 참가자가 있는 경우 좋아요 수가 더 많은 참가자가 더 높은 순위라고 했고, 丁의 좋아요 수는 2,013개로 甲의 좋아요 수인 1,909개보다 많으므로 丁이 더 높은 순위로 1위가 가능하다. 따라서 丁은 1위로 수상할 수 있다.

오답 체크

ㄱ. 총 점수에 따라 1위를 한 참가자와 2위를 한 참가자의 점수 차이가 2점 이상인 경우 1위를 한 참가자에게 포상금을 지급한다고 했고, ㉠이 9점 이상인 경우 甲의 총 점수는 35점이다. 이때 丁의 총 점수가 34점인 경우 1위를 한 참가자와 2위를 한 참가자의 점수 차이는 35-34=1점으로 2점 미만이다. 따라서 ㉠이 9점 이상인 경우, 甲은 항상 포상금을 지급받는 것은 아니다.

ㄹ. ㉡이 6점 이하인 경우, 丁과 戊의 총 점수는 31점으로 동일하다. 이때 甲의 총 점수는 35점 또는 34점이므로 수상하는 참가자는 甲, 乙, 丙이다. 따라서 ㉡이 6점 이하인 경우, 戊는 수상하지 않는다.

09 계산·비교 　난이도 중　 정답 ⑤

정답 체크

성과 상여금 지급 방법에서 적극행정 우수 공무원에게 배정된 성과 상여금 중 20%를 각 적극행정 우수 공무원에게 동일하게 배분한다고 했으므로 甲, 乙, 丙, 丁에게 각각 (2,000×0.2)/4=100만 원씩 배분된다. 또한 동일하게 배분하고 남은 성과 상여금은 각 적극행정 우수 공무원의 성과 평정에 따라 차등적으로 배분한다고 했고, 성과 평정이 가장 높은 우수 공무원에게 성과 평정이 가장 낮은 우수 공무원이 차등적으로 분배받는 성과 상여금의 4배를 분배한다고 했으므로 丁이 차등적으로 분배받는 성과 상여금을 x라고 하면, 乙이 차등적으로 분배받는 성과 상여금은 $4x$이다. 이때 丙이 받은 총 성과 상여금은 丁이 받은 총 성과 상여금보다 50만 원이 많았고, 甲이 받은 총 성과 상여금은 乙이 받은 총 성과 상여금의 절반이었다고 했으므로 甲~丁의 총 성과 상여금을 정리하면 다음과 같다.

· 甲: $2x+50$
· 乙: $4x+100$
· 丙: $x+150$
· 丁: $x+100$

이때 적극행정 우수 공무원에게 배정된 성과 상여금은 총 2,000만 원이라고 했으므로 $2x+50+4x+100+x+150+x+100=2,000 → x=200$이다. 따라서 甲이 받는 총 성과 상여금은 $2×200+50=450$만 원이다.

10 논리퍼즐 　난이도 상　 정답 ④

정답 체크

· 첫 번째 <조건>과 네 번째 <조건>에 따르면 甲~戊 다섯 사람이 둘러앉아 있는 원형 테이블에는 1번부터 시계방향으로 좌석번호가 지정되어 있다. 또한 다섯 번째 <조건>에서 甲은 긴소매 티셔츠를 입지 않았으며 1번에 앉았다고 했고, 아홉 번째 <조건>에서 甲의 바로 양 옆에는 남자가 앉았다고 했으므로 이를 그림으로 나타내면 다음과 같다.

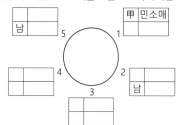

· 여덟 번째 <조건>에서 戊는 여자이며, 4번에 앉지 않았다고 했고, 여섯 번째 <조건>에서 모든 여자의 오른쪽 바로 옆에는 남자가 앉았다고 했으므로 戊가 앉은 자리로 가능한 자리는 3번뿐임을 알 수 있다. 이때 세 번째 <조건>에서 긴소매 티셔츠는 초록색, 파란색이라고 했고, 일곱 번째 <조건>과 여덟 번째 <조건>에 따르면 戊의 오른쪽 바로 옆에는 파란색 티셔츠를 입은 남자가 앉았으므로 戊는 민소매를 입었고, 2번에 앉은 남자는 파란색 긴소매 티셔츠를 입었다. 또한 두 번째 <조건>에서 남자가 세 명, 여자가 두 명이라고 했으므로 戊 이외에 또 다른 여자는 甲이고 4번에는 남자가 앉았음을 알 수 있다.

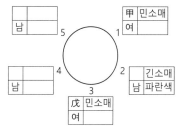

- 일곱 번째 <조건>에서 丁은 남자이며 초록색 티셔츠를 입고 있다고 했으므로 丁은 긴소매 티셔츠를 입었고, 丁의 오른쪽 바로 옆에는 乙이 앉았다고 했으므로 丁이 5번, 乙이 4번, 이에 따라 丙이 2번에 앉았음을 알 수 있다. 또한 열 번째 <조건>에서 민소매 티셔츠를 입은 사람들은 좌석번호가 큰 순서대로 빨간색, 주황색, 보라색을 입었다고 했으므로 좌석번호가 4번인 乙이 빨간색, 좌석번호가 3번인 戊가 주황색, 좌석번호가 1번으로 가장 작은 甲이 보라색 민소매 티셔츠를 입었음을 알 수 있다.

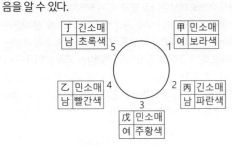

따라서 乙이 앉은 좌석번호는 4번, 乙이 입은 티셔츠의 색깔은 빨간색이다.

11 계산·비교 [난이도 하]   정답 ③

정답 체크

제시된 글에서 교통수단을 이용한 이동 거리 이외에 다른 조건은 고려하지 않는다고 했으므로 甲이 교통수단으로 이동한 거리만을 이용해 요금을 계산한다. 甲은 홀수 날에는 A시 교육청, 짝수 날에는 C시 교육청으로 출근하였다고 했으므로 1일, 3일, 5일은 A시 교육청, 2일, 4일은 C시 교육청이 목적지임을 알 수 있다. 이에 따라 제시된 글과 <상황>을 고려하여 甲이 5일 동안 출근할 때 지불한 교통 요금을 정리하면 다음과 같다.

구분	이용 교통수단	요금			
		기본요금	추가요금	할증요금	합계
1일	A시 택시	5,000원	20×300 =6,000원	-	11,000원
2일	지하철	1,100원	23×50 =1,150원	-	2,250원
3일	버스	1,100원	15×100 =1,500원	-	2,600원
4일	B시 택시	5,000원	30×300 =9,000원	14,000×0.2 =2,800원	16,800원
5일	지하철	1,100원	13×50 =650원	-	1,750원

따라서 甲이 5일 동안 지불한 교통 요금의 총합은 11,000+2,250+2,600+16,800+1,750=34,400원이다.

12 규칙 적용 [난이도 중]   정답 ③

정답 체크

<비밀번호 변경규칙>에 따라 4월 11일의 비밀번호를 살펴본다. 비밀번호에 쓰인 알파벳인 'GODDKSQN'을 한글로 변환하면 '행', '안', '부'이고, 숫자는 다섯 번째 숫자인 11이 처음 쓰였으므로 4월 11일은 금요일이며, 이날 비밀번호에 사용된 부처명은 '행정안전부'이다. 이에 따라 4월 11일부터 4월 30일까지 비밀번호에 사용되는 부처명과 요일을 나타내면 다음과 같다.

월	화	수	목	금	토	일
				11 행정 안전부	12 기획 재정부	13 교육부
14 고용 노동부	15 외교부	16 통일부	17 법무부	18 국방부	19 행정 안전부	20 기획 재정부
21 교육부	22 고용 노동부	23 외교부	24 통일부	25 법무부	26 국방부	27 행정 안전부
28 기획 재정부	29 교육부	30 고용 노동부				

이에 따라 4월의 마지막 날에 사용되는 부처명은 '고용노동부'이므로 비밀번호에 사용되는 알파벳은 홀수 번째 글자인 '고', '노', '부'를 한글 자판에 따라 그대로 영자로 입력한 'RHSHQN'이고, 4월의 마지막 날은 수요일이므로 각 알파벳 사이를 5부터 순서대로 채운다.
따라서 甲이 입력해야 하는 비밀번호는 'R5H7S11H13Q17N'이다.

13 계산·비교 [난이도 하]   정답 ②

정답 체크

세 번째 조건에 따라 기업경영 건전성 점수가 15점 미만인 丁은 선정하지 않는다. 이에 따라 丁을 제외한 선정후보 기업의 점수를 정리하면 다음과 같다.

기업	직종	점수
甲	제조업	18+34+26+(10×1.2)=90
乙	제조업	18+36+28+6=88
丙	서비스업	17+34+25+(10×1.2)=88
戊	게임 산업	16+40+27+8=91
己	게임 산업	17+34+26+(10×1.2)=89

이때 우수기업 3곳을 선정하려고 하고, 동일한 직종의 기업을 2곳 이상 선정하지 않는다고 했으므로 제조업, 서비스업, 게임 산업에서 각각 1곳이 선정된다. 이에 따라 서비스업인 丙은 우수기업으로 선정되고 제조업인 甲과 乙 중 甲이, 게임 산업인 戊와 己 중 戊가 선정된다.
따라서 A시가 2022년 일자리 창출 우수기업으로 선정할 기업은 甲, 丙, 戊이다.

14 논리퍼즐 난이도 중 정답 ①

정답 체크

버스 탑승과 하차가 가능한 구역에 대한 정보를 정리하면 다음과 같다.

· 탑승: 출발하는 구역 또는 경유하는 구역
· 하차: 경유하는 구역 또는 종착점이 있는 구역

(A) 甲은 1구역에서 (A)번 버스에 탑승하여 4구역에서 하차하였다고 했으므로 제시된 선택지 중 가능한 버스 번호는 147번, 148번, 124번, 214번이다.

(B) 乙은 3구역에서 (B)번 버스에 탑승하여 5구역에서 하차하였다고 했으므로 제시된 선택지 중 가능한 버스 번호는 635, 358, 359번이다.

(C) 丙은 5구역에서 (C)번 버스에 탑승하여 7구역에서 하차하였다고 했으므로 제시된 선택지 중 가능한 버스 번호는 857, 578, 257, 507번이다.

따라서 (A), (B), (C)에 들어갈 수 있는 숫자를 옳게 짝지은 것은 214, 635, 578이다.

15 법·규정의 적용 난이도 하 정답 ⑤

정답 체크

ㄷ. 연구내용의 조정의 첫 번째 조건에서 계약자가 불가피한 사정으로 연구기간·내용 등을 변경하여야 할 경우에는 관련서류를 첨부하여 △△위원회의 사전승인을 받아야 함을 알 수 있다.

ㄹ. 특약사항의 첫 번째 조건에서 연구 방법에 있어서 설문을 필요로 하는 경우 설문지는 해당 연구진 외의 전문가로부터 자문을 받은 후 사용하여야 함을 알 수 있다.

오답 체크

ㄱ. 연구용역의 검사의 첫 번째 조건에서 계약자가 연구용역을 완성하였을 때 △△위원회에 서면으로 검사요청을 한다고 했으므로 연구용역의 검사는 △△위원회가 연구기간 내에 필요하다고 판단한 경우가 아니라 연구용역을 완성하였을 때 계약자가 검사를 요청함에 따라 실시함을 알 수 있다.

ㄴ. 지체상금의 첫 번째 조건에서 계약자가 계약기간 내에 용역수행을 완료하지 못하였을 때에는 지체일수 매 1일에 대하여 계약금액의 1,000분의 2.5에 상당하는 금액을 지체상금으로 결정한다고 했으므로 계약금액이 60억 원인 연구용역의 계약기간을 5일 지체했을 경우, 지체상금은 $60 \times (2.5/1,000) \times 5 = 0.75$억 원 = 7,500만 원임을 알 수 있다.

16 법·규정의 적용 난이도 중 정답 ④

정답 체크

두 번째 단락에서 ○○광역시 교육청의 지침에 따르면, 중학교 1학년생이 중학교 1학년 이수 후 곧바로 중학교 3학년으로 진급하기 위해서는 (A), (B), (C) 항목 중 한 가지 이상을 만족하면서 (D)와 (E) 항목은 모두 만족해야 한다고 했으므로 (A)~(E) 항목에 甲의 상황이 만족하는지 확인한다.

구분	만족 조건	甲의 상황	만족 여부
(A) 항목	직전 학년도에 이수한 국어, 사회, 수학, 과학, 영어의 학업성취도가 모두 A인 자	직전 학년도에 이수한 국어, 사회, 수학, 과학은 학업성취도가 A였지만, 영어는 B를 받음	X
(B) 항목	지능검사 결과 등 수학 능력에 관한 사항은 지능지수(IQ)가 140 이상인 자	甲의 지능지수는 138임	X
(C) 항목	국제올림피아드에 국가대표로 참가한 자	작년에 국제올림피아드에 국가대표로 출전하여 4위의 성적을 기록	O
(D) 항목	차상급 학년의 교육과정의 이수에 관한 사항 만족	차상급 학년의 교육과정의 이수에 관한 사항을 규정대로 이수하였고, 이를 인정받음	O
(E) 항목	조기진급 평가위원회의 평가에 관한 사항 만족	알 수 없음	-

따라서 甲은 (A), (B) 항목을 만족하지 못하였지만 (C) 항목을 만족하였으므로 조기진급 평가위원회의 평가에 관한 사항만 만족하면 중학교 3학년으로 조기진급을 할 수 있음을 알 수 있다.

오답 체크

① (A), (B), (C) 세 항목 중 한 가지 이상을 만족하면서 (D)와 (E) 항목은 모두 만족해야 한다고 했으므로 甲이 (E) 항목을 만족하지 못한 경우 甲은 현재 상황만으로는 중학교 3학년으로 조기진급을 할 수 없다.

② (A) 항목은 직전 학년도에 이수한 국어, 사회, 수학, 과학, 영어의 학업성취도가 모두 A인 자를 의미한다고 했고, 甲은 영어 영역에서 B를 받았으므로 (A) 항목을 만족하지 못했다. 따라서 (A), (B), (C) 항목 모두 만족하지 못하므로 (E) 항목을 만족하더라도 중학교 3학년으로 조기진급을 할 수 없다.

③ (C) 항목은 국가기관이 주관 또는 주최한 전국대회에서 학교장의 추천과 지역예선을 거쳐 3등 이내 입상한 자 또는 국제올림피아드에 국가대표로 참가한 자를 의미한다고 했고, 甲은 국제올림피아드에 국가대표로 출전하여 4위의 성적을 기록했으므로 (C) 항목을 만족했다. 따라서 (E) 항목을 만족한다면 중학교 3학년으로 조기진급을 할 수 있다.

⑤ ○○광역시 교육청의 지침에 따르면, 중학교 1학년생이 중학교 1학년 이수 후 곧바로 중학교 3학년으로 진급하기 위해서는 (A), (B), (C) 항목 중 어느 하나를 만족하면서 (D)와 (E) 항목은 모두 만족해야 한다고 했으므로 (C) 항목을 만족한 甲은 (E) 항목을 만족한다면 중학교 3학년으로 조기진급을 할 수 있다.

17 법·규정의 적용 난이도 중 정답 ④

정답 체크

ㄱ. 첫 번째 단락에서 연구협약의 체결 대상이 될 수 있는 기관 또는 단체 중 대통령령으로 정하는 기준에 해당하는 과학기술분야 비영리법인이 있다고 했으므로 과학기술분야 비영리법인은 과학기술정보통신부 장관으로부터 인정받지 않더라도 대통령령으로 정하는 기준에 해당하면 연구협약의 체결 대상이 될 수 있음을 알 수 있다.

ㄴ. 두 번째 단락에서 기업부설연구소 등이 소속된 기업체는 그 명칭, 소재지, 대표자, 기업 유형, 업종 등을 변경하고자 할 때 장관에게 변경 신고를 해야 하고, 기업부설연구소 등 역시 그 명칭, 연구분야, 소재지, 연구개발인력 등을 변경하고자 할 때 장관에게 변경 신고를 해야 한다고 했으므로 연구 분야를 변경할 때 과학기술정보통신부 장관에게 변경 신고를 하는 주체는 기업부설연구소 등이 소속된 기업체가 아닌 기업부설연구소 등임을 알 수 있다.

ㄷ. 세 번째 단락에서 장관은 기업부설연구소 등에 근무하는 자가 연구개발활동과 관련된 업무 외에 생산·판매·영업 등의 기업활동과 관련된 다른 업무를 겸하는 경우에는 기업부설연구소 등의 인정을 취소할 수 있다고 했으므로 반드시 연구협약 체결을 취소해야 하는 것은 아님을 알 수 있다.

오답 체크

ㄹ. 세 번째 단락에서 장관은 기업부설연구소 등이 소속된 기업이 변경 사유가 발생한 날부터 1년 이내에 변경 신고를 하지 않은 경우 기업부설연구소 등의 인정을 취소할 수 있다고 했으므로 기업부설연구소 등의 인정을 반드시 취소해야 하는 것은 아니다. 따라서 기업부설연구소 등이 소속된 기업이 그 명칭을 변경한 날부터 1년 이내에 변경신고를 하지 않았다고 하더라도 반드시 기업부설연구소 등의 인정이 취소되는 것은 아니므로 연구협약 체결 대상이 될 수 있음을 알 수 있다.

18 세부 정보 파악 난이도 중 정답 ④

정답 체크

甲의 관점에서 더 민주적인 선거 제도와 선거 방식을 순서대로 나타내면 다음과 같다.
· 선거 제도: 대통령 직선제-대통령 간선제(국민에 의해 선출된 대통령 선거인단 수가 더 많을수록 민주적)
· 선거 방식: 전체 유권자의 과반 이상을 득표한 후보가 당선되는 결선투표제 방식-투표자의 과반 이상을 득표한 후보가 당선되는 결선투표제 방식-단순다수제 방식
또한 X국, Y국, Z국의 대통령 선거 제도와 선거 방식을 정리하면 다음과 같다.
· X국
 - 1987년 개헌 이전: 대통령 간선제, 전체 유권자의 과반 득표를 한 후보자가 당선되는 결선투표제 방식
 - 1987년 개헌 이후: 대통령 직선제, 단순다수제 방식
· Y국: 대통령 간선제, 단순다수제 방식
· Z국: 대통령 직선제, 투표자의 과반 득표를 한 후보자가 당선되는 결선투표제 방식

ㄴ. 甲은 대통령 선거 제도에 있어서 국민들의 의사가 더욱 직접적으로 반영되는 제도가 민주적인 선거 제도라고 평가하고, 대통령 간선제보다는 대통령 직선제가 더 민주적이라고 평가한다. 따라서 현행 대통령 선거 제도를 기준으로 고려했을 때, X국은 대통령 직선제, Y국은 대통령 간선제이므로 甲의 관점에서 X국이 Y국보다 민주적이다.

ㄷ. 대통령 선거 제도는 Y국이 대통령 간선제, Z국이 대통령 직선제이므로 Z국이 더 민주적이다. 또한 대통령 선거 방식은 Y국이 단순다수제 방식, Z국이 투표자의 과반 득표를 한 후보자가 당선되는 결선투표제 방식이므로 Z국이 더 민주적이다. 따라서 甲의 관점에서 Z국은 대통령 선거 제도와 선거 방식 모든 면에서 Y국보다 민주적이다.

ㄹ. X국의 1987년 개헌 이전 대통령 선거 방식은 전체 유권자의 과반 득표를 한 후보자가 당선되는 결선투표제 방식이고, Z국의 대통령 선거 방식은 투표자의 과반 득표를 한 후보자가 당선되는 결선투표제 방식이다. 따라서 甲의 관점에서 대통령 선거 방식은 1987년 개헌 이전의 X국이 Z국보다 민주적이다.

오답 체크

ㄱ. X국의 1987년 개헌 이전 대통령 선거 방식은 전체 유권자의 과반 득표를 한 후보자가 당선되는 결선투표제 방식이고, 1987년 개헌 이후 대통령 선거 방식은 단순다수제 방식이다. 이때 단순다수제 방식은 甲이 평가한 선거 방식 중 가장 민주적이지 않은 선거 방식이므로 X국의 1987년의 헌법 개정 이후 변경된 대통령 선거 방식은 개헌 이전보다 민주적이지 않다.

19 계산·비교 난이도 중 정답 ③

정답 체크

제시된 속력과 거리에 따라 경로별로 걸리는 시간을 정리하면 다음과 같다.
· AB1길
 (A → B): 10km를 5km/h의 속력으로 이동하므로 걸리는 시간은 10/5=2시간이다.
 (B → A): 10km를 5km/h의 속력으로 이동하므로 걸리는 시간은 10/5=2시간이다.
· AB2길
 (A → B): 8km를 2km/h의 속력으로 이동하므로 걸리는 시간은 8/2=4시간이다.
 (B → A): 8km를 16km/h의 속력으로 이동하므로 걸리는 시간은 8/16=0.5시간이다.
· BC1길
 (B → C): 12km를 2km/h의 속력으로 이동하므로 걸리는 시간은 12/2=6시간이다.
 (C → B): 12km를 16km/h의 속력으로 이동하므로 걸리는 시간은 12/16=0.75시간이다.
· BC2길
 (B → C): 17.5km를 5km/h의 속력으로 이동하므로 걸리는 시간은 17.5/5=3.5시간이다.
 (C → B): 17.5km를 5km/h의 속력으로 이동하므로 걸리는 시간은 17.5/5=3.5시간이다.

첫 번째 조건에 따라 甲은 가장 빠른 경로를 선택하여 A지역에서 B지역을 거쳐 C지역으로 갔다가 갔던 길을 통해 다시 A지역으로 되돌아오므로 甲은 왕복 시간이 가장 짧은 길을 선택해야 한다. 이에 따라 甲은 A지역과 B지역 사이를 이동할 때는 'AB1길'을, B지역과 C지역 사이를 이동할 때는 'BC1길'을 선택한다. 이때 이동 시간은 2+2+6+0.75=10.75시간이고, C지역에서 30분 간 머무른다고 했으므로 甲이 A지역으로 되돌아오는데 걸리는 시간은 총 10.75+0.5=11.25시간, 즉 11시간 15분이다.

따라서 오전 9시 정각에 출발한 甲이 A지역으로 되돌아 왔을 때의 시간은 20시 15분이다.

20 논리퍼즐 난이도 상 정답 ③

정답 체크

甲이 맞힌 퀴즈의 개수를 x, 戊가 맞힌 퀴즈의 개수를 y라고 하면 나머지 학생들이 맞힌 퀴즈의 개수는 다음과 같다.

甲	乙	丙	丁	戊
x	$2x+y$	$2x$	$2x$	y

이때 丁의 진술을 통해 다음의 식을 도출할 수 있다.

$x+2x=\{(2x+y)+y\}\times(3/5) \rightarrow 5x=2x+2y \rightarrow 3x=2y$ … ⓐ

또한 甲~戊가 맞힌 퀴즈의 개수는 총 20개이므로 다음의 식을 도출할 수 있다.

$x+(2x+y)+2x+2x+y=20 \rightarrow 7x+2y=20$ … ⓑ

ⓐ를 ⓑ에 대입하여 정리하면

$10x=20 \rightarrow x=2, y=3$

각 학생이 맞힌 퀴즈의 개수는 甲이 2개, 乙이 7개, 丙과 丁이 4개, 戊가 3개이다. 한편 퀴즈 점수에 대한 丙과 戊의 진술만으로는 각 학생이 푼 퀴즈의 배점을 파악하기 어려우므로 배점이 4점인 퀴즈를 푼 학생이 각각 甲~戊인 경우를 확인한다.

<경우 1> 배점이 4점인 퀴즈를 푼 학생이 甲인 경우

甲의 퀴즈 점수는 2×4=8점이고, 戊의 진술에 따르면 戊의 퀴즈 점수는 24점이어야 한다. 그러나 24점이 되기 위해서는 戊가 푼 퀴즈의 배점이 24/3=8점이어야 하나 퀴즈의 배점은 4점, 2점, 1점이므로 조건에 부합하지 않는다.

<경우 2> 배점이 4점인 퀴즈를 푼 학생이 乙인 경우

乙의 퀴즈 점수는 7×4=28점이고, 丙과 戊의 진술에 따르면 甲, 丙, 丁, 戊가 푼 퀴즈의 배점은 각각 1점, 2점, 1점, 2점이다. 이때 5명의 퀴즈 점수의 합은 (2×1)+(7×4)+(4×2)+(4×1)+(3×2)=48점이나, 5명의 퀴즈 점수의 합은 39점이어야 하므로 조건에 부합하지 않는다.

<경우 3> 배점이 4점인 퀴즈를 푼 학생이 丙인 경우

丙의 퀴즈 점수는 4×4=16점이고, 丙과 戊의 진술에 따르면 甲, 乙, 丁, 戊가 푼 퀴즈의 배점은 각각 1점, 1점, 2점, 2점이다. 이때 5명의 퀴즈 점수의 합은 (2×1)+(7×1)+(4×4)+(4×2)+(3×2)=39점이므로 丙이 배점이 4점인 퀴즈를 풀었음을 알 수 있다.

<경우 4> 배점이 4점인 퀴즈를 푼 학생이 丁인 경우

丁의 퀴즈 점수는 4×4=16점이고, 丙의 진술을 통해 丙의 퀴즈 점수는 32점이어야 한다. 32점이 되기 위해서는 丙이 푼 퀴즈의 배점이 32/4=8점이어야 하나 퀴즈의 배점은 4점, 2점, 1점이므로 조건에 부합하지 않는다.

<경우 5> 배점이 4점인 퀴즈를 푼 학생이 戊인 경우

戊의 퀴즈 점수는 3×4=12점이고, 丙과 戊의 진술에 따르면 甲, 乙, 丙, 丁의 퀴즈 배점은 각각 2점, 1점, 2점, 1점이다. 이때 5명의 퀴즈 점수의 합은 (2×2)+(7×1)+(4×2)+(2×2)+(3×4)=35점이나, 5명의 퀴즈 점수의 합은 39점이어야 하므로 조건에 부합하지 않는다.

따라서 배점이 4점인 퀴즈를 푼 학생은 丙이다.

21 규칙 적용 난이도 중 정답 ①

정답 체크

제시된 조건에 따라 스위치를 C-B-D-A 순으로 눌렀을 때 방 상태와 방에 들어간 쥐의 마리 수를 정리하면 다음과 같다.

구분	1	2	3	4	5	6	방에 들어간 쥐의 마리 수
처음	X	X	X	X	X	X	0
C	X	O	X	O	X	O	2+4+6=12
B	O	X	X	X	X	O	1+6=7
D	O	X	O	O	O	O	1+3+4+5+6=19
A	X	X	X	X	O	O	5+6=11

따라서 甲이 스위치를 C-B-D-A 순으로 누른 후, 각 방에 들어가 있는 쥐의 총합은 12+7+19+11=49마리이다.

22 논리퍼즐 난이도 상 정답 ③

정답 체크

세 번째 <조건>과 네 번째 <조건>에 따라 乙은 3월이나 11월에 태어나지 않았고, 다섯 번째 <조건>과 여섯 번째 <조건>에 따라 丙, 丁, 甲, 戊 순서로 태어났음을 알 수 있다. 또한 네 번째 <조건>과 일곱 번째 <조건>에 따르면 乙은 戊보다 먼저 태어났으므로 甲~戊의 태어난 순서는 丙, 丁, 甲, 乙, 戊이고, 이에 따라 丙은 3월, 丁은 4월, 戊는 11월에 태어났음을 알 수 있다. 이때 甲과 乙이 태어난 달은 각각 5월, 7월, 9월 중 하나이고, 7월에 태어난 사람은 아무도 없다는 조건을 추가하면 태어난 달은 甲이 5월, 乙이 9월로 확정되므로 다섯 명이 태어난 달을 모두 정확히 알 수 있다.

23 논리퍼즐 난이도 상 정답 ③

정답 체크

ㄱ. 甲이 물 카드를 낸 경우, 乙이 흙 카드를 냈다면 흙이 물을 죽이므로 흙 카드를 낸 乙은 5점을 획득하고, 물 카드를 낸 甲은 0점을 획득한다. 반면, 乙이 불 카드를 냈다면 물이 불을 죽이므로 물 카드를 낸 甲은 5점을 획득하고, 불 카드를 낸 乙은 0점을 획득한다. 따라서 乙이 획득하는 점수의 차이는 5-0=5점이다.

ㄷ. 1라운드에서 甲이 흙, 乙이 쇠 카드를 낸다면 흙이 쇠를 살리므로 甲이 2점, 乙이 3점을 획득하고, 2라운드에서 甲이 불, 乙이 불 카드를 낸다면 두 사람 모두 1점을 획득한다. 또한 3라운드에서 甲이 나무, 乙이 물 카드를 낸다면 물이 나무를 살리므로 甲이 3점, 乙이 2점을 획득한다. 따라서 甲과 乙이 세 라운드를 통해 획득한 점수의 합은 동일하다.

오답 체크

ㄴ. 甲이 나무, 흙, 물의 순서로 카드를 낼 경우, 乙이 가장 많은 점수를 얻기 위해서는 甲이 내는 카드를 죽이는 카드를 내야 한다. 상극의 관계에서 나무를 죽이는 것은 쇠, 흙을 죽이는 것은 나무, 물을 죽이는 것은 흙이다. 따라서 乙은 쇠, 불, 흙이 아니라 쇠, 나무, 흙의 순서로 카드를 낼 때 가장 많은 점수를 획득한다.

해커스 단기합격 7급 PSAT 기출+적중 모의고사 상황판단

24 법·규정의 적용 | 난이도 중 | 정답 ⑤

정답 체크

네 번째 법조문(지원금의 환수) 제1항에서 시장은 한옥 수선 등의 지원 대상자가 해당 한옥을 임의로 철거·멸실하는 등 당초의 사업 목적 달성이 불가능하다고 판단되는 때에는 기간을 정하여 지원 대상자에게 원상회복 등의 처분을 할 수 있다고 했고, 동조 제2항에서 시장은 지원 대상자가 제1항에 따른 처분을 받고 이를 이행하지 않은 경우에는 보조금 지원액을 환수할 수 있다고 했으므로 戊가 보조금의 지원을 받고 수선한 한옥을 임의로 멸실하여 원상회복 처분을 받았으나 이를 이행하지 않은 경우, 시장은 戊에게 지급한 보조금 지원액을 환수할 수 있음을 알 수 있다.

오답 체크

① 첫 번째 법조문(지원신청 및 결정 등) 제3항에서 지원 여부 및 지원 금액의 결정 사항에 대한 통지를 받은 자는 통지를 받은 날부터 6개월 이내에 한옥 수선 등의 공사를 착수해야 한다고 했으므로 甲이 한옥 수선에 대한 보조금의 지원 결정 통지를 받은 경우, 甲은 해당 통지를 받은 날로부터 3개월 이내에 한옥 수선의 공사를 착수해야 하는 것은 아님을 알 수 있다.

② 세 번째 법조문(수선 등의 완료 신고) 제3항에서 시장은 보조금 지원액을 한옥 수선 등의 공사가 완료된 후에 지급해야 한다고 했으므로 乙이 한옥 수선에 대한 보조금의 지원 결정 통지를 받은 경우, 시장은 해당 공사가 완료된 후에 지급해야 함을 알 수 있다.

③ 마지막 법조문(한옥 수선 등의 비용 지원)에서 보조금의 지원 한도액 기준은 다음 각 호와 같고, 최근 5년 이내에 한옥 보조금을 지원 받지 않은 경우에 한정한다고 했으므로 丙이 한옥 수선으로 보조금의 지원을 받고 3년이 지난 경우, 丙은 해당 한옥의 외관 수선에 대한 보조금의 지원을 받을 수 없음을 알 수 있다.

④ 두 번째 법조문(한옥 수선 등의 착수신고) 제1항에서 한옥 수선 등의 보조 지원 신청을 한 자는 지원 결정 통지를 받기 전에 수선 등의 공사를 착수하여서는 아니 된다고 했으므로 丁은 보조금의 지원 결정 통지를 받기 전에 한옥 수선의 공사를 착수할 수 없음을 알 수 있다.

25 법·규정의 적용 | 난이도 중 | 정답 ②

정답 체크

마지막 법조문(한옥 수선 등의 비용 지원)에 따라 ㉠~㉢을 정리하면 다음과 같다.

· ㉠: A는 한옥마을에서 한옥의 대수선 공사를 완료했으므로 공사비의 100분의 50을 지원받을 수 있다. 이때 총 공사비는 7,000만 원으로 보조금 지원액은 7,000×50/100=3,500만 원이나 최대 지원 한도액이 3,000만 원이라고 했으므로 보조금 지원액은 3,000만 원이다. 이에 따라 ㉠은 3,000이다.

· ㉡: B는 한옥마을 및 건축자산 진흥구역이 아닌 지역에서 한옥의 외관 수선 공사를 완료했으므로 공사비의 100분의 30을 지원받을 수 있다. 이때 총 공사비는 1,500만 원으로 보조금 지원액은 1,500×30/100=450만 원이다. 이에 따라 ㉡은 450이다.

· ㉢: C는 건축자산 진흥구역에서 한옥의 외관 수선 공사를 완료했으므로 공사비의 100분의 70을 지원받을 수 있다. 이때 총 공사비는 4,000만 원으로 보조금 지원액은 4,000×70/100=2,800만 원이나, 최대 지원 한도액이 2,100만 원이라고 했으므로 보조금 지원액은 2,100만 원이다. 이에 따라 ㉢은 2,100이다.

따라서 ㉠~㉢에 들어갈 수의 합은 3,000+450+2,100=5,550이다.

해커스공무원 **단기 합격생**이 말하는

공무원 합격의 비밀!

해커스공무원과 함께라면
다음 합격의 주인공은 바로 여러분입니다.

10개월 만에
전산직 1차 합격!

최*석 합격생

언어논리는 결국 '감'과 '기호화'의 체화입니다.

언어논리 조은정 선생님의 강의를 통해 제시문 구조, 선지
구조 등 문제접근법에 대해서 배웠고, 그 방식을 토대로
문제 푸는 방식을 체화해가면서 감을 찾아갔습니다.
설명도 깔끔하게 해주셔서 도식화도 익힐 수 있었습니다.

단 3주 만에
PSAT 고득점 달성!

김*태 합격생

총 준비기간 3주 만에 PSAT 합격했습니다!

자료해석 김용훈 선생님은 인강으로 뵈었는데도 정말
친절하셔서 강의 보기 너무 편안했습니다. 분수비교와
계산방법 등 선생님께서 쉽게 이해를 도와주셔서 많은
도움이 되었습니다.

7개월 만에
외무영사직 1차 합격!

문*원 합격생

상황판단은 무조건 '길규범' 입니다!

수험생이 접하기 어려운 과목임에도 불구하고 길규범 선생
님께서는 정말 여러가지의 문제풀이 방법을 알려주십니다.
강의가 거듭될수록 문제푸는 스킬이 나무처럼 카테고리화
되어서 문제에 쉽게 접근할 수 있게 되었어요!

20대 마지막
기회라 생각했던
박*묵님도

적성에 맞지는 않는 전공으로
진로에 고민이 많았던
박*훈님도

여군 전역 후 노베이스로
수험 생활을 시작한
박*란님도

해커스공무원으로 자신의 꿈에 한 걸음 더 가까워졌습니다.

당신의 꿈에 가까워지는 길
해커스공무원이 함께합니다.